DATABASE

DB 입문자를 위한

데이터베이스
기초와 SQL

오세종 지음

생능출판

저자 소개

오세종

'89: 서강대학교 컴퓨터학과 졸업(공학사)

'91: 서강대학교 대학원 컴퓨터학과 졸업(공학석사)

'01: 서강대학교 대학원 컴퓨터학과 졸업(공학박사)

'91~'97: 대우정보시스템(주) 근무

'01~'03: George Mason University
　　　　 Lab. for Information Security Technology(LIST)
　　　　 Post Doc. Researcher

'03~현재: 단국대학교 SW융합대학 소프트웨어학과 교수

DB 입문자를 위한 데이터베이스 기초와 SQL

초판인쇄 2023년 6월 12일
초판발행 2023년 6월 22일

지은이 오세종
펴낸이 김승기, 김민수
펴낸곳 (주)생능출판사 / **주소** 경기도 파주시 광인사길 143
출판사 등록일 2005년 1월 21일 / **신고번호** 제406-2005-000002호
대표전화 (031)955-0761 / **팩스** (031)955-0768
홈페이지 www.booksr.co.kr

책임편집 이종무 / **편집** 신성민, 유제훈 / **디자인** 유준범, 표혜린
마케팅 최복락, 심수경, 차종필, 백수정, 송성환, 최태웅, 명하나, 김민정
인쇄 (주)교보피앤비 / **제본** 일진제책사

ISBN 979-11-92932-17-0　93000
정가 28,000원

머리말

우리는 지금 데이터의 시대에 살고 있습니다. 개인으로부터 시작해서 기업에 이르기까지 매일 새로운 데이터를 생산하고 이 데이터에 기반해 생활과 비즈니스가 이루어집니다. 실시간 교통 데이터는 내비게이션 SW에서 이용되고, 고객의 구매 데이터는 새로운 상품을 개발하는 데 사용됩니다. 인공지능, 빅데이터, 자율주행, 클라우드 등 요즘 언론과 뉴스에 오르내리는 이 기술들은 모두 데이터와 깊이 연관되어 있습니다. 지금은 데이터가 경제활동의 기본 요소가 되는 '데이터 경제'의 시대입니다.

우리는 왜 데이터베이스를 배워야 할까요?
첫째, 최근 그 가치를 새롭게 인정받고 있는 데이터를 저장하고 처리할 수 있는 가장 기본적이면서도 널리 쓰이는 수단이 데이터베이스이기 때문입니다. 데이터베이스를 잘 알아야 데이터를 잘 처리할 수 있습니다.
둘째, 대부분의 소프트웨어 개발이 데이터베이스를 기초로 이루어지기 때문입니다. 따라서 소프트웨어 개발자이거나 소프트웨어에 관심이 있다면, 기본적으로 데이터베이스를 알아야 합니다.

본 교재는 데이터베이스를 처음 접하는 학습자들을 위해 집필되었으며, 다음과 같은 두 가지 목표를 가지고 있습니다.
첫째, 데이터베이스에 대한 이론적인 이해를 제공합니다. 둘째는 데이터베이스를 실제 업무나 소프트웨어 개발에 활용할 수 있도록 실무적 기술을 습득하도록 합니다. 특별히 SQL 활용 능력을 기르도록 합니다.

많은 교재의 교육과정이 이론에 치우치거나 데이터베이스 사용법 위주로 구성되어 있는데 이것은 바람직하지 않습니다. 본 교재는 학습자들이 단단한 이론적 기초 위에서 실무능력을 갖출 수 있도록 구성했습니다. 데이터베이스 초심자들에게 이 교재가 많은 도움이 되기를 기원합니다.

2023년 5월
오세종

이 책을 강의하는 분들께

본 교재는 이론 학습과 더불어 실습을 병행할 수 있도록 구성되었습니다. 강의자께서는 이론 설명과 더불어 충분한 실습으로 학생들이 강의 내용을 이해할 수 있도록 지도할 수 있습니다. 매 단원의 끝에는 오라클 DBMS의 기능을 익힐 수 있는 실습 과제가 포함되어 있으므로 활용하시기 바랍니다.

본 교재는 SQL 교육에 중점을 두고 집필하였으며, 풍부한 연습문제를 제공하여 학생들이 중급 이상의 SQL 구사 능력을 갖출 수 있도록 구성하였습니다. 다음은 15주 기준 강의계획서의 예입니다. 9장, 10장의 데이터베이스 설계 부분은 학생들이 어려워할 수 있으므로 ERD와 정규화 개념을 이해시키는 선에서 마무리할 수 있습니다.

주	단원	실습 관련 내용
1	1장 데이터의 시대	실습환경 구축
2	2장 데이터베이스 시스템	오라클 데이터베이스 살펴보기
3	3장 관계형 모델	오라클 SQL Developer의 사용
4	4장 관계대수	관계대수의 활용
5	5장 SQL I	SQL Developer에서 SQL 실행
6	6장 SQL II	오라클 임시 테이블의 사용
7	7장 SQL III	SQL Developer를 이용한 데이터 관리
8	중간고사	
9	8장 뷰	부서정보를 출력하는 프로시저의 작성
10	9장 데이터베이스 설계 I	SQL Developer로 물리적 ERD 작성하기
11	10장 데이터베이스 설계 II	Data Modeler를 이용한 순공학, 역공학 작업
12	11장 데이터베이스 관리와 보안	데이터베이스 내보내기(export)
13	12장 트랜잭션	테이블을 엑셀 파일로 저장
14	13장 데이터베이스 기반 앱 개발	데이터베이스 GUI 앱 개발
15	기말고사	

차례

01

데이터의 시대

contents

데이터의 시대

1.1 지금은 데이터의 시대

우리는 정보화의 시대를 지나 데이터의 시대에 살고 있다. 데이터의 시대(age of data)란 많은 양의 데이터가 수집, 저장되고 이 데이터가 산업뿐만 아니라 정치, 경제, 문화 등 인간의 삶 전 영역에서 활용되고 영향을 미치는 시대를 말한다. 데이터의 시대에서는 기업과 같은 대규모 조직뿐만 아니라 일상생활을 영위하는 평범한 개인들조차 데이터 생산의 주체가 된다.

예를 들면, 우리가 사용하는 스마트폰의 위치 정보가 통신사에 저장될 것이고, 우리가 통화를 하면 언제 몇 시에 어느 정도 길이로 누구와 통화를 했는지의 정보가 어딘가에는 저장될 것이다. 또 우리가 물건을 사고 신용카드로 결제했다고 하면 마찬가지로 언제 어느 점포에서 무엇을 얼마만큼 샀는지 이런 거래 정보들이 어느 시스템엔가는 저장된다. 우리가 대중교통을 이용했고 교통카드를 사용했다면 우리가 어디서 어떤 교통수단을 이용해서 어디까지 갔다, 요금은 얼마다 이런 정보들이 어딘가에는 저장되고 있는 것이다. 기타 우리의 인터넷 검색 정보, SNS 작성 내용 등도 저장되고 있는데, 이 모든 개인의 활동들이 데이터를 생산하는 활동이라고 할 수 있다.

이렇게 생성된 데이터들은 운전 시 내비게이션 앱을 통해 실시간 교통정보를 활용하는 개인 활동부터, 고객의 주문 내역을 분석하여 신상품 개발에 활용하는 기업 활동에 이르기까지 다양한 분야에서 활용된다. 따라서 데이터의 시대에는 데이터를 잘 다룰 줄 아는 개인과 기업이 경쟁력을 가지게 된다.

사례를 통해 데이터가 어떻게 활용될 수 있는지를 살펴보자. 다음은 행정안전부의 공공 빅데이터 활용 우수사례집에 나오는 광주시의 사례이다.[1]

광주시에 거주하는 직장인 P씨는 아침마다 벌어지는 버스 쟁탈전이 두렵다. 승객들이 몰려들어 버스에 타지 못하는 상황이 매일 발생하기 때문이다. 문제를 해결하기 위해 광주시는 이용객이 많은 시간대의 배차를 늘리는 등 버스를 탄력적으로 운영하여 주민의 삶의 질을 높이기 위해 빅데이터 분석을 활용하였다.

교통 약자를 위한 작은 배려의 시작!

행정안전부는 지난 2014년 광주시와 함께 '광주지역 시내버스 효율적 운영방안 마련' 사업을 진행했다. 빅데이터 분석을 통해 불편사항을 없애고 시민의 편의성을 제고하여 편리하게 시내버스를 이용할 수 있도록 한 것이다. 시는 교통카드 이력, 주거·유동인구 데이터 등을 활용해 시민의 거주 위치와 버스, 지하철 정류장의 위치 데이터를 분석하였으며, 시내버스의 효율적 운영을 위한 과학적인 분서 결과를 도출하였다.

빅데이터 분석으로 시민의 발, 버스를 더욱 편리하게

광주시는 전 지역을 작게 나눠 버스 정류장 수가 부족한 지역 중 10개 지역을 대중교통 사각지대로 선정하여 교통 약자가 많이 이용하는 편의시설 위치를 분석해 16개 버스 노선을 선정했다. 또 분석 결과에 따라 교통약자가 많이 이용하는 노선에 저상버스 40대를 추가 도입했다. 이와 함께 교통카드 데이터를 분석해 출퇴근 시간대 이용자가 많은 노선에 배차 간격을 조정해 시민들의 불편을 대폭 줄일 수 있었다.

---

1) 행정안전부 홈페이지(https://www.mois.go.kr/) 정책자료/참고자료

데이터에 기반한 시내버스 수요분석

한편 행정안전부는 전주시를 대상으로 2015년 교통 분야 빅데이터 분석 사업을 추가로 진행했다. 시내버스 정류장·노선 및 유동인구 데이터의 특성에 맞추어 지도를 이용한 시각화 결과를 활용하여, 신규 노선 개발과 기존 노선 조정, 탄력 배차제 도입을 위한 발판을 마련하고 관광객을 위한 노선도 개발했다. 또한, 실제 시내버스 탑승 데이터를 바탕으로 수혜를 받는 고객 수 등을 집계할 수 있는 시뮬레이션을 개발하여 환승 할인 정책 변경 시 근거자료로 활용할 수 있게 되었다. 이를 통해 대중교통 이용의 편의성이 제고되어 시민 만족도가 높아졌다. 더불어, 지자체의 관광 활성화에도 기여하여 지역경제도 살아났다.

이 사례는 교통카드 이용 데이터, 시내버스 정류장 및 노선 등의 데이터가 어떻게 시민들의 불편을 해소하고 지역경제도 살리는 데 활용될 수 있는지를 잘 보여준다. 다음 지도는 사례집에 수록된 것으로, 동그라미는 특정 지역의 환승객 수를 나타낸다. 동그라미가 클수록 환승객 수가 많은 것이다. 만일 환승객 수가 많은 지역인데 노선 수가 적거나 배차 간격이 길면 이를 조정함으로써 승객들의 불편을 줄일 수 있는 것이다.

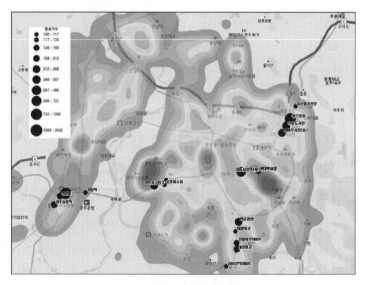

〈그림 1-1〉 광주의 지역별 환승객 수

데이터(data)는 보기에 따라서는 숫자들의 덩어리에 불과할 수도 있다. 그러나 이 데이터를 가공하고 연관된 데이터를 서로 연결하면, 위 사례에서 볼 수 있듯이 현실 문제를 해결하고 심지어 경제적 이익까지도 창출할 수 있다. 〈그림 1-2〉는 아무런 생산 시설이나 장비도 없이 데이터를 활용하는 것만으로 수익을 창출하는 해외 스타트업들을 소개하고 있다. 심지어 이들 중 일부는 인터넷에 공개된 공공 데이터를 수집/가공/분석하는 것만으로도 수익을 올린다.

오늘날 데이터를 이해하고 활용할 줄 아는 능력은 IT 분야에서뿐만 아니라 전 산업 분야에서 필요로 하는 덕목이 되었다. 우리는 정보화 시대(Information age)를 지나 데이터의 시대(Data age)에 살고 있는 것이다. 데이터의 가치에 주목한 비즈니스 업계의 유명 인사들이 데이터에 대해 다음과 같은 명언들을 남긴 것이 그 증거이다.

> "데이터 없이 어떤 가설을 세우는 것은 중대한 실수이다." –Sherlock Homes
> "데이터는 실제로 우리가 하는 모든 일에 힘을 실어준다." –Jeff Weiner
> "데이터는 새로운 석유이다." – Clive Humby
> "데이터가 있는 곳에 비즈니스가 있다." – Thomas Redman

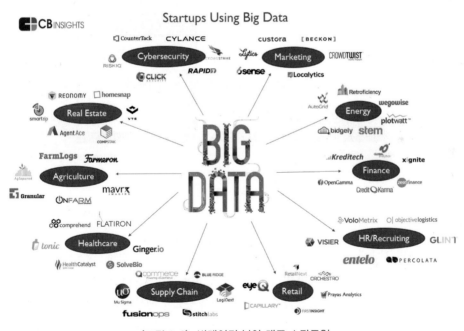

〈그림 1-2〉 빅데이터 분야 대표 스타트업
(출처: https://www.cbinsights.com/research/big-data-startup-map/)

1.2 4차 산업혁명과 데이터

2016년 1월 열린 다보스포럼(세계경제포럼)에서는 우리가 4차 산업혁명의 시대에 들어섰음을 천명하였다. 4차 산업혁명의 시대란 '디지털 혁명에 기반하여 물리적 공간, 디지털적 공간 및 생물학적 공간의 경계가 희석되는 기술융합의 시대'를 의미한다. 4차 산업혁명을 이끌어갈 핵심 기술로 블록체인, 빅데이터, 인공지능, 로봇공학, 양자암호, 사물인터넷, 자율주행 운송 수단, 3D 프린팅이 거론되고 있는데 이중 빅데이터와 인공지능은 데이터를 기반으로 하고 나머지 기술들도 데이터와 직·간접적으로 관계를 맺고 있다. 결론적으로 데이터가 4차 산업혁명의 '원유' 역할을 하고 있는 것이다. 원유를 정제하면 휘발유, 경유, 플라스틱 등 유용한 생산물을 얻을 수 있듯이 데이터는 인공지능, 빅데이터, 클라우드, 사물인터넷 기술을 가능하게 하는 기본 원료가 되는 것이다.

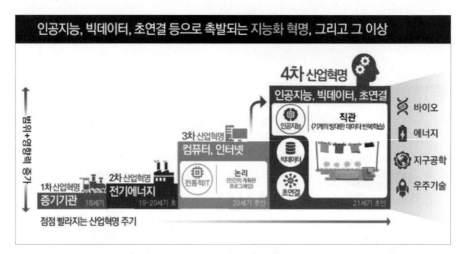

〈그림 1-3〉 4차 산업혁명 시대의 도래
(출처: https://www.4th-ir.go.kr/article/detail/354?boardName=internalData&category)

4차 산업혁명 시대에 접어들면서 등장한 용어 중 하나가 '데이터 경제(Data Economy)'이다. 데이터 경제란 데이터의 활용이 경제활동의 중요한 생산요소로 사용되는 경제구조를 뜻한다. 산업화 시대에는 석탄, 석유와 같은 자원이 중요한 생산요소 중 하나였듯이 데이터 경제에서는 데이터가 중요한 생산요소의 역할을 한다. 우리 정부를 포함하여 세계 각국은 경제 활성화를 위해 데이터를 활용하려는 노력을 기울이고 있다. 구글과 같이 데이터를 소유한 기업이 막대한 부를 축적할 수 있는 시대인 것이다. 데이터 축적의 중요성을 인식한 우리 정부도 금융, 환경, 문화미디어, 교통, 헬스케어, 유통물류, 통신, 중소기업,

지역경제, 산림 등 10개 분야에서 빅데이터 플랫폼을 구축하기 위해 투자하고 있다. 그 결과물은 '통합데이터지도' 사이트에 공개되어 있으며, 많은 스타트업들이 이러한 빅데이터 플랫폼을 활용하여 비즈니스를 개발하고 있다.

〈그림 1-4〉 통합데이터지도 홈페이지
(출처: http://www.bigdata-map.kr/)

이상의 내용들을 종합해 볼 때 우리는 데이터의 시대에 살고 있으며, 이것이 데이터에 대해 관심을 가져야 할 중요한 이유라고 할 수 있다.

Note ▪‐ 데이터와 정보

데이터(data)와 정보(information)는 무엇이 다를까? **데이터**는 특정 주제에 대한 값(value)들을 체계적으로 모아 놓은 것이다. 예를 들면, 학생들의 몸무게를 측정하여 그 값들을 모아 놓으면 몸무게 데이터가 되는 것이다. **정보**는 수집된 데이터를 가공하여 얻은 지식을 말한다. 예를 들면, 몸무게 데이터로부터 '학생들의 평균 몸무게는 55kg이다.'라는 정보를 얻을 수 있고, 몸무게 데이터와 성별 데이터를 결합하면 '남학생의 평균 몸무게는 여학생의 평균 몸무게보다 5kg이 더 많다.'라는 정보를 얻을 수 있다.

1.3 데이터베이스의 등장 배경과 역사

지금까지 데이터의 중요성에 대해 살펴보았으니 이제 데이터를 다루고 관리하는 방법에 대해 알아보도록 하자. 데이터를 저장하고 다루는 가장 손쉬운 방법은 엑셀(Excel)과 같은 스프레드시트 SW를 이용하는 것이다. 관리하는 데이터의 양이 적을 때는 이런 방법도 좋겠지만, 관리할 데이터의 양이 많고 여러 데이터를 연결하여 정보를 얻기 원하는 경우는 스프레드시트 SW로는 해결이 어렵다. 전통적으로 IT 분야에서는 대량의 데이터를 다루기 위해서 데이터베이스(database)를 이용해 왔고 현재도 가장 널리 이용되고 있다. 따라서 데이터 분야에 입문하려는 사람이라면 기본적으로 데이터베이스에 대해서 배워야 한다. 데이터베이스가 무엇인지는 다음 단원에서 자세히 알아보도록 하고 지금은 간단한 정의만 알고 있도록 하자.

> "관리하고자 하는 데이터들을 한곳에 체계적으로 모아 놓은 것을 데이터베이스(database)라고 하고, 이러한 데이터베이스를 관리할 목적으로 만들어진 소프트웨어를 DBMS(database management system)라고 한다."

데이터베이스가 등장하게 된 배경과 역사를 알아보는 것은 데이터베이스를 이해하는 데 많은 도움이 되므로 알아보도록 하자. 최초의 컴퓨터라고 알려진 에니악(ENIAC)이 1946년 발표된 이래 컴퓨터 기술은 빠르게 발전하기 시작했다. 초기 컴퓨터는 군사용 또는 과학기술 계산용으로 활용되었지만, 데이터를 처리하는 뛰어난 능력을 알아본 기업들이 상업용으로 이용할 수 있는 컴퓨터를 개발하였다. 대표적인 회사가 우리가 잘 아는 IBM이다. 기업 업무에 컴퓨터를 이용하는 것은 첨단 회사의 상징처럼 여겨졌기 때문에 컴퓨터를 도입하는 것이 유행처럼 빠르게 확산되었다.

(1) 파일을 이용하는 데이터 처리의 문제

컴퓨터의 활용에 따라 기업 내에 데이터가 축적되면서 예상치 못한 문제들이 발생하게 되었다. 이 문제를 이해하기 위해서는 초기 컴퓨터 시스템에서 데이터를 어떻게 다루었는지를 이해할 필요가 있다. 〈그림 1-5〉에서 보는 바와 같이 이 시기에는 데이터가 여러 파일에 저장되었고, 응용프로그램이 직접 필요한 파일을 읽거나 쓰는 형태로 데이터를 처리하였다. 이러한 데이터 처리 환경은 다음과 같은 대표적인 문제들을 야기하였다.

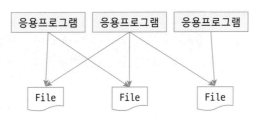

〈그림 1-5〉 파일을 이용한 데이터 처리

■ 데이터 종속성(data dependency)

데이터 종속성이란 데이터를 이용하는 프로그램이 데이터의 구조 변화에 영향을 받는 현상을 말한다. 〈그림 1-5〉에서 보는 바와 같이 응용프로그램은 필요로 하는 파일에 직접 접근해서 정보를 읽어 와야 하는데, 그렇게 하기 위해서는 〈그림 1-6〉에서 보는 바와 같이 프로그램이 파일의 구조정보를 알고 있어야 한다. 만일 필요에 의해서 학번의 자릿수를 현재 5자리에서 6자리로 늘려서 학생정보 데이터 파일을 새로 만들면, 이를 이용하는 모든 응용프로그램도 그에 맞게 코드를 고쳐야 한다. 〈그림 1-6〉의 COBOL[2] 프로그램은 학번(S-ID)의 자릿수를 X(5)에서 X(6)으로 변경해야 한다. 만일 어떤 응용프로그램이 미처 갱신되지 못해서 이전의 파일구조 정보를 가지고 학생정보 파일을 읽거나 쓴다면 학생정보 파일이 엉망이 될 것이다. 응용프로그램이 몇 개 안 되는 경우에는 별 어려움이 없겠지만, 수십 개, 수백 개의 응용프로그램으로 구성된 정보 시스템에서는 데이터 파일의 구조 변화에 따라 관련이 있는 응용프로그램들을 완벽히 수정하는 일은 쉬운 일이 아니다. 가능하다고 해도 많은 시간과 비용이 투입되어야 한다.

응용 프로그램	학생정보 파일

`01 STUDENT-TBL.`
`   03 STUDENT-RECORD.`
`      05  S-ID       PIC X(05).`
`      05  S-NAME     PIC X(20).`
`      05  S-TEL-NO   PIC X(12).`
`      05  S-AGE      PIC 9(02).`
	21001김철수 0212345613 20
	21002홍길동 0114341212 21
	22003이민수 0415742512 21
	21004이해용 0311231234 20
	22005강남석 0192325672 20
	21006박병길 0101232131 21

〈그림 1-6〉 학생정보 파일과 이를 이용하는 COBOL 프로그램

■ 데이터 무결성(data integrity)의 침해

데이터 무결성이란 데이터가 오류가 없는 정확한 값을 저장하고 있어야 함을 의미한다.

---

2) 당시에 업무용 소프트웨어를 개발할 때 주로 사용하던 프로그래밍 언어이다.

예를 들어, 학생의 나이를 저장하는 항목에 210이라는 숫자가 저장된다면 여러 가지 문제를 야기할 수 있다. 예를 들면, 그 학생이 속한 전공 학생들의 신입생 평균 나이가 25세라고 계산될 수도 있는 것이다. 이와 같은 오류를 막기 위해서는 신입생 정보를 입력하는 프로그램을 만들 때 나이에 오류가 있는지를 면밀히 검사해야 하는데, 숙련되지 않은 프로그래머가 오류 체크 기능이 없는 프로그램을 작성한다면 오류가 포함된 데이터가 생성되는 것을 막을 수 없다. 즉 데이터의 무결성이 침해되는 상황이 발생할 수 있는 것이다. 데이터의 무결성이 침해되면 기업이 막대한 금전적 손실을 입을 수도 있고, 잘못된 데이터에 기초한 잘못된 의사결정이 내려질 수도 있다.

■ 데이터 중복성(data redundancy)과 데이터 불일치(data inconsistency)

데이터의 중복성이란 동일한 정보가 여러 곳에 중복해서 존재하는 것을 말한다. 당시에는 네트워크가 발달하지 않았기 때문에 동일한 정보가 이곳, 저곳에 저장되는 경우가 많았다. 예를 들면, 사원 정보가 인사과 컴퓨터에도 저장되고 재무과 컴퓨터에도 저장되는 식이다. 이런 상황에서는 저장 공간이 낭비되고(당시에는 저장장치의 가격이 매우 비쌌다) 사원이 퇴사해서 인사과에는 등록되었는데, 재무과 컴퓨터는 미처 정보가 업데이트되지 않아 퇴사한 사원에게 급여가 지급되는 일이 발생할 수 있었다. 이와 같이 중복된 데이터의 내용이 서로 달라 발생하는 문제를 '데이터 불일치(data inconsistency)'라고 한다. 오늘날에도 우리가 이사를 했는데 우편물이 이전 주소지로 배달되는 것도 일종의 데이터 불일치에서 오는 문제라고 볼 수 있다.

■ 데이터 보안성(data security)의 결여

개인정보나 중요한 회사기밀 정보는 안전하게 보관되고 관리되어야 할 것이다. 그런데 당시의 파일에 데이터를 저장하는 방식은 그 파일이 유출되면 파일의 내용이 손쉽게 알려질 수 있는 구조였다. 오늘날과 같이 보안기술이 발달한 시대에도 개인정보가 유출되어 곤혹을 치루는 회사가 종종 생기는데 당시에는 컴퓨터에 대한 보안이 취약했고 파일의 유출에 대한 불안감이 높았다. 기업들은 더 안전하게 데이터를 관리할 수 있는 솔루션을 필요로 하였다.

■ 데이터 표준화(data standardzation)의 어려움

일정 규모 이상의 정보 시스템을 개발하기 위해서는 많은 수의 개발자들의 협력 작업이 필요하다. 이런 상황에서 개발자 A는 응용프로그램에서 학생 이름을 'S-NAME'으로, 길이는 20자리로 사용하고, 개발자 B는 학생 이름을 'SNME'으로, 길이는 15자리로 사용한다. 이런 식으로 데이터 이름이 표준화가 되어 있지 않으면 제3자가 프로그램을 이해하기도 어렵고 두 응용프로그램 간의 호환성에도 문제가 생길 수 있다. 이런 문제를 방지하기 위해 사전에 데이터 이름을 명명하는 표준화된 규칙을 만들어 지키도록 하는데, 개발에 바쁜 응용 프로그래머가 이를 지키지 않을 수 있다.

(2) 데이터베이스의 등장

이상에서 살펴본 문제들로 인해 기업들은 어려움을 겪었고, 이에 대한 해결책으로 등장한 것이 〈그림 1-7〉의 데이터베이스 시스템이다. 〈그림 1-5〉의 파일을 이용한 데이터 처리 환경과 비교해 보면 우선 개별적으로 존재하던 데이터 파일들을 한곳에 모아 두었다. 이렇게 모아둔 파일들의 집합을 **데이터베이스(Database)**라고 한다. 그리고 데이터베이스를 관리할 수 있는 소프트웨어를 만들었는데 이를 **데이터베이스 관리 시스템(Database management system)** 또는 줄여서 DBMS라고 한다. 응용프로그램들은 데이터베이스 내의 파일에 직접 접근할 수 없고 DBMS를 통해서 간접적으로만 접근이 가능하다. 이러한 구조는 여러 가지 장점이 있다. 우선 데이터 파일들을 한곳에 모아 공유하는 구조라서 데이터 중복 및 불일치의 문제가 해소될 수 있다. 데이터베이스를 암호화하여 관리함으로써 데이터베이스가 유출되더라도 열어볼 수가 없어서 보안 문제가 해결된다. 그리고 응용프로그램들이 DBMS를 통해 데이터에 접근함으로써 데이터 종속성의 문제와 데이터 무결성의 문제, 데이터 표준화의 문제를 상당 부분 해결할 수 있게 되었다. 초기 DBMS 제품들은 데이터 처리 속도가 느려서 외면 받다가 처리 속도가 개선되고 편리한 기능들이 추가됨으로써 데이터 처리를 위한 표준 솔루션으로 자리 잡게 되었다.

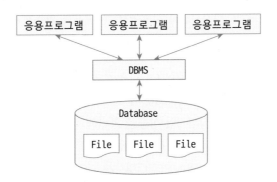

〈그림 1-7〉 데이터베이스 시스템을 이용한 데이터 처리

비슷해 보이는 이 용어들을 정리해서 기억할 필요가 있다. 데이터베이스는 개별 데이터 파일들을 하나로 모아 놓은 데이터 덩어리를 의미하고, DBMS는 데이터베이스를 관리해주는 소프트웨어를 말한다. 데이터베이스 시스템은 데이터베이스와 DBMS를 이용하여 데이터를 관리하고 처리하는 체계를 말한다.

(3) 데이터베이스의 역사[3]

1960년 제너럴 일렉트릭(GE)에 입사한 찰스 바크만(Charles Bachman)은 GE의 제조생산라인을 관리하기 위한 생산관리 시스템을 구축하면서 프로그램과는 별도로 데이터를 독립적으로 관리하기 위해 IDS(Intergrated Data Store)를 만들었다. 이 IDS가 최초의 상용 DBMS로 평가받는다.

1966년 미국항공우주국(NASA)의 아폴로 우주선 디자인을 맡은 로크웰(Rockwell)사는 엄청난 수의 부품을 관리하기 위해 IBM의 번 와츠(Vern Watts) 등 IBM 연구진과 공동으로 계층형 DBMS를 개발하기 시작했는데, 마침내 1968년 ICS/DL/I(Information Control System and Data Language/Interface)를 완성하였고, 이후 ICS는 IBM의 핵심 DBMS인 IMS/DB로 발전했고, NASA의 아폴로 우주계획을 성공적으로 도왔다.

1970년 IBM 연구소에서 근무했던 수학자인 E. F. 커드(Codd) 박사는 엔지니어 관점이 아닌 수학자의 관점에서 데이터 관리를 효율적으로 하기 위해서 관계 대수의 원리를 이용해 데이터를 저장하고 조회하면 된다는 아이디어를 논문으로 발표하였다. 논문을 구현하기 위해 시스템 R 프로젝트를 시작하였고 DBMS가 가져야 할 구조의 대부분이 설계되고 테스트되었다. 오늘날 널리 사용되는 SQL도 이때 설계되었다. IBM은 시스템 R을 발전시켜 SQL/DS에 이어 DB2로 발전시켰고 시장에서 큰 성공을 거두게 됐다. 오늘날 널리 사용되는 DBMS 제품들은 대부분 E. F. 커드가 제안한 관계형 모델을 따른다.

1970년 중반 암펙스(Ampex)라는 회사에서 CIA 관련 프로젝트를 하고 있었던 밥 마이너(Bob Miner), 래리 앨리슨(Larry Ellison), 에드 오츠(Ed Oates) 등은 E. F. 커드 박사의 논문을 접한 뒤 RDBMS의 상업적인 성공을 확신하고 SDL이라는 회사를 설립하였다. 그리고 밥 마이너는 혼자서 1년 만에 오라클(Oracle) DBMS 버전(Version) 1을 어셈블리어로 완성하였다. 이후 오라클은 DBMS의 대명사가 되었다.

---

3) 참조: https://www.datanet.co.kr/news/articleView.html?idxno=114558

〈그림 1-8〉 관계형 데이터베이스를 개발한 Edgar Frank Codd(1923~2003)(왼쪽)와 오라클을 개발한 Bob Miner(오른쪽)

(출처: 위키피디아)

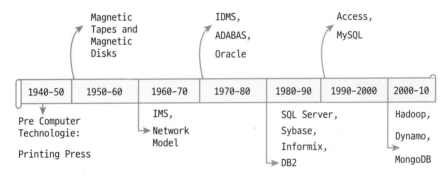

〈그림 1-9〉 데이터베이스의 역사

(https://www.c-sharpcorner.com/article/introduction-to-databases/)

현재 가장 많이 사용되는 데이터베이스 모델은 E. F. 커드가 제안한 관계형 데이터베이스 모델이다. 관계형 모델에서는 데이터가 테이블 형태로 표현되며, 사용자가 데이터를 쉽게 다룰 수 있도록 해주는 질의어(SQL)를 제공한다. 테이블 형태로 표현된 데이터는 단순해서 누구나 쉽게 이해할 수 있는 장점이 있다. SQL은 자연어에 가까운 문법을 가지고 있어서 배우기 쉽고, 데이터를 어떻게(how) 가져올 것인가 대신에 어떤(what) 데이터를 원하는지만 기술해주면 되기 때문에 사용자나 개발자의 입장에서는 데이터를 다루는 작업이 매우 단순해진다. SQL 명령어나 문법은 표준화되어 있기 때문에 대부분의 명령어는 모든 관계형 데이터베이스 제품에서 공통적으로 사용 가능하다. 〈그림 1-11〉은 인기 있는 관계형 데이터베이스 제품들의 목록이다.

EMPLOYER

empno	ename	dept	tel	salary
100	김기훈	영업	1241	200
101	홍성범	기획	5621	200
102	이만수	영업	5251	250
103	강나미	생산	1231	300

"영업부에 속한 모든 사원의
이름과 전화번호를 보이시오."
⇒
SELECT ename, tel
FROM   employer
WHERE   dept = '영업'

〈그림 1-10〉 관계형 데이터베이스에서 테이블로 표현된 데이터와 테이블에 대한 SQL 질의문의 예

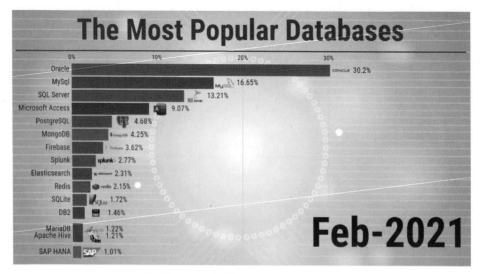

〈그림 1-11〉 관계형 데이터베이스 제품들
(출처: https://statisticsanddata.org/data/the-most-popular-databases-2006-2021)

관계형 데이터베이스는 테이블 형태의 정형화된 데이터의 저장 및 관리에 용이하다. 최근 들어, SNS, 문자메시지, 이미지 데이터 등 비정형 데이터의 증대로 기존 관계형 데이터베이스로는 처리가 어려운 데이터들이 증가하고 있다. 이에 따라 noSQL 제품들이 등장하였다. noSQL은 'Not Only SQL'을 의미한다. 이에 대해서는 마지막 단원에서 다시 소개하기로 한다.

1.4 실습환경의 구축

지금까지 데이터의 중요성, 데이터베이스의 등장 배경과 역사에 대해 알아보았다. 본 교재에서는 데이터베이스 실습을 위해 오라클 XE(Oracle Express Edition) 및 Oracle SQL Developer를 이용한다. 오라클 XE은 오라클사에서 제공하는 무료 DBMS 소프트웨어로서 교재 작성 당시의 최신 버전은 21c이다. Oracle SQL Developer는 오라클을 쉽게 이용할 수 있도록 사용자 인터페이스를 제공하는 소프트웨어로서 대부분의 실습은 SQL Developer를 통하여 이루어진다. 소프트웨어의 버전 및 다운로드 사이트는 계속 변화가 있으니 참고하도록 한다. 윈도우 환경에 설치하는 것을 기본으로 설명하는데 다른 운영체제의 경우도 유사한 과정을 따라 설치할 수 있다.

오라클 XE를 처음 설치한 상태에서는 볼 수 있는 데이터가 없으므로 실습용 데이터의 생성이 필요하다. 오라클 XE와 Oracle SQL Developer를 설치한 후에 실습용 데이터를 생성하도록 한다.

> ⚠ **주의**
>
> 오라클 XE와 Oracle SQL Developer를 다운로드하기 위해서는 오라클사 홈페이지에 로그인해야 하므로 계정이 없는 사용자는 먼저 계정을 생성하여 로그인한 후에 다음의 단계들을 진행하도록 한다.

(1) 설치 전 확인 사항

오라클 XE가 정상적으로 설치되기 위해서는 다음의 사항들이 충족되어야 한다.

- 설치 폴더의 경로에 한글이나 클라우드 공유 폴더가 포함되지 않도록 한다.
- 컴퓨터의 이름(장치 이름)은 영어로 되어 있어야 한다.
- 오라클 XE를 설치하기 위해 윈도우에 로그인할 때, 계정 이름은 영어로 되어 있어야 한다.
- 메인 메모리(RAM)는 8GB 이상인 것이 좋다.

오라클 XE 설치 전에 컴퓨터 이름, 운영체제 종류, 시스템 종류, 메모리 사이즈 등을 시스템 정보에서 미리 확인하도록 한다. (윈도우 설정 화면 → 시스템 → 정보)

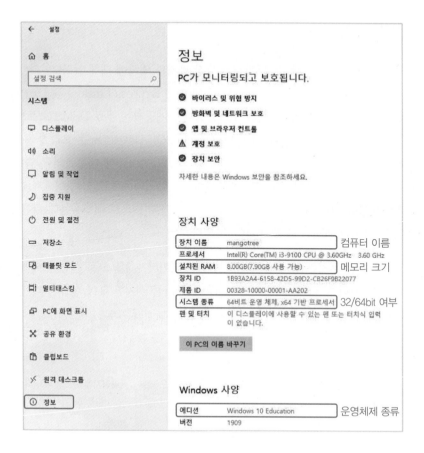

(2) 오라클 Express Edition의 설치

① 오라클 사이트(https://www.oracle.com/)에 방문하여 [Product] → [Oracle database]를 차례로 선택한다.

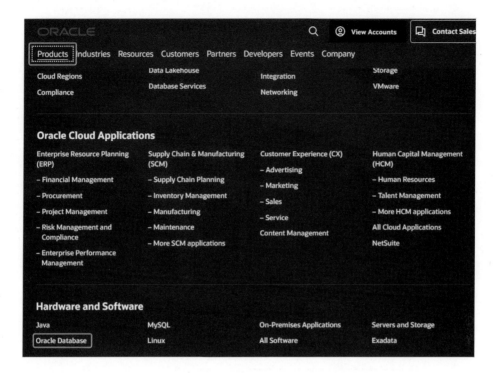

② [Download Oracle Database 19c]를 클릭한다.

③ 오라클 무료 버전인 Express Edition 페이지로 이동한다.

④ 윈도우 운영체제를 위한 XE 버전을 선택하여 다운로드한다.

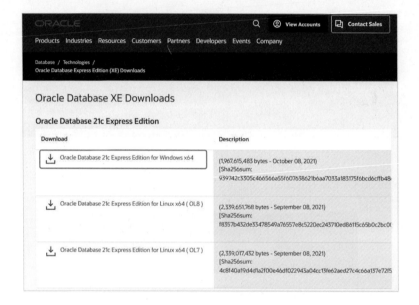

⑤ 다운로드한 압축파일을 특정 폴더에 해제한 후 setup.exe 프로그램을 실행한다.

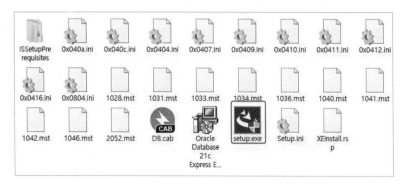

⑥ 오라클 XE 설치 마법사가 실행되면 [다음]을 클릭하여 라이선스 동의를 진행한다.

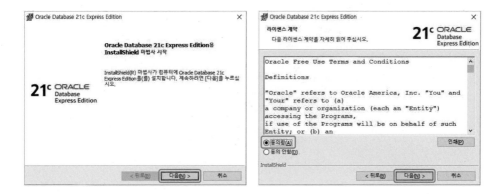

⑦ 오라클 XE를 설치할 경로를 지정한 후 다음 단계로 진행한다. (설치 경로에 한글이 포함되거나 클라우드 공유 폴더가 포함되면 설치 후 실행에 문제가 생길 수 있으니 주의한다.)

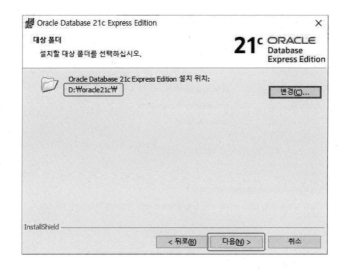

⑧ 데이터베이스 관리자 계정의 비밀번호를 입력하는 단계이다. 안전한 비밀번호를 입력하는 것이 바람직하나, 실습용으로 사용할 것이라 기억하기 쉬운 간단한 비밀번호를 지정하고 다음으로 진행한다.

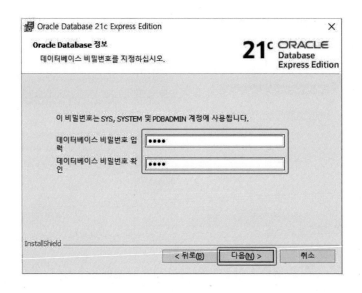

⑨ [설치] 버튼을 클릭하여 설치를 시작한다.

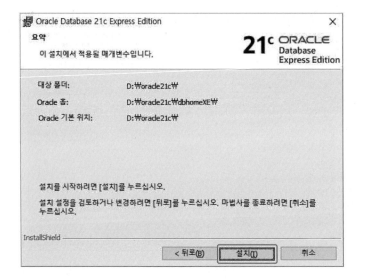

⑩ 오라클 XE의 설치가 진행되는데(왼쪽 화면) 컴퓨터의 성능에 따라 설치에 시간이 다소 소요될 수 있다. 설치가 완료되면 오른쪽과 같이 성공 메시지가 표시된다. [완료]를 클릭하여 설치 작업을 종료한다.

Note - 오라클 설치 종료 화면

마지막 종료 화면은 설치한 오라클에 대해 다음과 같은 중요한 정보를 담고 있다.

- 다중 테넌트 컨테이너 데이터베이스가 설치되었다.
- 오라클 DBMS 접속 주소는 localhost:1521이다.
- 플러그인 할 수 있는 데이터베이스 XEPDB1도 함께 설치되었다.
- 엔터프라이즈 매니저(EM)는 https://localhost:5500/em이다.

이 내용은 중요하므로 따로 기록해 두도록 한다. 특히 오라클 DBMS 접속 주소는 중요하다. 여기서 localhost 는 오라클을 설치한 컴퓨터를 의미한다. 기타 용어들은 차차 배울 것이다.

⑪ 설치가 완료되면 윈도우 메뉴에서 확인할 수 있다.

오라클 XE 버전은 정품 구매 전에 테스트용으로 제공되는 무료 DBMS 제품으로 정품에 비해 제약사항이 있으나 학습용으로 이용하는 데는 아무 문제가 없다. XE 버전의 제약사항은 다음과 같다.

– 사용자 데이터 공간: 최대 12GB
– 데이터베이스 이용 RAM: 2GB
– 이용 가능 CPU 스레드: 최대 2개
– 생성 가능한 데이터베이스: 최대 3개

(3) SQL Developer의 설치

① Oracle SQL Developer 다운로드 사이트로 이동한다(https://www.oracle.com/database/sqldeveloper/technologies/download/).

② 자신의 운영체제 종류(64bit, 32 bit) 및 JDK 사전 인스톨 여부에 따라 적절한 버전을 선택하여 다운로드한다.

운영체제 종류	JDK 사전 인스톨 여부	다운로드 선택
64bit	인스톨	(1), (2) 모두 가능
	미 인스톨	(1)
32bit	인스톨	(2)
	미 인스톨	(2) (JDK를 따로 인스톨해야 함)

※ JDK는 자바(Java) 언어를 실행할 수 있는 환경을 제공한다.

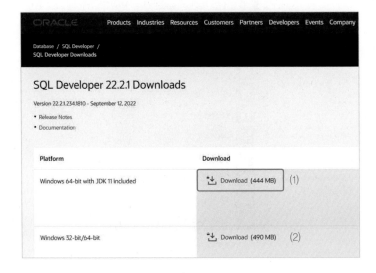

③ 저작권 조항에 동의하고 다운로드를 시작한다.

④ 다운로드한 압축파일을 원하는 폴더에 복사 후 해제한다. Oracle SQL Developer는 별도의 설치 작업 없이 sqldeveloper.exe 파일을 클릭함으로써 프로그램을 실행한다.

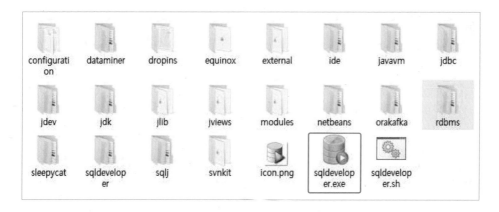

⑤ sqldeveloper.exe 파일을 클릭하여 정상 실행 여부를 확인한다.

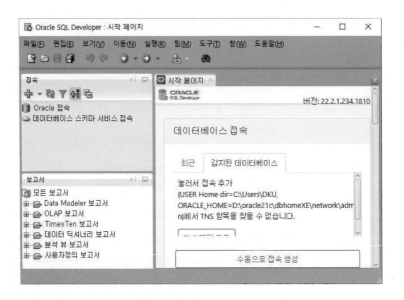

⑥ 실습에 자주 사용할 프로그램이므로 시작 화면에 등록하도록 한다. sqldeveloper.exe
아이콘 위에서 마우스 오른쪽 버튼을 클릭하여 메뉴가 표시되면 '시작 화면에 고정'을
선택한다.

⑦ 이제부터 Oracle SQL Developer를 실행할 때는 윈도우의 시작 화면에서 클릭하면
된다.

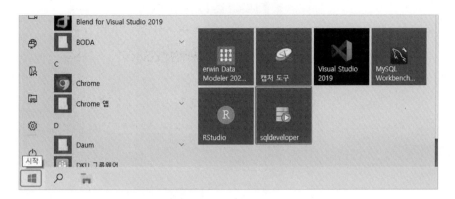

지금까지 실습을 위해 오라클 XE와 Oracle SQL Developer를 설치하였다. 두 소프트웨
어의 사용 방법은 다음 장에서 설명한다.

(4) 실습용 데이터의 생성

실습용 데이터에는 사원 정보와 부서 정보를 담고 있는 테이블이 포함되어 있다. 또한 실
습에 사용할 사용자 계정도 포함되어 있다. 일일이 수작업으로 데이터를 생성하기는 어려
우므로 제공한 스크립트 파일(create_emppdb_oracle.sql)을 이용하여 간편하게 생성하
도록 한다. 먼저 create_emppdb_oracle.sql이 어떤 폴더에 있는지를 확인한 후에 다음
의 과정을 따르도록 한다.

① 윈도우의 메뉴 중 Oracle 서브 메뉴에서 [SQL Plus] 항목을 찾아 클릭한다. 이것이
오라클 DBMS와 소통하기 위한 유틸리티 프로그램이다.

② SQL Plus 화면이 표시되면 다음과 같이 사용자 이름을 입력하여 로그인한다.

사용자명 입력: / as sysdba

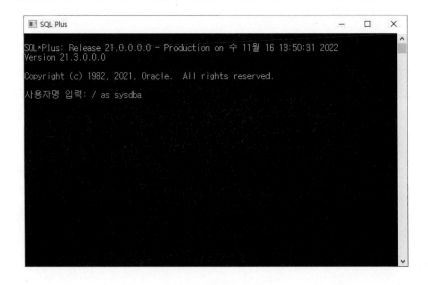

'/ as sysdba'의 의미는 사용자 계정과 비밀번호를 지정하지 않고 로그인하되 관리자 권한(sysdba)을 갖도록 로그인하는 것이다.

③ 로그인에 성공하면 다음과 같이 **SQL>**이 표시되고 명령을 처리할 준비가 된다.

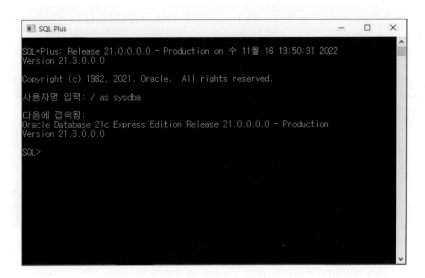

④ 이제 제공된 데이터를 생성하는 스크립트 파일(create_emppdb_oracle.sql)을 불러와
서 다음과 같이 실행한다. 다음 명령문은 제공된 파일이 **d:/test** 폴더에 저장되어 있
는 경우이다. 파일의 전체 경로에 @를 붙이면 해당 스크립트 파일의 내용이 실행된다.

SQL> @d:/test/create_emppdb_oracle.sql

⑤ 정상적으로 실행이 완료되면 다시 **SQL>**이 표시된다.

..
SQL>

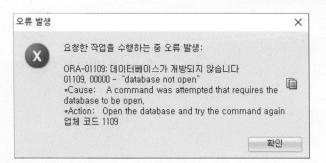

```
SQL> INSERT INTO EMP VALUES (7900,'JAMES','CLERK',7698,to_date('1981-12-3', 'yyyy-mm-dd'),950,NULL,30);
1 개의 행이 만들어졌습니다.
SQL> INSERT INTO EMP VALUES (7521,'WARD','SALESMAN',7698,to_date('1981-2-22', 'yyyy-mm-dd'),1250,500,30);
1 개의 행이 만들어졌습니다.
SQL> INSERT INTO EMP VALUES (7902,'FORD','ANALYST',7566,to_date('1981-12-3', 'yyyy-mm-dd'),3000,NULL,20);
1 개의 행이 만들어졌습니다.
SQL> INSERT INTO EMP VALUES (7369,'SMITH','CLERK',7902,to_date('1980-12-17', 'yyyy-mm-dd'),800,NULL,20);
1 개의 행이 만들어졌습니다.
SQL> INSERT INTO EMP VALUES (7788,'SCOTT','ANALYST',7566,to_date('1982-12-9', 'yyyy-mm-dd'),3000,NULL,20);
1 개의 행이 만들어졌습니다.
SQL> INSERT INTO EMP VALUES (7876,'ADAMS','CLERK',7788,to_date('1983-1-12', 'yyyy-mm-dd'),1100,NULL,20);
1 개의 행이 만들어졌습니다.
SQL> INSERT INTO EMP VALUES (7934,'MILLER','CLERK',7782,to_date('1982-1-23', 'yyyy-mm-dd'),1300,NULL,10);
1 개의 행이 만들어졌습니다.
SQL>
```

⑥ 모든 작업이 마무리되었으므로 SQL Plus를 종료한다.

```
SQL> quit
```

Note --

실습환경을 설치하면 실습용 데이터베이스인 emppdb가 생성되고 사용 가능한 상태(OPEN)로 설정되어 있다. 어떤 이유로 데이터베이스와의 연결이 해제되는 경우가 있는데 이런 경우 데이터베이스에 접속하려면 다음과 같은 오류가 표시된다.

이럴 때는 수동으로 데이터베이스를 연결시켜 주어야 하는데 SQL Plus에 접속하여 다음과 같이 명령어를 입력해주면 문제가 해결된다.

```
alter pluggable database emppdb open ;
```

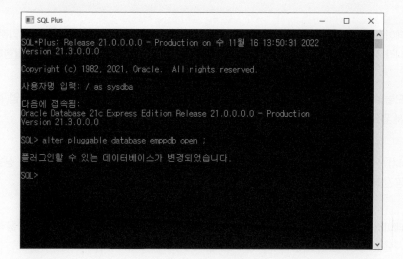

단원 요약

1. 데이터의 시대(age of data)란 많은 양의 데이터가 수집, 저장되고 이 데이터가 산업뿐만 아니라 정치, 경제, 문화 등 인간의 삶 전 영역에서 활용되고 영향을 미치는 시대를 말한다.

2. 오늘날 데이터를 이해하고 활용할 줄 아는 능력은 IT 분야에서뿐만 아니라 전 산업 분야에서 필요로 하는 덕목이 되었다.

3. 4차 산업혁명의 시대란 '디지털 혁명에 기반하여 물리적 공간, 디지털적 공간 및 생물학적 공간의 경계가 희석되는 기술융합의 시대'를 의미한다.

4. 데이터는 4차 산업혁명의 '원유' 역할을 하고 있다. 데이터는 인공지능, 빅데이터, 클라우드, 사물인터넷 기술을 가능하게 하는 기본 원료이다.

5. 데이터 경제란 데이터의 활용이 경제활동의 중요한 생산요소로 사용되는 경제구조를 의미한다.

6. 관리하고자 하는 데이터들을 한곳에 체계적으로 모아 놓은 것을 데이터베이스(database)라고 하고, 이러한 데이터베이스를 관리할 목적으로 만들어진 소프트웨어를 DBMS(database management system)라고 한다.

7. 컴퓨터의 보급과 정보 시스템 확대에 따라 데이터 관리 체계였던 파일 시스템에서 많은 문제들이 발생하였고, 이를 극복하고자 데이터베이스가 제안되었다.

8. 데이터 종속성이란 데이터를 이용하는 프로그램이 데이터의 구조 변화에 영향을 받는 현상을 말한다.

9. 데이터 무결성이란 데이터가 오류가 없는 정확한 값을 저장하고 있어야 함을 의미한다.

10. 데이터의 중복성이란 동일한 정보가 여러 곳에 중복해서 존재하는 것을 말하며, 중복된 데이터들이 서로 다른 내용을 갖고 있는 현상을 데이터 불일치 문제라고 한다.

11. 개인정보나 중요한 회사기밀 정보는 안전하게 보관되고 관리되어야 한다. 초기의 파일 시스템은 데이터 보안성을 충분히 제공하지 못하였다.

12. 데이터베이스 시스템은 초기의 파일 시스템이 갖고 있었던 데이터 종속성, 데이터 무결성, 데이터 중복과 불일치, 보안성의 결여 문제를 상당 부분 해결하였고, 오늘날 데이터를 저장하고 관리하는 기본 솔루션으로 자리 잡았다.

13. 데이터베이스는 여러 종류가 있는데 E. F. 커드가 제안한 관계형 데이터베이스 제품들이 주류를 이루고 있다.

14. 오라클 XE은 오라클사에서 제공하는 무료 DBMS 소프트웨어이다.

15. Oracle SQL Developer는 오라클을 쉽게 이용할 수 있도록 사용자 인터페이스를 제공하는 소프트웨어이다.

연습문제

1. 많은 양의 데이터가 수집, 저장되고 이 데이터가 산업뿐만 아니라 정치, 경제, 문화 등 인간의 삶 전 영역에서 활용되고 영향을 미치는 시대를 (   )라고 한다.

2. 디지털 혁명에 기반하여 물리적 공간, 디지털적 공간 및 생물학적 공간의 경계가 희석되는 기술융합의 시대를 (   )의 시대라고 한다.

3. 다음 중 4차 산업혁명 시대의 주요 기술이 아닌 것을 고르시오.
   ① 블록체인   ② 빅데이터   ③ 인공지능   ④ 인터넷   ⑤ 3D 프린팅

4. (   )가 4차 산업혁명 시대에 관련된 기술들을 가능하게 하는 기본 원료의 역할을 하고 있다.

5. (   )란 데이터의 활용이 경제활동의 중요한 생산요소로 사용되는 경제구조를 뜻한다.

6. 관리하고자 하는 데이터들을 한곳에 체계적으로 모아 놓은 것을 (①)라고 하고, 이러한 (①)를 관리할 목적으로 만들어진 소프트웨어를 (②)라고 한다.

※ 다음은 파일 시스템을 기반으로 한 데이터 관리 시스템의 문제에 대한 설명이다. 무엇에 대한 설명인지 보기에서 고르시오(7~11번).

<보기>
㉠ 데이터 중복성	㉡ 데이터 종속성	㉢ 데이터 불일치
㉣ 데이터 보안성의 결여	㉤ 데이터 무결성의 침해	

7. 나이를 입력하는 항목에 580이 저장되었다.

8. 사원에 대한 정보가 영업부서에도 저장되어 있고 회계부서에도 저장되어 있다.

9. 데이터가 저장된 파일의 구조가 바뀌면 그 파일을 이용하는 프로그램도 바뀌어야 한다.

10. 서버에 저장된 사원 데이터를 보조기억장치에 복사하여 외부로 유출하였다.

11. 교무처에 저장된 A 학생의 주소와 고객만족센터에 저장된 A 학생의 주소가 다르다.

12. 다음 중 데이터베이스 시스템에 대한 설명으로 옳지 않은 것을 고르시오.

① 조직에서 필요로 하는 데이터들을 한곳에 체계적으로 모아 놓고 공유하는 것이 데이터베이스의 기본 철학이다.

② DBMS의 역할 중 하나는 데이터베이스에 저장된 데이터를 관리하는 일이다.

③ 응용프로그램이 데이터베이스에 저장된 데이터를 직접 읽을 수 있다.

④ 오늘날 가장 널리 사용되는 것은 관계형 데이터베이스이다.

데이터베이스 시스템

contents

데이터베이스 시스템

2.1 데이터베이스 시스템의 개념

1장에서 우리는 데이터베이스가 등장하게 된 배경을 살펴보았다. 요약하면 응용 프로그램이 데이터 파일에 직접 접근하도록 하는 방식이 많은 문제를 야기하였기 때문에 데이터 파일들을 한곳에 모으고, 이를 관리하는 SW를 둠으로써 문제를 해결하는 방식이 데이터베이스 시스템이었다. **데이터베이스 시스템**(database system)이라는 용어는 학자나 서적마다 조금씩 다른 의미로 해석되는데[1] 본 교재에서는 '데이터베이스를 이용하여 데이터를 저장하고 처리하는 시스템'으로 정의하기로 한다. 이번 단원에서는 데이터베이스 시스템에 대해 보다 자세히 알아보도록 한다. 〈그림 2-1〉은 데이터베이스 시스템의 활용 환경을 묘사한 것이다.

---

[1] 데이터베이스 시스템은 데이터베이스 및 DBMS와 저장을 위한 하드웨어 그리고 데이터베이스 사용자까지를 포함하는 개념으로 정의되기도 한다.

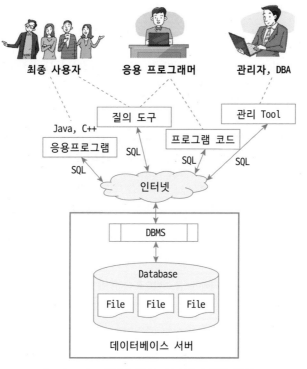

〈그림 2-1〉 데이터베이스 시스템과 활용 환경

데이터베이스 시스템의 핵심 요소는 데이터베이스와 데이터베이스 관리 시스템(DBMS)이다. 데이터베이스는 조직이 관리하는 데이터를 한곳에 체계적으로 모아 놓은 것을 말하며, DBMS는 모아 놓은 데이터를 관리하고 사용자의 요구를 처리해주는 소프트웨어이다. 오라클, 마이크로소프트 같은 대형 회사들이 제품을 개발하여 공급하고 있다. 데이터베이스/DBMS는 다수 사용자가 공동으로 이용하려는 목적이 크기 때문에 성능이 좋은 컴퓨터에 설치하여 운영하는 경우가 대부분이다. 이 컴퓨터를 '**데이터베이스 서버**' 또는 줄여서 'DB 서버'라고 부른다. 데이터베이스 서버는 인터넷과 같은 네트워크에 연결되어 있고, 네트워크를 통해 들어오는 수많은 사용자들의 요구를 처리한다. 데이터베이스를 사용하는 **사용자**들은 다양하다. 이들은 응용프로그램 또는 질의도구, DB 관리 툴과 같은 SW를 통해서 DBMS와 의사소통을 한다. 응용 프로그램(또는 관리도구)이 DBMS에 요구사항을 전달하는 방식은 **SQL**이라고 하는 표준화된 언어를 통해 이루어지며, DBMS는 응용 프로그램(또는 관리도구)의 요청 사항을 접수하고, 이를 실행한 결과를 다시 응용 프로그램(또는 관리도구)에 전달한다. 이것이 데이터베이스 시스템이 운영되는 일반적인 방식이다. 사용자와 DBMS가 의사소통을 할 수 있는 유일한 수단이 SQL이기 때문에 좁은 의미에서 데이터베이스를 공부한다는 것은 SQL 사용법을 배우는 것을 의미하기도 한다.

다음 단원부터 〈그림 2-1〉에 등장하는 각 요소들을 하나하나 살펴보도록 한다.

Note -

데이터베이스, 데이터베이스 관리 시스템(DBMS), 데이터베이스 시스템은 용어가 비슷하여 처음 접하는 경우 차이를 구분하기 어려운데, 다음의 표를 통해 개념을 다시 한 번 정리하도록 하자.

용어	설명
데이터베이스	조직이 관리하는 데이터를 체계적으로 모아 놓은 데이터 저장소. **데이터의 덩어리**
데이터베이스 관리 시스템 (DBMS)	데이터베이스를 관리하고 사용자의 요구를 처리하는 **소프트웨어**
데이터베이스 시스템	데이터베이스를 기반으로 데이터를 처리, 저장, 공유, 활용하는 **전체 시스템**

Note - 데이터베이스 이야기

가트너가 발표한 2021년 글로벌 데이터베이스 관리 시스템(DBMS) 보고서에 따르면 세계 DBMS 시장 규모가 800억 달러에 이른다고 한다. 최근 데이터베이스 시장은 클라우드 DBMS 서비스가 증가하는 특징을 보이고 있다. 다음의 그래프는 2022년 기준 DBMS 랭킹을 보여준다. 오라클, MySQL, MS SQL Server 등이 선두권을 형성하고 있다. 국내 시장에서의 랭킹도 유사하나 국산 제품들도 일부 사용되고 있다. 국산 DBMS 제품으로는 티베로, 큐브리드, 알티베이스 등이 있다.

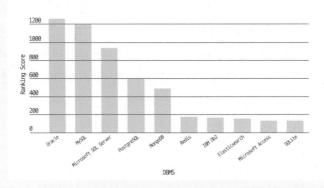

World's Most Popular Database Management System

(출처: https://stockapps.com/blog/oracle-ranks-as-the-worlds-most-popular-database-management-system-with-a-1266-ranking-score/)

2.2 데이터베이스와 데이터베이스 관리 시스템

(1) 데이터베이스(database)

데이터베이스는 여러 사람이 공유할 목적으로 연관된 데이터를 체계적으로 모아 놓은 저장소이다. 쉽게 표현하면 모아 놓은 데이터의 덩어리인 것이다. 쇼핑몰 관리를 위한 데이터베이스에는 고객, 상품, 주문 등의 데이터가 저장되고 관리될 것이다. 도서관 관리를 위한 데이터베이스에는 회원정보, 도서정보, 대여 정보 등이 관리될 것이다. 데이터베이스에 정보를 저장하는 기본 단위는 **테이블(table)**이다. 과거에 고객정보가 하나의 파일(file)에 저장되고 사용되었다면 데이터베이스에서는 고객 테이블에 저장되고 사용된다. 이런 의미에서 데이터베이스는 테이블들의 집합이라고 표현할 수도 있다.

〈그림 2-2〉 여러 종류의 데이터베이스

사용자에게 데이터를 어떤 식으로 보이게 하고, 다룰 수 있도록 지원하는가에 따라 데이터베이스의 유형이 나뉘는데 역사적으로는 계층형 데이터베이스, 네트워크형 데이터베이스, 관계형 데이터베이스가 있었으며, 오늘날 가장 널리 사용되는 데이터베이스 유형은 관계형 데이터베이스로서 우리가 학습할 유형이기도 하다. 데이터베이스의 유형에 대해서는 다음 단원에서 자세히 살펴보도록 한다.

데이터베이스는 보통 물리적인 저장장치인 하드디스크 상에 구현된다. 데이터베이스의 물리적 구현 방식은 DBMS 제품마다 다른데, 예를 들면 특정 폴더에 데이터를 모아 놓을 수도 있고, 하나의 커다란 파일에 작은 파일들을 모아서 저장할 수도 있다. 오라클의 경우는 여러 개의 파일들이 모여서 하나의 데이터베이스로서 역할을 한다.

논리적 데이터베이스   물리적 데이터베이스

〈그림 2-3〉 오라클에서 물리적 데이터베이스의 구현

데이터베이스 안에는 사용자가 만든 테이블도 있지만, 존재하는 데이터베이스들을 관리하기 위한 정보를 담고 있는 테이블도 있다. 예를 들면, 어떤 데이터베이스에 어떤 파일(테이블)들이 있는지, 각 파일의 구조는 어떠한지, 사용자는 누가 있는지, 각 사용자의 권한은 무엇인지 등의 정보가 필요하다. 이러한 정보를 관리하기 위해 만들어진 테이블들을 특별히 **시스템 카탈로그(System catalog)** 또는 **데이터 사전(Data dictionary)**이라고 한다. 시스템 카탈로그는 DBMS가 이용하는 정보로서 데이터베이스를 생성하면 시스템 카탈로그도 함께 생성된다. 따라서 데이터베이스에는 사용자가 이용할 목적으로 사용자가 생성한 테이블과 DBMS가 사용할 목적으로 자동 생성하는 시스템 카탈로그가 함께 존재한다.

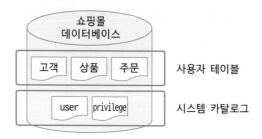

〈그림 2-4〉 사용자 테이블과 시스템 카탈로그

Note ⊸

시스템 카탈로그와 같이 다른 데이터를 관리하기 위한 데이터, 다른 말로 데이터에 관한 데이터를 메타 데이터(meta data)라고 한다.

Note ⊸

제품에 따라 시스템 카탈로그가 사용자 데이터베이스와는 별도의 데이터베이스에 저장되고 관리되기도 한다.

(2) 데이터베이스 관리 시스템(database management system)

데이터베이스 관리 시스템(DBMS)은 이름 그대로 데이터베이스를 관리하는 소프트웨어이다. DBMS는 보통 사용자의 요구를 언제라도 수행하기 위해서 백그라운드 프로세스의 형태로 상시 실행된다. 〈그림 2-5〉는 실행 중에 있는 오라클 DBMS를 보여준다. 윈도우 작업 관리자의 백그라운드 프로세스 목록에서 확인할 수 있다. DBMS는 그 역할과 기능이 매우 복잡하기 때문에 단일 소프트웨어로 구현하기 어렵다. 따라서 각기 다른 기능을 하는 여러 소프트웨어들이 함께 실행되면서 DBMS의 역할을 수행한다고 보면 된다. 〈그림 2-5〉에서도 ORACLE RDBMS kernel과 ORACLE TNSLSNR 프로세스가 함께 실행되는 것을 알 수 있다.

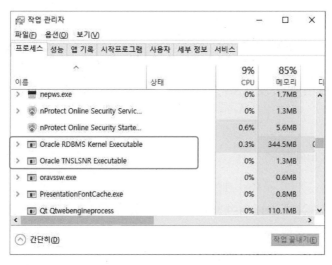

〈그림 2-5〉 실행 중인 오라클 DBMS 소프트웨어

DBMS는 데이터베이스 시스템의 핵심요소이며, 사용자 입장에 보았을 때 다음과 같이 3가지의 서비스를 제공한다.

- 데이터 정의 기능: 사용자가 데이터베이스를 생성하거나 데이터베이스 내에 원하는 구조의 파일(테이블)을 생성/변경할 수 있도록 지원한다.
- 데이터 조작 기능: 사용자가 데이터베이스 내의 파일(테이블)에 대해 조회하거나 데이터를 삽입, 수정, 변경, 삭제하는 기능을 제공한다.
- 데이터 제어 기능: 다수의 사용자가 이용하는 데이터베이스 내의 데이터를 정확하고 안전하게 유지하는 기능을 말한다. 권한이 있는 사용자에 대해서만 데이터베이스로의 접근을 허용하며, 다수 사용자의 요구를 동시에 처리하는 기능(이를 '병행수행 제어'라고 한다)과 정기적으로 데이터베이스를 백업하고, 데이터베이스에 장애가 발생하면 이를 복구하는 기능을 제공한다.

2.3 데이터베이스 사용자

데이터베이스는 다양한 수준의 사용자가 다양한 경로를 통해 이용한다. 데이터베이스 사용자는 크게 최종 사용자, 응용 프로그래머, 데이터베이스 관리자로 구분할 수 있다.

〈그림 2-6〉 데이터베이스 사용자

■ 최종 사용자(End user)

최종 사용자들은 이미 구축된 데이터베이스를 '이용'하는 데 주된 관심이 있다. 최종 사용자는 질의어(SQL)를 이용하여 매번 다른 정보를 검색하는 **캐주얼 사용자**와 이미 작성된 프로그램을 통해 동일 작업을 주로 반복해서 수행하는 **초보 사용자**로 나눌 수 있다. 캐주얼 사용자는 개발자이거나 기업 내부 사용자인 경우가 많다. DBMS가 제공하는 유틸리티 프로그램을 통해서 실시간으로 SQL 문을 입력하여 결과를 확인하며, 매번 다른 SQL 문을 사용한다. 초보 사용자는 기업에서 일하는 사무원, 고객 등으로 사전에 작성된 소프트웨어나 인터넷 사이트를 통해 데이터베이스를 이용한다. 따라서 초보 사용자들은 데이터베이스가 존재하는지조차 인지하지 못하면서 데이터베이스를 이용한다. 초보 사용자의 사례로 〈그림 2-7〉의 ATM 사용자를 생각할 수 있다.

어떤 사용자가 ATM 기기에서 현금 10만 원을 인출하는 작업을 한다고 했을 때 이 사용자는 ATM 화면에서 메뉴 중 현금 인출을 누를 것이다. ATM에는 사용자 서비스 앱이 실행되고 있고, 사용자가 자기 계좌번호 등을 입력하고 인출해 달라고 요청을 하면 ATM 앱은 네트워크를 통해서 DBMS에 인출 작업을 요청하게 된다. DBMS는 데이터베이스에서 사용자의 계좌정보를 확인하여 잔액이 충분한지를 확인하고 승인 여부를 ATM 앱에 통보한다. DBMS로부터 인출승인이 오면 ATM 앱은 현금을 사용자에게 지급하게 된다. 물론 DBMS는 사용자의 계좌 잔액을 인출 금액만큼 차감하여 변경할 것이다.

이와 같이 ATM 사용자는 분명히 데이터베이스를 이용하였지만 이용 여부를 알지 못한다. 비슷하게 신용카드/교통카드 사용자, 항공권 예약자, 인터넷 쇼핑몰 이용자 등도 자신도 모르게 데이터베이스를 이용하는 초보 사용자로 볼 수 있다.

〈그림 2-7〉 ATM을 통한 은행 데이터베이스의 이용

■ 응용 프로그래머(Application programmer)

응용 프로그래머(앱 개발자)는 문자 그대로 데이터베이스를 이용하는 어플리케이션(앱) 개발자이다. 데이터베이스 앱은 기업에서 이용하는 대규모 정보시스템부터 개인의 일정관리 프로그램까지 그 규모가 다양하나 데이터베이스를 이용해서 데이터를 관리한다는 공통점이 있다. 응용 프로그래머는 자바, C/C++, 파이썬 등의 프로그램 언어를 이용하여 앱을 개발하며, 프로그램 내부에 데이터베이스에 접근하기 위한 질의어(SQL)를 포함한다. 다음은 데이터베이스를 이용하는 파이썬 프로그램의 일부이다. 중간에 진한 글씨 부분이 DBMS에 요청할 작업을 SQL 문 형태로 작성한 것이다. 이와 같이 프로그래밍 언어 안에 포함된 SQL을 '내장 SQL' 또는 '임베디드 SQL'이라고 한다.

```
import pymysql
conn = pymysql.connect(host='localhost', user='root', password='1234', db='world',
                       charset='utf8')
cur = conn.cursor()
sql = "select * from country where continent='Asia'"
cur.execute(sql)
```

〈그림 2-8〉 데이터베이스를 이용하는 파이썬 프로그램

■ 데이터베이스 관리자(DBA; Database administrator)

데이터베이스 시스템의 운영, 관리에 대한 책임을 지고 있는 사용자이다. 데이터베이스에 저장된 정보를 '이용'하기보다는 데이터베이스를 설계하고 구축하며, DBMS가 정상적인 성능을 유지할 수 있도록 관리하는 데 관심이 있다. DBA는 현장 업무와 데이터베이스에 대한 기술적 지식이 풍부해야 한다. DBA는 보통 〈그림 2-9〉와 같은 전문적인 관리 도구를 이용하여 임무를 수행한다. 대규모 조직인 경우 데이터베이스 관리를 한 사람이 맡지 않고 직무 분야를 나누어 그룹으로 관리하는 경우도 있다.

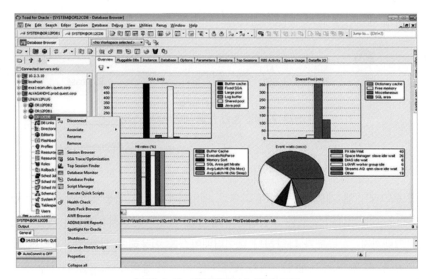

〈그림 2-9〉 데이터베이스 관리 도구

(https://www.quest.com/toad/database-administrator.aspx)

다음은 데이터베이스 관리자의 임무 목록 일부이다.

- 데이터베이스 구성 요소 결정
- 데이터베이스 스키마 정의
- 데이터 저장구조와 액세스 방법 결정
- 데이터베이스 보안 및 권한 관리 정책 수립
- 데이터 유효성 검사 방법 수립
- 백업, 회복 절차 결정
- 데이터 무결성 유지 대책 수립
- 시스템 성능 모니터링 및 성능 향상 방안 수립
- 데이터베이스에 대한 새로운 요구사항에 대응, 데이터베이스 재구성
- 데이터베이스 관련 각종 통계 분석
- 데이터 표현과 문서화 표준 설정, 시행

2.4 데이터베이스 언어

영어권에서 온 사람들과 의사소통을 하기 위해서는 영어로 말해야 하는 것과 같이 데이터베이스를 이용하기 위해서는 DBMS와 사전에 약속된 언어로 소통해야 한다. 2.4절에서 언급한 모든 종류의 사용자들은 예외 없이 지정된 언어로만 DBMS와 소통할 수 있다. 우리가 학습하고자 하는 데이터베이스는 '관계형 데이터베이스'인데, 관계형 데이터베이스의 언어는 SQL(Structured Query Language)이다. SQL 언어는 표준화되어 있어서 DBMS 제품의 종류와 상관없이 동일한 언어를 이용하여 데이터베이스로 접근이 가능하다. SQL 언어는 인간이 사용하는 자연어에 가깝게 설계되어 초보자도 쉽게 이해하고 배울 수 있는 장점이 있다. 관계형 DBMS에서 자료의 검색과 관리, 데이터베이스 스키마 생성과 수정, 데이터베이스 객체 접근 조정 관리 등을 모두 SQL을 통해서 수행할 수 있다.

SQL에 관해서는 5~7장에서 상세히 학습할 것이므로 이번 절에서는 SQL이 어떻게 생겼는지에 대해서만 알아보기로 한다. 주어진 사용자 질의가 어떻게 SQL 언어로 표현될 수 있는지 알아보도록 하자.

"한국의 인구와 GNP는 얼마인가?"

```
select population, GNP
from country
where name='South Korea' ;
```

※ country는 여러 국가에 대한 정보를 담고 있는 테이블의 이름이다.

"아시아에 속한 국가들의 GNP 합계는 얼마인가?"

```
select sum(GNP)
from country
where continent='Asia' ;
```

"한국인의 기대수명을 80으로 바꾸시오."

```
update country
set LifeExpectancy = 80
where name='South Korea';
```

"'New Stan'이라는 신생국의 정보를 추가하시오." (국가코드: **NST**, 대륙: **Asia**)

```
insert into country (code, name, continent)
values ('NST', 'New Stan', 'Asia') ;
```

"'New Stan'에 대한 자료를 삭제하시오."

```
delete
from country
where name='New Stan';
```

이상에서 SQL의 대표적인 명령어인 **SELECT**, **UPDATE**, **INSERT**, **DELETE**의 사용 사례를 알아보았다. 이 네 가지 명령어가 많이 사용되고, 특히 데이터를 조회하는 **SELECT**가 가장 많이 사용되는 명령어이다.

2.5 오라클 데이터베이스 개요

오라클은 미국 텍사스에 본사를 둔 매출 규모 세계 2위의 소프트웨어 기업의 이름이면서 동시에 DBMS 제품의 이름이기도 하다. 1977년 설립된 이래 현재까지 DBMS 시장 점유율 1위를 달리고 있으므로 공부할 가치가 있다. 오라클 데이터베이스는 구조가 단순한 MySQL과는 달리 개념적으로 복잡하여 처음 접하는 경우 이해가 어려울 수 있다. 이번 절에서는 오라클 데이터베이스에서 사용하는 주요 용어와 데이터베이스 구조에 대해서 간단히 살펴보기로 한다.

(1) CDB와 PDB

CDB(Container DB)와 PDB(Pluggable DB)는 오라클 12c 버전부터 소개된 개념으로 쉽게 설명하면 PDB가 우리가 알고 있는 일반적인 데이터베이스이고 CDB는 여러 PDB들을 담을 수 있는 더 큰 데이터베이스라고 생각하면 된다. CDB는 '컨테이너 DB'라는 이름에서 알 수 있듯이 PDB를 하나의 컨테이너로 보고, 이런 컨테이너들을 저장하는 창고의 역할을 한다. PDB는 '플러거블 DB'인데 쉽게 꽂았다 뽑았다 할 수 있는 DB라는 의미이다. 〈그림 2-10〉은 CBD와 PBD의 관계를 개념적으로 표현한 것이다. 밖에서 보기에는 CDB 하나밖에 없는 것 같지만, 내부적으로는 독립적으로 운영되는 PDB들 여러 개를 동시에 운영할 수 있다. 이와 같이 여러 PDB들이 CDB에 세들어 사는 것 같이 여러 데이터베이스를 운영하는 방식을 오라클에서는 멀티 테넌트(Multi-Tenant) DB라고 한다.

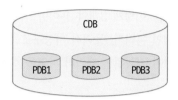

〈그림 2-10〉 오라클 CBD와 PBD

우리가 오라클을 설치하면 CDB와 그 안에 1개의 PDB가 기본적으로 생성된다. CDB의 이름은 XE이고 PDB의 이름은 **XEPDB1**이다. 실습환경 구성 시 **EMPPDB**가 추가되었다. 오라클 설치 폴더의 하위 폴더인 oradata에 가보면 CDB와 PDB들을 확인할 수 있다.

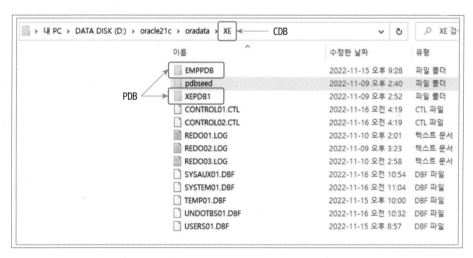

〈그림 2-11〉 오라클 설치 시 생성되는 CDB와 PDB

Note --

〈그림 2-11〉에서 **pdbseed** 폴더에는 PDB를 만들기 위한 청사진(템플릿)이 저장되어 있다.

(2) 테이블스페이스(tablespace)

오라클에서는 데이터베이스의 데이터를 확장자가 **.dbf**로 끝나는 물리적 데이터 파일에 저장한다. 이러한 데이터 파일이 하나 이상 모여서 테이블스페이스라는 논리적 공간을 형성한다. 하나 이상의 테이블스페이스가 모여서 우리가 알고 있는 데이터베이스를 구성한다. 테이블스페이스는 더 작은 단위의 공간으로 세분화되어 관리되는데 '데이터베이스' 〉 '테이블스페이스' 〉 '데이터 파일' 이렇게 3개의 용어만 기억하도록 하자. 〈그림 2-12〉는 오라클 데이터베이스의 전체적인 논리적, 물리적 저장구조를 보여준다. 〈그림 2-13〉은 우리가 사용할 EMPPDB 데이터베이스를 위한 데이터 파일들을 찾아본 것이다.

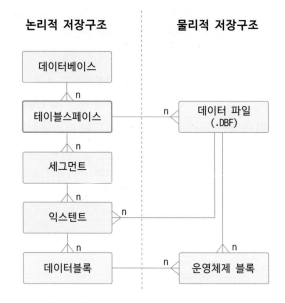

〈그림 2-12〉 오라클 데이터베이스의 논리적, 물리적 저장구조

oracle21c › oradata › XE › EMPPDB		⌄	↻
이름		수정한 날짜^	
TEMP012022-11-09_14-40-10-474-PM.DBF		2022-11-16 오전 2:3	
SYSAUX01.DBF		2022-11-16 오후 12	
UNDOTBS01.DBF		2022-11-16 오후 1:0	
SYSTEM01.DBF		2022-11-16 오후 1:1	

〈그림 2-13〉 EMPPDB 데이터베이스의 데이터 파일

(3) 공통 사용자(Common user)와 로컬 사용자(Local User)

오라클에는 두 종류의 사용자가 있다. 〈그림 2-14〉와 같이 CDB 레벨에서 활동하는 공통 사용자와 PDB 레벨에서 활동하는 로컬 사용자가 그것이다. 두 사용자를 구분하기 위해서 오라클에서는 공통 사용자 계정 이름 앞에 c## 또는 C##을 붙일 것을 요구한다. 예를 들면, 사용자 pgmr이 전체 데이터베이스에서 활동 가능한 공통 사용자면 c##pgmr과 같이 하고, 특정 PDB 안에서만 활동하는 로컬 사용자이면 그냥 pgmr로 사용하면 된다. 단, 오라클 관리를 위해 기본적으로 제공되는 system, sysdba 등의 시스템 사용자는 공통 사용자나 c##을 붙이지 않아도 사용 가능하다.

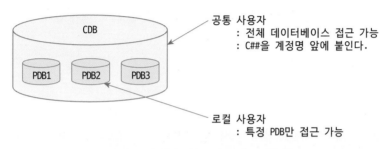

〈그림 2-14〉 공통 사용자와 로컬 사용자

앞으로 실습에 사용할 scott 사용자 계정은 PDB 중 하나인 EMPPDB 데이터베이스 상에서만 활동할 수 있는 로컬 사용자이다. 따라서 SQL Plus로 오라클에 접속할 때 EMPPDB 데이터베이스로 접속해야 한다. 만일 다음과 같이 접속할 데이터베이스를 지정하지 않으면 자동적으로 CDB로 연결되는데, CDB에 대해서는 권한이 없이 때문에 로그인 오류가 표시된다.

사용자명 입력: scott/tiger
ERROR:
ORA-01017: 사용자명/비밀번호가 부적합, 로그온할 수 없습니다.

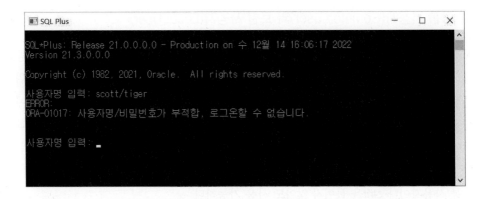

따라서 사용 가능 데이터베이스를 지정하여 다음과 같이 로그인해야 한다.

사용자명 입력: scott/tiger@localhost/emppdb

Note

scott/tiger@localhost/emppdb의 의미는 다음과 같다.

- scott: 로그인하려는 사용자 계정 이름
- tiger: 사용자 비밀번호
- localhost: 접속하려는 DB 서버의 주소. localhost는 지금 접속해 있는 컴퓨터를 의미한다. 정식으로는
  오라클 설치 종료 화면에서 알려준 localhost:1521로 해야 하나 localhost만 사용해도 로그인된다.
- emppdb: 접속하려는 데이터베이스 이름

전체적으로 해석해 보면 localhost 서버에 있는 emppdb 데이터베이스에 scott 사용자 계정으로 로그인
하라는 의미이다.

오라클을 처음 학습할 때 scott 계정과 비밀번호 tiger를 사용하는 경우가 많다. 오라클은 얼마 전까지 오랫동안 scott/tiger를 기본 학습자 계정으로 제공해왔다. scott는 오라클의 초창기 프로그래머였던 Bruce Scott의 이름에서 왔으며, tiger는 그의 딸이 기르던 고양이 이름이었다고 한다. Bruce Scott는 1984년에 Umang Gupta와 함께 Gupta Technology(현 Centura Software)를 공동 설립했으며, 그는 Pointbase, Inc.의 창립자이자 CEO이기도 하다.

오라클 데이터베이스 살펴보기

실습

우리는 1장에서 실습을 위해 오라클 DBMS를 설치하였다. 이제 오라클 데이터베이스를 어떻게 이용하는지에 대해 실습을 통해 알아보도록 하자. 우리 실습환경에서 DBMS와 소통하는 방법은 1) 오라클 콘솔 유틸리티 프로그램인 SQL Plus 이용, 2) Oracle SQL Developer 소프트웨어 이용 이렇게 두 가지 방법이 있는데 이번 단원에서는 SQL Plus를 이용해서 실습하도록 한다.

① 윈도우 메뉴에서 SQL Plus를 클릭하여 콘솔 프로그램을 실행시킨 후에 오라클에 접속하기 위한 로그인 과정을 거친다. 사용할 사용자명과 비밀번호, 접속할 데이터베이스는 다음과 같다.

사용자명	scott
비밀번호	tiger
데이터베이스	localhost/emppdb

사용자명 입력: scott/tiger@localhost/emppdb

② SQL Plus 화면에 표시되는 정보를 보다 편리하게 확인하기 위해 다음의 네 가지 명령문을 실행한다. 첫 번째와 두 번째는 화면에 표시되는 실행 결과의 가로 길이와 세로 길이를 지정하는 것이고 세 번째는 데이터베이스에 저장되는 특수한 값 NULL을 null로 표시하라는 명령문이다. 마지막은 컬럼과 컬럼을 구분하는 표시로 |를 사용하라는 의미이다. (이 명령문들의 효력은 현재 접속에만 적용되기 때문에 SQL Plus를 새로 실행하게 되면 이 작업을 반복해야 한다.)

```
SQL> set linesize 120
SQL> set pagesize 30
SQL> set NULL null
SQL> set colsep |
```

③ 제일 먼저 사용하는 오라클 DBMS의 버전을 확인해 보자. (이해를 돕기 위해 실행 결과에 해당하는 내용은 파란색으로 표시하기로 한다.)

```
SQL> select banner from v$version ;

BANNER
--------------------------------------------------------------
Oracle Database 21c Express Edition Release 21.0.0.0.0 - Production
```

④ 현재 접속한 사용자의 계정 이름을 확인해보자.

```
SQL> select user from dual ;

USER
------------------------------------------------------------------
SCOTT
```

⑤ 설치된 CDB 데이터베이스의 이름이 무엇인지 확인해본다. 결과를 보면 **XE**가 CDB 이름이다.

```
SQL> select name from V$database ;

NAME       CDB
---------- -----
XE         YES

SQL>
```

⑥ 현재 접속해 있는 PDB 데이터베이스의 이름이 무엇인지 확인해본다. 결과를 보면 **EMPPDB**가 PDB 이름이다.

```
SQL> show con_name ;

CON_NAME
-------------------------------
EMPPDB
```

CON_NAME은 'Container Name'을 의미하며, 컨테이너는 데이터베이스를 의미한다.

Note ---

CDB 전체의 pdb들을 확인하고 싶으면 공통 사용자인 sysdba로 접속하여 확인하여야 한다. SQL Plus 로그인 화면에서 사용자를 '/ as sysdba'로 한 뒤

```
select name from V$PDBS ;
```

SQL 문을 실행하면 CDB 전체의 PDB들을 확인할 수 있다.

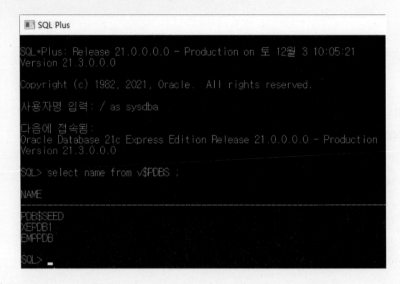

3개의 PDB가 확인된다. XEPDB1은 오라클 설치 시 자동으로 생성된 것이고, EMPPDB가 실습용으로 생성된 PDB이다. PDB$SEED는 PDB를 생성할 때 템플릿으로 사용되는 것으로 PDB$SEED를 복사한 후 이름을 바꾸고 필요한 내용을 변경하는 식으로 새로운 PDB가 생성된다.

⑦ EMPPDB를 구성하는 테이블스페이스 이름과 데이터 파일의 위치를 알아보자.

```
SQL> select tablespace_name, file_name from dba_data_files ;

TABLESPACE_NAME
-----------------------------------------------------------
FILE_NAME
--------------------------------------------------------------------------------
SYSTEM
D:\ORACLE21C\ORADATA\XE\EMPPDB\SYSTEM01.DBF

SYSAUX
D:\ORACLE21C\ORADATA\XE\EMPPDB\SYSAUX01.DBF

UNDOTBS1
```

```
D:\ORACLE21C\ORADATA\XE\EMPPDB\UNDOTBS01.DBF

EMPTBLS
D:\ORACLE21C\DBHOMEXE\DATABASE\EMPTBLS
```

4개의 테이블스페이스와 데이터 파일이 확인된다. 이중 마지막의 **EMPTBLS**가 실습환경 구성 시 **emppdb**를 위해 새로 생성한 테이블스페이스이다. 나머지는 오라클 시스템이 관리를 위해 기본적으로 생성한 테이블스페이스들이다. **EMPTBLS**가 저장되는 파일 위치는 **D:\ORACLE21C\DBHOMEXE\DATABASE\EMPTBLS**이다.

⑧ 현재 접속한 데이터베이스에는 어떤 테이블들이 저장되어 있는지 확인해본다.

```
SQL> select table_name
  2  from user_tables
  3  order by table_name ;

TABLE_NAME
---------------------------------------------------------
CITY
COUNTRY
COUNTRYLANGUAGE
DEPT
EMP
```

도시(**CITY**), 국가(**COUNTRY**), 사용언어(**COUNTRYLANGUAGE**), 부서(**DEPT**)와 사원(**EMP**) 테이블이 있음을 알 수 있다. 이 테이블들은 1장에서 실습환경 구축 시에 생성된 것들이다.

⑨ 사원(**EMP**) 테이블이 저장되는 테이블스페이스는 어디인지 확인해보자.

```
SQL> SELECT table_name, tablespace_name FROM dba_tables
  2  WHERE table_name = 'EMP' ;

TABLE_NAME
---------------------------------------------------------------
```

```
TABLESPACE_NAME
------------------------------------------------------------
EMP
EMPTBL
```

EMPTBL임을 알 수 있다.

⑩ 부서(DEPT) 테이블은 어떤 정보를 관리하는지 확인해본다.

```
SQL> desc dept ;

 이름                              널?         유형
------------------------------- --------- ----------
 DEPTNO                          NOT NULL NUMBER(2)
 DNAME                                    VARCHAR2(14)
 LOC                                      VARCHAR2(13)

SQL>
```

부서번호(DEPTNO), 부서이름(DNAME), 사무실 위치(LOC) 정보가 저장되어 있음을 알 수 있다.

⑪ 부서(DEPT) 테이블에 저장된 부서 데이터를 확인해 본다. 4개 부서에 대한 데이터를 확인할 수 있다.

```
SQL> select *
  2 from dept ;

   DEPTNO DNAME            LOC
------------------------------- -------------------------
       10 ACCOUNTING       NEW YORK
       20 RESEARCH         DALLAS
       30 SALES            CHICAGO
       40 OPERATIONS       BOSTON

4 행이 선택되었습니다.

SQL>
```

⑫ 이제 사원(EMP) 테이블의 구조를 확인하도록 한다.

```
SQL> desc emp ;

 이름                          널?          유형
 --------------------------- ---------- ----------------------
 EMPNO                       NOT NULL NUMBER(4)
 ENAME                                VARCHAR2(10)
 JOB                                  VARCHAR2(9)
 MGR                                  NUMBER(4)
 HIREDATE                             DATE
 SAL                                  NUMBER(7,2)
 COMM                        NOT NULL NUMBER(2)

SQL>
```

사원번호(EMPNO), 사원이름(ENAME), 담당업무(JOB) 등의 정보를 관리하고 있음을 알 수 있다.

⑬ 사원(EMP) 테이블에 저장된 사원 데이터를 조회한다.

```
SQL> select *
  2 from emp ;

  EMPNO ENAME   JOB           MGR HIREDATE  SAL  COMM     DEPTNO
--------- ------- ------------- ----- --------- ---- -------- --------
   7839 KING    PRESIDENT    null 81/11/17 5000 null        10
   7698 BLAKE   MANAGER      7839 81/05/01 2850 null        30
   7782 CLARK   MANAGER      7839 81/06/09 2450 null        10
   7566 JONES   MANAGER      7839 81/04/02 2975 null        20
   7654 MARTIN  SALESMAN     7698 81/08/28 1250     1400    30
   7499 ALLEN   SALESMAN     7698 81/02/20 1600      300    30
   7844 TURNER  SALESMAN     7698 81/08/08 1500        0    30
   7900 JAMES   CLERK        7698 81/12/03 950  null        30
   7521 WARD    SALESMAN     7698 81/02/22 1250      500    30
   7902 FORD    ANALYST      7566 81/12/03 3000 null        20
   7369 SMITH   CLERK        7902 80/12/17 800  null        20
   7788 SCOTT   ANALYST      7566 82/12/09 3000 null        20
   7876 ADAMS   CLERK        7788 83/01/12 1100 null        20
   7934 MILLER  CLERK        7782 82/01/23 1300 null        10
```

14 행이 선택되었습니다.

SQL>

⑭ 급여(SAL)를 2,000 이상 받는 사원의 이름(ename)과 담당업무(job), 급여액(sal)을
조회해 보자.

```
SQL> SELECT ename, job, sal
  2 FROM emp
  3 WHERE sal >= 2000 ;


ENAME            JOB                  SAL
---------------- -------------------- ----------
KING             PRESIDENT            5000
BLAKE            MANAGER              2850
CLARK            MANAGER              2450
JONES            MANAGER              2975
FORD             ANALYST              3000
SCOTT            ANALYST              3000

6 행이 선택되었습니다.

SQL>
```

⑮ 이제 작업을 종료하도록 한다.

```
SQL> exit ;
```

Note – SQL 명령문의 작성

① 명령문에서 사용되는 명령어, 테이블 이름 등은 대소문자를 구분하지 않는다. 예를 들면 emp와 EMP는 같
은 이름이다. 다음은 동일한 SQL 문의 예이다.

```
SELECT ENAME, JOB, SAL
FROM EMP
WHERE SAL >= 2000 ;
```

```
select ename, job, sal
from emp
Where sal >= 2000 ;
```

```
Select Ename, Job, Sal
FROM Emp
Where Sal >= 2000 ;
```

그러나 테이블 안에 있는 문자열 값들을 비교할 때는 대소문자를 구분하니 주의하도록 한다. 다음의 SQL은 서로 다른 결과를 도출한다.

```
SELECT ename, Job, Sal
FROM emp
WHERE ename = 'SMITH' ;
```

```
SELECT ename, Job, Sal
FROM emp
WHERE ename = 'smith' ;
```

② 일반적으로 SQL 명령문 뒤에는 세미콜론(;)을 붙여서 명령문의 끝을 나타낸다.

③ 명령문은 한 줄에 작성해도 되고, 여러 줄에 나누어 작성해도 된다. 다음은 동일한 명령문이다.

```
SELECT  Sal
FROM emp
WHERE ename = 'smith' ;
```

```
SELECT Sal FROM emp WHERE ename = 'smith' ;
```

지금까지 SQL Plus 유틸리티를 통해 오라클 데이터베이스에 접속하여 데이터베이스의 내용을 간단히 살펴보았다. 처음 사용해 보았지만, 사용 방법이 매우 단순하고 편리함을 느낄 수 있다.

단원 요약

1. 데이터베이스 시스템은 데이터베이스를 이용하여 데이터를 저장하고 처리하는 시스템을 말한다. 데이터베이스 시스템의 핵심 요소는 데이터베이스와 데이터베이스 관리 시스템(DBMS)이다.

2. DBMS가 설치되어 사용자들의 요구를 처리하는 컴퓨터를 데이터베이스 서버 또는 DB 서버라고 한다.

3. 데이터베이스는 여러 사람이 공유할 목적으로 연관된 데이터를 체계적으로 모아 놓은 저장소이다. 데이터베이스에 정보를 저장하는 기본 단위는 테이블(table)이다.

4. DBMS가 데이터베이스를 관리할 목적으로 운영하는 특별한 테이블들을 시스템 카탈로그(System catalog) 또는 데이터 사전(Data dictionary)이라고 한다. DBMS를 설치하면 시스템 카탈로그도 함께 설치된다.

5. DBMS는 그 역할과 기능이 매우 복잡하기 때문에 단일 소프트웨어로 구현하기 어렵다. 일반적으로 각기 다른 기능을 하는 여러 소프트웨어들이 함께 실행되면서 DBMS의 역할을 수행한다.

6. DBMS는 사용자 서비스를 위해 데이터 정의 기능, 데이터 조작 기능, 데이터 제어 기능을 제공한다.

7. 데이터베이스 사용자는 크게 최종 사용자, 응용 프로그래머, 데이터베이스 관리자로 구분할 수 있다.

8. 최종 사용자들은 이미 구축된 데이터베이스를 '이용'하는 데 주된 관심이 있으며, 질의어(SQL)를 이용하여 매번 다른 정보를 검색하는 캐주얼 사용자와 이미 작성된 프로그램을 통해 동일 작업을 주로 반복해서 수행하는 초보 사용자로 나눌 수 있다.

9. 응용 프로그래머(앱 개발자)는 데이터베이스를 기반으로 어플리케이션(앱)을 개발하는 사용자이다.

10. DBA는 데이터베이스 시스템의 운영 관리에 대한 책임을 지고 있는 사용자이다. 데이터베이스에 저장된 정보를 '이용'하기보다는 데이터베이스를 설계하고 구축하며, DBMS가 정상적인 성능을 유지할 수 있도록 관리하는 역할을 수행한다.

11. SQL 언어는 관계형 DBMS에서 표준으로 채택하고 있는 언어로서 사용자가 DBMS와 의사소통할 때 사용되는 언어이다. 자연어와 유사하여 이해와 사용이 용이하다.

12. 오라클에서 PDB는 우리가 알고 있는 일반적인 데이터베이스이고 CDB는 여러 PDB들을 담을 수 있는 더 큰 데이터베이스 혹은 저장소이다.

13. 테이블스페이스는 데이터베이스를 구성하는 논리적 공간으로서 하나의 데이터베이스는 여러 개의 테이블스페이스를 포함할 수 있다. 하나의 테이블스페이스는 물리적 저장 공간인 데이터 파일과 연결된다.

14. 오라클에는 두 종류의 사용자가 있다. CDB 레벨에서 활동하는 공통 사용자와 PDB 레벨에서 활동하는 로컬 사용자가 그것이다. 공통 사용자 계정 이름 앞에는 c## 또는 C##이 붙는다.

연습문제

1. 데이터베이스를 이용하여 데이터를 저장하고 처리하는 시스템을 (   )(이)라고 한다.

2. 데이터베이스/DBMS가 설치되어 사용자에게 서비스를 제공하는 컴퓨터를 (   )라고 부른다.

3. 사용자는 (   ) 언어를 통해 DBMS에 필요한 데이터를 요청할 수 있다.

4. 다음 중 국산 DBMS 제품이 아닌 것을 고르시오.
   ① 티베로   ② 오라클
   ③ 큐브리드   ④ 알티베이스

5. 관계형 데이터베이스에서 데이터베이스에 데이터를 저장하는 기본 단위는 (   )이다.

6. DBMS가 데이터베이스를 관리하는 데 필요한 정보를 담고 있는 테이블들을 (   ) 또는 (   )이라고 한다.

7. DBMS에 대한 설명으로 잘못된 것을 고르시오.
   ① 데이터베이스를 관리하는 소프트웨어이다.
   ② 인터넷이나 네트워크가 연결된 상태에서만 작동된다.
   ③ 보통 사용자의 요구를 언제라도 수행하기 위해서 백그라운드 프로세스의 형태로 상시 실행된다.
   ④ 보통 여러 소프트웨어들이 함께 실행되면서 DBMS의 역할을 수행한다.

8. 다음 중 DBMS가 제공하는 기능으로 거리가 먼 것을 고르시오.
   ① 데이터 생성 기능   ② 데이터 정의 기능
   ③ 데이터 조작 기능   ④ 데이터 제어 기능

※ 다음은 데이터베이스 사용자 그룹의 목록이다. 문제에서 설명하는 사용자는 어느 그룹에 속하는지 보기에서 고르시오(9~12번).

> **〈보기〉**
> ㉠ 초보 사용자 ㉡ 캐주얼 사용자 ㉢ 응용 프로그래머 ㉣ 데이터베이스 관리자

9. 개발자나 기업 내부 이용자와 같이 DBMS가 제공하는 유틸리티 프로그램을 통해서 실시간으로 SQL 문을 입력하여 결과를 확인하는 사용자이다.

10. 데이터베이스 시스템의 운영, 관리에 대한 책임지는 사용자이다.

11. 교통카드 이용과 같이 데이터베이스의 존재를 인식하지 못한 상태에서 데이터베이스를 이용하는 사용자이다.

12. 데이터베이스에 기초한 어플리케이션(앱)을 개발하는 사용자이다.

13. 다음 중 데이터베이스 관리자의 임무와 거리가 먼 것을 고르시오.
    ① 데이터베이스 스키마 정의
    ② 백업, 회복 절차 결정
    ③ 데이터 무결성 유지 대책 수립
    ④ 사용자의 데이터베이스 이용량에 기초한 근무 성적 평가
    ⑤ 데이터 표현과 분서화 표준 설정, 시행

14. 다음 중 데이터베이스 테이블에 저장된 데이터를 조회하는 SQL 명령어는 무엇인가?
    ① SELECT   ② INSERT
    ③ UPDATE   ④ DELETE

15. 다음 중 오라클의 CDB와 PDB에 대한 설명으로 거리가 먼 것을 고르시오.
    ① PDB가 일반적인 데이터베이스이고 CDB는 여러 PDB들을 담을 수 있는 더 큰 데이터베이스이다.
    ② CDB, PDB로 구성된 데이터베이스를 멀티 테넌트 DB라고 한다.
    ③ PDB는 '플러거블 DB'라고도 불린다.
    ④ 하나의 CDB에는 두 개 이상의 PDB가 존재해야 한다.

16. 오라클에서는 데이터베이스의 데이터를 확장자가 .dbf로 끝나는 물리적 파일에 저장한다. 이러한 데이터 파일이 하나 이상 모여서 (   )라는 논리적 공간을 형성한다.

17. 오라클의 공통 사용자와 로컬 사용자에 대한 설명으로 거리가 먼 것을 고르시오.
    ① 공통 사용자는 CDB 레벨에서 활동한다.
    ② 공통 사용자의 계정 이름 앞에는 C##을 붙여야 한다.
    ③ 오라클 데이터베이스에 로그인 시 데이터베이스를 지정하지 않으면 자동적으로 첫 번째로 생성된 PDB로 연결된다.
    ④ 로컬 사용자는 PDB 레벨에서 활동하는 사용자이다.

18. 다음은 SQL Plus를 통해 오라클 DBMS에 접속하고자 할 때 사용자명에 입력하는 내용이다. 이에 대한 설명으로 거리가 먼 것을 고르시오.

    사용자명 입력 scott/tiger@localhost/empdb

    ① scott는 사용자 계정 이름이다.
    ② tiger는 사용자 계정의 비밀번호이다.
    ③ 멀리 떨어진 DB 서버에 원격으로 접속을 시도하고 있다.
    ④ 접속하려는 데이터베이스 이름이 empdb이다.

19. 다음 중 현재 접속해 있는 PDB의 이름을 확인하는 오라클 명령어는 무엇인가?
    ① show pdb_list
    ② SELECT name FROM V$database
    ③ SELECT pdb_name FROM catalog
    ④ show con_name

20. 다음의 SQL 명령어에 대한 설명으로 맞는 것을 고르시오.

    desc dept ;

    ① 부서(dept) 테이블에 대한 설명을 출력한다.
    ② 부서(dept) 테이블의 구조를 확인한다.
    ③ 부서(dept) 테이블에 저장된 데이터를 출력한다.
    ④ 부서(dept) 테이블의 행과 열의 개수를 출력한다.

관계형 모델

관계형 모델

3.1 데이터 모델의 개념

데이터베이스의 기본 목적은 조직 내의 데이터를 한곳에 모아 체계적으로 저장한 뒤 DBMS를 통해 구성원들이 데이터를 공유하는 것이다. 초기 DBMS 연구자들은 기본적으로 다음과 같은 세 가지 과제를 고민해야만 했다.

1) 데이터를 어떤 형태로 표현하고 저장할 것인가?
2) 저장된 데이터를 사용자들이 어떤 방법을 통해 이용할 수 있게 할 것인가?
3) 데이터베이스 내에 저장되는 정보들이 오류가 없도록 어떻게 관리할 것인가?

세 개의 과제는 서로 밀접하게 연관되어 있다. 프로그램이 직접 파일에 접근하던 과거 방식보다 편리하고 쉬운 방법을 제공해야만 새로 등장한 DBMS 제품이 팔릴 수 있을 것이다. 여기서 **데이터 모델(data model)**이라는 개념이 등장한다. 데이터 모델은 현실 세계에 존재하는 데이터, 정보를 컴퓨터 안에 표현하는 방식을 의미한다. 좀 더 구체적으로 설명하면 사용자의 눈으로 보았을 때 데이터가 어떤 모양으로 보이게 할 것인가(논리적 모델)와 데이터를 물리적으로 저장할 때 어떻게 할 것인가(물리적 모델)의 문제이다. 대표적인 논리적 데이터 모델인 계층형 모델, 네트워크 모델, 관계형 모델에 대해 알아보도록 하자.

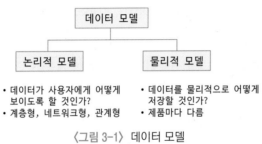

〈그림 3-1〉 데이터 모델

■ 계층형 데이터 모델(hierarchical data model)

데이터들이 계층적 구조로 연결되었다고 보는 관점이다. 〈그림 3-2〉는 계층형 데이터 모델의 예를 보여준다. 〈그림 3-2〉에서 각 부서별 사원들의 참여 동아리 현황을 알고 싶으면 먼저 부서 정보에서 각 부서의 이름을 가져오고 각 부서에 연결된 사원 정보를 가져온 뒤, 사원에 연결된 동아리 정보를 가져와서 취합하면 된다. 초기 DBMS 제품에서 많이 채택하던 모델이었다. 계층형 모델은 구조가 간단하고 데이터의 수정, 검색이 용이한 반면 검색 경로가 한정되고 삽입과 삭제 연산이 매우 복잡하다는 단점이 있다. 초기 DBMS 중 하나인 IBM의 IMS가 대표적이다.

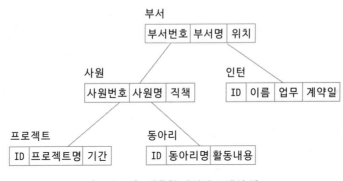

〈그림 3-2〉 계층형 데이터 모델의 예

■ 네트워크 데이터 모델(network data model)

계층형 모델의 단점을 보완한 모델이다. 계층형 모델에서는 하나의 하위 정보는 반드시 하나의 상위 정보와만 연결이 되는 반면, 네트워크 모델에서는 하나의 하위 정보가 여러 개의 상위 정보와 연결될 수 있다. 〈그림 3-2〉는 네트워크 데이터 모델의 예를 보여준다. 〈그림 3-3〉에서 주문내역은 상위 정보인 주문, 제품과 연결되어 있다. 이러한 연결 형태는 하위정보에 대한 접근 경로를 다양하게 만들어서 보다 유연한 정보 검색이 가능해진다. 대표적인 네트워크 DBMS 제품에는 DBTG, EDBS, TOTAL 등이 있다.

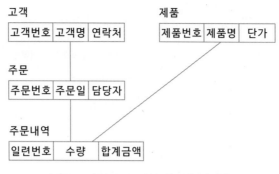

〈그림 3-3〉 네트워크형 데이터 모델의 예

■ 관계형 데이터 모델(relational data model)

계층형 모델과 네트워크 모델은 1970년대 초창기 DBMS 제품들에서 채택되었는데 E. F. 커드(Codd)가 관계형 모델을 제시하면서 DBMS 시장의 판세가 급속하게 바뀌었다. 관계형 모델의 가장 큰 특징은 정보 또는 데이터 간 상하 개념이 존재하지 않는다는 것이다. 계층형/네트워크 모델에서는 상하 개념이 존재하기 때문에 하위 정보에 접근하기 위해서는 상위 정보를 통해서(거쳐서) 접근해야 한다. 이것은 정보에 대한 접근 경로가 제한되는 단점이 있지만, 매우 빠른 정보 검색이 가능하다. 반면, 관계형 모델에서는 정보/데이터 간 상하 관계가 없고 정보/데이터 간에 명시적인 연결 통로도 존재하지 않기 때문에 유연한 정보 검색이 가능한 대신 검색 속도는 계층형/네트워크 모델에 비해 떨어질 수 있다. 〈그림 3-4〉는 관계형 데이터 모델의 예이다.

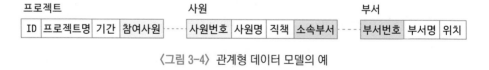

〈그림 3-4〉 관계형 데이터 모델의 예

오늘날 상용 DBMS 제품에서 계층형 또는 네트워크 모델을 지원하는 경우는 찾아보기 어렵다. 우리가 알고 있는 대부분의 DBMS 제품들(오라클, MS SQL SERVER, MySQL 등)은 관계형 모델을 채택하고 있다. 앞으로 우리가 배우게 될 모든 내용은 관계형 데이터 모델에 기초한다. 관계형 모델 이후에 등장한 데이터 모델도 있는데 이것에 대해서는 마지막 단원에서 알아보기로 한다.

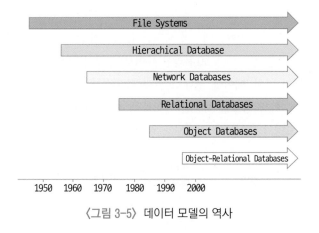

〈그림 3-5〉데이터 모델의 역사

3.2 관계형 데이터 모델

(1) 관계형 데이터 모델의 개념과 용어

이번 단원에서는 관계형 데이터 모델에 대해서 살펴보도록 한다. 관계형 데이터 모델은 〈그림 3-6〉에서 보는 바와 같이 세 가지 요소로 구성된다. 이 세 가지 요소는 3.1절에서 소개한 세 가지 과제에 대응한다.

1) 데이터를 어떤 형태로 표현하고 저장할 것인가? → 데이터 구조(3.2절)
2) 저장된 데이터를 사용자들이 어떤 방법을 통해 이용할 수 있게 할 것인가? → 데이터 연산(3.3절)
3) 데이터베이스 내에 저장되는 정보들이 오류가 없도록 어떻게 관리할 것인가? → 데이터 무결성(3.4절)

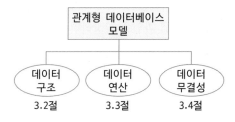

〈그림 3-6〉관계형 데이터 모델의 구성 요소

먼저 관계형 모델의 세 가지 요소 중 첫 번째 요소인 데이터 구조에 대해 알아보도록 하자. 이미 아는 바와 같이 관계형 데이터 모델은 E. F. 커드(Codd)에 의해 제안되었는데 수학을 배경으로 모델을 정의하다 보니 낯선 용어들이 많이 등장한다. 관계형 모델에서는 사용자에게 데이터가 마치 '테이블' 형태로 존재하는 것처럼 인식된다는 점을 기억하도록 하자. 〈그림 3-7〉은 학생 정보를 저장한 테이블을 보여주고 있는데, 이 테이블을 중심으로 관계형 데이터 모델의 용어들을 알아보도록 하자.

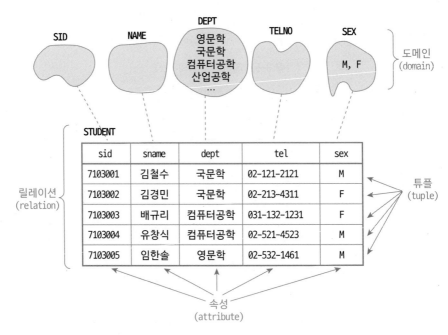

〈그림 3-7〉 관계형 데이터 모델의 용어

■ 릴레이션(relation)

데이터의 기본 관리 단위이다. (오늘날은 테이블이라고 부른다.) 그림에서 **STUDENT**는 릴레이션의 이름이며, 따라서 위 테이블을 '**STUDENT** 릴레이션'이라고 부른다. 릴레이션은 데이터가 위의 모양대로 저장된 엑셀 파일을 상상하면 된다. 관계형 모델에서는 데이터를 릴레이션 단위로 묶어서 관리한다는 것을 기억하도록 하자. 데이터베이스는 이러한 릴레이션들의 집합이다.

■ 속성(attribute)

속성은 릴레이션의 열(column)을 가리키는 용어로서 릴레이션에 저장되는 정보 항목의 이름이다. STUDENT 릴레이션은 sid(학번), sname(이름), dept(학과), Tel(전화번호), sex(성별) 이렇게 총 5개의 속성을 포함한다. 속성의 이름은 사용자가 임의로 만들 수 있으며, 동일한 릴레이션 내에서는 중복된 속성 이름이 존재하면 안 된다. 한 릴레이션에 포함된 속성의 개수를 그 릴레이션의 **차수(degree)**라고 한다.

■ 튜플(tuple)

튜플은 릴레이션에서 하나의 행(row)을 가리키는 용어이다. STUDENT 릴레이션에서 하나의 튜플은 한 명의 학생에 대한 정보를 담고 있다. 하나의 릴레이션에 포함된 튜플의 수를 **카디널리티(cardinality)**라고 한다. 릴레이션의 차수는 잘 변하지 않는 반면 카디널리티는 튜플의 삽입, 삭제에 따라 자주 변한다. 현재의 카디널리티는 5이다.

■ 도메인(domain)

릴레이션에서 각 속성에 저장될 수 있는 후보 값들의 집합을 도메인이라고 한다. 릴레이션의 모든 속성은 자신이 속할 도메인과 연결되어 있다. 도메인은 릴레이션에 올바르지 않은 데이터가 입력되는 것을 방지할 목적으로 고안되었다. STUDENT 릴레이션에서 sex(성별) 속성에 대해서 생각해보자. 통상적으로 성별은 남성(M), 여성(F) 이렇게 두 종류이므로 만일 어떤 학생의 sex(성별) 속성에 'M'이나 'F'가 아닌 값이 입력된다면 우리는 오류라고 판단할 수 있다. 이러한 상황이 오류라는 것을 DBMS에 가르쳐주는 장치가 도메인이다. 〈그림 3-7〉에서 sex(성별) 속성은 SEX 도메인에 연결되어 있고, SEX 도메인에는 'M', 'F' 두 개의 값이 정의되어 있다. 어떤 사용자가 새로운 학생의 성별 정보를 입력하려고 하면 DBMS는 입력하려는 값이 SEX 도메인에 있는지를 확인하여 입력 허용 여부를 결정한다. 이렇게 해서 DBMS는 도메인을 통해 올바르지 않은 값이 입력되는 것을 걸러낼 수 있다.

도메인의 취지는 매우 좋지만 현실적으로 구현이 어려운 경우가 많다. 예를 들면, 학생의 이름 같은 경우 가능한 이름의 경우는 수없이 많기 때문에 입력 가능한 이름의 집합을 만들고 유지하는 것은 사실상 불가능하다. 이러한 이유로 상용 DBMS 제품들에서는 속성에 대해 자료형(data type)을 지정하는 것으로 도메인의 취지를 계승하고 있다. 예를 들면, sname(이름) 속성에는 char(20)과 같이 자료형을 정해줌으로써 숫자가 입력되거나 일정 길이 이상의 이름이 입력되는 것을 막을 수 있다.

데이터베이스 분야에서 스키마는 '구조'의 의미를 갖는 용어이다. 보통 데이터베이스 스키마, 릴레이션 스키마와 같이 다른 용어에 붙여서 사용한다. 데이터베이스 스키마란 데이터베이스의 구조를 말한다. 데이터베이스 안에 어떤 릴레이션들이 있고, 각 릴레이션에는 어떤 속성들이 있는지, 릴레이션과 릴레이션 간에는 어떤 관계가 있는지 등을 정의하는 작업을 '데이터베이스 스키마를 정의한다.'라고 말한다. 데이터베이스에 어떤 데이터를 저장하기 위해서는 먼저 데이터베이스 스키마가 정해져야 한다. 데이터베이스가 구축되는 초기 단계에는 데이터베이스 안에는 스키마만 존재한다. 그러다가 데이터베이스에 데이터가 입력되기 시작하는데, 특정 시점에서 보았을 때 데이터베이스 안에 저장된 데이터들의 집합을 데이터베이스 인스턴스라고 한다. 데이터베이스 스키마는 구조이기 때문에 잘 변하지 않는다. 그러나 데이터베이스 인스턴스는 데이터의 입력, 수정, 삭제가 일어날 때 마다 변화한다(〈그림 3-8〉).

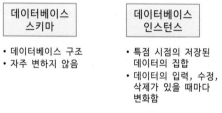

〈그림 3-8〉 데이터베이스의 스키마와 인스턴스

스키마와 인스턴스를 릴레이션 차원으로 축소해서 생각해 보자(〈그림 3-8〉). 시점 T1에서는 사원 릴레이션에 4개의 튜플이 저장되어 있다. 그런데 시점 T2에서는 튜플이 삭제되어 하나도 없는 상태이다. T1과 T2에서 스키마는 동일하다. 그러나 T1 시점에서 릴레이션 인스턴스는 T2에서의 릴레이션 인스턴스와는 다르다.

사원

사원번호	이름
101	홍길동
102	김철수
103	박소영
104	이가람

(a) 시점 T1

사원

사원번호	이름

(b) 시점 T2

〈그림 3-9〉 시점에 따른 릴레이션의 변화

지금까지 살펴본 데이터 모델 용어들은 대체로 생소해서 일반인들이 이해하기 어려운 것이 사실이다. 그래서 상용 DBMS 회사들에서는 사용자 교육을 위해 보다 이해하기 쉬운 용어가 필요하게 되었다. 그래서 '릴레이션', '속성', '튜플'이라는 용어 대신 '테이블', '열', '행'이라는 용어를 주로 사용하고 있다. 참고로 데이터베이스 이전에는 유사한 개념의 용어로 '파일', '필드', '레코드'라는 용어를 사용했다. 본 교재에서는 데이터베이스 이론을 주로 다루는 전반부 단원들에서는 관계형 모델의 용어를 사용하고 SQL 실습을 주로 다루는 단원에서는 현실 용어들을 사용하기로 한다. 〈표 3-1〉에 시대별 용어를 비교하여 정리하였다.

〈표 3-1〉 용어의 비교

파일 시스템	관계형 모델	현실 사용
파일(file)	릴레이션(relation)	테이블(table)
필드(field)	속성(attribute)	열(column)
레코드(record)	튜플(tuple)	행(row)

(2) 릴레이션의 특징

릴레이션은 관계형 데이터 모델의 핵심이다. 따라서 릴레이션의 특징을 잘 이해하는 것은 매우 중요하다.

■ 속성의 원자성

릴레이션 각 튜플의 특정 속성은 원자값(atomic value)을 가져야 한다. 원자값이란 더 이상 쪼개면 의미를 상실하는 입력값을 의미한다. 〈그림 3-10〉(a)의 **사원의취미** 릴레이션에서 **사원번호** 104번 사원의 **취미** 속성에는 독서와 요리 이렇게 두 가지 값이 입력되었다. '독서'와 '요리'는 분리될 수 있는 취미이기 때문에 '독서, 요리'는 원자값이 아니다. 따라서 두 값은 〈그림 3-10〉(b)와 같이 분리하여 저장하여야 한다. '사원들의 취미에는 어떤 종류가 있는가?'라는 질의를 생각해 보자. 〈그림 3-10〉(a)의 릴레이션은 '낚시', '등산', **'독서, 요리'** 이렇게 3가지가 있다고 답을 내어 놓게 되고 〈그림 3-10〉(b)의 릴레이션은 '낚시', '등산', **'독서'**, **'요리'** 이렇게 네 가지가 있다고 답을 내게 된다. 어느 것이 올바른 것인지는 쉽게 판단할 수 있다. 이런 이유로 릴레이션 각 튜플의 특정 속성은 원자값(atomic value)을 가져야 한다는 것이다.

사원의취미		사원의취미	

사원번호	취미
101	낚시
102	등산
103	등산
104	독서, 요리

사원번호	취미
101	낚시
102	등산
103	등산
104	독서
104	요리

(a) 원자성이 깨어진 릴레이션 　　(b) 원자성이 유지된 릴레이션

〈그림 3-10〉 속성의 원자성 사례

■ 튜플의 유일성

유일성이란 릴레이션에는 중복되는 튜플이 입력되어서는 안 된다는 성질을 말한다. 〈그림 3-11〉의 **사원** 릴레이션에는 박소영 사원이 두 번 중복해서 입력되어 있다. 이 릴레이션에 대해 사원 수는 몇 명인가라는 질의를 하면 DBMS는 4명이라고 응답한다(튜플의 개수가 4개이므로). 실제로는 사원 수는 3명이므로 잘못된 결과이다. 이와 같이 중복된 튜플이 존재하게 되면 잘못된 질의 결과를 도출하므로 중복이 있어서는 안 된다.

사원

사원번호	이름
101	홍길동
102	김철수
103	박소영
103	박소영

〈그림 3-11〉 중복된 튜플이 저장된 릴레이션

■ 튜플의 무순서 성질

릴레이션에 저장되는 튜플에는 순서라는 개념이 없다. 〈그림 3-12〉에서 왼쪽과 오른쪽의 릴레이션은 튜플의 순서는 다르지만 내용은 동일하므로 같은 릴레이션이라고 말할 수 있다. 이렇게 취급하는 이유는 튜플의 순서만 다른 두 릴레이션에서 얻어 낼 수 있는 정보의 양은 동일하기 때문이다. 이것은 수학에서 집합 {a, b}와 집합 {b, a}는 동일한 것으로 취급되는 것과 같은 원리이다.

사원	
사원번호	이름
101	홍길동
102	김철수
103	박소영
104	이가람

사원	
사원번호	이름
103	박소영
104	이가람
101	홍길동
102	김철수

〈그림 3-12〉 튜플의 순서는 다르지만 내용은 동일한 두 릴레이션

■ 속성의 무순서 성질

튜플의 무순서 성질과 마찬가지로 릴레이션의 속성에는 순서의 개념이 없다. 따라서 〈그림 3-13〉의 두 릴레이션은 동일한 것으로 간주된다. 즉, 두 릴레이션에서 얻을 수 있는 정보는 동일하다.

사원	
사원번호	이름
101	홍길동
102	김철수
103	박소영
104	이가람

사원	
이름	사원번호
홍길동	101
김철수	102
박소영	103
이가람	104

〈그림 3-13〉 속성의 순서는 다르지만 내용은 동일한 두 릴레이션

■ 속성 이름의 유일성

앞에서도 언급한 바와 같이 동일한 릴레이션 내에 같은 이름을 가진 속성이 중복해서 존재할 수 없다. 같은 이름을 가진 속성이 둘 있다고 하면 두 개 속성의 값을 구분해서 다룰 수 있는 방법이 없게 된다. 다만 서로 다른 릴레이션 A와 릴레이션 B 사이에는 같은 이름의 속성이 존재할 수 있다. 그래도 문제가 없는 이유는 릴레이션 이름에 의해 두 속성이 구분될 수 있기 때문이다.

관계형 모델에 기초하여 DBMS를 개발하려는 개발자는 위에서 열거한 릴레이션의 특징을 유지할 수 있도록 SW를 구현해야 한다.

3.3 관계형 데이터 연산

3장의 서두에 소개되었던 DBMS 연구자들에게 주어진 두 가지 과제를 다시 생각해 보자. 첫 번째 과제인 '데이터를 어떤 형태로 저장할 것인가?'는 관계형 데이터 모델을 따라 테이블 형태로 데이터를 저장하는 것으로 정리할 수 있다. 두 번째 과제는 '저장된 데이터를 사용자들이 어떤 방법을 통해 이용할 수 있게 할 것인가?'인데 이 문제는 사용자들에게 어떤 **연산(operation)**을 제공할 것인가의 문제와 동일하다. 우리가 숫자를 다루기 위해서 덧셈, 뺄셈, 곱셈, 나눗셈과 같은 연산이 있어야 하는 것처럼 릴레이션을 다루기 위한 연산이 필요한 것이다.

관계형 모델의 창시자인 E. F. 커드는 릴레이션에 대한 연산을 집합론의 관점에서 정의하였는데, **관계 대수(relational algebra)**와 **관계 해석(relational calculus)**이라는 이론으로 설명하였다. 두 개의 이론에서 제시한 연산은 동등한 처리 능력을 갖는다. 본 교재에서는 관계 대수를 중심으로 릴레이션에 대한 연산을 4장에서 다루기로 한다.

관계 대수와 관계 해석을 통해 이론적으로 정립된 릴레이션 연산은 앞에서 언급한 바가 있는 SQL 언어로 구현되었다. SQL에 대해서는 다시 상세하게 다룰 것이므로 여기서는 간단한 사례를 통해 관계형 데이터 연산이 어떤 식으로 이루어지는지 느껴보도록 한다. 테이블 형태의 emp(사원) 릴레이션에 대해서 '20대 사원 중 연봉 6,500 이상을 받는 사원의 이름과 나이, 연봉'을 알고 싶다고 할 때 emp(사원) 릴레이션에서 어떤 식으로 정보를 얻을 수 있는지를 〈그림 3-14〉를 통해 설명하였다.

〈그림 3-14〉의 처리 결과로부터 20대 사원 중 연봉을 6,500 이상 받는 사원은 홍길동, 박지성 이렇게 두 사람이다. 〈그림 3-14〉의 정보를 얻는 과정을 살펴보면 다음과 같은 사실을 알 수 있다.

1) 테이블 형태의 릴레이션에서 우리가 원하는 정보를 얻을 수 있는 방법(연산)이 존재한다.
2) 원하는 정보를 얻기 위해 테이블에서 행(row)을 추출하는 연산과 열(column)을 추출하는 연산이 사용되었다.
3) 정보를 추출하는 연산에서 연산의 대상도 테이블 형태의 릴레이션이고, 연산의 결과도 테이블 형태의 릴레이션이다.

관계형 데이터 연산이란 이렇게 릴레이션을 대상으로 해서 어떤 연산을 수행하여 원하는 정보를 얻는 과정이다.

emp

empid	ename	age	salary
101	김철수	25	6000
102	홍길동	26	6500
103	박병석	32	7000
104	이동규	40	9000
105	박지성	29	8000

알고 싶은 정보:
"20대 사원 중 연봉을 6500 이상 받는
사원의 이름과 나이, 연봉"

① 20대 사원을 추출

empid	ename	age	salary
101	김철수	25	6000
102	홍길동	26	6500
105	박지성	29	8000

② 연봉이 6500 이상인 사원 추출

empid	ename	age	salary
102	홍길동	26	6500
105	박지성	29	8000

③ 이름, 나이, 연봉 추출

ename	age	salary
홍길동	26	6500
박지성	29	8000

〈그림 3-14〉 릴레이션에서 필요한 정보의 추출 과정

3.4 데이터 무결성 규칙

관계형 데이터베이스 모델의 세 번째 구성 요소는 데이터 무결성 규칙이다. 데이터베이스가 지향하는 철학 중 하나는 **'데이터베이스에 저장되는 데이터는 오류가 없어야 한다.'**는 것이다. 저장되는 데이터가 정확하고 유효한 상태로 유지되는 성질을 **데이터 무결성(data integrity)**이라고 한다. DBMS가 데이터 무결성을 보장할 수 있어야 사용자들이 DBMS를 믿고 사용할 수 있을 것이다. 즉, 데이터 무결성의 유지는 DBMS의 중요한 임무인 것이다. 다음은 데이터 무결성이 깨어진 예들이다.

1) 어떤 학생의 몸무게 속성에 560(kg)이 입력되었다.
2) 어떤 사원의 이름에 '홍길동56'이라고 입력되었다.

3) 학생정보를 저장하는 릴레이션에 어떤 학생이 학번이 없는 상태로 입력되었다.

4) 사원의 취미를 저장하는 릴레이션에 퇴사한 사원의 정보가 남아 있다.

5) 재고를 관리하는 릴레이션에 유통기한이 지난 제품의 수량이 포함되어 있다.

위의 예들을 살펴보면 어떤 경우는 무결성이 깨어졌는지를 알기 어려운 경우도 있다. 5) 가 그러한 경우이다. 1), 2)의 경우도 DBMS 입장에서는 무결성을 체크하기 어려운 경우이다. 이와 같이 모든 경우에 대해 DBMS로 하여금 무결성을 유지하도록 하는 것은 현실적으로 불가능에 가깝다. 그래서 DBMS가 지켜야 하는 최소한의 무결성을 규칙을 정하여 이를 DBMS를 개발할 때 적용하고 있다. 〈그림 3-15〉에서 보는 바와 같이 관계형 데이터 모델에서 요구하는 무결성 규칙에는 **개체 무결성 규칙**(entity integrity rule)과 **참조 무결성 규칙**(referential integrity rule) 이렇게 두 가지가 있다.

〈그림 3-15〉 관계형 데이터 모델의 무결성 규칙

(1) 개체 무결성 규칙(entity integrity rule)

개체 무결성 규칙은 앞에서 설명한 무결성이 침해된 사례 중 3)("학생정보를 저장하는 릴레이션에 어떤 학생이 학번이 없는 상태로 입력되었다.")과 관련이 있다. 일반적으로 릴레이션에 저장되는 튜플들은 그 튜플을 다른 튜플과 구분하는 데 사용하는 속성을 가지고 있다. (그러한 속성을 '**기본 키**(primary key)'라고 하는데 이에 대해서는 나중에 자세히 설명하기로 한다.) 〈그림 3-14〉의 **학생** 릴레이션을 살펴보자. 현실 세계에서는 학생 한 명 한 명을 식별하기 위해서 일반적으로 학번을 부여하여 사용한다. 그래서 학생 정보를 저장하는 **학생** 릴레이션에도 학번 속성이 존재하고, 어떤 학생의 정보를 검색하고 싶으면 주로 학번을 기준으로 검색하게 된다. 예를 들면, "학번이 7103001인 학생의 학과는 무엇인가?" 등의 질의가 DBMS에 요청될 수 있다. 그런데 〈그림 3-16〉에서 유창식 학생은 학번 정보가 입력되지 않았다. 릴레이션에서 어떤 속성에 아무 값도 입력하지 않으면 널 (null) 값이 저장된다. 이런 경우가 발생하면 유창식 학생을 다른 학생과 구분하는 것이 어렵고, 유창식 학생에 대한 정보를 검색하는 것도 어려워진다. 따라서 관계형 데이터베이스에서는 이런 상황을 방지하는 규칙을 정하였는데 그 내용은 다음과 같다.

"릴레이션의 기본키 속성에는 널 값이 입력될 수 없다."

이 규칙을 개체 무결성 규칙이라고 한다. 이 규칙을 풀어서 설명하면 **릴레이션에서 튜플을 식별하는 데 사용하는 속성은 공란으로 둘 수 없고 반드시 어떤 값이 입력되어야 한다**는 것이다.

학생

학번	이름	학과
7103001	김철수	국문학
7103002	김경민	국문학
7103003	배규리	컴퓨터공학
	유창식	컴퓨터공학

〈그림 3-16〉 개체 무결성 규칙이 깨어진 학생 릴레이션(기본키 컬럼에 널 값을 포함함)

개체 무결성 규칙에서 개체(entity)는 현실 세계에서 정보를 갖고 있으면서 서로 구별되는 어떤 대상을 말하는데 학생 한 명 한 명도 하나의 개체이다. 이 개체의 정보가 릴레이션에 저장될 때 하나의 튜플 형태로 저장된다. 릴레이션에서 기본키 속성에 값을 부여하여 개체(튜플)와 개체(튜플)를 구분할 수 있어야 한다는 의미에서 개체 무결성 규칙이라고 부른다.

> **Note** - 널(null) 값
>
> 널 값은 릴레이션에 저장될 수 있는 특별한 값이다. 널 값은 사용자가 아무 값도 입력하지 않을 때 자동으로 입력된다. 널 값은 '없음'을 나타내는 값이기 때문에 공백(space)이나 0과는 다르다. 공백이나 0은 그 자체로 의미 있는 입력 값이다. 릴레이션을 설계할 때 어떤 속성에 널 값이 입력되는 것을 허용할지 말지를 정해야 한다. 예를 들면, 학번, 주민등록번호, 학생 이름, 성별 등의 속성에는 널 값이 허용되면 안 되고 학생의 취미, 추가 연락처, 희망 진로 등의 속성에는 널 값이 허용될 수 있다.

(2) 참조 무결성 규칙(referential integrity rule)

참조 무결성 규칙은 앞에서 설명한 무결성이 침해된 사례 중 4)("사원의 취미를 저장하는 릴레이션에 퇴사한 사원의 정보가 남아 있다.")와 관련이 있다. 〈그림 3-17〉은 4)의 상황을 표현한다. 104번 사원이 퇴사하여 **사원** 릴레이션에서는 삭제되었는데 **사원의취미** 릴레이션에는 104번 사원의 취미가 아직 남아 있다. 없는 사원의 취미 정보가 남아 있다면 '데이터베이스에는 오류가 없는 올바른 정보가 유지되어야 한다.'는 원칙이 깨졌다고 말할 수 있다. 이런 상황은 방지되어야 한다.

〈그림 3-17〉의 상황을 다른 말로 표현하면 **사원 릴레이션**과 **사원의취미** 릴레이션 사이에 **일관성(consistency)**이 깨졌다고 말한다. **사원**과 **사원의취미** 두 릴레이션 모두 사원에 대한 정보를 포함하는데 두 릴레이션의 사원 정보가 일관되지 않기 때문이다. 그러면 어떻게 두 릴레이션 사이의 일관성을 유지할 수 있을까? DBMS에 '**사원의취미** 릴레이션에 있는 **사원번호**는 반드시 **사원** 릴레이션의 **사원번호**에도 있어야 한다.'라고 알려주는 것이다. 이것을 다른 말로 '**사원의취미** 릴레이션의 **사원번호**가 **사원** 릴레이션의 **사원번호**를 참조한다.'라고 말한다. (이때 **사원의취미** 릴레이션의 **사원번호**를 '외래키'라고 한다.) 이렇게 참조 관계가 설정되면 **사원** 릴레이션에서 퇴사한 사원의 정보를 삭제 요청이 있을 때 DBMS는 참조 관계에 있는 **사원의취미** 릴레이션의 데이터를 살펴서 일관성에 문제가 없는지를 살펴본 후 삭제 요청을 허용할지 말지를 결정하게 된다. 이와 같이 서로 연관이 있는 두 릴레이션의 정보 사이에 일관성이 유지되어야 한다는 원칙이 **참조 무결성 규칙**이다.

"참조 관계에 있는 두 릴레이션의 데이터 사이에는 일관성이 있어야 한다."

사원

사원번호	취미
101	홍길동
102	김철수
103	박소영

사원의취미

사원번호	취미
101	낚시
102	등산
103	등산
104	독서

〈그림 3-17〉 릴레이션 간의 일관성이 깨어진 사례

지금까지 개체 무결성 규칙과 참조 무결성 규칙에 대해서 알아보았다. 개체 무결성 규칙은 이후에 상세히 학습할 기본키(primary key)와 연관되어 있고 참조 무결성 규칙은 외래키(foreign key)와 연관되어 있다. 따라서 기본키와 외래키를 학습할 때 개체 무결성과 참조 무결성에 대해 한 번 더 언급하기로 한다. 〈그림 3-18〉을 통해서 기본키와 외래키의 개념을 한 번 더 확인하도록 한다.

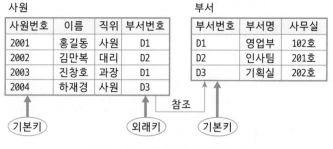

〈그림 3-18〉 기본키와 외래키의 예

오라클 SQL Developer의 사용

지난 단원의 실습에서는 SQL Plus를 통해서 오라클 DBMS를 이용하였다. 이번 단원에서는 GUI 환경에서 오라클 DBMS를 이용할 수 있도록 해주는 Oracle SQL Developer를 실습해 보도록 한다. SQL Devleoper는 SQL을 작성하고 실행하기 위한 편집 도구이지만, 데이터베이스 모델링과 설계에 활용할 수 있다. 〈그림 3-19〉는 SQL Developer를 이용하는 작업의 개념도이다.

〈그림 3-19〉 Oracle SQL Developer를 이용한 데이터베이스 작업 개념도

① SQL Developer를 찾아 실행한다.

② 먼저 할 일은 데이터베이스와의 접속 통로를 만드는 일이다. 초기화면에서 [수동으로 접속 생성]을 클릭한다.

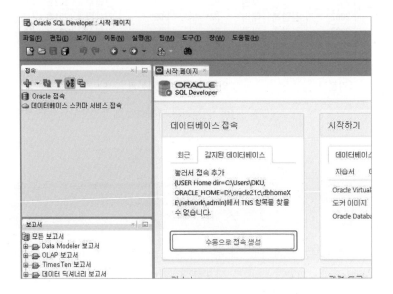

③ 접속 통로 생성에 필요한 정보를 다음과 같이 입력한다.

입력항목	입력값	비고
Name	empdb	접속 통로의 이름으로 사용자가 임의로 지정할 수 있다.
사용자 이름	scott	
비밀번호	tiger	
서비스 이름	emppdb	접속하려는 데이터베이스 이름이다.

입력이 끝나면 [테스트] 버튼을 클릭하여 화면 왼쪽 하단의 **상태:**에 '성공'이라고 표시되는지 확인한다. 접속 테스트에 성공하면 접속 정보를 저장 후 [접속] 버튼을 클릭한다.

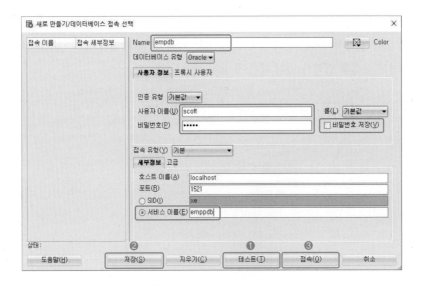

④ 접속에 성공하면 다음과 같은 작업 화면이 표시된다.

SQL Developer 화면은 다음과 같이 크게 4개의 영역으로 구성되어 있다.

❶ 접속창: 오라클 데이터베이스의 접속 정보와 함께 테이블, 뷰 등 저장된 객체 정보가
계층 형태로 표시된다.

❷ SQL 워크시트창: SQL 문을 작성하고 실행하는 영역이다.

❸ 보고서창: 데이터 모델링과 구조, 보안, 성능 등에 대한 모니터링과 보고서를 확인할

수 있는 영역이다.

❹ SQL 실행 결과창: SQL 문의 실행 스크립트, 에러 메시지, 결과 등이 출력되는 영역이다. (현재는 실행 결과가 없기 때문에 창이 보이지 않는다.)

⑤ 접속창에서 **empdb**를 펼쳐서 저장된 테이블들을 확인한다.

⚠ 주의

접속창에서 empdb는 데이터베이스 이름이 아니고 접속 경로의 이름이다. 접속한 데이터베이스의 이름은 로그인 시 서비스명에 입력한 emppdb이다.

⑥ **dept** 테이블을 펼쳐보면 컬럼 이름을 확인할 수 있다.

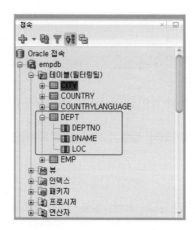

⑦ 이제 부서(dept) 테이블의 내용을 조회해 보도록 하자. 테이블 이름 위에서 마우스 오른쪽 버튼을 클릭하면 해당 테이블에 대해 가능한 작업 목록이 팝업 메뉴로 표시되는데, 여기서 [열기] 항목을 선택한다.

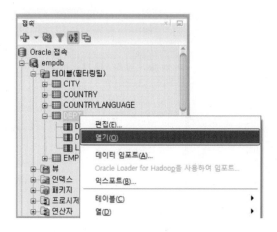

그 결과 SQL 워크시트창에 다음과 같이 dept 테이블에 대한 작업 탭이 생성된다. 여기서 [데이터] 탭을 선택한다.

그러면 dept 테이블에 저장된 데이터를 확인할 수 있다.

⑧ 이제 SQL 문을 실행해보자. SQL 워크시트창에서 [empdb] 탭을 클릭한다. 그러면 질의 작성 화면이 표시된다.

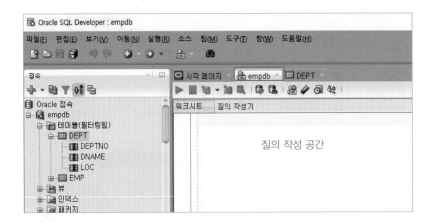

⑨ 이제 다음과 같이 사원(emp) 테이블의 데이터를 조회하는 SQL 문을 작성한다.

```
SELECT *
FROM emp ;
```

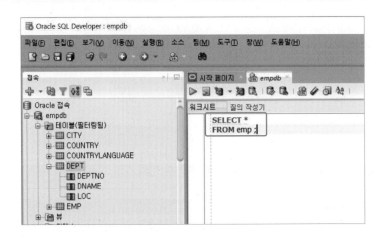

⑩ 작성한 SQL 문을 실행한다. 아이콘 메뉴에서 오른쪽 화살표를 클릭하거나 키보드에서 〈Ctrl〉+〈Enter〉를 눌러도 된다.

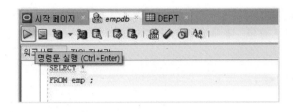

⚠️ 주의

SQL 문을 실행하기 위해서는 연한 음영 막대가 SQL 문 위에 있어야 한다. 그렇지 않으면 SQL 문이 실행되지 않는다. 연한 막대는 커서가 위치하는 라인을 나타낸다. 즉, 커서가 위치하는 곳의 SQL 문이 실행되는 것이다. 이렇게 하는 이유는 작성한 질의문이 여러 개 있는 경우 선택하여 실행할 수 있기 위함이다.

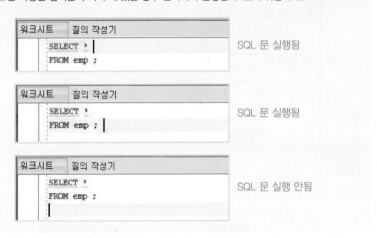

⑪ 명령문을 실행하면 SQL창 하단에 새로운 창이 표시되고 거기에 실행 결과가 출력된다. 총 14행이 반환되었고, 데이터베이스에서 데이터를 가져오는 데 걸린 시간은 0.003초이다.

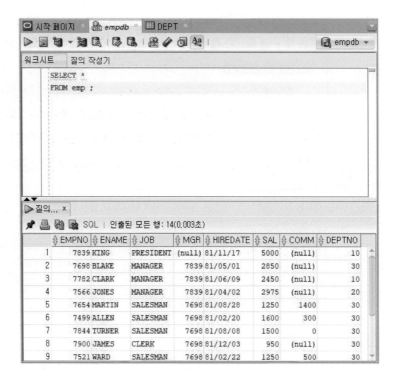

⑫ SQL창에 있는 아이콘 메뉴의 기능은 다음과 같다.

❶: 연한 음영 막대가 위치한 SQL 명령문을 실행한다(《Ctrl》+《Enter》도 같은 기능임). 표시할 행의 수가 많을 경우는 앞에서 50건만 잘라서 보여준다.

❷: 워크시트에 작성한 SQL 문이 여러 개인 경우 앞에서부터 순차적으로 실행한다(워크시트에 있는 모든 명령문을 한 번에 순차적으로 실행시킬 수 있음).

❸: 실행한 명령문을 커밋(commit)한다(실행된 결과가 데이터베이스에 저장됨).

❹: 실행한 명령문을 롤백(rollback)한다(실행된 결과를 취소함).

❺: 새로운 워크시트 창을 연다.

❻: 화면에 보이는 명령문을 모두 지운다.

❼: 실행한 명령문 목록을 보여준다. 목록 중 하나를 선택하면 자동으로 화면에 입력한다.

⑬ 화면에 표시되는 실행 결과의 가독성을 높이기 위해 폰트를 맑은 고딕체로 바꾸어 보자. 메인 메뉴에서 [도구] → [환경설정]의 순서로 선택한다. 환경설정창이 표시되면 왼쪽 메뉴에서 [글꼴]을 찾아 클릭한다. 그리고 글꼴을 맑은 고딕 또는 원하는 폰트로 바꾸면 된다.

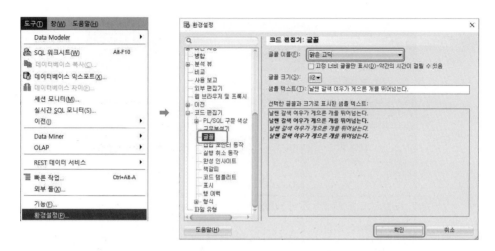

⑭ 작업한 SQL 문을 저장하기를 원하면 메인 메뉴 아이콘에서 저장 아이콘을 클릭한 후 파일 이름을 지정하여 저장하면 된다.

⑮ 작업을 종료한다. 다시 SQL Developer를 실행하는 경우에는 이전에 만든 접속 경로를 통해 로그인하면 된다. 시작 페이지에서 최근 접속 경로를 클릭해도 되고 왼쪽의 접속 창에서 접속 경로명을 더블클릭해도 된다.

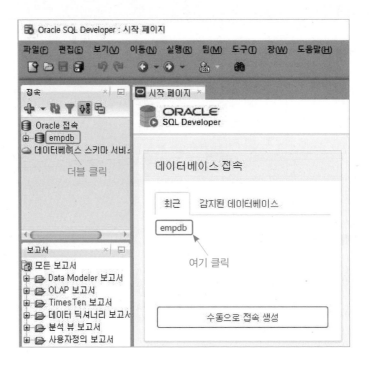

단원 요약

1. 데이터 모델은 현실 세계에 존재하는 데이터, 정보를 컴퓨터 안에 표현하는 방식을 의미한다. 데이터 모델은 논리적 모델과 물리적 모델이 있다.

2. 대표적인 논리적 데이터 모델에는 계층형 모델, 네트워크 모델, 관계형 모델이 있다.

3. 계층형 모델에서는 데이터들이 계층적 구조로 연결되었다고 본다. 계층형 모델은 구조가 간단하고 데이터의 수정, 검색이 용이한 반면 검색 경로가 한정되고 삽입과 삭제 연산이 매우 복잡하다는 단점이 있다.

4. 네트워크 모델은 계층형 모델의 단점을 보완하기 위해 제안되었으며, 하나의 하위정보가 여러 개의 상위 정보와 연결될 수 있다.

5. 관계형 모델은 데이터가 테이블 형태로 저장되어 있다고 본다. 정보/데이터 간 상하 관계가 없고 정보/데이터 간에 명시적인 연결 통로도 존재하지 않기 때문에 유연한 정보 검색이 가능한 대신 검색 속도는 계층형/네트워크 모델에 비해 떨어질 수 있다. 오늘날 대부분의 상용 DBMS 제품이 관계형 모델을 채택하고 있다.

6. 관계형 모델에서 릴레이션은 데이터의 기본 관리 단위로서 데이터를 저장하는 테이블을 의미한다.

7. 속성은 릴레이션의 열(column)을 가리키는 용어로서 릴레이션에 저장되는 정보 항목의 이름이다.

8. 튜플은 릴레이션에서 하나의 행(row)을 가리키는 용어이다.

9. 릴레이션에서 각 속성에 저장될 수 있는 후보 값들의 집합을 도메인이라고 한다. 도메인은 올바른 데이터가 릴레이션에 저장될 수 있도록 강제하는 역할을 하지만, 현실적으로 구현하기는 어렵다.

10. 데이터베이스의 저장 구조를 스키마라고 하고, 특정 시점에서 데이터베이스에 저장된 데이터들의 집합을 인스턴스라고 한다.

11. 릴레이션의 특징으로 속성의 원자성, 튜플의 유일성, 튜플의 무순서 성질, 속성의 무순서 성질을 들 수 있다.

12. 사용자들이 릴레이션을 이용할 수 있는 수단이 있어야 하는데 이를 위해 관계형 연산이 필요하다. E. F. 커드는 릴레이션에 대한 연산을 집합론의 관점에서 정의하였는데, 관계 대수(relational algebra)와 관계 해석(relational calculus)이라는 이론으로 설명하였다.

13. 데이터베이스에 저장되는 데이터가 정확하고 유효한 상태로 유지되는 성질을 데이터 무결성(data integrity)이라고 한다. DBMS는 데이터의 무결성을 유지할 책임이 있다.

14. DBMS가 모든 경우에 대해 무결성을 유지할 수는 없으므로, 관계형 데이터 모델에서는 최소한 개체 무결성 규칙과 참조 무결성 규칙은 준수하도록 요구한다.

15. 개체 무결성 규칙은 기본키 컬럼에는 널 값이 저장될 수 없도록 하는 규칙으로 튜플들을 식별하는 데 문제가 없도록 하는 역할을 한다.

16. 참조 무결성 규칙은 참조 관계에 있는 두 테이블의 데이터가 일관성을 유지할 수 있도록 하는 규칙을 말한다. 외래키를 통해서 참조 무결성 규칙을 구현한다.

연습문제

1. 현실 세계에 존재하는 데이터, 정보를 컴퓨터 안에 표현하는 방식을 (   )(이)라고 한다.

※ 다음은 무엇에 대한 설명인지 보기에서 고르시오(2~4번).

〈보기〉

ⓕ 계층형 모델   ⓛ 네트워크형 모델   ⓒ 관계형 모델

2. 데이터가 사용자에게는 테이블 형태로 저장되고 관리되는 것으로 보인다.

3. 데이터들이 계층적 구조로 연결되었고 하나의 하위 데이터는 하나의 상위 데이터와 연결된다.

4. 데이터들이 계층적 구조로 연결되었고 하나의 하위 데이터는 여러 개의 상위 데이터와 연결될 수 있다.

※ 다음은 관계형 모델의 용어 중 무엇에 대한 설명인지 보기에서 고르시오(5~8번).

〈보기〉

ⓕ 릴레이션   ⓛ 튜플   ⓒ 속성   ⓔ 도메인

5. 릴레이션의 열을 가리키는 용어로서 릴레이션에 저장되는 정보 항목의 이름이다.

6. 릴레이션에서 하나의 행을 가리키는 용어이다.

7. 릴레이션에서 각 속성에 저장될 수 있는 후보 값들의 집합을 말한다.

8. 관계형 모델에서 데이터의 기본 관리 단위로서 오늘날은 테이블이라는 용어로 더 많이 사용된다.

9. 도메인을 실제 구현하기 어려운 이유를 예를 들어 설명하시오.

10. 데이터베이스의 구조를 데이터베이스 (㉠)라고 한다. 데이터베이스 (㉡)는 특정 시점에서의 데이터베이스에 저장된 데이터의 집합을 말한다. (㉠)는 자주 변하지 않는 반면, (㉡)는 수시로 변화하는 특징이 있다.

11. 릴레이션의 각 튜플의 특정 속성은 원자값을 가져야 한다는 성질을 ( )이라고 한다. 원자값이란 더 이상 쪼개면 값의 의미를 상실하는 입력값을 말한다.

12. 릴레이션에는 중복되는 튜플이 입력되어서는 안 된다는 성질을 ( )이라고 한다.

13. 다음 릴레이션의 문제점을 2가지 지적하시오. (릴레이션에서 '근무부서이력'은 지금까지 소속되었던 부서의 이름을 의미한다.)

사원번호	근무부서이력
101	영업부
102	생산부, 사업1팀
103	기획실, 품질관리팀
101	영업부

14. 다음 중 동일한 릴레이션이 아닌 것을 고르시오.

①

학번	이름
9001	김철수
9002	한가람
9003	양창수
9004	박성필

②

이름	학번
김철수	9001
한가람	9002
양창수	9003
박성필	9004

③

학번	이름
9003	양창수
9004	박성필
9001	김철수
9002	한가람

④

이름	학번
김철수	9001
한가람	9002
양창수	9003
박성필	9004

15. ( )이란 릴레이션을 대상으로 해서 어떤 연산을 수행하여 원하는 정보를 얻는 과정을 말한다.

16. 관계형 모델에서 데이터베이스에 저장되는 데이터는 오류가 없어야 한다는 철학을 (　　) 규칙이라고 한다.

17. 기본키 속성에는 널 값이 포함되어서는 안 된다는 규칙을 (　　　) 규칙이라고 한다.

18. 릴레이션 A가 릴레이션 B를 참조하는 관계에 있을 때 두 릴레이션에 저장되는 데이터 사이에는 일관성이 있어야 한다는 규칙을 (　　　) 규칙이라고 한다.

19. 릴레이션 A와 릴레이션 B는 다음과 같이 참조하는 관계에 있다. 두 릴레이션에 저장된 데이터를 보고 문제점을 지적하시오.

참조

릴레이션 A

학번	학과
9001	D001
9002	D002
9003	D002
9004	D010

릴레이션 B

학과코드	학과명
D001	국문학과
D002	영문학과
D003	SW학과
D004	반도체학과

실습문제

20. 실습 환경으로 제공된 empdb에서 COUNTRY 테이블의 구조와 저장된 데이터를 보이시오. (SQL Developer를 이용)

04

관계대수

contents

관계대수

4.1 관계대수 개요

관계형 모델을 적용한 데이터베이스에서는 사용자에게 데이터가 테이블 형태로 저장된 것처럼 보인다. 그렇다면 테이블에서 어떻게 원하는 정보를 얻을 수 있을까? 테이블로부터 정보를 추출할 수 있는 어떤 연산이 제공되어야 할 것이다. 이번 단원에서 학습할 **관계대수**(relational algebra)는 테이블 형태의 릴레이션으로부터 필요한 정보를 추출할 수 있는 연산들을 이론적으로 정리한 것이다.

관계대수의 연산에 대해 이해하기 위해 수학적 연산에 대해 살펴보자. 〈그림 4-1〉의 상단은 자연수에 대한 덧셈 연산의 예이다. 여기서 연산의 대상이 되는 3과 4를 **피연산자**라고 하고 덧셈 연산을 의미하는 +를 **연산자**라고 한다. 7은 연산을 수행한 결과로 얻은 값이다. 〈그림 4-1〉의 하단은 관계대수 연산 중 합집합 연산을 표현한 것이다. 그림에서 보

는 바와 같이 테이블 형태의 릴레이션이 피연산자로 주어지고, 연산의 결과도 테이블 형태로 도출된다.

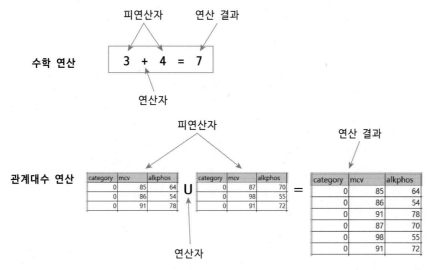

〈그림 4-1〉 수학 연산과 관계대수의 연산

〈그림 4-1〉의 관계대수 연산의 특징을 정리하면 다음과 같다.

1) 관계대수의 연산 대상(피연산자)은 릴레이션이다.
2) 관계대수의 연산 결과는 릴레이션이다.

1), 2)의 내용을 결합하면 릴레이션을 대상으로 한 연산의 결과도 릴레이션이 되는데 이러한 특성을 관계대수의 **'닫힘 성질(close property)'**이라고 한다.

관계형 대수의 연산은 〈그림 4-2〉와 같이 4개의 일반 집합 연산자와 4개의 순수 관계 연산자를 제공한다. 일반 집합 연산자는 우리가 이미 알고 있는 집합 연산의 개념을 릴레이션에 적용한 것이고, 순수 관계 연산자는 관계대수에서 새롭게 정의된 연산자이다. 연산자 하나하나에 대해 살펴보도록 하자.

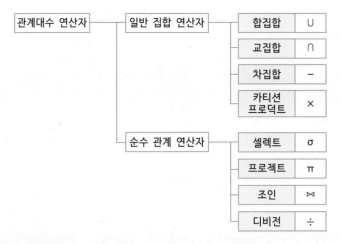

〈그림 4-2〉 관계대수의 연산자 분류

4.2 일반 집합 연산자

일반 집합 연산자는 테이블 형태로 된 릴레이션을 다루기 위해서 수학의 집합론에서 사용하던 연산자를 차용한 것이다. 〈표 4-1〉은 일반 연산자의 종류와 의미를 설명하고 있다.

〈표 4-1〉 일반 집합 연산자

연산	연산자	연산의 예	의미
합집합	∪	A∪B	릴레이션 A와 릴레이션 B의 튜플들을 하나로 모은다.
교집합	∩	A∩B	릴레이션 A와 릴레이션 B의 튜플들 중 중복되는 것들을 모은다.
차집합	—	A—B	릴레이션 A에는 존재하지만, 릴레이션 B에는 존재하지 않는 튜플들을 추출한다.
카티션 프로덕트	×	A×B	릴레이션 A의 모든 튜플에 대해 릴레이션 B의 모든 튜플들을 연결한다.

(1) 합집합(union)

릴레이션 A ∪ 릴레이션 B

릴레이션 간 합집합은 릴레이션을 집합으로, 릴레이션의 튜플들을 집합의 원소로 보고 합집합 연산을 적용하는 것이다. 릴레이션 A와 릴레이션 B의 합집합은 릴레이션 A의 튜플들과 릴레이션 B의 튜플들을 하나로 모은 새로운 릴레이션이 된다. 〈그림 4-3〉은 수학적 합집합과 릴레이션의 합집합 연산을 비교하여 나타낸 것이다. 수학적 합집합에서 집합 A와 집합 B의 공통원소인 3은 합집합에 하나만 포함된다. 이러한 성질은 릴레이션에도 동일하게 적용된다.

〈그림 4-3〉 수학적 합집합과 릴레이션의 합집합 연산

〈그림 4-4〉는 실제 릴레이션에 대한 합집합 연산의 예를 보여준다. 릴레이션 emp1과 emp2에는 중복되는 튜플(103, 박병석)이 존재하는데 합집합에는 두 번이 아닌 한 번만 나타난 것을 알 수 있다. 이는 '하나의 집합에는 중복된 원소가 존재할 수 없다.'는 집합의 성질에 따른 결과이다.

emp1

empid	ename
101	김철수
102	홍길동
103	박병석

emp2

empid	ename
103	박병석
104	김소미
105	한가람

emp1∪emp2

empid	ename
101	김철수
102	홍길동
103	박병석
104	김소미
105	한가람

〈그림 4-4〉 릴레이션 합집합 연산의 예

릴레이션의 합집합 연산은 다음과 같이 교환 법칙과 결합 법칙이 성립한다. 즉, 피연산자인 릴레이션의 순서를 바꾸어도 합집합 연산의 결과는 동일하다.

교환 법칙	A∪B = B∪A
결합 법칙	(A∪B)∪C = A∪(B∪C)

3장의 관계형 모델 설명에서 차수는 릴레이션의 속성의 개수, 카디널리티는 릴레이션의 튜플의 개수라고 정의하였다. 〈그림 4-4〉를 관찰해 보면 릴레이션의 합집합의 차수와 카디널리티에 대해 쉽게 알 수 있다. 정리하면 다음과 같다.

A∪B의 차수	A 또는 B의 차수와 같다.
A∪B의 카디널리티	(A의 카디널리티 + B의 카디널리티)보다 작거나 같다.

수학적 합집합 연산에서는 연산 대상인 두 집합에 대해 별도의 제약조건이 없다. 그러나 릴레이션의 합집합 연산에서는 두 릴레이션 A, B가 **결합 가능**(union-compatible)해야 한다는 조건이 따른다. 두 릴레이션 A, B가 결합 가능하려면 다음의 두 조건을 만족해야 한다.

1) 두 릴레이션의 속성의 개수가 같아야 한다.
2) 두 릴레이션에서 대응하는 속성의 도메인이 같아야 한다. (속성 이름은 달라도 된다.)

두 조건을 한마디로 요약하면 두 릴레이션의 구조가 같아야 합집합 연산을 할 수 있다는 것이다. 다음은 합집합 연산을 할 수 없는 두 릴레이션의 예이다.

emp1

empid	ename	age
101	김철수	21
102	홍길동	23
103	박병석	22

emp2

empid	ename
103	박병석
104	김소미
105	한가람

(a) 속성의 개수가 다른 두 릴레이션

emp1

empid	ename	age
101	김철수	21
102	홍길동	23
103	박병석	22

emp2

empid	ename	weight
103	박병석	60
104	김소미	51
105	한가람	52

(b) 속성의 도메인이 다른 두 릴레이션

〈그림 4-5〉 릴레이션 합집합 연산이 불가능한 사례

〈그림 4-5〉(a)는 emp1과 emp2의 속성의 개수가 다르기 때문에 두 릴레이션의 튜플들을 합치기 어렵다는 것을 쉽게 알 수 있다. 〈그림 4-5〉(b)는 속성의 개수가 같기 때문에 합집합 연산의 가능성이 있다. 그런데 대응하는 속성 중 세 번째를 보면 emp1은 age(나이)이고 emp2는 weight(몸무게)이다. 대응하는 속성의 이름이 다른 것은 문제되지 않는다고 했고, 두 속성 모두 숫자 형태의 값을 저장하고 있기 때문에 두 릴레이션의 튜플들을 합치는 데 문제가 없다고 생각할 수 있다. 그러나 age(나이)와 weight(몸무게)는 성격이 서로 다른 속성이다. 즉, 값이 정의되는 도메인이 서로 다른 것이다. 만일 강제로 두 릴레이션을 합쳐서 새로운 릴레이션을 만들었다고 했을 때, 세 번째 속성의 값들의 평균을 구하면 거기에는 나이 데이터와 몸무게 데이터가 함께 포함되어서 계산은 가능하지만 그 결과는 아무 의미가 없는 값이 된다.

Note –

두 릴레이션의 결합 가능 요건은 교집합과 차집합 연산에서도 동일하게 요구된다.

(2) 교집합(intersection)

릴레이션 A ∩ 릴레이션 B

두 릴레이션의 합집합 연산에 대해 이해했다면 교집합 연산도 쉽게 이해할 수 있을 것이다. 결합 가능한 두 릴레이션에 대해 교집합 연산은 두 릴레이션에서 공통적으로 가지고 있는 튜플을 추출하여 새로운 릴레이션을 구성하는 것이다. 〈그림 4-6〉은 수학적 교집합과 릴레이션의 교집합 연산에 대한 개념을 보여준다.

A={1, 2, 3, 4}, B={2, 4, 5, 6}
A∪B={2, 4}

릴레이션 A

릴레이션 B

〈그림 4-6〉 수학적 교집합과 릴레이션의 교집합 연산

〈그림 4-7〉은 릴레이션의 교집합 연산에 대한 사례를 보여준다.

emp1		emp2	
empid	ename	empid	ename
101	김철수	102	홍길동
102	홍길동	103	박병석
103	박병석	105	한가람

emp1∩emp2

empid	ename
102	홍길동
103	박병석

〈그림 4-7〉 릴레이션의 교집합 연산의 예

릴레이션의 교집합 연산에 대해서도 다음과 같이 교환 법칙과 결합 법칙이 성립한다.

교환 법칙	A∩B = B∩A
결합 법칙	(A∩B)∩C = A∩(B∩C)
A∩B의 차수	A 또는 B의 차수와 같다.
A∩B의 카디널리티	A, B의 카디널리티 중 작은 쪽보다 더 작거나 같다.

(3) 차집합(different)

릴레이션 A — 릴레이션 B

결합 가능한 두 릴레이션 A, B에 대해 차집합 연산 A—B는 A에는 존재하되 B에는 존재
하지 않는 튜플들을 추출하여 새로운 릴레이션을 구성하는 것이다. 〈그림 4-8〉은 수학
적 차집합과 릴레이션의 차집합 연산에 대한 개념을 보여준다.

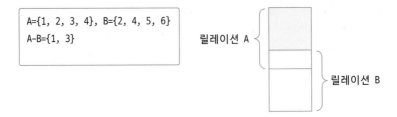

A={1, 2, 3, 4}, B={2, 4, 5, 6}
A-B={1, 3}

릴레이션 A

릴레이션 B

〈그림 4-8〉 수학적 차집합과 릴레이션의 차집합 연산

〈그림 4-9〉는 릴레이션의 차집합 연산에 대한 사례를 보여준다.

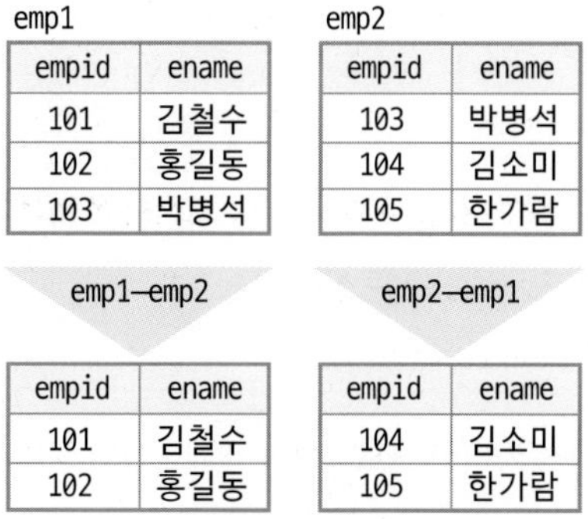

emp1

empid	ename
101	김철수
102	홍길동
103	박병석

emp2

empid	ename
103	박병석
104	김소미
105	한가람

emp1−emp2

empid	ename
101	김철수
102	홍길동

emp2−emp1

empid	ename
104	김소미
105	한가람

〈그림 4-9〉 릴레이션의 차집합 연산의 예

〈그림 4-9〉에서 보는 바와 같이 차집합 연산에서는 교환 법칙과 결합 법칙이 성립하지 않는다.

교환 법칙	A−B ≠ B−A
결합 법칙	(A−B)−C ≠ A−(B−C)
A−B의 차수	A 또는 B의 차수와 같다.
A−B의 카디널리티	A의 카디널리티보다 작거나 같다.

(4) 카티션 프로덕트(cartesian product)

릴레이션 A × 릴레이션 B

두 릴레이션 A, B에 대해 카티션 프로덕트 연산 A×B는 A의 모든 튜플을 B의 모든 튜플에 연결하여 릴레이션을 구성하는 것이다. 〈그림 4-10〉은 수학적 카티션 프로덕트와 릴레이션의 카티션 프로덕트 연산에 대한 개념을 보여준다.

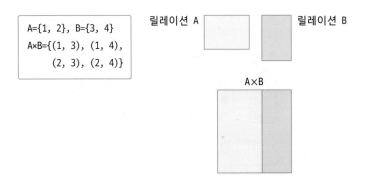

$$A=\{1, 2\},\ B=\{3, 4\}$$
$$A\times B=\{(1, 3),\ (1, 4),$$
$$(2, 3),\ (2, 4)\}$$

릴레이션 A 릴레이션 B

A×B

〈그림 4-10〉 수학적 카티션 프로덕트과 릴레이션의 카티션 프로덕트 연산

〈그림 4-11〉은 릴레이션의 카티션 프로덕트 연산에 대한 사례이다. 연산의 결과에서 속성의 이름 앞에 각각 e와 j를 붙였는데 이는 하나의 릴레이션에는 중복되는 속성 이름이 존재할 수 없기 때문에 중복을 방지하기 위함이다.

emp

empid	ename
101	김철수
102	홍길동

job

empid	job	Ioc
101	영업	서울
102	생산	대전
105	개발	광주

emp×job

e.empid	e.ename	j.empid	j.job	j.Ioc
101	김철수	101	영업	서울
101	김철수	102	생산	대전
101	김철수	105	개발	광주
102	홍길동	101	영업	서울
102	홍길동	102	생산	대전
102	홍길동	105	개발	광주

〈그림 4-11〉 릴레이션의 카티션 프로덕트 연산의 예

〈그림 4-11〉의 예를 살펴보면 카티션 프로덕트 연산은 결합 가능 요건을 만족하지 않아도 연산이 가능함을 알 수 있다. 릴레이션의 카티션 프로덕트 연산은 다음과 같이 교환 법칙과 결합 법칙이 성립한다.

교환 법칙	A×B = B×A
결합 법칙	(A×B)×C = A×(B×C)
A×B의 차수	A의 차수 + B의 차수
A×B의 카디널리티	A의 카디널리티 × B의 카디널리티

4.3 순수 관계 연산자

순수 관계 연산자는 테이블 형태로 된 릴레이션을 다루기 위해서 새로 고안된 연산자이다. 일반 집합 연산자에 비해 생소하기는 하지만, 개념이 단순하여 쉽게 이해할 수 있다. 〈표 4-2〉는 순수 관계 연산자의 종류와 의미이다.

〈표 4-2〉 순수 관계 연산자

연산	연산자	연산의 예	의미
셀렉트	σ	$\sigma_{조건식}(A)$	릴레이션 A에서 조건식을 만족하는 튜플들을 추출(예: 테이블에서 행을 추출하는 연산)
프로젝트	π	$\pi_{속성리스트}(A)$	릴레이션 A에서 리스트에 있는 속성들로만 구성된 튜플들을 추출(예: 테이블에서 열을 추출하는 연산)
조인	⋈	A⋈B	릴레이션 A와 B의 공통 속성을 이용하여 A와 B의 튜플들을 연결하여 새로운 릴레이션을 구성
디비전	÷	A÷B	릴레이션 B의 모든 튜플과 관련 있는 릴레이션 A의 튜플들을 추출

(1) 셀렉트(select)

$\sigma_{조건식}(릴레이션)$

셀렉트는 릴레이션에서 조건을 만족하는 튜플들을 추출하는 연산이다. 쉽게 말해서 테이블에서 원하는 행을 추출하는 연산이라고 할 수 있다. 셀렉트 연산을 개념적으로 설명하면 〈그림 4-12〉와 같다.

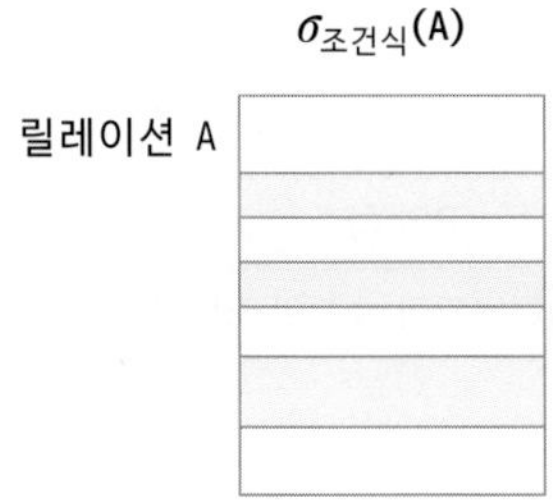

$$\sigma_{조건식}(A)$$

릴레이션 A

〈그림 4-12〉 릴레이션에서 셀렉트 연산의 개념

셀렉트 연산에서의 조건식은 원하는 튜플을 선택하기 위해서 속성 이름과 **비교 연산자들**을 이용하여 표현한다. 예를 들면 '급여(salary)가 6,500 이상'이라는 조건을 표현하고 싶다면 'salary 〉= 6500'이라고 조건식을 써주면 된다. 조건식을 표현하기 위한 비교 연산자뿐만 아니라 조건식을 연결하기 위해 **논리 연산자**도 사용된다. 〈표 4-3〉에 자주 쓰이는 비교 연산자와 논리 연산자를 정리하였다.

〈표 4-3〉 셀렉트 연산의 조건식에 자주 사용되는 연산자

구분	연산자	연산의 예	의미
비교 연산자	〉	salary 〉 1000	급여가 1,000보다 크다.
	〉=	salary 〉= 1000	급여가 1,000보다 크거나 같다.
	〈	salary 〈 500	급여가 500보다 작다.
	〈=	salary 〈= 500	급여가 500보다 작거나 같다.
	=	job = '영업'	담당 업무가 '영업'이다.
	〈〉	job 〈〉 '영업'	담당 업무가 '영업'이 아니다.
논리 연산자	∧	(salary 〈 500) ∧ (job = '영업')	급여가 500보다 작고(and) 담당 업무가 '영업'이다.
	∨	(salary 〈 500) ∨ (job = '영업')	급여가 500보다 작거나(or) 담당 업무가 '영업'이다.
	¬	¬(salary 〈 500)	급여가 500보다 작지 않다(not). (salary 〉= 500과 논리적으로 동일)

(주: 연산자를 기호로 표현하는 방법은 여러 가지가 있다. 예를 들면, 〈=와 〈〉는 ≤와 ≠로 표현할 수도 있다.)

회원 릴레이션에 대해 셀렉트 연산이 필요한 질의문, 질의문에 대한 관계대수 표현식, 질의 처리 과정 및 결과 릴레이션에 대해 살펴보도록 하자.

질의문 1	대전에 거주하는 회원들의 정보를 보이시오.
관계대수 표현식	$\sigma_{거주지='대전'}(회원)$

연산 과정 및
결과 릴레이션

회원

회원번호	회원이름	회원등급	거주지	취미
101	홍길동	A	서울	등산
102	김철수	B	대전	낚시
103	박소영	C	대전	낚시
104	이가람	A	경기	독서

⇩

회원

회원번호	회원이름	회원등급	거주지	취미
101	홍길동	A	서울	등산
102	김철수	B	대전	낚시	← 대전 거주자
103	박소영	C	대전	낚시
104	이가람	A	경기	독서

⇩

회원번호	회원이름	회원등급	거주지	취미
102	김철수	B	대전	낚시
103	박소영	C	대전	낚시

질의문 2	회원등급이 'A'이고 취미가 '등산'인 회원들의 정보를 보이시오.
관계대수 표현식	$\sigma_{회원등급='A' \wedge 취미='등산'}(회원)$

연산 과정 및
결과 릴레이션

회원

회원번호	회원이름	회원등급	거주지	취미
101	홍길동	A	서울	등산
102	김철수	B	대전	낚시
103	박소영	C	대전	낚시
104	이가람	A	경기	독서

⇩

회원

회원번호	회원이름	회원등급	거주지	취미
101	홍길동	A	서울	등산	← 회원등급: A 취미: 등산
102	김철수	B	대전	낚시
103	박소영	C	대전	낚시
104	이가람	A	경기	독서

⇩

회원번호	회원이름	회원등급	거주지	취미
101	홍길동	A	서울	등산

조건이 여러 개인 셀렉트 연산은 다음과 같이 여러 형태의 표현 및 연산이 가능하다.

$$\sigma_{조건식\ 1}(\sigma_{조건식\ 2}(A))$$
$$= \sigma_{조건식\ 2}(\sigma_{조건식\ 1}(A))$$
$$= \sigma_{조건식\ 1\ \wedge\ 조건식\ 2}(A)$$

$\sigma_{조건식\ 1}(\sigma_{조건식\ 2}(A))$의 의미는 $\sigma_{조건식\ 2}(A)$의 연산 결과로 도출된 결과 릴레이션을 다시 $\sigma_{조건식\ 1}$( )의 입력 릴레이션으로 한다는 것이다. 즉, 관계대수식 안에 관계대수식을 중첩하여 사용하는 것이 가능하다는 것이다. 이를 그림으로 표현하면 〈그림 4-13〉과 같다.

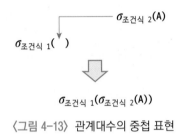

〈그림 4-13〉 관계대수의 중첩 표현

중첩의 회수는 질의문에서 조건의 개수와 일치하며, 이론적으로는 제한이 없다. 다음과 같이 세 번의 중첩도 가능하다.

$$\sigma_{조건식\ 1}(\sigma_{조건식\ 2}(\sigma_{조건식\ 3}(A)))$$
$$= \sigma_{조건식\ 1\ \wedge\ 조건식\ 2\ \wedge\ 조건식\ 3}(A)$$

질의문 2는 다음과 같이 여러 관계대수 표현식이 가능하다.

질의문 2	회원등급이 'A'이고 취미가 '등산'인 회원들의 정보를 보이시오.
관계대수 표현식	$\sigma_{회원등급='A'\ \wedge\ 취미='등산'}(회원)$ $\sigma_{회원등급='A'}(\sigma_{취미='등산'}(회원))$ $\sigma_{취미='등산'}(\sigma_{회원등급='A'}(회원))$

(2) 프로젝트(project)

$$\pi_{속성리스트}(릴레이션)$$

프로젝트 연산은 릴레이션에서 지정한 속성의 값들을 추출하는 연산이다. 쉽게 말해서 테이블에서 원하는 열을 추출하는 연산이라고 할 수 있다. 프로젝트 연산을 개념적으로 설명하면 〈그림 4-14〉와 같다.

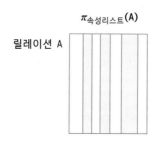

〈그림 4-14〉 릴레이션에서 프로젝션 연산의 개념

질의문 3	회원들의 거주지를 보이시오.
관계대수 표현식	$\pi_{거주지}$(회원)
연산 과정 및 결과 릴레이션	회원 <table><tr><th>회원번호</th><th>회원이름</th><th>회원등급</th><th>거주지</th><th>취미</th></tr><tr><td>101</td><td>홍길동</td><td>A</td><td>서울</td><td>등산</td></tr><tr><td>102</td><td>김철수</td><td>B</td><td>대전</td><td>낚시</td></tr><tr><td>103</td><td>박소영</td><td>C</td><td>대전</td><td>낚시</td></tr><tr><td>104</td><td>이가람</td><td>A</td><td>경기</td><td>독서</td></tr></table> ⬇ 회원 <table><tr><th>회원번호</th><th>회원이름</th><th>회원등급</th><th>거주지</th><th>취미</th></tr><tr><td>101</td><td>홍길동</td><td>A</td><td>서울</td><td>등산</td></tr><tr><td>102</td><td>김철수</td><td>B</td><td>대전</td><td>낚시</td></tr><tr><td>103</td><td>박소영</td><td>C</td><td>대전</td><td>낚시</td></tr><tr><td>104</td><td>이가람</td><td>A</td><td>경기</td><td>독서</td></tr></table> ⬇ <table><tr><th>거주지</th></tr><tr><td>서울</td></tr><tr><td>대전</td></tr><tr><td>경기</td></tr></table>

질의문 3의 회원 릴레이션의 거주지 속성을 보면 대전에 사는 회원이 2명 있기 때문에 대전이 2회 나온다. 그러나 프로젝션 연산의 결과를 보면 대전이 1회 나온다. 이는 **릴레이션에는 중복된 튜플이 존재할 수 없다는 원칙**이 적용된 결과이다.

질의문 3은 **회원** 릴레이션에 대한 프로젝션 연산의 예로서 거주지 속성값을 추출한다.

질의문 4	회원들의 이름과 회원등급을 보이시오.
관계대수 표현식	$\pi_{회원이름, 회원등급}(회원)$
연산 과정 및 결과 릴레이션	

회원

회원번호	회원이름	회원등급	거주지	취미
101	홍길동	A	서울	등산
102	김철수	B	대전	낚시
103	박소영	C	대전	낚시
104	이가람	A	경기	독서

⇩

회원

회원번호	회원이름	회원등급	거주지	취미
101	홍길동	A	서울	등산
102	김철수	B	대전	낚시
103	박소영	C	대전	낚시
104	이가람	A	경기	독서

⇩

회원이름	회원번호
홍길동	A
김철수	B
박소영	C
이가람	A

(3) 조인(join)

릴레이션 A ⋈ 릴레이션 B

조인 연산은 원하는 정보가 여러 릴레이션에 흩어져 있을 때 이들을 결합하여 하나의 릴레이션으로 만드는 연산이다. 따라서 셀렉트, 프로젝트 연산은 하나의 릴레이션을 대상으로 하는 반면 조인 연산은 기본적으로 2개의 릴레이션을 대상으로 한다. 두 개의 릴레이션을 하나로 만드는 방법은 두 릴레이션의 공통 속성을 이용하는 것이다. 즉, 공통 속성의 값이 같은 튜플끼리 연결하여 하나로 만드는 것이다. 프로젝트 연산을 개념적으로 설명하면 〈그림 4-15〉와 같다.

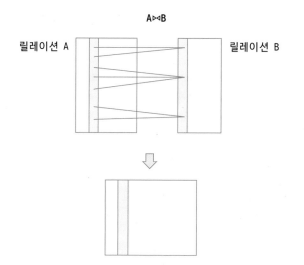

$A \bowtie B$

릴레이션 A   릴레이션 B

〈그림 4-15〉 릴레이션에서 조인 연산의 개념

질의문 5	회원과 대출의 조인 결과를 보이시오.
관계대수 표현식	회원▷◁대출
연산 과정 및 결과 릴레이션	

회원

회원번호	회원이름
101	홍길동
102	김철수
103	박소영

대출

대출번호	대출회원	대출도서
301	101	홍길동전
302	101	토지
303	103	부활

회원

회원번호	회원이름
101	홍길동
102	김철수
103	박소영

대출

대출번호	대출회원	대출도서
301	101	홍길동전
302	101	토지
303	103	부활

회원▷◁대출

회원

회원번호	회원이름	대출번호	대출도서
101	홍길동	301	홍길동전
101	홍길동	302	토지
103	박소영	303	부활

질의문 5는 **회원**과 회원의 도서 대출 정보를 저장하는 **대출** 릴레이션에 대해 조인 연산을 실행한 예이다. 보는 바와 같이 두 릴레이션의 공통 속성은 **회원번호(대출회원)**이다. 이와

같이 조인 연산에서 공통 속성의 이름이 같을 필요는 없다. 공통 속성이 같은 튜플끼리 연결하여 새로운 릴레이션을 구성한다.

질의문 5의 조인 결과를 보면 대출 릴레이션의 대출회원 속성이 빠져 있다. 이는 두 릴레이션이 하나로 결합되면서 **하나의 릴레이션에 중복된 속성이 존재할 수 없다**는 원칙이 적용된 결과이다. **회원번호와 대출회원**은 속성 이름은 다르지만 의미가 같고 두 속성의 값이 같은 튜플들을 연결했기 때문에 조인으로 만들어진 릴레이션에서 **회원번호와 대출회원**은 같은 속성 값들을 갖게 되어 둘이 함께 존재하면 중복이라고 할 수 있다.

또 한 가지 살펴볼 점은 회원 중 대출 정보가 없는 김철수 회원은 조인 연산의 결과 릴레이션에서 제외된 것이다. 조인 연산은 두 릴레이션의 공통 속성의 값이 같은 튜플들끼리 연결하기 때문에 연결할 값이 상대방 릴레이션에 존재하지 않는 경우는 조인 결과에서 제외된다. 이와 같이 연결할 값이 있는 튜플들만 연결하는 조인 연산을 **자연 조인**(natural join)이라고 한다.

> **Note** – 조인 연산
>
> 일반적으로 조인 연산이라고 하면 자연 조인을 의미한다. 그러나 조인 조건을 어떻게 하느냐에 따라 여러 형태의 조인 결과가 있을 수 있다. 이에 대해서는 SQL 문을 배울 때 다시 언급하기로 한다.

---

(4) 디비전(division)

릴레이션 A ÷ 릴레이션 B

릴레이션 간의 디비전 연산은 우리가 알고 있는 나눗셈 연산을 릴레이션에 적용한 것이다. 릴레이션 디비전 A÷B는 릴레이션 B의 모든 튜플과 관련 있는 릴레이션 A의 튜플들을 추출한다. 디비전 연산을 개념적으로 나타내면 〈그림 4-16〉과 같다.

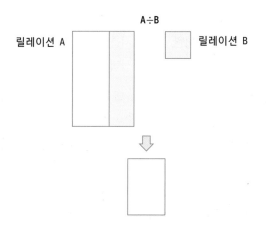

$A \div B$

릴레이션 A   릴레이션 B

〈그림 4-16〉 릴레이션에서 디비전 연산의 개념

질의문 6	대출에 대해 도서 1과 도서 2로 디비전한 결과를 보이시오.
관계대수 표현식	대출÷도서 1, 대출÷도서 2
연산 과정 및 결과 릴레이션	

대출

출판사	대출회원	대출도서
문예	103	홍길동전
한빛	101	토지
문예	103	부활
문예	103	어린왕자
청림원	102	통계학

도서 1

대출도서
홍길동전
어린왕자

도서 2

대출회원	대출도서
101	홍길동전
103	어린왕자

대출

출판사	대출회원	대출도서
문예	103	홍길동전
한빛	101	토지
문예	103	부활
문예	103	어린왕자
청림원	102	통계학

도서 1

대출도서
홍길동전
어린왕자

도서 2

대출회원	대출도서
103	홍길동전
103	어린왕자

대출÷도서 1

출판사	대출회원
문예	103

대출÷도서 2

출판사
문예

질의문 6의 예제는 대출, 도서 릴레이션에 대해 디비전 연산 대출÷도서를 실행한 결과이다. 도서 1의 경우 속성이 대출도서 하나이므로 대출÷도서 1의 결과 릴레이션은 대출도서를 제외한 **출판사, 대출회원** 속성을 가지며, 도서 1의 튜플을 포함하는 대출 릴레이션의

튜플들이 선택되었다. 도서 2의 경우 속성이 대출회원, 대출도서 이렇게 두 개이므로 대출 ÷도서 2의 결과 릴레이션은 대출회원, 대출도서를 제외한 출판사 속성을 가지며, 도서 2의 튜플을 포함하는 대출 릴레이션의 튜플들이 선택되었다.

4.4 관계대수의 응용

4.2절과 4.3절을 통해서 우리는 관계대수에서 제공하는 8가지의 연산자에 대해 학습하였다. 수학 연산에서 덧셈, 뺄셈, 곱셈, 나눗셈 연산을 결합하여 하나의 연산식을 구성할 수 있는 것처럼 관계대수의 연산자들도 서로 결합하여 하나의 연산식을 구성할 수 있다. 이번 절에서는 주어진 질의문에 대해 연산자들을 결합하여 해결하는 사례들을 살펴보기로 한다.

질의문 7	거주지가 대전인 회원의 이름과 취미를 보이시오.
관계대수 표현식	$\pi_{회원이름,취미}(\sigma_{거주지='대전'}(회원))$

연산 과정 및 결과 릴레이션

회원

회원번호	회원이름	회원등급	거주지	취미
101	홍길동	A	서울	등산
102	김철수	B	대전	낚시
103	박소영	C	대전	낚시
104	이가람	A	경기	독서

회원

회원번호	회원이름	회원등급	거주지	취미
101	홍길동	A	서울	등산
102	김철수	B	대전	낚시
103	박소영	C	대전	낚시
104	이가람	A	경기	독서

$\sigma_{거주지='대전'}(회원)$

회원번호	회원이름	회원등급	거주지	취미
102	김철수	B	대전	낚시
103	박소영	C	대전	낚시

회원번호	회원이름	회원등급	거주지	취미
102	김철수	B	대전	낚시
103	박소영	C	대전	낚시

$\pi_{회원이름,취미}(\sigma_{거주지='대전'}(회원))$

회원이름	취미
김철수	낚시
박소영	낚시

질의문 7에서 "거주지가 대전인 회원의 이름과 취미를 보이시오."는 2단계의 처리를 통해 결과를 얻을 수 있다.

1) 거주지가 대전인 회원들의 튜플을 추출하여 결과 릴레이션 1을 구성한다.
2) 결과 릴레이션 1에서 회원 이름과 취미 속성의 값들을 추출한다.

1) 작업을 위해서 셀렉트 연산이 필요하고, 2) 작업을 위해서는 프로젝션 연산이 필요하다. 셀렉트 연산과 프로젝트 연산을 결합하면 질의문 7에 대한 결과를 얻을 수 있다.

> ⚠ 주의
>
> 셀렉트와 프로젝트 연산을 결합하여 사용하는 경우는 반드시 셀렉트 연산을 먼저 수행하고, 그 결과 튜플들에 대해 프로젝트 연산을 나중에 수행해야 한다. 질의문 7에서 회원이름, 취미 속성을 추출하는 프로젝션 연산을 먼저 수행하면 결과는 다음과 같다.
>
> | 회원이름 | 취미 |
> |---|---|
> | 홍길동 | 등산 |
> | 김철수 | 낚시 |
> | 박소영 | 낚시 |
> | 이가람 | 독서 |
>
> 여기에 거주지가 '대전'이라는 조건을 적용하여 튜플을 추출해야 하는데 거주지 정보가 결과 릴레이션에 없기 때문에 셀렉트 연산을 수행할 수 없다. 그래서 셀렉트 연산을 먼저 수행한 후에 프로젝트 연산을 수행해야 한다.

질의문 8의 예는 가장 복잡한 형태의 질의 중 하나이다. 질의문에서 '홍길동' 회원의 정보는 회원 릴레이션에 저장되어 있고, '홍길동' 회원이 대출한 책의 정보는 **대출** 릴레이션에 저장되어 있다. 따라서 '홍길동' 회원이 대출한 책을 알기 위해서는 **회원** 릴레이션과 **대출** 릴레이션을 조인 연산을 통해 하나의 릴레이션으로 만들어야 한다. 그 다음에 할 일은 셀렉트 연산을 통해서 '홍길동' 회원이 포함된 튜플을 추출하는 일이고, 마지막으로 프로젝션 연산을 적용하여 **대출도서** 속성의 값을 추출하면 최종적으로 원하는 결과를 얻을 수 있다.

질의문 8	'홍길동' 회원이 대출한 도서의 목록을 보이시오.
관계대수 표현식	$\pi_{대출도서}(\sigma_{회원이름='홍길동'}(회원 \bowtie 대출))$
연산 과정 및 결과 릴레이션	

회원

회원번호	회원이름
101	홍길동
102	김철수
103	박소영

대출

대출번호	대출회원	대출도서
301	101	홍길동전
302	101	토지
303	103	부활

⬇

회원

회원번호	회원이름
101	홍길동
102	김철수
103	박소영

대출

대출번호	대출회원	대출도서
301	101	홍길동전
302	101	토지
303	103	부활

⬇ 회원⋈대출

회원번호	회원이름	대출번호	대출도서
101	홍길동	301	홍길동전
101	홍길동	302	토지
103	박소영	303	부활

⬇

회원번호	회원이름	대출번호	대출도서
101	홍길동	301	홍길동전
101	홍길동	302	토지
103	박소영	303	부활

⬇ 셀렉트

회원번호	회원이름	대출번호	대출도서
101	홍길동	301	홍길동전
101	홍길동	302	토지

⬇

회원번호	회원이름	대출번호	대출도서
101	홍길동	301	홍길동전
101	홍길동	302	토지

⬇ 프로젝트

대출도서
홍길동전
토지

질의문 7과 질의문 8의 사례를 살펴보면 관계대수의 연산자들을 결합하는 방법에 대해 개념을 이해할 수 있을 것이다. **한 연산의 결과를 다른 연산의 입력값으로 사용**하면 연

산자들을 결합하여 사용하는 것이 가능해지는 것이다. 관계대수 사용자는 어떤 연산을 먼저 하고 어떤 연산을 나중에 할지를 결정하면 된다.

관계대수를 프로그래밍 언어의 형태로 표현한 것이 SQL이다. SQL에 대해서는 5~7장에서 상세히 다루기로 한다.

Note -- 관계대수 연산의 우선순위

여러 연산자가 중첩된 산술 연산에서는 다음과 같이 안쪽 괄호의 연산이 먼저 수행된다.

$(3 + (4*2)) - 5$

연산 순서
① $4*2$
② $3 + (4*2)$
③ $(3 + (4*2)) - 5$

마찬가지로 중첩된 관계 연산에서도 안쪽 괄호의 연산이 먼저 수행된다.

$\pi_{대출도서}(\sigma_{회원이름='홍길동'}(회원 \bowtie 대출))$

연산 순서
① 회원 $\bowtie$ 대출
② $\sigma_{회원이름='홍길동'}(회원 \bowtie 대출)$
③ $\pi_{대출도서}(\sigma_{회원이름='홍길동'}(회원 \bowtie 대출))$

관계대수의 활용

[과제]

다음의 회원, 대출 릴레이션에 대해 '토지'를 대출한 적이 있는 회원의 이름과 '부활'을 대출한 적이 있는 회원의 이름을 함께 보이는 관계대수식을 작성하시오. 단, 두 회원의 이름은 합집합 연산으로 얻는다.

회원

회원번호	회원이름
101	홍길동
102	김철수
103	박소영

대출

대출번호	대출회원	대출도서
301	101	홍길동전
302	101	토지
303	103	부활
304	102	홍길동전

[해결 과정]

① 회원 이름과 대출도서가 서로 다른 릴레이션에 있으므로 먼저 두 릴레이션을 조인하여 하나의 릴레이션을 구성한다.

회원⋈대출

회원번호	회원이름	대출번호	대출도서
101	홍길동	301	홍길동전
101	홍길동	302	토지
102	김철수	304	홍길동전
103	박소영	303	부활

② '토지'를 대출한 적이 있는 회원의 튜플을 선택한다.

$\sigma_{대출도서='토지'}(회원⋈대출)$

회원번호	회원이름	대출번호	대출도서
101	홍길동	302	토지

③ '부활'을 대출한 적이 있는 회원의 튜플을 선택한다.

$\sigma_{\text{대출도서}='부활'}(\text{회원} \bowtie \text{대출})$

회원번호	회원이름	대출번호	대출도서
103	박소영	303	부활

④ '토지'와 '부활'을 대출한 적이 있는 회원의 합집합 튜플을 구한다.

$\sigma_{\text{대출도서}='토지'}(\text{회원} \bowtie \text{대출}) \cup \sigma_{\text{대출도서}='부활'}(\text{회원} \bowtie \text{대출})$

회원번호	회원이름	대출번호	대출도서
101	홍길동	302	토지
103	박소영	303	부활

⑤ 회원의 합집합 튜플에서 회원의 이름 속성 값들을 추출한다.

$\pi_{\text{회원이름}}(\sigma_{\text{대출도서}='토지'}(\text{회원} \bowtie \text{대출}) \cup \sigma_{\text{대출도서}='부활'}(\text{회원} \bowtie \text{대출}))$

회원이름
홍길동
박소영

Note

주어진 과제에서 합집합 연산을 사용하지 않고 다음과 같이 해도 결과는 같다.

$\pi_{\text{회원이름}}(\sigma_{\text{대출도서}='토지' \vee \text{대출도서}='부활'}(\text{회원} \bowtie \text{대출}))$

단원 요약

1. 관계대수는 테이블 형태의 릴레이션으로부터 필요한 정보를 추출할 수 있는 연산들을 이론적으로 정리한 것이다.

2. 관계대수의 연산 대상(피연산자)은 릴레이션이다. 또한 관계대수의 연산 결과도 릴레이션 이다.

3. 관계대수 연산은 4개의 일반 집합 연산과 4개의 순수 관계 연산으로 구성된다.

4. 일반 집합 연산자에는 합집합, 교집합, 차집합, 카티션 프로덕트가 있다.

5. 순수 관계 연산자에는 셀렉트, 프로젝트, 조인, 디비전이 있다.

6. 관계대수 연산자들을 정리하면 다음과 같다.

연산	연산자	연산의 예	의미
합집합	∪	A∪B	릴레이션 A와 릴레이션 B의 튜플들을 하나로 모은다.
교집합	∩	A∩B	릴레이션 A와 릴레이션 B의 튜플들 중 중복되는 것들을 모은다.
차집합	—	A—B	릴레이션 A에는 존재하지만, 릴레이션 B에는 존재하지 않는 튜플들을 추출한다.
카티션 프로덕트	×	A×B	릴레이션 A의 모든 튜플에 대해 릴레이션 B의 모든 튜플들을 연결한다.
셀렉트	σ	$\sigma_{조건식}(A)$	릴레이션 A에서 조건식을 만족하는 튜플들을 추출(예: 테이블에서 행을 추출하는 연산)
프로젝트	π	$\pi_{속성리스트}(A)$	릴레이션 A에서 리스트에 있는 속성들로만 구성된 튜플들을 추출(예: 테이블에서 열을 추출하는 연산)
조인	⋈	A⋈B	릴레이션 A와 B의 공통 속성을 이용하여 A와 B의 튜플들을 연결하여 새로운 릴레이션을 구성
디비전	÷	A÷B	릴레이션 B의 모든 튜플과 관련 있는 릴레이션 A의 튜플들을 추출

연습문제

1. 관계대수에서 릴레이션을 대상으로 한 연산의 결과도 릴레이션이 되는데 이러한 특성을
   (   )이라고 한다.

2. 관계대수의 일반 집합 연산자 4개를 제시하시오.

3. 관계대수의 순수 관계 연산자 4개를 제시하시오.

※ 다음의 두 릴레이션에 대해서 문제에 답하시오(4~6번).

과일 A

ID	이름
F01	사과
F02	배
F03	딸기
F04	오렌지

과일 B

ID	이름
F03	딸기
F04	오렌지
F05	바나나
F06	파인애플

4. 두 릴레이션의 합집합을 보이시오.

5. 두 릴레이션의 교집합을 보이시오.

6. 두 릴레이션의 차집합 과일 A−과일 B를 보이시오.

※ 실습에 사용하는 empdb의 emp, dept 테이블에 대해서 다음의 질의를 관계대수로 표
현하시오(7~20번). emp, dept 테이블에 대한 설명은 다음과 같다.

dept(부서)

컬럼명	자료형	설명
deptno	숫자	부서번호(기본키)
dname	문자	부서명
loc	문자	부서위치

emp(사원)

컬럼명	자료형	설명
empno	숫자	사원번호(기본키)
ename	문자	사원명
job	문자	담당 업무
mgr	숫자	매니저(직속상사)
hiredate	날짜	입사일자
sal	숫자	급여(연봉)
comm	숫자	커미션(보너스)
deptno	숫자	부서번호

7. BOSTON에 있는 부서의 이름은 무엇인가?

8. 담당 업무가 ANALYST인 사원의 이름, 입사일자를 보이시오.

9. 부서번호가 10인 사원의 이름과 입사일자를 보이시오.

10. 연봉이 3,000에서 4,000 사이인 사원의 이름, 연봉을 보이시오.

11. 사장의 이름을 보이시오. (힌트: 사장의 담당 업무는 PRESIDENT이다.)

12. 담당 업무가 MANAGER가 아닌 사원들의 이름, 담당 업무를 보이시오.

13. 연봉이 3,000에서 4,000 사이이거나 담당 업무가 MANAGER인 사원의 이름, 연봉을 보이시오.

14. 부서번호가 20인 사원 중에서 담당 업무가 CLERK이고 매니저의 사원번호가 7902인 사원의 이름을 보이시오.

15. DALLAS에서 근무하는 사원의 이름, 부서명, 담당 업무를 보이시오.

16. DALLAS에서 근무하는 사원 중 연봉이 4,000 이하인 사원의 이름을 보이시오.

17. PRESIDENT(사장)가 근무하는 지역은 어디인가?

18. SALES 부서에서 일하는 사원의 이름, 담당 업무를 보이시오.

19. RESEARCH 부서에서 일하는 사원의 이름, 급여, 입사일자를 보이시오

20. ACCOUNTING 부서에 일하는 사원 중 급여가 2,000 이상인 사원의 이름, 담당 업무, 급여를 보이시오.

contents

5.1 SQL 언어 개요

관계형 데이터베이스가 인기를 얻게 된 비결 중의 하나는 사용자들이 손쉽게 데이터베이스 내의 정보를 찾아볼 수 있도록 SQL(Structured Query Language)이라는 쉬운 언어를 제공한 것이다. 4장에서 배운 관계 대수 이론을 실제 사용할 수 있도록 언어 형태로 구현한 것이 SQL이다. 만일 DBMS 업체들이 저마다의 사용 언어를 제공했더라면 사용자들이 매우 불편했을 것이다. 다행스럽게도 SQL은 표준화된 언어이며, 어떤 DBMS 제품에서도 실행된다. 따라서 오라클을 통해서 배운 SQL 문은 다른 제품상에서도 불편 없이 사용할 수 있다. 다만 표준 SQL에 더하여 자신의 제품에서만 실행되는 기능을 추가한 부분이 일부 존재한다. 이러한 부분은 자신이 사용하는 DBMS의 매뉴얼을 통해 학습해야 한다. 본 교재에서는 표준 SQL을 중심으로 학습하기로 한다.

SQL의 시초는 E. F. 커드가 일했던 IBM 연구소에서 개발한 System R로 거슬러 올라간다. System R은 최초의 관계형 데이터베이스로 불린다. IBM의 도널드 D. 챔벌린과 레이먼드 F. 보이스는 System R을 제어하기 위해 SEQUEL(Structured English Query Language) 언어를 개발하였다. 이후 SEQUEL은 영국의 항공사 상표와 이름이 겹쳐 SQL로 이름이 바뀌게 된다. 관계형 DBMS 제품을 만드는 회사들이 늘어나면서 SQL 언어에 대한 표준화의 필요성이 제기되었다. 이에 따라 1986년도에 ANSI(미국국가표준협회)에 의해서 처음으로 표준 문법이 제시되었다. 그 후 여러 차례 개정되면서 기능이 추가되었는데, 가장 최근의 표준은 2019년도에 ANSI와 ISO(국제표준화기구)에 의해 제정된 것이다.

SQL 언어는 몇 개의 간단한 명령어들로 구성되었는데 이들을 기능별로 분류하면 〈그림 5-1〉과 같다.

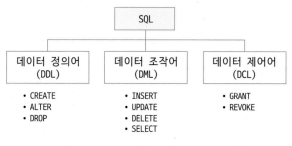

〈그림 5-1〉 SQL 문의 분류

■ 데이터 정의어(DDL: Data Definition Language)

데이터베이스의 구조를 정의하는 데 사용된다.

CREATE	데이터베이스 및 데이터베이스 내의 개체(테이블, 뷰, 인덱스 등)를 정의한다.
ALTER	데이터베이스 및 데이터베이스 내의 개체의 정의를 변경한다.
DROP	데이터베이스 및 데이터베이스 내의 개체를 삭제한다.

■ 데이터 조작어(DML: Data Manipulation Language)

테이블에 데이터를 입력, 수정, 삭제, 조회할 때 사용한다.

INSERT	테이블에 새로운 데이터(튜플)를 추가한다.
UPDATE	테이블에 저장된 데이터를 수정한다.
DELETE	테이블에 저장된 데이터(튜플)를 삭제한다.
SELECT	테이블에 저장된 데이터를 조건에 맞게 조회한다.

■ 데이터 제어어(DCL: Data Control Language)

보안을 위해 데이터베이스에 대한 접근 권한 및 사용 권한을 사용자에게 부여하거나 회수할 때 사용한다.

GRANT	접근/사용 권한을 부여한다.
REVOKE	접근/사용 권한을 회수한다.

■ 그 밖의 명령어들

COMMIT, ROLLBACK 등 트랜잭션과 관련된 명령어들이 있고 DECLARE, BEGIN, END, SET 등 함수 및 PL/SQL에 사용하는 명령어들이 있다.

보통 SQL 언어를 학습하게 되면 데이터 정의어와 데이터 조작어를 먼저 공부하게 된다. 본 교재에서는 SQL 언어 중 가장 많이 사용되는 SELECT 문을 가장 먼저 배운 뒤 나머지 명령어들을 사용 빈도에 따라 차례로 학습하기로 한다. 3장에서도 학습한 바와 같이 SQL 언어는 다음과 같은 특징이 있다.

1) SQL 명령어나 테이블 이름, 속성 이름 등은 대소문자를 구분하지 않는다. SELECT와 Select, select는 같은 명령어이다. 또한 EMP, Emp, emp는 같은 테이블을 가리킨다.
2) 테이블 안에 저장된 문자열 값을 비교할 때는 대소문자를 구분한다. 'SMITH', 'Smith', 'smith'는 서로 다른 값으로 취급된다.
3) SQL 명령문은 한 줄에 작성해도 되고, 여러 줄에 걸쳐서 작성해도 된다.
4) SQL 문 뒤에는 세미콜론(;)을 붙인다. 세미콜론은 명령문의 끝을 의미한다. 그리고 명령문과 명령문을 구분하는 역할을 한다.

> ⚠️ 주의
>
> SQL 문은 대소문자를 구분하지 않으나 학습의 편의성을 위해 다음과 같이 **SQL 명령문을 구성하는 키워드**는 밑줄친 대문자로, **테이블 이름**, **속성의 이름**은 소문자로 표기하기로 한다.
>
> ```
> SELECT id, ename
> FROM emp
> WHERE salary > 3000 ;
> ```

SQL은 '에스큐엘' 또는 '시퀄'이라고 읽습니다.

초기에 IBM은 기존 데이터베이스 제품의 수익을 보호하기 위해 자사 연구원이었던 E. F. 커드의 관계형 모델의 구현을 거부하였다. 커드는 IBM의 고객들에게 자신의 모델 구현이 갖는 잠재력을 보여준 후, 고객들이 IBM을 압박하게 하였다. 이 때문에 IBM은 미래 시스템 프로젝트의 하위 프로젝트인 시스템 R에 관련 내용을 포함하게 되었다. 그러나 IBM은 커드의 아이디어에 전혀 능숙하지 않은 개발자들에게 개발을 맡겼고, 그 팀을 커드로부터 격리시켰다. 그 결과 그들은 커드의 아이디어를 사용하지 못하였으며, 대신 SEQUEL이라는 비관계형 언어를 새로 만들게 되었다. SEQUEL은 나중에 SQL로 바뀌었는데, 그 까닭은 SEQUEL이 영국의 호커 시들리 항공사의 상표로 이미 등록이 되어 있었기 때문이었다. 그래서 오늘날에도 SQL을 '시퀄'이라고 발음하는 사람들이 많다.[1]

5.2 예제 데이터베이스 소개

본격적으로 SQL 학습에 들어가기에 앞서 학습에 사용될 데이터베이스에 대해 알아보도록 한다. 설치된 데이터베이스의 이름은 **emppdb**이고 회사의 부서(**dept**)와 사원(**emp**)에 대한 정보를 담고 있는 테이블들을 포함하고 있다. 두 테이블에 포함된 컬럼과 컬럼의 자료형은 다음과 같다.

■ dept(부서)

컬럼명	자료형	설명
deptno	숫자	부서번호(기본키)
dname	문자	부서명
loc	문자	부서위치

■ emp(사원)

컬럼명	자료형	설명
empno	숫자	사원번호(기본키)
ename	문자	사원명
job	문자	담당 업무
mgr	숫자	매니저(직속상사)
hiredate	날짜	입사일자

---

1) 위키피디아

sal	숫자	급여(연봉)
comm	숫자	커미션(보너스)
deptno	숫자	부서번호

두 테이블의 참조 관계는 다음과 같다. 사원(emp) 테이블의 기본키는 사원번호(empno)이고, 부서(dept) 테이블의 기본키는 부서번호(deptno)이다. 사원 테이블의 부서번호(deptno)는 부서 테이블의 부서번호(deptno)를 참조한다. 또한, 사원 테이블의 매니저(mgr)는 사원 테이블의 사원번호(empno)를 참조한다.

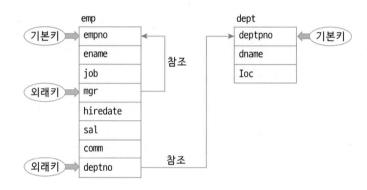

dept와 emp 테이블에 저장된 데이터는 다음과 같다.

■ dept

DEPTNO	DNAME	LOC
10	ACCOUNTING	NEW YORK
20	RESEARCH	DALLAS
30	SALES	CHICAGO
40	OPERATIONS	BOSTON

■ emp

EMPNO	ENAME	JOB	MGR	HIREDATE	SAL	COMM	DEPTNO
7839	KING	PRESIDENT	null	1981-11-17	5000	null	10
7698	BLAKE	MANAGER	7839	1981-05-01	2850	null	30

7782	CLARK	MANAGER	7839	1981-06-09	2450	null	10
7566	JONES	MANAGER	7839	1981-04-02	2975	null	20
7654	MARTIN	SALESMAN	7698	1981-08-28	1250	1400	30
7499	ALLEN	SALESMAN	7698	1981-02-20	1600	300	30
7844	TURNER	SALESMAN	7698	1981-08-08	1500	0	30
7900	JAMES	CLERK	7698	1981-12-03	950	null	30
7521	WARD	SALESMAN	7698	1981-02-22	1250	500	30
7902	FORD	ANALYST	7566	1981-12-03	3000	null	20
7369	SMITH	CLERK	7902	1980-12-17	800	null	20
7788	SCOTT	ANALYST	7566	1982-12-09	3000	null	20
7876	ADAMS	CLERK	7788	1983-01-12	1100	null	20
7934	MILLER	CLERK	7782	1982-01-23	1300	null	10

dept와 emp 테이블이 이론 설명 및 SQL 실습에 주로 사용되나 실습의 다양성을 위해
다음과 같은 3개의 테이블이 추가적으로 사용된다. 유럽에 있는 국가와 국가의 도시, 그
리고 국가별 사용 언어에 대한 정보를 담고 있다.

■ country(국가)

컬럼명	자료형	설명
code	문자	국가코드(기본키)
name	문자	국가명
surfacearea	숫자	면적
population	숫자	인구수
lifeexpectancy	숫자	기대수명
GNP	숫자	GNP
capital	숫자	수도의 도시ID

■ city(도시)

컬럼명	자료형	설명
id	숫자	도시ID(기본키)
name	문자	도시명

countrycode	문자	국가코드
district	문자	지역(도시가 위치하는)
population	날짜	도시 인구

■ countrylanguage(사용언어)

컬럼명	자료형	설명
countrycode	문자	국가코드(기본키)
language	문자	사용 언어(기본키)
percentage	숫자	사용 비율

세 개의 테이블의 관계는 다음과 같다.

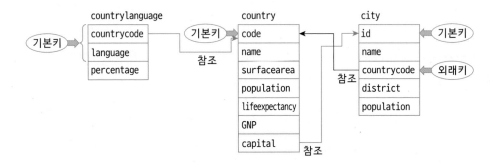

Note

1. SQL 문을 작성하기 위해서는 테이블 이름, 컬럼 이름, 컬럼의 자료형을 알아야 하므로 테이블 정보를 따로 복사해 두는 것이 편리하다. 또한, SQL 문의 정상 실행 여부를 확인하기 위해서는 테이블에 포함된 데이터도 필요하므로 함께 복사해 두도록 하자. 사용자 편의를 위해 부록 1에 예제 데이터베이스의 테이블 정보를 따로 정리하였다.

2. SQL 문의 실습은 SQL Plus를 이용해도 되고 SQL Developer를 이용해도 되지만, SQL Developer가 SQL 문의 편집과 실행이 용이하기 때문에 SQL Developer를 사용하도록 한다.

5.3 SELECT 문

SELECT는 테이블에 저장된 데이터를 조회할 때 사용하는 명령어이다. 데이터베이스의 목적 중 하나가 데이터를 한곳에 모아 공유하는 것임을 생각하면 데이터 조회를 위한 SELECT가 가장 많이 사용되는 명령어임을 쉽게 알 수 있을 것이다.

(1) SELECT 문의 구조

SELECT 문의 기본 구조와 작성 예제는 다음과 같다.

기본 문법
SELECT 컬럼명 1, 컬럼명 2, ..   FROM   테이블명   [WHERE 검색조건] ;
작성 예: "담당 업무가 'SALESMAN'인 사원의 이름과 급여를 보이시오."
SELECT ename, sal   FROM emp   WHERE job='SALESMAN' ;

SELECT 문은 SELECT, FROM, WHERE 이렇게 세 개의 절로 구성된다. SELECT 절 다음에는 조회를 원하는 컬럼명을, FROM 절 다음에는 데이터가 저장되어 있는 테이블 명을, WHERE 절 다음에는 원하는 행(튜플)들만 추출하기 위한 검색 조건을 서술한다. 조회를 원하는 컬럼이 여러 개인 경우는 콤마를 넣어서 컬럼 이름들을 나열한다. SELECT 문에서 WHERE 절은 생략이 가능하다. WHERE 절을 생략하면 모든 행(튜플)이 반환된다.

4장에서 살펴보았던 관계 대수를 상기해 보면 셀렉트(select)와 프로젝트(project) 연산이 SELECT로 표현된 것이다. 예시의 질의에서 담당 업무가 'SALESMAN'인 사원의 데이터만 추출하는 것은 관계 대수에서 셀렉트(select) 연산에 해당한다. 또한 이름과 급여를 추출하는 것은 관계 대수에서 프로젝트(project)에 해당한다. 따라서 위의 SELECT 문은 다음의 관계 대수 연산을 구현한 것이다.

$$\pi_{\text{이름, 연봉}}(\sigma_{\text{담당 업무}='SALESMAN'}(\text{사원}))$$

〈그림 5-2〉는 SELECT 문이 어떻게 실행되어 결과를 도출하는지에 대한 개념이다.

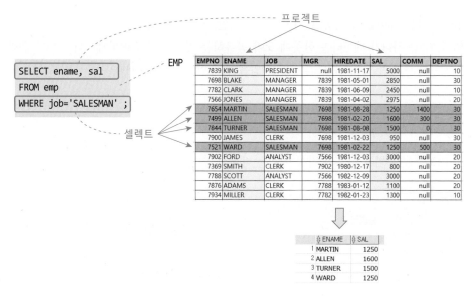

〈그림 5-2〉 SELECT 문의 실행 개념도

Note ── SELECT 문 작성하기

우리가 테이블에 대해 원하는 질의가 있을 때 이것을 SELECT 문으로 옮기는 것이 처음에는 어려울 수 있다.
이럴 때는 다음과 같이 문제를 나누어 생각하면 쉽게 해결할 수 있다.

① 질의를 해결하기 위해서는 **어떤 테이블**을 검색해야 하는가?　　　-〉 FROM 테이블명
② 질의에서 요구되는 정보는 **어떤 컬럼**에 있는가?　　　　　　　　-〉 SELECT 컬럼명
③ 데이터를 검색하기 위한 **조건**은 무엇인가?　　　　　　　　　-〉 WHERE 검색조건

다음의 질의를 해결하는 과정을 살펴보자.

"담당 업무가 'SALESMAN'인 사원의 이름과 급여를 보이시오."

우선 다음과 같이 SELECT 문의 기본 구조를 적는다.

```
SELECT
FROM
WHERE ;
```

① 질의를 해결하기 위해 어떤 테이블을 검색해야 하는지 정한다. 사원에 대한 정보를 요구하고 있으므로 '사원(emp)' 테이블이 필요하다. 테이블 이름을 FROM 절에 적는다.

```
SELECT
FROM emp
WHERE ;
```

② 질의를 해결하기 위해 어떤 컬럼이 필요한지를 정한다. '사원의 이름'과 '급여'를 요구하고 있으므로 이에 대응하는 ename과 sal 컬럼을 SELECT 절에 적는다.

```
SELECT ename, sal
FROM emp
WHERE ;
```

③ 질의의 검색 조건이 무엇인지를 찾아서 이를 WHERE 절에 작성한다. (담당 업무가 'SALESMAN'인 경우를 요구하고 있다.)

```
SELECT ename, sal
FROM emp
WHERE job = 'salesman' ;
```

이제 질의가 완성되었다. 질의 작성 과정을 한 번에 표현하면 다음과 같다.

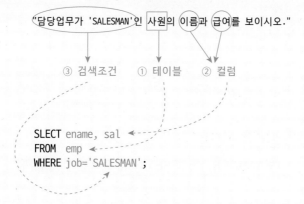

■ DISTINCT와 *

SELECT 절에는 여러 키워드를 함께 사용할 수 있는데 **DISTINCT**와 *가 대표적이다. 〈표 5-1〉은 두 키워드의 기능을 설명한 것이다. 예제를 통해 하나 하나의 사용 방법에 대해 살펴보도록 하자.

〈표 5-1〉 SELECT 절에서 사용할 수 있는 키워드

연산자	설명
DISTINCT	질의 결과에서 중복 제거
*	테이블의 모든 컬럼을 의미

SELECT 문의 실행 결과에는 다음에서 보는 바와 같이 중복된 값이 존재할 수 있다. 만일 중복을 제거하고 결과를 보고 싶다면 **SELECT DISTINCT**로 시작한다.

⊙ **사원의 담당 업무 목록을 보이시오.**

```
SELECT job
FROM emp ;
```

[결과]

	⬦ JOB
1	PRESIDENT
2	MANAGER
3	MANAGER
4	MANAGER
5	SALESMAN
6	SALESMAN
7	SALESMAN
8	CLERK
9	SALESMAN
10	ANALYST
11	CLERK
12	ANALYST
13	CLERK
14	CLERK

(MANAGER, SALESMAN 등 중복된 값이 존재)

```
SELECT DISTINCT job
FROM emp ;
```

결과

	JOB
1	PRESIDENT
2	MANAGER
3	SALESMAN
4	CLERK
5	ANALYST

SELECT 질의 시 모든 튜플을 선택하기 원하면 WHERE 절을 생략하면 된다. 그러면 모든 컬럼을 선택하기 원한다면 어떻게 하면 될까? 속성의 이름 대신 와일드 문자 '*'를 사용하면 된다.

⊙ 'SCOTT' 사원의 모든 정보를 보이시오.

```
SELECT *
FROM emp
WHERE ename = 'SCOTT' ;
```

결과

	EMPNO	ENAME	JOB	MGR	HIREDATE	SAL	COMM	DEPTNO
1	7788	SCOTT	ANALYST	7566	82/12/09	3000	(null)	20

(2) WHERE 절에서 검색 조건의 작성

SELECT 문에서 WHERE 절의 역할은 튜플을 검색할 조건을 지정하는 것이다. 〈표 5-2〉에서 검색 조건 지정 시 사용할 수 있는 비교 연산자들과 논리 연산자들을 정리하였다.

〈표 5-2〉 WHERE 절에서 조건 지정 시 사용할 수 있는 키워드

연산자	설명
=, <>, >, >=, <, <=	비교 연산자들 (= 같다, <> 같지 않다, > 크다, >= 크거나 같다, < 작다, <= 작거나 같다)
AND	논리 연산자 (AND로 연결된 조건들을 모두 만족하는 튜플 검색)
OR	논리 연산자 (OR로 연결된 조건들 중 하나라도 만족하는 튜플 검색)
NOT	논리 연산자 (지정된 조건을 만족하지 않는 튜플 검색)

⊙ 입사일자가 1981년 9월 1일 이후인 사원들의 이름과 입사일자를 보이시오.

```
SELECT ename, hiredate
FROM emp
WHERE hiredate >= '1981-09-01' ;
```

결과

	ENAME	HIREDATE
1	KING	81/11/17
2	JAMES	81/12/03
3	FORD	81/12/03
4	SCOTT	82/12/09
5	ADAMS	83/01/12
6	MILLER	82/01/23

⊙ 입사일자가 1981년 9월 1일 이후이고 급여가 1,500 이상인 사원들의 이름과 입사일자, 급여
를 보이시오.

```
SELECT ename, hiredate, sal
FROM emp
WHERE hiredate >= '1981-09-01' AND sal > 1500 ;
```

결과

	ENAME	HIREDATE	SAL
1	KING	81/11/17	5000
2	FORD	81/12/03	3000
3	SCOTT	82/12/09	3000

⊙ 담당 업무가 'SALESMAN', 'ANALYST'가 아닌 사원의 이름과 담당 업무, 연봉을 보이시오.

```
SELECT ename, job, sal
FROM emp
WHERE NOT (job = 'SALESMAN' OR job = 'ANALYST') ;
```

	⊕ ENAME	⊕ JOB	⊕ SAL
1	KING	PRESIDENT	5000
2	BLAKE	MANAGER	2850
3	CLARK	MANAGER	2450
4	JONES	MANAGER	2975
5	JAMES	CLERK	950
6	SMITH	CLERK	800
7	ADAMS	CLERK	1100
8	MILLER	CLERK	1300

위의 SELECT 문은 다음과 같이 바꾸어 표현할 수 있다.

```
SELECT ename, job, sal
FROM emp
WHERE (job <>'SALESMAN') AND (job <> 'ANALYST') ;
```

⚠ 주의

담당 업무가 'SALESMAN'이거나 'ANALYST'인 조건을 표현할 때

```
WHERE job = 'SALESMAN' OR 'ANALYST'
```

와 같이 서술하는 사람들이 의외로 많다. AND나 OR에 의해 연결되는 조건들은 모두 다음과 같이 '완결된 형태'이어야 한다.

```
WHERE job = 'SALESMAN' OR job = 'ANALYST'
```

검색 조건이 복잡한 경우에 논리 연산자가 사용되는데, 각각의 조건을 다음과 같이 ( )로 묶어주면 검색 조건의 파악이 쉬워진다.

```
SELECT ename, hiredate, sal
FROM emp
WHERE (hiredate >= '1981-09-01') AND (sal > 1500) ;
```

SELECT 문에서 WHERE 절이 생략되면 모든 튜플을 선택한다는 것을 의미한다. 다음의 SELECT 문에서도 WHERE 절이 생략되었기 때문에 모든 튜플을 가져온 후 부서의 이름 컬럼만 잘라서 보여준다.

⊙ 모든 부서의 이름을 보이시오.

```
SELECT dname
FROM dept ;
```

결과

	⊕ DNAME
1	ACCOUNTING
2	RESEARCH
3	SALES
4	OPERATIONS

(3) 널(NULL) 값의 비교

널 값은 테이블에 데이터를 입력하는 시점에서 어떤 값을 넣어야 할지 알 수 없거나 넣을 값이 존재하지 않을 때 입력하는 특별한 값이다. 예를 들면, 학생 테이블에 상담교수 컬럼이 있는데 아직 어떤 학생에게 상담교수가 배정되지 않았다면 그 학생의 상담교수 컬럼에는 널 값을 입력해야 한다. 일반적으로 어떤 컬럼에 아무 값도 입력하지 않으면 NULL이 자동적으로 입력된다. 예제 테이블 중 emp(사원) 테이블의 mgr(매니저), comm(커미션) 컬럼에 NULL 값이 포함되어 있다.

> NULL은 공백이나 0과는 다른 특수한 값이며, 컬럼의 자료형에 상관 없이 어느 컬럼에나 입력될 수 있습니다.

널 값은 크기를 갖지 않기 때문에 크기의 대소를 비교하는 연산자 >, >=, =, <, <=를 사용할 수 없다. 따라서 어떤 컬럼의 값이 NULL인지 여부를 알아보려면 〈표 5-3〉과 같이 IS NULL 또는 IS NOT NULL을 사용해야 한다.

〈표 5-3〉 WHERE 절에서 NULL 값과 비교 시 사용할 수 있는 키워드

연산자	설명
IS NULL	어떤 컬럼의 값이 널(NULL)인지 비교
IS NOT NULL	어떤 컬럼의 값이 널(NULL)이 아닌지 비교

⊙ 커미션(보너스)을 받는 사원의 이름과 커미션 값을 보이시오.

```
SELECT ename, comm
FROM emp
WHERE comm IS NOT NULL ;
```

결과

	⊕ ENAME	⊕ COMM
1	MARTIN	1400
2	ALLEN	300
3	TURNER	0
4	WARD	500

커미션을 받는 사원은 커미션 컬럼의 값이 NULL이 아닐 것이다. 따라서 검색 조건을 comm IS NOT NULL로 하면 된다. 검색 결과를 보면 커미션 값이 0인 사원(TURNER)도 포함되어 있다. 이 사원도 제외하려면 다음과 같이 한다.

```
SELECT ename, comm
FROM emp
WHERE comm > 0 ;
```

결과

	⊕ ENAME	⊕ COMM
1	MARTIN	1400
2	ALLEN	300
3	WARD	500

이 결과를 보면 NULL 값은 대소 비교 시 비교 대상에서 아예 제외가 된다는 사실을 알 수 있다.

비교연산 수행 시 Null 값은
아예 비교 대상에서 제외됩니다.

⊙ **커미션(보너스) 값이 NULL인 사원의 이름을 보이시오.**

```
SELECT ename
FROM emp
WHERE comm IS NULL ;
```

결과

	⊕ ENAME
1	KING
2	BLAKE
3	CLARK
4	JONES
5	JAMES
6	FORD
7	SMITH
8	SCOTT
9	ADAMS
10	MILLER

(4) 숫자, 문자, 날짜의 비교

WHERE 절에서 컬럼의 값을 비교할 때 해당 컬럼의 자료형이 숫자인 경우는 **1234**와 같이 쓰면 되고, 문자나 날짜인 경우는 **'SALESMAN', '1981-08-25'**와 같이 작은따옴표로 묶어서 표현한다. 또한 오라클에서는 컬럼의 자료형이 문자인 경우 컬럼 값 비교 시 대소문자를 구분한다. 즉, **'SALESMAN'**과 **'salesman'**은 서로 다른 단어로 취급된다.

⊙ **'SALES' 부서는 어느 지역에 있는가?**

```
SELECT loc
FROM dept
WHERE dname = 'SALES';
```

결과

	⬦ LOC
1	CHICAGO

위의 SQL 문에서 WHERE 절을 **WHERE dname = 'sales'**와 같이 하면 아무 결과도 얻을 수 없다. 컬럼 값은 대소문자를 구분하기 때문에 **'sales'**와 동일한 값은 emp 테이블에서 찾을 수 없기 때문이다.

⊙ **사원번호가 7369인 사원의 이름, 연봉, 담당 업무를 보이시오.**

```
SELECT ename, sal, job
FROM emp
WHERE empno = 7369 ;
```

결과

	⬦ ENAME	⬦ SAL	⬦ JOB
1	SMITH	800	CLERK

⊙ **입사일자가 1981년 3월 1일 이전인 사원의 이름과 입사일자를 보이시오.**

```
SELECT ename, hiredate
FROM emp
WHERE hiredate < '1981-03-01';
```

결과

	⬦ ENAME	⬦ HIREDATE
1	ALLEN	81/02/20
2	WARD	81/02/22
3	SMITH	80/12/17

(5) WHERE 절에서 다수의 값 비교

WHERE 절에서 검색 조건을 표현할 때 **WHERE job = 'SALESMAN'**과 같이 단일한 값과의 비교가 가능할 뿐만 아니라 다수의 값과의 비교도 가능하다. 이에 관련된 연산자들이 〈표 5-4〉에 정리되어 있다.

〈표 5-4〉 WHERE 절에서 다수의 값과 비교 시 사용할 수 있는 키워드

연산자	설명
BETWEEN .. AND ..	비교하는 값이 지정한 범위 안에 있는지 비교
NOT BETWEEN .. AND ..	비교하는 값이 지정한 범위 밖에 있는지 비교
IN (...)	비교하는 값이 지정한 목록 안에 있는지 비교
NOT IN (...)	비교하는 값이 지정한 목록 밖에 있는지 비교

⊙ **연봉이 1,000~2,000 사이인 사원의 이름과 연봉을 보이시오.**

```
SELECT ename, sal
FROM emp
WHERE sal >= 1000 AND sal <= 2000 ;
```

```
SELECT ename, sal
FROM emp
WHERE sal BETWEEN 1000 AND 2000 ;
```

결과

	EN...	SAL
1	MARTIN	1250
2	ALLEN	1600
3	TURNER	1500
4	WARD	1250
5	ADAMS	1100
6	MILLER	1300

어떤 **값의 범위를 조건을 지정할 때** 위의 첫 번째 예처럼 두 개의 조건을 AND로 연결해도 되지만, 두 번째 예처럼 **BETWEEN .. AND ..**를 이용하는 것이 더 자연스럽다. 위의 두 SQL 문의 실행 결과는 동일하다.

⊙ **연봉이 1,000~2,000 사이가 <u>아닌</u> 사원의 이름과 연봉을 보이시오.**

```
SELECT ename, sal
FROM emp
WHERE sal < 1000 OR sal > 2000 ;
```

```
SELECT ename, sal
FROM emp
WHERE sal NOT BETWEEN 1000 AND 2000 ;
```

결과

	⬦ ENAME	⬦ SAL
1	KING	5000
2	BLAKE	2850
3	CLARK	2450
4	JONES	2975
5	JAMES	950
6	FORD	3000
7	SMITH	800
8	SCOTT	3000

어떤 값이 지정된 범위 밖에 있음을 조건으로 표현할 때는 위의 두 번째 예처럼 NOT BETWEEN .. AND ..를 이용하면 편리하다.

⦿ 담당 업무가 'CLERK', 'ANALYST', 'MANAGER' 중의 하나인 사원의 이름과 담당 업무, 연봉을 보이시오.

```
SELECT ename, job, sal
FROM emp
WHERE job = 'CLERK'  OR
      job = 'ANALYST'  OR
      job = 'MANAGER' ;
```

```
SELECT ename, job, sal
FROM emp
WHERE job IN ('CLERK', 'ANALYST', 'MANAGER') ;
```

	ENAME	JOB	SAL
1	BLAKE	MANAGER	2850
2	CLARK	MANAGER	2450
3	JONES	MANAGER	2975
4	JAMES	CLERK	950
5	FORD	ANALYST	3000
6	SMITH	CLERK	800
7	SCOTT	ANALYST	3000
8	ADAMS	CLERK	1100
9	MILLER	CLERK	1300

조건을 지정할 때 **여러 개의 값 중 하나**와의 일치 여부를 표현할 때 조건을 AND로 여러 개 연결하는 것보다는 **IN**을 사용하는 것이 간편하다.

⊙ 담당 업무가 'CLERK', 'ANALYST', 'MANAGER'가 <u>아닌</u> 사원의 이름과 담당 업무, 연봉을 보이시오.

```
SELECT ename, job, sal
FROM emp
WHERE job <> 'CLERK'  AND
      job <> 'ANALYST'  AND
      job <> 'MANAGER' ;
```

```
SELECT ename, job, sal
FROM emp
WHERE job NOT IN ('CLERK', 'ANALYST', 'MANAGER') ;
```

	ENAME	JOB	SAL
1	KING	PRESIDENT	5000
2	MARTIN	SALESMAN	1250
3	ALLEN	SALESMAN	1600
4	TURNER	SALESMAN	1500
5	WARD	SALESMAN	1250

NOT IN은 IN으로 지정한 값 외의 값과 비교할 때 사용할 수 있다.

(6) 문자 컬럼의 부분 비교

테이블에서 데이터를 검색하다 보면 문자 형식의 컬럼에 대해서 컬럼 값 전체가 아닌 일부의 값과 비교해야 할 때가 있다. 〈표 5-5〉에는 이럴 때 사용할 수 있는 연산자가 정리되어 있다. 컬럼 값 전체와 비교할 때는 =를 사용하면 되지만, 일부분과 비교할 때는 LIKE를 사용해야 한다. LIKE는 % 또는 _와 함께 사용한다. 다음의 SELECT 문에서 'A%'는 이름이 A로 시작하고 뒤에는 무엇이 와도 상관이 없다는 의미이다. %는 임의의 개수의 글자를 대신하는 특수문자이다. 이와는 대조적으로 _는 임의의 한 글자를 대신한다. 다음의 예를 보면 %와 _의 차이를 이해할 수 있다.

〈표 5-5〉 WHERE 절에서 문자 컬럼의 값과 부분 비교 시 사용할 수 있는 키워드

연산자	설명
LIKE	문자 속성의 컬럼에 대해 지정한 문자열을 포함하는지 비교
%	LIKE과 함께 사용되며 임의의 개수의 문자를 표현
_	LIKE과 함께 사용되며 하나의 문자를 표현

⊙ 이름이 'A'로 시작하는 사원의 이름과 담당 업무를 보이시오.

```
SELECT ename, job
FROM emp
WHERE ename LIKE 'A%' ;
```

결과

	ENAME	JOB
1	ALLEN	SALESMAN
2	ADAMS	CLERK

⊙ 이름의 세 번째 글자가 'A'로 시작하는 사원의 이름과 담당 업무를 보이시오.

```
SELECT ename, job
FROM emp
WHERE ename LIKE '__A%' ;
```

	ENAME	JOB
1	BLAKE	MANAGER
2	CLARK	MANAGER
3	ADAMS	CLERK

위의 SELECT 문에서 _가 하나가 아닌 두 개임에 주의하자. 특수문자 _ 두 개는 임의의 두 개의 문자를 대신하는 역할을 한다. 그렇다면 이름의 글자 수가 4개인 사원은 어떻게 표현할 수 있을까? ename LIKE '____'와 같이 표현한다.

5.4 내장 함수의 사용

SQL에서는 SELECT 문에 함께 쓸 수 있는 내장 함수들을 지원한다. 이러한 내장 함수들은 데이터 검색의 편리성을 극대화하기 때문에 자주 쓰이는 함수들은 기억하는 것이 좋다. 내장 함수의 입력값은 테이블의 특정 컬럼이 된다. 〈표 5-6〉은 SQL의 표준 내장 함수의 목록이다.

〈표 5-6〉 SELECT 문 안에서 사용할 수 있는 내장 함수

함수명	설명
COUNT()	조회 결과에서 튜플의 개수를 반환한다.
MAX()	특정 숫자 컬럼의 최댓값을 반환한다.
MIN()	특정 숫자 컬럼의 최솟값을 반환한다.
AVG()	특정 숫자 컬럼의 평균값을 반환한다.
SUM()	특정 숫자 컬럼의 합계값을 반환한다.

(1) 튜플의 개수 카운트: COUNT()

◉ 현재 사원의 수는 모두 몇 명인지 보이시오.

```
SELECT COUNT(*)
FROM emp ;
```

COUNT()는 질의 결과에서 튜플의 개수를 카운트하는 데 사용된다. 위의 명령문은

```
SELECT *
FROM emp ;
```

를 실행한 결과의 튜플의 개수를 카운트하는 것이다. COUNT(*) 대신에 COUNT(ename), COUNT(mgr), COUNT(job) 등으로 해도 튜플의 개수를 세는 것이기 때문에 결과는 같다.

⊙ 담당 업무가 'SALESMAN'인 사원의 수는 모두 몇 명인지 보이시오.

```
SELECT COUNT(*)
FROM emp
WHERE job = 'SALESMAN';
```

	COUNT(*)
1	4

위의 두 질의 결과를 보면 결과 컬럼 이름이 함수 이름(COUNT(*))으로 표시되는 것을 알 수 있다. SQL에서는 질의 결과 컬럼의 이름을 바꾸어서 표시해주는 기능이 있는데 다음과 같이 AS를 사용한다.

```
SELECT COUNT(*) AS cnt_salesman
FROM emp
WHERE job = 'SALESMAN';
```

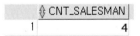

컬럼의 이름이 CNT_SALESMAN으로 바뀌었다. 컬럼 이름을 바꾸어 표시하는 것은 종종

사용되니 기억하도록 하자.

(2) 컬럼의 최댓값 : MAX()

⊙ 급여를 가장 많이 받는 사원은 얼마를 받는가?

```
SELECT MAX(sal)
FROM emp ;
```

결과

위의 질의는 먼저 급여(sal) 컬럼의 값들을 모두 추출한 뒤, 그중에서 가장 큰 값을 찾게 된다.

⊙ 담당 업무가 'SALESMAN'인 사원 중 급여를 가장 많이 받는 사원은 얼마를 받는가?

```
SELECT MAX(sal)
FROM emp
WHERE job = 'SALESMAN';
```

결과

(3) 컬럼의 최솟값: MIN()

⊙ 사원들의 입사 일자가 가장 빠른 날은 언제인가?

```
SELECT MIN(hiredate)
FROM emp ;
```

	MIN(HIREDATE)
1	80/12/17

날짜 컬럼의 경우도 시간에 따라 순서가 정해질 수 있기 때문에 대소 비교가 가능하다.

⊙ 가장 많은 급여, 가장 적은 급여와 두 급여의 차이를 보이시오.

```
SELECT MAX(sal), MIN(sal), MAX(sal) - MIN(sal)
FROM emp ;
```

	MAX(SAL)	MIN(SAL)	MAX(SAL)-MIN(SAL)
1	5000	800	4200

(4) 컬럼의 평균: AVG()

⊙ 사원들의 평균 급여액을 보이시오.

```
SELECT AVG(sal)
FROM emp ;
```

	AVG(SAL)
1	2073.2142857142857142857142857142857142857142857143 ...

⊙ 사원들의 평균 커미션(보너스)을 보이시오.

```
SELECT AVG(comm)
FROM emp ;
```

	AVG(COMM)
1	550

커미션(comm) 컬럼에는 널 값이 포함되어 있다. 이러한 컬럼에 대해 평균을 구하면 널이 포함된 튜플은 작업 대상에서 제외된다. 따라서 위의 결과는 전 사원의 평균이 아니고 커미션이 널이 아닌 4명의 사원에 대한 평균이다. 널 값이 포함된 컬럼에 대한 평균은 해석할 때 주의해야 한다.

(5) 컬럼의 합계: SUM()

⊙ 사원들의 급여액 합계를 보이시오.

```
SELECT SUM(sal)
FROM emp ;
```

결과

	SUM(SAL)
1	29025

⊙ 담당 업무가 'ANALYST'인 사원들의 급여액 합계를 보이시오.

```
SELECT SUM(sal)
FROM emp
WHERE job = 'ANALYST';
```

결과

	SUM(SAL)
1	6000

(6) 숫자 컬럼에 대한 산술 연산

SQL은 숫자 타입의 컬럼에 대해 산술 연산을 할 수 있다. 〈숫자 컬럼〉 * 10이나 〈숫자 컬럼〉 + 〈숫자 컬럼〉과 같은 연산이 가능하다.

⊙ 담당 업무가 'ANALYST'인 사원들의 이름, 급여와 10% 인상된 급여를 보이시오.

```
SELECT ename, sal, sal*1.1
FROM emp
WHERE job = 'ANALYST';
```

결과

	⇕ ENAME	⇕ SAL	⇕ SAL*1.1
1	FORD	3000	3300
2	SCOTT	3000	3300

⊙ 사원들의 이름, 급여, 커미션(보너스), 급여+커미션을 보이시오.

```
SELECT ename, sal, comm, sal+comm
FROM emp ;
```

결과

	⇕ ENAME	⇕ SAL	⇕ COMM	⇕ SAL+COMM
1	KING	5000	(null)	(null)
2	BLAKE	2850	(null)	(null)
3	CLARK	2450	(null)	(null)
4	JONES	2975	(null)	(null)
5	MARTIN	1250	1400	2650
6	ALLEN	1600	300	1900
7	TURNER	1500	0	1500
8	JAMES	950	(null)	(null)
9	WARD	1250	500	1750
10	FORD	3000	(null)	(null)
11	SMITH	800	(null)	(null)
12	SCOTT	3000	(null)	(null)
13	ADAMS	1100	(null)	(null)
14	MILLER	1300	(null)	(null)

위의 예에서 보는 바와 같이 숫자 + NULL은 결과가 NULL이다.

⚠ 주의

널 값을 포함하는 컬럼에 대해서 집계 함수를 적용할 때 널 값은 제외하고 계산을 하니 주의해야 한다. 예를 들면, 사원의 수를 카운트하는 SQL 문

```
SELECT COUNT(*) FROM emp ;
```

의 실행 결과는 14명이지만,

```
SELECT COUNT(mgr) FROM emp ;
```

는 13명으로 나온다. 튜플의 개수를 셀 때 mgr이 NULL인 튜플은 제외했기 때문이다.

다음은 사원의 평균 커미션을 구하는 SQL 문이다. comm 컬럼에 널 값이 많이 포함되어 있는데 분자나 분모를 계산할 때 모두 제외하고 계산되어 평균 커미션 금액이 높게 나온다.

```
SELECT AVG(comm) FROM emp ;
```

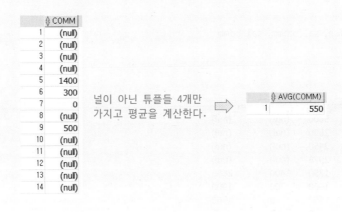

	COMM
1	(null)
2	(null)
3	(null)
4	(null)
5	1400
6	300
7	0
8	(null)
9	500
10	(null)
11	(null)
12	(null)
13	(null)
14	(null)

널이 아닌 튜플들 4개만 가지고 평균을 계산한다.

	AVG(COMM)
1	550

NULL은 공백이나 0과는 다른 특수한 값이며, 컬럼의 자료형에 상관 없이 어느 컬럼에나 입력될 수 있습니다.

5.5 정렬, 그룹

앞에서 살펴본 바와 같이 SQL은 사용자가 필요로 하는 정보를 테이블에서 찾을 수 있도록 다양한 기능을 제공한다. 이번 단원에서 살펴볼 정렬과 그룹도 그중의 하나이다.

(1) 정렬: ORDER BY

SQL은 질의 결과를 주어진 기준에 따라 튜플들을 정렬하여 보여주는 기능을 제공한다.

정렬을 지정하는 키워드는 **ORDER BY**이며, WHERE 절 다음에 서술한다. 정렬은 오름차순과 내림차순 두 가지 종류가 있다. 기본은 오름차순이며, 내림차순을 원하는 경우는 **DESC** 키워드를 추가한다. 오름차순을 나타내는 키워드는 **ASC**인데 오름차순이 기본이기 때문에 보통 생략한다.

⊙ 담당 업무가 'SALESMAN'인 사원에 대해 입사일자가 빠른 순으로 사원의 이름, 입사일자를 보이시오.

```
SELECT ename, hiredate
FROM emp
WHERE job = 'SALESMAN'
ORDER BY hiredate ;
```

결과

	⊕ ENAME	⊕ HIREDATE
1	ALLEN	81/02/20
2	WARD	81/02/22
3	TURNER	81/08/08
4	MARTIN	81/08/28

⊙ 담당 업무가 'SALESMAN'인 사원에 대해 연봉이 많은 순으로 사원의 이름과 연봉을 보이시오.

```
SELECT ename, sal
FROM emp
WHERE job = 'SALESMAN'
ORDER BY sal DESC ;
```

결과

	⊕ ENAME	⊕ SAL
1	ALLEN	1600
2	TURNER	1500
3	WARD	1250
4	MARTIN	1250

⊙ 모든 사원의 부서번호, 이름, 담당 업무를 보이되 부서번호순으로 정렬하여 보이시오. 같은 부서 안에서는 이름, 알파벳순으로 정렬하시오.

```
SELECT deptno, ename, job
FROM emp
ORDER BY deptno, ename ;
```

결과

	DEPTNO	ENAME	JOB
1	10	CLARK	MANAGER
2	10	KING	PRESIDENT
3	10	MILLER	CLERK
4	20	ADAMS	CLERK
5	20	FORD	ANALYST
6	20	JONES	MANAGER
7	20	SCOTT	ANALYST
8	20	SMITH	CLERK
9	30	ALLEN	SALESMAN
10	30	BLAKE	MANAGER
11	30	JAMES	CLERK
12	30	MARTIN	SALESMAN
13	30	TURNER	SALESMAN
14	30	WARD	SALESMAN

세 번째 예제에서는 정렬 조건이 두 개(deptno, ename)가 지정되었다. 이 경우는 먼저 앞쪽에 있는 부서번호(deptno)로 튜플들을 1차 오름차순 정렬하고, 부서번호가 같은 튜플들에 대해서는 2차로 사원이름(ename)을 기준으로 오름차순(알파벳순) 정렬한다. 이와 같이 그룹 구조가 있는 튜플들은 여러 개의 정렬 조건을 지정할 수 있다.

(2) 그룹: GROUP BY

테이블에 대한 질의를 하다 보면 질의 결과를 그룹으로 묶어서 보고 싶은 경우가 있다. 예를 들면 부서별 사원 수 같은 경우이다. 사원들을 부서별로 그룹핑한 다음 각 부서별로 사원의 수를 카운트해야 하는 작업이다. 이런 경우를 위해서 SQL에서는 **GROUP BY** 키워드를 제공한다.

⊙ **각 부서번호별 사원의 수를 구하시오.**

```
SELECT deptno, COUNT(*) AS cnt_emp
FROM emp
GROUP BY deptno ;
```

결과

	⬦ DEPTNO	⬦ AVG_SAL
1	10	2916.67
2	30	1566.67
3	20	2175

위의 SELECT문에서 **COUNT(*)**는 전체 테이블의 튜플 수를 카운트하는 것이 아니고 특
정 그룹의 튜플 수를 카운트한다.

⊙ **각 부서번호별 평균 연봉을 구하시오.**

```
SELECT deptno, AVG(sal) AS avg_sal
FROM emp
GROUP BY deptno ;
```

결과

	⬦ DEPTNO	⬦ AVG_SAL
1	10	2916.6666666666666666666666666666666667
2	30	1566.6666666666666666666666666666666667
3	20	2175

Note -

집계 함수를 적용하면 계산 결과에 소수점 아래 숫자가 길게 표시되어 불편한 경우가 있다. 이럴 때는 반올림
함수인 ROUND()를 적용하여 자리수를 줄일 수 있다. 예를 들면, ROUND(AVG(sal), 2)는 AVG(sal)의 결
과를 소수점 둘째 자리까지만 표시하도록 한다.

```
SELECT deptno, ROUND(AVG(sal), 2) AS avg_sal
FROM emp
GROUP BY deptno ;
```

	⬦ DEPTNO	⬦ AVG_SAL
1	10	2916.67
2	30	1566.67
3	20	2175

GROUP BY를 사용할 때는 SELECT 다음에 오는 컬럼에 주의해야 한다. 다음의 두 가지 경우가 가능하다.

1) GROUP BY에 사용한 컬럼이 올 수 있다.
2) COUNT(), MAX(), MIN()과 같은 집계 함수를 적용한 컬럼이 올 수 있다.

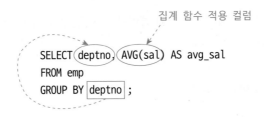

집계 함수 적용 컬럼

```
SELECT deptno, AVG(sal) AS avg_sal
FROM emp
GROUP BY deptno ;
```

위의 두 경우를 제외한 컬럼을 SELECT에 사용할 경우 오라클에서는 다음과 같이 오류가 발생한다.

```
SELECT deptno, ename, AVG(sal) AS avg_sal
FROM emp
GROUP BY deptno ;
```

결과

```
ORA-00979: GROUP BY 표현식이 아닙니다.
00979, 00000 - "not a GROUP BY expression"
*Cause:
*Action:
1행, 17열에서 오류 발생
```

위의 질의는 사원이름(ename) 컬럼이 GROUP BY와 함께 쓸 수 없는 컬럼이기 때문에 에러 메시지를 출력한다.

■ GROUP BY 결과에 조건을 지정

GROUP BY를 적용한 질의 결과에 대해서도 어떤 조건을 지정하여 결과를 필터링할 수 있다. 그룹핑 결과에 대한 조건을 지정할 때 사용하는 키워드는 HAVING이다.

⊙ 각 부서번호별 사원의 수를 구하시오. 단, 사원의 수가 5명 이상인 부서만 보이시오.

```
SELECT deptno, COUNT(*) AS cnt_emp
FROM emp
GROUP BY deptno
HAVING COUNT(*) >= 5 ;
```

결과

	◊ DEPTNO	◊ CNT_EMP
1	30	6
2	20	5

위의 결과를 보면 사원 수가 4명인 10번 부서는 제외된 것을 알 수 있다. COUNT(*)가 각 부서의 사원 수를 의미하기 때문에 COUNT(*) >= 5는 '부서의 사원 수가 5명 이상'인 조건을 의미한다.

> 테이블의 전체 튜플에 적용되는 검색 조건은 WHERE 다음에 기술하고, GROUP BY에 의해 만들어진 결과에 적용할 검색 조건은 HAVING 다음에 기술합니다.

⊙ 각 부서번호별 사원의 수를 구하시오. 단, 사원의 수가 5명 이상인 부서만 보이되 사원 수가 많은 순으로 보이시오.

```
SELECT deptno, COUNT(*) AS cnt_emp
FROM emp
GROUP BY deptno
HAVING COUNT(*) >= 5
ORDER BY COUNT(*) DESC ;
```

결과

	◊ DEPTNO	◊ CNT_EMP
1	30	6
2	20	5

앞의 예에서 보는 바와 같이 ORDER BY와 GROUP BY가 함께 사용되면 GROUP BY 다음에 ORDER BY를 기술해야 한다.

Note --

SELECT 문을 실행하면 질의 결과에 있는 튜플의 개수가 매우 많은 경우가 있다. 만일 결과 튜플의 개수가 10만 개라면 화면에 모두 출력하는 데 시간이 꽤 걸릴 것이다. 이런 상황이 예상되면 전체 튜플을 모두 보기보다는 앞에서 몇 개의 결과만 확인하는 것이 더 나을 것이다. 이런 경우 사용하는 키워드가 ROWNUM이다. 연봉을 많이 받는 사원 상위 3명을 확인하고 싶다면 다음과 같이 표현한다.

```
SELECT ename, sal
FROM emp
WHERE ROWNUM <= 3
ORDER BY sal DESC ;
```

ROWNUM은 표준 SQL의 키워드가 아니기 때문에 오라클에서만 통용된다. 다른 DBMS 제품들도 유사한 키워드를 제공하고 있다. 위의 질의와 동일한 내용을 MySQL과 MS SQL Server에서는 다음과 같이 표현한다.

〈MySQL〉

```
SELECT ename, sal
FROM emp
ORDER BY sal DESC
LIMIT 3 ;
```

〈MS SQL Server〉

```
SELECT TOP 3 ename, sal
FROM emp ;
```

SQL Developer에서 SQL의 실행

우리는 3장에서 SQL Developer의 기본적인 사용법과 SQL 문을 작성하고 실행하는 방법에 대해 학습하였다. 이번 단원에서는 질의 결과창의 유용한 기능들에 대해 실습해 보기로 한다.

(1) 질의 결과 고정하기

SQL 문 작성 창에서 작성한 SQL 문을 실행하면 하단의 질의 결과창에 결과가 표시된다. 그리고 SQL 문을 변경하여 다시 실행하면 하단의 질의 결과창에 있던 이전 내용은 사라지고 새로운 내용으로 바뀐다. 그런데 작업을 하다 보면 이전 결과 새로운 결과를 비교해야 하는 경우가 있다. 이럴 때 사용하는 것이 질의 결과 고정 기능이다.

먼저 다음의 질의를 실행한다.

```
SELECT *
FROM emp
WHERE sal > 1500 ;
```

질의 결과가 표시되면 핀 모양 아이콘을 클릭한다. 그 결과 현재 내용이 결과창에 고정된다.

	EMPNO	ENAME	JOB	MGR	HIREDATE	SAL	COMM	DEPTNO
1	7839	KING	PRESIDENT	(null)	81/11/17	5000	(null)	10
2	7698	BLAKE	MANAGER	7839	81/05/01	2850	(null)	30
3	7782	CLARK	MANAGER	7839	81/06/09	2450	(null)	10
4	7566	JONES	MANAGER	7839	81/04/02	2975	(null)	20
5	7499	ALLEN	SALESMAN	7698	81/02/20	1600	300	30
6	7902	FORD	ANALYST	7566	81/12/03	3000	(null)	20
7	7788	SCOTT	ANALYST	7566	82/12/09	3000	(null)	20

질의 결과 ×
SQL | 인출된 모든 행: 7(0.002초)

이제 다른 질의를 실행한다.

```
SELECT *
FROM emp
WHERE job = 'SALESMAN' ;
```

이전 결과 탭 옆에 새로 실행한 결과 탭이 표시되고 두 탭을 오고가면서 결과를 비교할
수 있다. 생성된 탭은 삭제도 가능하다.

이전 질의 결과   새로운 질의 결과

	EMPNO	ENAME	JOB	MGR	HIREDATE	SAL	COMM	DEPTNO
1	7654	MARTIN	SALESMAN	7698	81/08/28	1250	1400	30
2	7499	ALLEN	SALESMAN	7698	81/02/20	1600	300	30
3	7844	TURNER	SALESMAN	7698	81/08/08	1500	0	30
4	7521	WARD	SALESMAN	7698	81/02/22	1250	500	30

(2) 질의 결과에 대한 SQL 문 확인하기

화면에 질의 결과를 여러 개 고정하다 보면 질의 결과가 어떤 SQL 문에 의해 생성된 것
인지 확인이 어려울 때가 있다. 이럴 때는 질의 결과창에서 SQL 아이콘을 클릭한다.

SQL 표시 아이콘

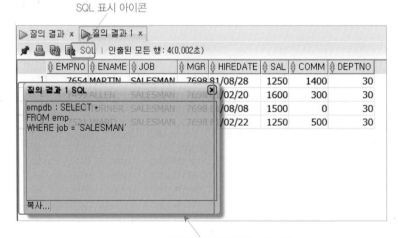

질의 결과를 생성하는 SQL 문

(3) 질의 결과를 정렬하기

질의 결과를 특정 컬럼의 값을 기준으로 정렬하여 보고 싶을 때는 단순히 질의 결과창의 컬럼 이름을 더블클릭하면 된다. 부서 정보를 부서이름(dname)을 기준으로 정렬하는 예를 살펴보자.

```
SELECT *
FROM dept ;
```

〈정렬 전〉

DNAME 더블클릭

	DEPTNO	DNAME	LOC
1	10	ACCOUNTING	NEW YORK
2	20	RESEARCH	DALLAS
3	30	SALES	CHICAGO
4	40	OPERATIONS	BOSTON

〈정렬 후〉

	DEPTNO	DNAME	LOC
1	10	ACCOUNTING	NEW YORK
2	40	OPERATIONS	BOSTON
3	20	RESEARCH	DALLAS
4	30	SALES	CHICAGO

부서이름을 기준으로 오름차순으로 정렬된 것을 볼 수 있는데 이 상태에서 부서이름 (dname)을 한 번 더 클릭하면 내림차순으로 정렬된 결과를 볼 수 있다.

	DEPTNO	DNAME	LOC
1	30	SALES	CHICAGO
2	20	RESEARCH	DALLAS
3	40	OPERATIONS	BOSTON
4	10	ACCOUNTING	NEW YORK

(4) 질의 결과를 엑셀 파일에 저장하기

질의 결과를 파일에 저장하기 위해서는 질의 결과 창에서 마우스 오른쪽 버튼을 클릭한다. 그러면 다음과 같이 팝업 메뉴가 표시되는데 여기서 [익스포트]를 선택한다.

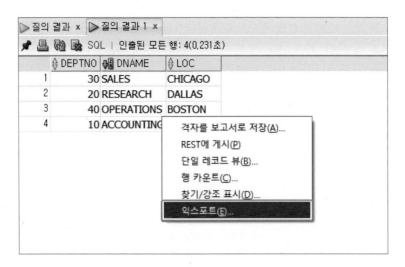

다음과 같이 입력값을 지정하고 저장할 파일의 경로와 이름을 입력한 다음 [다음]을 클릭한다.

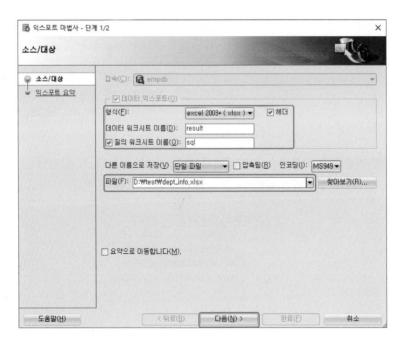

익스포트 요약 화면에서 [완료]를 클릭한다.

그러면 익스포트(export) 작업이 진행되는데 저장한 엑셀 파일을 열면 질의 결과를 확인
할 수 있다.

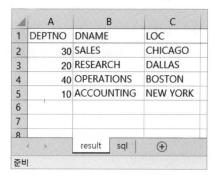

단원 요약

1. SQL은 데이터 정의어, 데이터 조작어, 데이터 제어어로 구분할 수 있다.

2. 데이터 정의어는 데이터베이스의 구조를 정의하는 데 사용된다. CTEATE, ALTER, DROP이 해당된다.

3. 데이터 조작어는 테이블에 데이터를 입력, 수정, 삭제, 조회할 때 사용한다. INSERT, UPDTE, DELETE, SELECT가 여기에 해당된다.

4. 데이터 제어어는 보안을 위해 데이터베이스에 대한 접근 권한 및 사용 권한을 사용자에게 부여하거나 회수할 때 사용한다. GRANT, REVOKE가 여기에 해당한다.

5. SELECT는 가장 많이 사용하는 명령어이며, 테이블에서 데이터를 조회할 때 사용한다. 기본 문법은 SELECT .. FROM .. WHERE ..이다.

6. SELECT 문에서 DISTINCT는 질의 결과에서 중복을 제외할 때 사용하며, *는 모든 컬럼을 의미하는 특수문자이다.

7. SELECT 문의 WHERE 절은 튜플을 선택하는 조건을 기술하며, 조건이 여러 개인 경우 AND, OR, NOT과 같은 논리 연산자를 적용하여 조건을 연결할 수 있다.

8. WHERE 절의 비교 대상 컬럼에 NULL이 포함된 경우 비교 대상에서 제외된다.

9. 어떤 컬럼의 값이 NULL인지 아닌지를 비교할 때는 =, <>를 사용하면 안 되고 IS NULL 또는 IS NOT NULL을 사용해야 한다.

10. SELECT 문에서 숫자 컬럼에 대해서는 MAX(), MIN(), SUM(), AVG()와 같은 내장 함수의 적용이 가능하다

11. WHERE 절에서 다수의 값과 동시에 비교해야 하는 경우는 BETWEEN .. AND .., IN 등을 사용할 수 있다.

12. 자료형이 문자형인 컬럼은 저장된 값 전체를 비교에 사용할 수도 있지만, 컬럼에 포함된 문자열에 대해 부분 비교도 가능하다. 문자열 부분 비교 시 LIKE를 사용하며, 특수문자인 %와 _를 비교 문자열에 포함하여 사용할 수 있다. %는 임의의 개수의 문자를 의미하며, _는 임의의 하나의 문자를 의미한다.

13. SELECT 문에는 다음과 같은 내장 함수를 사용할 수 있다.

함수명	설명
COUNT( )	조회 결과에서 튜플의 개수를 반환한다.
MAX( )	특정 숫자 컬럼의 최댓값을 반환한다.
MIN( )	특정 숫자 컬럼의 최솟값을 반환한다.
AVG( )	특정 숫자 컬럼의 평균값을 반환한다.
SUM( )	특정 숫자 컬럼의 합계값을 반환한다.

14. 질의 결과를 기준 컬럼의 값에 따라 정렬하여 보고자 할 때는 ORDER BY를 사용한다.

15. 질의 결과를 기준 컬럼의 값에 따라 집계하여 보고자 할 때는 GROUP BY를 사용한다.

16. GROUP BY에 의해서 집계된 결과에 조건을 지정할 때에는 WHERE 절이 아닌 HAVING 절에 서술해야 한다.

연습문제

※ 다음의 설명에 해당하는 SQL 명령어를 제시하시오(1~5번).

1. 데이터베이스 및 데이터베이스 내의 개체(테이블, 뷰, 인덱스 등)를 정의한다.

2. 테이블에 저장된 데이터를 조건에 맞게 조회한다.

3. 테이블에 새로운 데이터(튜플)를 추가한다.

4. 테이블에 저장된 데이터(튜플)를 삭제한다.

5. 사용자에게 접근/사용 권한을 부여한다.

※ emp, dept 테이블에 대해 다음의 질의를 해결하기 위한 SELECT 문을 작성하시오 (6~44번). SQL Developer를 이용하여 SQL을 실행하고 결과를 확인해 보시오.

6. BOSTON에 있는 부서의 이름은 무엇인가?

7. 담당 업무가 ANALYST인 사원의 이름, 입사일자를 보이시오.

8. 부서번호가 10인 사원의 이름과 입사일자를 보이시오.

9. 매니저인 사원의 사원번호를 중복을 제거하고 보이시오.

10. 담당 업무가 ANALYST인 사원들의 모든 정보를 보이시오.

11. 연봉이 3,000에서 4,000 사이인 사원의 이름, 연봉을 보이시오.

12. 입사일자가 1981년 1~6월이 아닌 사원의 이름, 입사일자를 보이시오.

13. 소속 부서번호가 10 또는 20인 사원의 사원번호, 이름, 부서번호를 보이시오.

14. 사장의 이름을 보이시오. (힌트: 사장의 담당 업무는 PRESIDENT이다.)

15. 담당 업무가 CLERK가 아닌 사원들의 이름, 담당 업무를 보이시오.

16. 연봉이 3,000에서 4,000 사이이거나 담당 업무가 CLERK인 사원의 이름, 연봉을 보이시오.

17. 부서번호가 20인 사원 중에서 담당 업무가 CLERK이고 매니저의 사원번호가 7902인 사원의 이름을 보이시오.

18. 담당 업무가 ANALYST, CLERK, MANAGER 중의 하나인 사원의 이름, 담당 업무, 급여를 보이시오. (단, IN 또는 NOT IN을 사용하시오.)

19. 담당 업무가 ANALYST, MANAGER, SALESMAN 중의 하나가 <u>아닌</u> 사원의 이름, 담당 업무, 급여를 보이시오. (단, IN 또는 NOT IN을 사용하시오.)

20. 담당 업무명에 'NA'를 포함하는 사원의 이름, 담당 업무를 보이시오.

21. 담당 업무명의 두 번째 글자가 'A'인 사원의 이름, 담당 업무를 보이시오.

22. 담당 업무가 MANAGER인 사원은 몇 명인지 보이시오.

23. 20번 부서에 근무하는 사원들의 평균 급여액을 보이시오.

24. 10번 부서에 근무하는 사원 중 급여를 가장 많이 받는 사원의 급여를 보이시오.

25. 담당 업무가 MANAGER인 사원들 중 급여를 가장 많이 받는 사원과 가장 적게 받는 사원의 급여액 차이를 보이시오.

26. 담당 업무가 SALESMAN이거나 30번 부서에 근무하는 사원의 급여액 합계를 보이시오.

27. 사원들에게 지급되는 보너스(comm)의 합계를 보이시오.

28. 입사일이 1981년 9월 1일 이후인 사원의 평균 연봉을 보이시오.

29. 모든 사원들의 현재 급여액 합계와 급여를 20% 올렸을 때 급여액 합계를 보이시오.

30. 담당 업무가 SALESMAN인 사원들의 급여를 20% 인상하기 위해서는 현재보다 얼마의 비용이 더 필요한가를 보이시오.

31. 모든 담당 업무명을 알파벳순으로 보이시오.

32. 모든 사원의 이름과 업무, 급여를 급여액 내림차순으로 보이시오.

33. 담당 업무가 SALESMAN인 사원의 이름과 부서번호를 입사일자 순으로 보이시오.

34. 급여가 1,500 이상이고 담당 업무가 MANAGER인 사원의 사원번호, 이름, 급여를 이름 알파벳순으로 보이시오.

35. 담당 업무별 평균연봉을 보이시오.

36. 부서별 평균 연봉을 보이되 많은 연봉을 우선으로 보이시오.

37. 각 부서별 최고 연봉을 보이시오.

38. 모든 사원의 정보를 담당 업무에 대해 오름차순으로 그리고 같은 업무 내에서는 연봉을 내림차순으로 정렬하여 보이시오.

39. 각 매니저별 담당사원의 인원수, 평균 연봉을 보이시오. (단, 매니저가 NULL인 경우는 제외하시오.)

40. 각 담당 업무별로 최고 연봉과 최저 연봉을 보이시오.

41. 담당 업무별 인원수, 평균 연봉을 보이되 업무별 인원수가 3명 이상인 경우에 대해서만 보이시오.

42. 각 부서별 부서번호, 사원수, 연봉합계를 보이시오.

43. 각 부서별 부서번호, 사원수, 연봉합계를 보이되 사원수가 5명 이상인 부서의 정보만 보이시오.

44. 부서번호, 부서별 사원수, 연봉 합계를 보이되 급여 합계가 9,000~10,000 사이인 경우만 보이시오. (단, 입사일자가 1981-01-01 이전 사원은 제외하고, 연봉 합계가 많은 순으로 출력하시오.)

※ city, country, countrylanguage 테이블에 대해 다음의 질의를 해결하기 위한 SELECT 문을 작성하시오(45~75번). SQL Developer를 이용하여 SQL을 실행하고 결과를 확인해 보시오.

45. 스페인(SpaIN)의 면적과 인구를 보이시오.

46. 폴란드(PolAND) 국민의 인구와 기대수명을 보이시오.

47. 오스트리아에서 사용하는 언어는 무엇인지 보이시오. (단, 오스트리아의 국가코드는 AUT이다.)

48. 체코에서 사용하는 언어와 사용 비율을 보이시오. (단, 체코의 국가코드는 CZE이다.)

49. 오스트리아의 도시 이름과 도시 인구를 보이시오. (단, 오스트리아의 국가코드는 AUT이다.)

50. 런던(London)의 인구수를 보이시오.

51. 면적이 30,000 이상인 국가의 이름과 면적을 보이시오.

52. 면적이 40,000 이상이고 인구가 3,000,000 이상인 국가의 이름과 면적, 인구수를 보이시오.

53. 기대 수명이 60~70 사이인 국가의 이름과 기대수명을 보이시오.

54. GNP가 100,000~200,000 사이가 아닌 국가의 이름과 GNP를 보이시오.

55. 유럽 국가에서 사용하는 언어 목록을 (중복 없이) 보이되 알파벳순으로 보이시오.

56. 국가명이 A 또는 B로 시작하는 국가의 이름을 알파벳 역순으로 보이시오.

57. 기대수명 값이 없는(NULL인) 국가의 이름과 GNP를 보이시오.

58. 인구가 천만 이상인 국가는 몇 개인지 보이시오.

59. 인구가 천만 이상인 국가의 평균 면적을 보이시오.

60. 기대수명이 70 이하인 국가의 GNP 최댓값을 보이시오.

61. 기대수명이 80 이상인 국가들의 GNP 합계 금액을 보이시오.

62. 면적이 30,000 이상인 국가들에 대해 가장 높은 GNP와 가장 낮은 GNP의 차이를 보이시오.

63. 유럽 국가의 전체 인구가 현재보다 5% 증가했을 때 몇 명이 될지를 보이시오.

64. 면적이 30,000 이상인 국가의 국가명, 1인당 국민생산액(GNP÷인구수)을 보이시오.

65. 기대수명이 80 이상인 국가들의 국가명, 단위 면적당 인구수를 보이시오.

66. 인구밀도가 가장 높은 국가의 단위 면적당 인구수를 보이시오. (단, 면적이 0으로 작성된 국가가 있으므로 면적이 0보다 큰 국가를 대상으로 계산한다.)

67. 국가코드, 사용하는 언어의 수 합계를 보이되 국가코드를 알파벳순으로 보이시오.

68. 사용하는 언어수가 3개 이상인 국가의 국가코드, 사용하는 언어의 수 합계를 보이되 언어수를 내림차순으로 보이시오.

69. 국가코드, 사용하는 언어의 수 합계를 보이되 사용 비율이 10% 이상인 언어에 대해서만 계산하시오.

70. 사용하는 언어수가 4개 이상인 국가의 국가코드, 사용하는 언어의 수 합계를 보이되 언어수를 내림차순으로 보이시오. (단, 언어 사용 비율이 5% 미만인 언어는 계산에서 제외하시오.)

71. 국가코드, 국가의 도시수를 보이되 국가코드를 알파벳순으로 보이시오.

72. 도시의 수가 2개 이상인 국가에 대해서 국가코드, 국가의 도시 수, 도시 인구 합계를 보이시오.

73. 도시의 수가 2개 이상인 국가에 대해서 국가코드, 국가의 도시 수, 도시 인구 합계를 보이되 도시 인구가 90,000 미만인 도시는 제외하시오.

74. 국가코드, 평균 도시 인구수를 보이되 국가코드를 알파벳순으로 보이시오.

75. 국가코드와 그 국가의 도시 중 인구수가 가장 많은 도시의 인구수를 보이시오.

06

SQL II

contents

6.1 기본키와 외래키

5장에서는 단일 테이블에 대해 질의하는 방법을 학습하였다. 이번 단원에서는 두 개이상의 테이블을 연결하여 질의하는 방법에 대해 알아본다. 이를 위해 먼저 **기본키**(primary key)와 **외래키**(foreign key)의 개념을 학습하도록 한다. 기본키는 3장에서 배운 데이터 무결성 규칙 중 개체 무결성 규칙과 관련이 있고 외래키는 참조 무결성 규칙과관련이 있다.

(1) 기본키

기본키는 개체 무결성 규칙을 구현하는 수단이다. 개체 무결성 규칙이란 테이블에 저장되는 튜플들은 중복된 것이 존재하면 안 된다는 규칙이다. 이를 위해 기본키 컬럼에는NULL이 저장될 수 없다. 개체 무결성 규칙을 지키기 위해서는 새로운 튜플이 입력될 때마다 모든 튜플들과 비교하여 중복 여부를 확인하여야 하는데 이는 현실적으로 어렵다.〈그림 6-1〉은 **customer**(고객) 테이블에 새로운 튜플이 입력되는 상황이다. 중복성 여부를 검사하려면 새로운 튜플의 6개 컬럼 값과 테이블에 이미 저장된 모든 튜플들의 6개 컬럼 값을 일일이 비교해야 하는데 이는 많은 시간이 소요된다.

customer

고객번호	고객명	전화번호	주민등록번호	주소지	신용등급
C001	홍길동	010-213-4123	901212-1214316	서울	A
C002	김철수	010-142-8302	910824-1132981	인천	A
C003	한나영	010-521-3451	990809-2123413	대구	B
C004	최민수	010-513-1432	940319-1437131	광주	C
C005	박춘길	010-613-5243	970912-1934731	서울	B
C006	김나리	010-134-2432	951212-2817171	부산	C

새로운 튜플의 입력

C009	박성석	010-413-5231	990831-1132322	서울	C

〈그림 6-1〉 새로운 튜플이 테이블에 입력되는 상황

데이터베이스는 다수의 사용자가 동시 사용하는 상황이므로 입력 튜플의 중복 여부를 빠르게 판단할 수 있는 방법이 필요하다. 그래서 고안한 방법이 입력 튜플의 모든 컬럼 값을 비교하는 대신 튜플의 고유성을 식별할 수 있는 하나 또는 몇 개의 컬럼 값만 비교하는 것이다. 이때 튜플의 고유성을 식별하는 기준이 되는 컬럼(들)이 **기본키**인 것이다. 예를 들면 〈그림 6-1〉에서 **고객번호**는 고객별로 서로 다르게 부여하기 때문에 **고객번호**가 같은 고객들은 존재하지 않는다. 따라서 새로 입력되는 튜플의 **고객번호**를 기존 튜플들의 **고객번호**와 비교해 보면 중복 여부를 확인할 수 있다. 데이터베이스 설계자가 **고객번호**를 customer(고객) 테이블의 기본키로 설정하면 DBMS는 새로운 튜플이 입력될 때마다 저장된 **고객번호**를 확인하여 튜플의 중복 여부를 판단하게 된다.

기본키의 일반화된 명칭은 **후보키**(candidate key)이다. 후보키는 튜플의 고유성을 식별하는 기준이 될 수 있는 모든 컬럼(들)을 의미한다. 〈그림 6-1〉의 customer(고객) 테이블에서는 **고객번호, 전화번호, 주민등록번호**가 후보키가 될 수 있다. 즉 고객번호가 서로 같은 고객은 존재할 수 없으며, 전화번호나 주민등록번호가 같은 고객도 존재할 수 없는 것이다. 후보키 중에서 실제로 튜플의 중복성 판단에 사용되는 컬럼을 **기본키**(primary key)라고 하고 나머지 후보키들은 **대체키**(alternate key)라고 한다. 예를 들면, 고객번호를 기본키로 정하면 **전화번호, 주민등록번호**는 대체키가 된다. 〈그림 6-2〉는 후보키, 기본키, 대체키의 예를 나타낸다.

《그림 6-2》 후보키, 기본키, 외래키

테이블의 컬럼들 중 어떤 것이 후보키이고 무엇을 기본키로 할지 정하는 것은 데이터베이스 설계 문제에 속한다. 데이터베이스의 설계에 대해서는 10장에서 다루기로 한다.

기본키 컬럼은 튜플의 고유성을
보장해야 되기 때문에
NULL 값을 포함할 수 없습니다.

기본키는 보통 하나의 컬럼인 경우가 많지만, 여러 개의 컬럼이 모여야 기본키의 역할을 할 수 있는 경우도 있다. 다음의 company_product(업체별 생산제품) 테이블을 보자. 하나의 업체는 여러 개의 제품을 생산할 수 있기 때문에 업체코드 컬럼만 보면 동일 업체가 여러 번 중복해서 나올 수 있다. 따라서 기본키의 자격이 없다. 마찬가지로 생산제품의 경우도 하나의 상품이 여러 업체에 의해 생산될 수 있기 때문에 여러 번 중복해서 나올 수 있다. 월생산량도 업체나 제품에 따라 우연히 같은 수량이 있을 수 있기 때문에 업체코드, 생산제품, 월생산량 모두 단독으로는 기본키가 될 수 없다. 그런데 테이블의 목적이 업체별로 어떤 상품을 생산하는지를 저장하는 것이기 때문에 업체와 생산제품을 묶어서 보았을 때는 중복이 있어서는 안 된다. 예를 들면, C01 업체가 TV를 생산한다는 정보는 테이블에 한 번만 기록되어야 한다. 따라서 company_product(업체별 생산제품) 테이블의 기본키는 (업체코드, 생산제품)이다. 이와 같이 여러 개의 컬럼이 모여서 기본키 역할을 하는 경우를 **복합키**라고 하고 하나의 컬럼이 기본키 역할을 하는 경우를 **단순키**라고 한다.

company_product

업체코드	생산제품	월생산량
C01	TV	600
C01	냉장고	500
C01	세탁기	400
C02	에어컨	700
C02	냉장고	650
C03	정수기	500

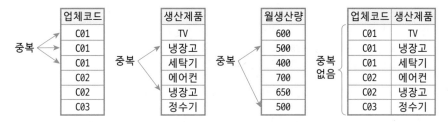

〈그림 6-3〉 여러 개의 컬럼이 기본키인 경우

(2) 외래키

외래키는 참조 무결성 규칙을 구현하는 수단이다. 참조 무결성 규칙이란 서로 연관된 두 테이블은 저장된 데이터들 사이에 일관성을 유지해야 한다는 규칙이다. 〈그림 6-4〉의 customer(고객) 테이블과 credit_code(신용등급) 테이블을 보자. '홍길동' 고객의 주소 지와 신용등급명을 알기 위해서는 두 테이블을 모두 조회해야 한다. 먼저 customer(고 객) 테이블에서 고객명이 '홍길동'인 튜플을 찾으면 주소지가 '서울'임을 알 수 있고, '홍길 동'의 신용등급 'A'를 가지고 credit_code(신용등급) 테이블을 찾아보면 등급설명이 '다이 아몬드'임을 알 수 있다. customer(고객) 테이블과 credit_code(신용등급) 테이블은 신 용등급(등급코드) 컬럼을 매개로 해서 서로 연결될 수 있는데, 이런 경우 **두 테이블이 서 로 연관되어 있다.**'라고 말한다.

customer

고객번호	고객명	전화번호	주민등록번호	주소지	신용등급
C001	홍길동	010-213-4123	901212-1214316	서울	A
C002	김철수	010-142-8302	910824-1132981	인천	A
C003	한나영	010-521-3451	990809-2123413	대구	B
C004	최민수	010-513-1432	940319-1437131	광주	C
C005	박춘길	010-613-5243	970912-1934731	서울	B
C006	김나리	010-134-2432	951212-2817171	부산	C

credit_code

등급코드	등급설명
A	다이아몬드
B	골드
C	실버
D	일반

〈그림 6-4〉 customer(고객), credit_code(신용등급) 테이블

두 테이블이 서로 연관되어 있다면 두 테이블의 데이터는 일관성이 있어야 한다. credit_code(신용등급) 테이블에서 등급코드가 'D'인 튜플을 삭제한다고 했을 때 customer(고객) 테이블의 데이터에는 아무런 영향을 미치지 않는다. 즉, 일관성이 유지된다. 그러나 등급코드가 'C'인 튜플을 삭제하는 경우는 상황이 다르다. customer(고객) 테이블에 신용등급이 'C'인 튜플이 2개 존재하는데, 이 튜플들의 등급에 대한 설명 정보가 사라져 버려서 정보를 알 수 없게 된다. 두 테이블 간의 데이터 일관성이 깨진 것이다.

customer

고객번호	고객명	전화번호	주민등록번호	주소지	신용등급
C001	홍길동	010-213-4123	901212-1214316	서울	A
C002	김철수	010-142-8302	910824-1132981	인천	A
C003	한나영	010-521-3451	990809-2123413	대구	B
C004	최민수	010-513-1432	940319-1437131	광주	C
C005	박춘길	010-613-5243	970912-1934731	서울	B
C006	김나리	010-134-2432	951212-2817171	부산	C

credit_code

등급코드	등급설명	
A	다이아몬드	
B	골드	
		삭제
D	일반	

등급에 대한 설명을 알 수 없음

〈그림 6-5〉 테이블 간 데이터의 일관성이 깨진 경우

〈그림 6-4〉의 두 테이블이 서로 연관 있을 때 데이터의 일관성을 어떻게 유지할 수 있을까? 방법은 다음과 같다. customer(고객) 테이블의 신용등급 컬럼이 credit_code(신용등급) 테이블의 등급코드와 연결되어 credit_code(신용등급) 테이블의 정보를 가져다 사용한다는 것을 DBMS에 알려주는 것이다. 그러면 DBMS는 두 테이블에 변화가 발생할 때마다 일관성이 유지되는지를 체크하여 적절한 조치를 취할 수 있다. 이때 customer(고객) 테이블의 신용등급 컬럼을 **외래키**라고 한다.

외래키

customer

고객번호	고객명	전화번호	주민등록번호	주소지	신용등급
C001	홍길동	010-213-4123	901212-1214316	서울	A
C002	김철수	010-142-8302	910824-1132981	인천	A
C003	한나영	010-521-3451	990809-2123413	대구	B
C004	최민수	010-513-1432	940319-1437131	광주	C
C005	박춘길	010-613-5243	970912-1934731	서울	B
C006	김나리	010-134-2432	951212-2817171	부산	C

credit_code

등급코드	등급설명
A	다이아몬드
B	골드
C	실버
D	일반

"customer 테이블이 credit_code 테이블을 참조한다."
"credit_code가 부모 테이블, customer가 자식 테이블"

〈그림 6-6〉 참조 관계에 있는 두 테이블과 외래키

〈그림 6-6〉과 같이 customer(고객) 테이블이 credit_code(신용등급) 테이블의 정보를

가져다 사용할 때 'customer(고객) 테이블이 credit_code(신용등급) 테이블을 참조한다.'라고 말하며, 이때 참조되는 테이블을 '부모 테이블(parent table)', 참조하는 테이블을 '자식 테이블(child table)'이라고 한다. 두 테이블을 연결하는 컬럼 중 **자식 테이블 쪽에 있는 컬럼이 외래키**이다.

두 테이블이 참조 관계에 있을 때 **자식 테이블의 외래키가 부모 테이블의 기본키와 연결**이 된다. 이것은 공식과도 같으니 기억해 두도록 하자. 그리고 기본키 컬럼은 널 값을 포함할 수 없지만, 외래키 컬럼은 널 값을 포함해도 문제되지 않는다.

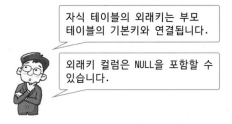

자식 테이블의 외래키는 부모 테이블의 기본키와 연결됩니다.

외래키 컬럼은 NULL을 포함할 수 있습니다.

부모 테이블의 행(튜플)이 삭제되거나 주식별자 컬럼의 값이 변경되는 경우 자식 테이블과의 일관성이 깨질 수 있으므로 데이터베이스 관리자는 DBMS가 일관성을 지킬 수 있도록 처리 방안을 설정해야 한다. 처리 방안은 보통 테이블 생성 시에 설정한다. 다음과 같은 처리 방안을 지정할 수 있다.

〈표 6-1〉 무결성을 지키기 위한 조치 방법

처리 방법	설명
RESTRICT	삭제하거나 변경하려는 부모 테이블의 튜플을 참조하는 자식 테이블의 튜플이 있으면 삭제/변경을 하지 못하도록 막는다.
CASCADE	삭제하거나 변경하려는 부모 테이블의 튜플을 참조하는 자식 테이블의 튜플이 있으면 자식 테이블의 튜플도 함께 삭제하거나 변경한다.
NULLIFY	삭제하거나 변경하려는 부모 테이블의 튜플을 참조하는 자식 테이블의 튜플이 있으면 그 튜플의 외래키 컬럼 값을 널(NULL)로 변경한다.
NO ACTION	삭제하거나 변경하려는 부모 테이블의 튜플을 참조하는 자식 테이블의 튜플이 있어도 아무 조치도 취하지 않는다. (그 결과 일관성이 깨진다.)

Note --

오라클에서는 RESTRICT는 지원하지 않는다.

(3) emp, dept 테이블의 참조 관계

우리가 실습에 사용하는 emp와 dept 테이블도 상호 연관된 테이블들이며, 참조 관계는 5장에서 설명한 것처럼 〈그림 6-7〉과 같다.

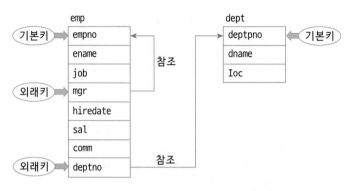

〈그림 6-7〉 emp, dept 테이블의 참조 관계

emp(사원) 테이블의 deptno(부서번호) 컬럼은 dept(부서) 테이블의 deptno(부서번호)와 연결되며, emp 테이블에서 dept 테이블의 dname(부서이름), loc(부서위치) 정보를 가져다 사용하므로 dept가 부모 테이블, emp가 자식 테이블이다. 그리고 emp 테이블의 deptno 컬럼이 외래키이다.

emp 테이블에는 또 다른 참조 관계가 존재한다. 바로 mgr(매니저) 컬럼이 같은 테이블 내의 empno(사원번호) 컬럼을 참조하는 것이다. 이를 테이블에 저장된 데이터를 통해 확인해보자. 이름이 JAMES인 사원의 매니저 이름이 무엇인지를 알아보는 경우 JAMES 사원의 튜플에서 알 수 있는 정보는 매니저의 사원번호가 7698이라는 것이다. 이 정보를 이용하여 사원번호가 7698인 사원을 찾아가 보면 이름이 BLAKE인 것을 알 수 있다. 즉, JAMES의 매니저는 BLAKE인 것이다. 이와 같이 mgr 컬럼은 empno 컬럼을 참조하여 필요한 정보를 얻는다. 따라서 mgr 컬럼과 empno 컬럼의 데이터 간에도 일관성이 유지되어야 한다. 이를 위해 mgr 컬럼을 외래 식별자로 지정하여 empno 컬럼을 참조하도록 한 것이다. 테이블 차원에서 보면 emp 테이블이 emp 테이블을 참조하는 것인데, 이와 같은 경우를 **자기 참조**(self reference)라고 한다.

EMPNO	ENAME	JOB	MGR	HIREDATE	SAL	COMM	DEPTNO
7839	KING	PRESIDENT	null	1981-11-17	5000	null	10
7698	BLAKE	MANAGER	7839	1981-05-01	2850	null	30
7782	CLARK	MANAGER	7839	1981-06-09	2450	null	10
7566	JONES	MANAGER	7839	1981-04-02	2975	null	20
7654	MARTIN	SALESMAN	7698	1981-08-28	1250	1400	30
7499	ALLEN	SALESMAN	7698	1981-02-20	1600	300	30
7844	TURNER	SALESMAN	7698	1981-08-08	1500	0	30
7900	JAMES	CLERK	7698	1981-12-03	950	null	30
7521	WARD	SALESMAN	7698	1981-02-22	1250	500	30
7902	FORD	ANALYST	7566	1981-12-03	3000	null	20
7369	SMITH	CLERK	7902	1980-12-17	800	null	20
7788	SCOTT	ANALYST	7566	1982-12-09	3000	null	20
7876	ADAMS	CLERK	7788	1983-01-12	1100	null	20
7934	MILLER	CLERK	7782	1982-01-23	1300	null	10

〈그림 6-8〉 JAMES 사원의 매니저 이름 찾기

6.2 조인 연산

우리가 데이터베이스로부터 원하는 정보를 얻기 위해서는 하나의 테이블만 검색해서는 안 되는 경우도 많다. 예를 들면, 예제 데이터베이스에서 사원의 이름과 근무지를 알고 싶다고 했을 때 사원의 이름은 emp(사원) 테이블에 존재하고 근무지(부서의 위치)는 dept(부서) 테이블에 존재하기 때문에 두 테이블을 연결해서 조회해야만 한다. emp 테이블과 dept 테이블은 참조 관계에 있기 때문에 연결 가능하다. 두 개 이상의 테이블을 연결하여 조회하는 것을 **조인**(join) 연산이라고 한다.

(1) 기본 조인 연산

다음의 질의를 조인 연산을 통해 해결해보자.

⊙ **모든 사원의 이름과 부서명, 근무지를 보이시오.**

```
SELECT emp.ename, dept.dname, dept.loc
FROM emp, dept
WHERE emp.deptno = dept.deptno ;
```

결과

	ENAME	DNAME	LOC
1	KING	ACCOUNTING	NEW YORK
2	BLAKE	SALES	CHICAGO
3	CLARK	ACCOUNTING	NEW YORK
4	JONES	RESEARCH	DALLAS
5	MARTIN	SALES	CHICAGO
6	ALLEN	SALES	CHICAGO
7	TURNER	SALES	CHICAGO
8	JAMES	SALES	CHICAGO
9	WARD	SALES	CHICAGO
10	FORD	RESEARCH	DALLAS
11	SMITH	RESEARCH	DALLAS
12	SCOTT	RESEARCH	DALLAS
13	ADAMS	RESEARCH	DALLAS
14	MILLER	ACCOUNTING	NEW YORK

위의 예제를 보면 FROM 절에는 연결해야 하는 테이블이 나열되어 있고 WHERE 절에는 두 테이블의 튜플들을 연결하기 위한 조건이 나열되어 있다. 즉, deptno(부서번호)가 같은 튜플들끼리 연결하는 것이다.

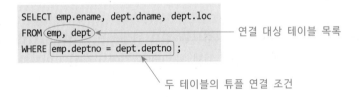

```
SELECT emp.ename, dept.dname, dept.loc
FROM emp, dept                              ← 연결 대상 테이블 목록
WHERE emp.deptno = dept.deptno ;
```
└ 두 테이블의 튜플 연결 조건

그리고 컬럼 이름 앞에는 그 컬럼이 속한 테이블 이름이 붙어 있다. emp.ename은 emp 테이블의 ename 컬럼을 의미한다. 이렇게 컬럼 이름 앞에 테이블 이름을 붙이는 이유는 동일한 이름을 갖는 컬럼이 두 테이블 모두에 존재할 수 있기 때문이다. 그래서 각 테이블의 컬럼을 식별하기 위해 테이블 이름을 함께 사용한다. 두 개의 테이블을 연결하고자 하는 경우는 **WHERE 절에 튜플들을 연결하기 위한 조건을 반드시 서술해야 한다.** 만일 실수로 연결 조건을 기술하지 않으면 에러는 발생하지 않지만, emp 테이블에 있는 튜플 하나당 dept 테이블에 있는 튜플 4개가 모두 연결되어 보인다. (위의 SELECT 문에서 WHERE 절을 생략하고 실행하여 결과를 확인해보라.)

⊙ **급여를 1,500 이상 받는 사원의 이름과 부서명, 근무지를 보이시오.**

```
SELECT emp.ename, dept.dname, dept.loc
FROM emp, dept
WHERE emp.deptno = dept.deptno
  AND emp.sal > 1500;
```

결과

	⊕ ENAME	⊕ DNAME	⊕ LOC
1	KING	ACCOUNTING	NEW YORK
2	BLAKE	SALES	CHICAGO
3	CLARK	ACCOUNTING	NEW YORK
4	JONES	RESEARCH	DALLAS
5	ALLEN	SALES	CHICAGO
6	FORD	RESEARCH	DALLAS
7	SCOTT	RESEARCH	DALLAS

위의 예제에서 조건절에 조건이 2개 서술되어 있는데 첫 번째 조건은 두 테이블을 연결하기 위한 조건이고 두 번째 조건은 연결된 튜플 중 원하는 튜플을 선택하기 위한 조건이다. 이와 같이 조인 연산이 필요한 경우 반드시 WHERE 절에 조인 조건을 포함해야한다.

emp, dept 테이블의 경우 deptno 컬럼이 양쪽에 중복하여 존재한다. 중복되지 않는 컬럼의 경우는 테이블 이름을 생략할 수 있다. 테이블 이름을 생략해도 그 컬럼이 어느 테이블에 위치하는지 알 수 있기 때문이다. 따라서 위의 SELECT 문은 다음과 같이 간소화할 수 있다.

```
SELECT ename, dname, loc
FROM emp, dept
WHERE emp.deptno = dept.deptno ;
```

위에서 ename, dname, loc는 중복되지 않는 컬럼이어서 테이블 이름을 생략했고 deptno는 양쪽에 모두 존재하기 때문에 각각을 식별하기 위해 emp.deptno, dept.deptno와 같이 테이블 이름을 붙였다.

Note – 외래키 참조와 조인

두 개의 테이블을 조인하고자 할 때 반드시 두 테이블에 외래키 참조 관계가 설정되어 있어야 하는 것은 아니다. 두 테이블에 연결 가능한 공통 속성이 있다면 외래키에 의한 참조 관계가 없더라도 조인 연산은 가능하다.

(2) 테이블 이름 대신 별칭 붙여 사용하기

컬럼 이름 앞에 테이블 이름을 붙여야 하는 경우 테이블 이름이 길면 불편하다. 이런 경우는 긴 테이블 이름 대신 짧은 별칭(alias name)을 사용할 수 있다. 다음은 별칭을 사용한 SELECT 문이다.

```
SELECT ename, dname, loc
FROM emp e, dept d
WHERE e.deptno = d.deptno ;
```

위에서 FROM 절의 emp e는 emp라는 이름 대신 e라는 별칭을 사용하겠다는 뜻이다. 따라서 WHERE 절에서 emp.deptno 대신에 e.deptno를 사용할 수 있는 것이다. 별칭은 사용자가 임의로 만들어서 사용할 수 있다. 다음의 질의는 다양한 형태로 표현될 수 있는데 실행 결과는 모두 같다.

⊙ 연봉이 1,500 이상인 사원의 이름과 부서명, 근무지를 보이시오.

```
SELECT emp.ename, dept.dname, dept.loc
FROM emp, dept
WHERE emp.deptno = dept.deptno
  AND emp.sal >= 1500 ;
```

```
SELECT e.ename, d.dname, d.loc
FROM emp e, dept d
WHERE e.deptno = d.deptno
  AND e.sal >= 1500 ;
```

```
SELECT ename, dname, loc
FROM emp e, dept d
WHERE e.deptno = d.deptno
  AND sal >= 1500 ;
```

	ENAME	DNAME	LOC
1	KING	ACCOUNTING	NEW YORK
2	BLAKE	SALES	CHICAGO
3	CLARK	ACCOUNTING	NEW YORK
4	JONES	RESEARCH	DALLAS
5	ALLEN	SALES	CHICAGO
6	TURNER	SALES	CHICAGO
7	FORD	RESEARCH	DALLAS
8	SCOTT	RESEARCH	DALLAS

(3) 다양한 형태의 조인 연산

두 개의 테이블을 연결하는 데에는 여러 가지 방법이 있을 수 있다. 〈표 6-2〉는 다양한 형태의 조인 연산을 정리하였다.

〈표 6-2〉 다양한 형태의 조인 연산

종류	설명
Inner join	두 테이블의 일치되는 튜플들만을 표시한다(일반적 조인).
Left outer join	왼쪽 테이블의 튜플은 모두 표시되고 여기에 대응하는 오른쪽 테이블의 튜플을 연결한다. 오른쪽 튜플에서 연결할 튜플이 없으면 NULL로 표시한다.
Right outer join	오른쪽 테이블의 튜플은 모두 표시되고 여기에 대응하는 왼쪽 테이블의 튜플을 연결한다. 왼쪽 튜플에서 연결할 튜플이 없으면 NULL로 표시한다.
Full outer join	왼쪽, 오른쪽 튜플들을 모두 표시한다. 연결할 튜플이 없는 경우는 NULL로 표시한다.

다양한 조인 연산의 결과를 이해하기 위해서 다음의 **T1, T2** 테이블을 가정한다.

T1

code	name
A	다이아몬드
B	골드
C	실버
D	일반

T2

code	discount
B	0.15
C	0.1
D	0.07
E	0.05

■ Inner join

```
SELECT T1.code, name, discount
FROM T1, T2
WHERE T1.code = T2.code ;
```

T1

code	name
A	다이아몬드
B	골드
C	실버
D	일반

T2

code	discount
B	0.15
C	0.1
D	0.07
E	0.05

Inner join →

code	name	discount
B	골드	0.15
C	실버	0.1
D	일반	0.07

Inner join은 가장 일반적으로 사용하는 조인 연산으로서 공통 컬럼의 값이 일치하는 튜플들만 추출한다.

■ Left outer join

```
SELECT T1.code, name, discount
FROM T1, T2
WHERE T1.code = T2.code(+) ;
```

T1

code	name
A	다이아몬드
B	골드
C	실버
D	일반

T2

code	discount
B	0.15
C	0.1
D	0.07
E	0.05

Left join →

code	name	discount
A	다이아몬드	NULL
B	골드	0.15
C	실버	0.1
D	일반	0.07

Left outer join은 일단 왼쪽 테이블의 튜플을 모두 가져오고 거기에 대응하는 오른쪽 튜플을 가져와서 연결한다. 왼쪽 튜플에 대응하는 오른쪽 튜플이 없는 경우는 NULL 을 대응시킨다. 오라클에서는 WHERE 절의 연결 조건에서 오른쪽 테이블의 연결 컬럼에 (+)를 추가함으로써 Left outer join 연산임을 지정한다.

이때 주의할 점은 두 테이블의 공통 컬럼인 **code**이다. 왼쪽 테이블인 **T1**의 튜플을 모두 가져오려면 공통 컬럼인 **code**에 대해 예제와 같이 **T1.code**로 지정해야 한다. 만일 **T2.code**로 지정하면 다음과 같이 코드 값 A가 NULL로 표시된다. 이는 코드 값을 T2쪽에서 가져오는데 T2에는 코드 값 A가 없기 때문이다.

```
SELECT T2.code, name, discount
FROM T1, T2
WHERE T1.code = T2.code(+) ;
```

code	name	discount
NULL	다이아몬드	NULL
B	골드	0.15
C	실버	0.1
D	일반	0.07

앞에서 살펴본 left join 문법은 오라클 DBMS에서만 사용 가능한 것으로 표준 SQL에서는 다음과 같이 서술한다.

```
SELECT T1.code, name, discount
FROM T1 LEFT OUTER JOIN T2 ON T1.code = T2.code ;
```

오라클에서는 표준 문법도 지원하기 때문에 위와 같이 서술해도 동일한 결과를 얻을 수 있다.

■ Right outer join

```
SELECT T2.code, name, discount
FROM T1, T2
WHERE T1.code(+) = T2.code ;
```

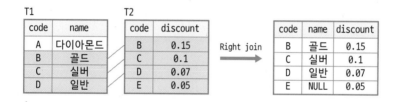

Right outer join은 일단 오른쪽 테이블의 튜플을 모두 가져오고 거기에 대응하는 왼쪽 튜플을 가져와서 연결한다. 오른쪽 튜플에 대응하는 왼쪽 튜플이 없는 경우는 NULL을 대응시킨다. Right outer join은 WHERE 절에서 왼쪽 테이블의 연결 컬럼에 (+)를 추가한다.

Right join에서 오른쪽 테이블인 T2의 튜플을 모두 가져오려면 공통 컬럼인 code에 대해 예제와 같이 T2.code로 지정해야 한다. T1.code로 지정하면 원하는 결과를 얻을 수 없다.

■ Full outer join

Full outer join은 왼쪽 또는 오른쪽 테이블에 있는 튜플들이 빠짐없이 나오도록 할 때 사용한다. 우리가 기대하는 Full outer join의 결과는 다음과 같다.

T1	
code	name
A	다이아몬드
B	골드
C	실버
D	일반

T2	
code	discount
B	0.15
C	0.1
D	0.07
E	0.05

Full
Outer join
→

code	name	discount
A	다이아몬드	NULL
B	골드	0.15
C	실버	0.1
D	일반	0.07
E	NULL	0.05

그러나 표준 문법에서 제공하는 Full outer join은 다음과 같이 T1 테이블에 있는 모든 코드 값과 T2 테이블에 있는 모든 코드 값을 하나의 컬럼에 표시되도록 하지는 못한다.

```
SELECT T1.code, T2.code, name, discount
FROM T1 FULL OUTER JOIN T2 ON  T1.code = T2.code ;
```

만일 T1, T2 테이블에 있는 모든 코드 값을 하나의 컬럼에 나오도록 하려면 다음에 배울 합집합(UNION) 연산을 이용하여야 한다.

```
SELECT T1.code, name, discount
FROM T1, T2
WHERE T1.code = T2.code(+) ;
UNION
SELECT T2.code, name, discount
FROM T1, T2
WHERE T1.code(+) = T2.code ;
```

code	name	discount
A	다이아몬드	NULL
B	골드	0.15
C	실버	0.1
D	일반	0.07
E	NULL	0.05

Note ·– 표준 SQL에서 left outer join

오라클에서는 표준 문법인 FULL OUTER JOIN 키워드를 지원하지 않는다.

(4) 셀프 조인

일반적으로 조인은 두 개의 서로 다른 테이블 간에 이루어지나 경우에 따라서는 어떤 테이블을 자기 자신과 조인해야 하는 경우도 있다. 6.1절에서 살펴본 자기 참조의 경우가 이에 해당한다. 이러한 경우를 **셀프 조인**(self join)이라고 한다. **emp** 테이블은 사원정보와 매니저 정보를 동시에 담고 있다. 이런 경우 사원정보와 매니저 정보를 연결하기 위해서는 (사원 정보로서의) **emp** 테이블을 (매니저 정보로서의) **emp** 테이블과 조인해야 한다. 이와 같이 자신을 자신과 조인하는 연산이 셀프 조인이다. 다음의 예제를 통해 어떻게 셀프 조인을 하는지 알아보자.

⊙ **모든 사원의 이름과 사원의 매니저 이름을 보이시오.**

```
SELECT e.ename AS employee, m.ename AS manager
FROM emp e, emp m
WHERE e.mgr = m.empno ;
```

결과

	⬦ EMPLOYEE	⬦ MANAGER
1	BLAKE	KING
2	CLARK	KING
3	JONES	KING
4	MARTIN	BLAKE
5	ALLEN	BLAKE
6	TURNER	BLAKE
7	JAMES	BLAKE
8	WARD	BLAKE
9	MILLER	CLARK
10	FORD	JONES
11	SCOTT	JONES
12	SMITH	FORD
13	ADAMS	SCOTT

```
SELECT e.ename AS employee, m.ename AS manager
FROM emp e , emp m
WHERE e.mgr = m.empno ;
```
사원 테이블 e ← emp e   emp m → 매니저 테이블 m

emp 테이블을 **emp** 테이블과 조인하는 방법은 위와 같이 테이블의 별칭을 이용하여 같은 테이블을 마치 서로 다른 테이블인 것처럼 다루는 것이다. 여기서는 **e**를 사원 테이블로,

m을 매니저 테이블로 간주하여 SELECT 문을 완성하였다. 사원 테이블과 매니저 테이블을 조인하기 위해서 사원 테이블의 **mgr**(매니저) 컬럼과 매니저 테이블의 **empno**(사원번호) 컬럼을 연결하였다.

사원 테이블   참조   메니저 테이블
emp **e**   emp **m**

EMPNO	ENAME	JOB	MGR	HIREDATE	SAL	COMM	DEPTNO
7839	KING	PRESIDENT	null	1981-11-17	5000	null	10
7698	BLAKE	MANAGER	7839	1981-05-01	2850	null	30
7782	CLARK	MANAGER	7839	1981-06-09	2450	null	10
7566	JONES	MANAGER	7839	1981-04-02	2975	null	20
7654	MARTIN	SALESMAN	7698	1981-08-28	1250	1400	30
7499	ALLEN	SALESMAN	7698	1981-02-20	1600	300	30
7844	TURNER	SALESMAN	7698	1981-08-08	1500	0	30
7900	JAMES	CLERK	7698	1981-12-03	950	null	30
7521	WARD	SALESMAN	7698	1981-02-22	1250	500	30
7902	FORD	ANALYST	7566	1981-12-03	3000	null	20
7369	SMITH	CLERK	7902	1980-12-17	800	null	20
7788	SCOTT	ANALYST	7566	1982-12-09	3000	null	20
7876	ADAMS	CLERK	7788	1983-01-12	1100	null	20
7934	MILLER	CLERK	7782	1982-01-23	1300	null	10

EMPNO	ENAME	JOB	MGR	HIREDATE	SAL	COMM	DEPTNO
7839	KING	PRESIDENT	null	1981-11-17	5000	null	10
7698	BLAKE	MANAGER	7839	1981-05-01	2850	null	30
7782	CLARK	MANAGER	7839	1981-06-09	2450	null	10
7566	JONES	MANAGER	7839	1981-04-02	2975	null	20
7654	MARTIN	SALESMAN	7698	1981-08-28	1250	1400	30
7499	ALLEN	SALESMAN	7698	1981-02-20	1600	300	30
7844	TURNER	SALESMAN	7698	1981-08-08	1500	0	30
7900	JAMES	CLERK	7698	1981-12-03	950	null	30
7521	WARD	SALESMAN	7698	1981-02-22	1250	500	30
7902	FORD	ANALYST	7566	1981-12-03	3000	null	20
7369	SMITH	CLERK	7902	1980-12-17	800	null	20
7788	SCOTT	ANALYST	7566	1982-12-09	3000	null	20
7876	ADAMS	CLERK	7788	1983-01-12	1100	null	20
7934	MILLER	CLERK	7782	1982-01-23	1300	null	10

〈그림 6-9〉 셀프 조인의 예

위의 질의 결과를 자세히 살펴보면 사원 이름이 'KING'인 사원의 정보가 빠져 있는 것을 알 수 있다. 그 이유는 'KING'이 사장이고 사장에게는 매니저(직속상사)가 없기 때문에 'KING'의 **mgr** 컬럼의 값이 NULL이기 때문이다. 'KING'까지 포함하여 정보를 보고 싶다면 앞에서 배운 Left join을 이용해야 한다.

```
SELECT e.ename AS employee, m.ename AS manager
FROM emp e, emp m
WHERE e.mgr = m.empno(+) ;
```

결과

	EMPLOYEE	MANAGER
1	BLAKE	KING
2	CLARK	KING
3	JONES	KING
4	MARTIN	BLAKE
5	ALLEN	BLAKE
6	TURNER	BLAKE
7	JAMES	BLAKE
8	WARD	BLAKE
9	MILLER	CLARK
10	FORD	JONES
11	SCOTT	JONES
12	SMITH	FORD
13	ADAMS	SCOTT
14	KING	(null)

위의 질의 결과를 보면 사원에 'KING'도 포함되었고 매니저는 없으므로 NULL로 표시되었다.

(5) 3개 이상의 테이블 조인

조인 연산은 두 대의 테이블에 대해서뿐만 아니라 세 개 이상의 테이블에 대해서도 적용 가능하다. 두 개의 테이블을 조인하기 위해서는 하나의 조인 조건이 필요하고, 세 개의 테이블을 조인하기 위해서는 두 개의 조인 조건이 필요하다. 이를 일반화하면 N개의 테이블을 조인하기 위해서는 (N−1)개의 조인 조건을 **AND**로 연결하여 서술해야 한다. 다음은 세 개의 테이블을 조인하는 예이다.

⊙ **그리스의 수도와 사용 언어를 보이시오.**

```
SELECT ct.name, cl.language
FROM country co, city ct, countrylanguage cl
WHERE co.capital = ct.id
  AND cl.countrycode = co.code
  AND co.name = 'Greece' ;
```

결과

⊕ NAME	⊕ LANGUAGE
1 Athenai	Greek
2 Athenai	Turkish

위의 SQL 문을 보면 WHERE 절에 조건이 3개가 서술되어 있는데 앞의 2개는 조인 조건이고 뒤의 1개가 튜플을 선택하기 위한 조건이다. 질의 결과를 보면 그리스의 수도는 아테네(Athenai)이고 사용 언어는 그리스어(Greek)와 튀르키예(구 터키)어(Turkish)인 것을 알 수 있다.

(6) 다양한 조인 연산의 사례

지금까지 다양한 조인 연산을 학습하였으니 실제 질의를 조인 연산을 통해 표현하는 사례들을 살펴보도록 한다.

⊙ DALLAS에 근무하는 사원들의 이름, 부서명, 입사일자를 보이시오.

```
SELECT ename, dname, hiredate
FROM emp e, dept d
WHERE e.deptno = d.deptno
  AND loc =  'DALLAS' ;
```

결과

	ENAME	DNAME	HIREDATE
1	JONES	RESEARCH	81/04/02
2	FORD	RESEARCH	81/12/03
3	SMITH	RESEARCH	80/12/17
4	SCOTT	RESEARCH	82/12/09
5	ADAMS	RESEARCH	83/01/12

⊙ 입사일이 1981년 9월 1일 이전인 사원들의 이름, 부서명, 입사일자를 보이시오.

```
SELECT ename, dname, hiredate
FROM emp e, dept d
WHERE e.deptno = d.deptno
  AND hiredate <  '1981-09-01' ;
```

결과

	ENAME	DNAME	HIREDATE
1	BLAKE	SALES	81/05/01
2	CLARK	ACCOUNTING	81/06/09
3	JONES	RESEARCH	81/04/02
4	MARTIN	SALES	81/08/28
5	ALLEN	SALES	81/02/20
6	TURNER	SALES	81/08/08
7	WARD	SALES	81/02/22
8	SMITH	RESEARCH	80/12/17

⊙ BLAKE의 부하 직원의 이름과 급여 정보를 보이시오.

```
SELECT e.ename, e.sal
FROM emp e, emp m
WHERE e.mgr = m.empno
  AND m.ename = 'BLAKE' ;
```

	⬦ ENAME	⬦ SAL
1	MARTIN	1250
2	ALLEN	1600
3	TURNER	1500
4	JAMES	950
5	WARD	1250

⊙ BLAKE의 부하 직원의 이름과 급여, 근무지 정보를 보이시오.

```
SELECT e.ename, e.sal, d.loc
FROM emp e, emp m, dept d
WHERE e.mgr = m.empno
  AND e.deptno = d.deptno
  AND m.ename = 'BLAKE' ;
```

	⬦ ENAME	⬦ SAL	⬦ LOC
1	MARTIN	1250	CHICAGO
2	ALLEN	1600	CHICAGO
3	TURNER	1500	CHICAGO
4	JAMES	950	CHICAGO
5	WARD	1250	CHICAGO

6.3 UNION, INTERSECT, MINUS

SQL에서는 관계 대수에서 집합 연산에 해당하는 합집합, 교집합, 차집합 연산을 UNION, INTERSECT, MINUS라는 키워드를 통해 구현하고 있다. 많이 쓰이는 연산은 아니지만, 기본적인 사용 방법은 알고 있어야 한다. 두 테이블 간의 집합 연산은 두 테이블의 구조가 동일할 때 가능하다는 것을 기억하도록 한다. 예를 들면, 구조가 다른 **emp**(사원)와 **dept**(부서) 테이블 간의 합집합은 불가능하다. 오라클에서는 세 개의 집합 연산 모두를 지원한다.

(1) UNION

두 테이블 간의 합집합을 구하는 연산으로 보통 두 개의 질의 결과를 하나로 합쳐서 볼 때 사용한다. 합집합 연산을 할 때 UNION을 사용하면 질의 결과에서 중복을 제외하게 되고 UNION ALL을 사용하면 질의 결과에서 중복을 포함한다.

⊙ 급여를 2,500 이상 받거나 담당 업무가 'MANAGER'인 사원의 이름과 입사일자를 보이시오.

```
SELECT ename, hiredate
FROM emp
WHERE sal >= 2500
UNION
SELECT ename, hiredate
FROM emp
WHERE job = 'MANAGER' ;
```

결과

	ENAME	HIREDATE
1	KING	81/11/17
2	BLAKE	81/05/01
3	JONES	81/04/02
4	FORD	81/12/03
5	SCOTT	82/12/09
6	CLARK	81/06/09

```
SELECT ename, hiredate
FROM emp
WHERE sal >= 2500
UNION ALL
SELECT ename, hiredate
FROM emp
WHERE job = 'MANAGER' ;
```

결과

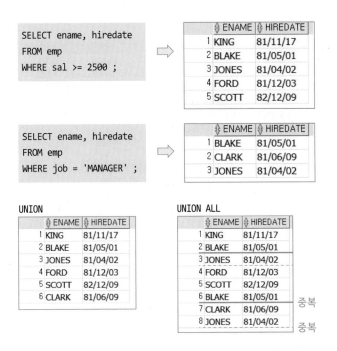

	⬥ ENAME	⬥ HIREDATE
1	KING	81/11/17
2	BLAKE	81/05/01
3	JONES	81/04/02
4	FORD	81/12/03
5	SCOTT	82/12/09
6	BLAKE	81/05/01
7	CLARK	81/06/09
8	JONES	81/04/02

```
SELECT ename, hiredate
FROM emp
WHERE sal >= 2500 ;
```

	⬥ ENAME	⬥ HIREDATE
1	KING	81/11/17
2	BLAKE	81/05/01
3	JONES	81/04/02
4	FORD	81/12/03
5	SCOTT	82/12/09

```
SELECT ename, hiredate
FROM emp
WHERE job = 'MANAGER' ;
```

	⬥ ENAME	⬥ HIREDATE
1	BLAKE	81/05/01
2	CLARK	81/06/09
3	JONES	81/04/02

UNION

	⬥ ENAME	⬥ HIREDATE
1	KING	81/11/17
2	BLAKE	81/05/01
3	JONES	81/04/02
4	FORD	81/12/03
5	SCOTT	82/12/09
6	CLARK	81/06/09

UNION ALL

	⬥ ENAME	⬥ HIREDATE	
1	KING	81/11/17	
2	BLAKE	81/05/01	
3	JONES	81/04/02	
4	FORD	81/12/03	
5	SCOTT	82/12/09	
6	BLAKE	81/05/01	중복
7	CLARK	81/06/09	
8	JONES	81/04/02	중복

(2) INTERSECT

두 테이블 간의 교집합을 구하는 연산으로 보통 두 개의 질의 결과에 공통으로 포함된 튜플을 확인할 때 사용한다.

⊙ 급여를 2,500 이상 받고 담당 업무가 'MANAGER'인 사원의 이름과 입사일자를 보이시오.

```
SELECT ename, hiredate
FROM emp
```

```
WHERE sal >= 2500
INTERSECT
SELECT ename, hiredate
FROM emp
WHERE job = 'MANAGER' ;
```

결과

⬦ ENAME	⬦ HIREDATE
1 BLAKE	81/05/01
2 JONES	81/04/02

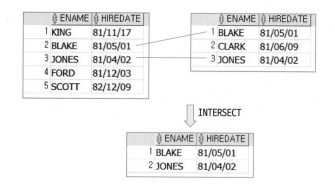

위의 질의는 다음과 같이 바꾸어 실행할 수 있다.

```
SELECT ename, hiredate
FROM emp
WHERE sal >= 2500 AND job = 'MANAGER' ;
```

(3) MINUS

두 테이블 간의 차집합을 구하는 연산으로 보통 두 개의 질의 결과 A에서 질의 결과 B와 중복된 부분을 제외할 때 사용한다.

⊙ 급여를 2,500 이상 받는 사원 중 담당 업무가 'MANAGER'인 사원을 제외하여 이름과 입사 일자를 보이시오.

```
SELECT ename, hiredate
FROM emp
WHERE sal >= 2500
MINUS
SELECT ename, hiredate
FROM emp
WHERE job = 'MANAGER' ;
```

결과

	ENAME	HIREDATE
1	KING	81/11/17
2	FORD	81/12/03
3	SCOTT	82/12/09

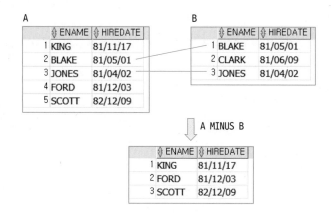

위의 질의는 다음과 같이 바꾸어 실행할 수 있다.

```
SELECT ename, hiredate
FROM emp
WHERE sal >= 2500 AND job <> 'MANAGER' ;
```

6.4 중첩 SQL

중첩 SQL(nested SQL)은 하나의 SQL 문 안에 또 다른 SQL 문을 포함하는 경우를 말한다. SQL 학습에서는 고급 기법에 속한다. 복잡한 질의의 경우 반드시 중첩 SQL을 이용해야만 해결할 수 있는 경우가 많으니 잘 익혀두도록 한다. 다음은 중첩 SQL 문의 예이다.

```
SELECT ename, hiredate
FROM emp
WHERE sal >= (SELECT MIN(sal)
             FROM emp
             WHERE job = 'ANALYST') ;
```

(1) 중첩 SQL 용어

■ 메인 쿼리(main query)와 서브 쿼리(sub query)

하나의 SQL 문 A 안에 또 다른 SQL 문 B가 존재한다면 SQL 문 B를 **서브 쿼리**라고 하고 SQL 문 A를 **메인 쿼리**라고 부른다.

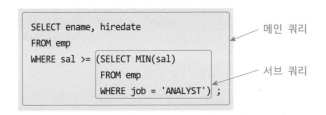

■ 단일값 서브 쿼리와 다중값 서브 쿼리

질의문을 실행한 결과 하나의 값을 반환하는 서브 쿼리를 **단일값 서브 쿼리**라고 하고 복수의 값을 반환하는 서브 쿼리를 **다중값 서브 쿼리**라고 한다. 두 개를 구분하는 이유는 어느 경우인지에 따라 적용 가능한 연산자가 달라지기 때문이다.

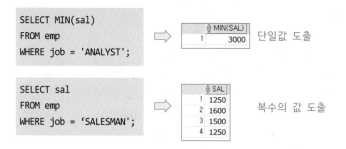

```
SELECT MIN(sal)
FROM emp
WHERE job = 'ANALYST';
```

	MIN(SAL)
1	3000

단일값 도출

```
SELECT sal
FROM emp
WHERE job = 'SALESMAN';
```

	SAL
1	1250
2	1600
3	1500
4	1250

복수의 값 도출

(2) 서브 쿼리와 비교 연산자

다음의 질의를 생각해보자.

"급여를 가장 많이 받는 사원의 이름과 담당 업무, 급여액을 보이시오."

지금까지 배운 지식으로는 하나의 SELECT 문으로 이 질의를 표현할 방법이 없다. 두 단계로 작업해야 한다.

1) 가장 많은 급여액이 얼마인지 확인한다. (5,000임)
2) 급여액이 5,000인 사원의 이름과 담당 업무, 급여액을 구한다.

이것을 하나의 SELECT 문으로 해결하려면 다음과 같이 중첩 SQL을 사용해야 한다.

```
SELECT ename, job, sal
FROM emp
WHERE sal = ( SELECT MAX(sal)
              FROM emp ) ;
```

결과

	ENAME	JOB	SAL
1	KING	PRESIDENT	5000

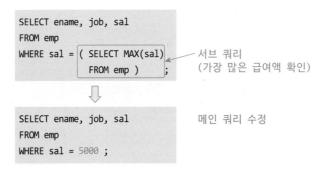

```
SELECT ename, job, sal
FROM emp
WHERE sal = ( SELECT MAX(sal)
              FROM emp )     ;
```
서브 쿼리
(가장 많은 급여액 확인)

⬇

```
SELECT ename, job, sal
FROM emp
WHERE sal = 5000 ;
```
메인 쿼리 수정

중첩 SQL의 실행 과정을 살펴보면 먼저 서브 쿼리가 실행된다. 서브 쿼리의 실행 결과 값 5000이 서브 쿼리문을 대체하게 되면 중첩 SQL 문이 일반 SQL 문으로 수정되고 이를 실행한 결과가 화면에 표시되는 것이다.

중첩 SQL 문에서 WHERE 절에 주목해 보자. sal(급여)을 서브 쿼리문의 결과와 같은지를 비교한다. 만일 서브 쿼리문의 결과값이 여러 개이면 어떻게 될까? 다음과 비슷한 상황이 될 것이다.

```
WHERE sal = 5000, 6000, 7000
```

SQL에서 비교연산자(=, ⟨⟩, ⟩, ⟩=, ⟨, ⟨=)는 단일값에 대해서만 비교가 가능하기 때문에 위와 같이 sal이 여러 개의 값과 같은지를 비교하는 것은 불가능하다. 따라서 **비교 연산자를 통해 서브 쿼리의 결과와 비교하는 경우는 반드시 서브 쿼리의 결과가 단일값이어야 한다.** 다시 말해서 **단일값 서브 쿼리**의 결과에 대해서만 비교 연산자를 적용할 수 있다.

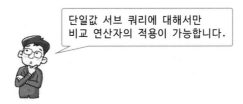

단일값 서브 쿼리에 대해서만 비교 연산자의 적용이 가능합니다.

⊙ 평균 이상의 급여를 받는 사원들의 이름, 담당 업무, 급여액을 보이시오.

```
SELECT ename, job, sal
FROM emp
WHERE sal >= (SELECT AVG(sal)
              FROM emp);
```

결과

	ENAME	JOB	SAL
1	KING	PRESIDENT	5000
2	BLAKE	MANAGER	2850
3	CLARK	MANAGER	2450
4	JONES	MANAGER	2975
5	FORD	ANALYST	3000
6	SCOTT	ANALYST	3000

⊙ 1981년도에 입사한 사원들 중 평균 이상의 연봉을 받는 사원들의 이름, 담당 업무, 급여액, 입사일자를 보이시오.

```
SELECT ename, job, sal, hiredate
FROM emp
WHERE sal >= (SELECT AVG(sal)
              FROM emp)
AND hiredate BETWEEN '1981-01-01' AND '1981-12-31';
```

결과

	ENAME	JOB	SAL	HIREDATE
1	KING	PRESIDENT	5000	81/11/17
2	BLAKE	MANAGER	2850	81/05/01
3	CLARK	MANAGER	2450	81/06/09
4	JONES	MANAGER	2975	81/04/02
5	FORD	ANALYST	3000	81/12/03

(3) 서브 쿼리와 IN (..), NOT IN (..)

서브 쿼리의 실행 결과가 복수 개의 값이라면 비교 연산자 대신 IN (..) 또는 NOT IN (..)을 사용해야 한다.

⊙ 부서이름에 'S'을 포함하는 부서에 근무하는 사원들의 이름, 담당 업무, 부서번호를 보이시오.

```
SELECT ename, job, deptno
FROM emp
WHERE deptno IN (SELECT deptno
                 FROM dept
                 WHERE dname LIKE '%S%');
```

결과

	ENAME	JOB	DEPTNO
1	BLAKE	MANAGER	30
2	JONES	MANAGER	20
3	MARTIN	SALESMAN	30
4	ALLEN	SALESMAN	30
5	TURNER	SALESMAN	30
6	JAMES	CLERK	30
7	WARD	SALESMAN	30
8	FORD	ANALYST	20
9	SMITH	CLERK	20
10	SCOTT	ANALYST	20
11	ADAMS	CLERK	20

위의 서브 쿼리문을 보면 부서이름에 'S'를 포함하는 부서의 부서 번호를 검색하고 있다. 상식적으로 이 서브 쿼리의 결과는 하나가 아니라 여러 개일 수 있음을 예상할 수 있다. 이런 경우는 비교 연산자 =을 사용하면 안 되고 복수의 값과 비교할 수 있도록 하는 **IN** 을 사용해야 한다.

위의 질의는 다음과 같이 조인 연산으로도 해결이 가능하다. 주어진 질의를 해결하는 방법에는 여러 가지가 있음을 기억하자.

```
SELECT ename, job, e.deptno
FROM emp e, dept d
WHERE e.deptno = d.deptno
AND dname LIKE '%S%';
```

⊙ 'SMITH', 'ALLEN' 사원과 다른 업무를 하는 사원들의 이름과 담당 업무, 급여액을 보이시오.

```
SELECT ename, job, sal
FROM emp
WHERE job NOT IN (SELECT job
            FROM emp
            WHERE ename = 'SMITH' OR
                ename = 'ALLEN');
```

결과

	ENAME	JOB	SAL
1	FORD	ANALYST	3000
2	SCOTT	ANALYST	3000
3	BLAKE	MANAGER	2850
4	CLARK	MANAGER	2450
5	JONES	MANAGER	2975
6	KING	PRESIDENT	5000

(4) 서브 쿼리와 EXISTS, NOT EXISTS

EXISTS는 메인 쿼리의 테이블과 서브 쿼리의 테이블이 참조 관계에 있을 때 사용할 수 있다. 메인 쿼리의 테이블과 서브 쿼리의 테이블을 조인한다고 했을 때 서브 쿼리 튜플들에 연결될 수 있는 메인 쿼리의 튜플들로부터 정보를 얻는 연산이다. NOT EXISTS는 이와는 반대로 서브 쿼리 튜플들에 연결되지 않는 메인 쿼리의 튜플들로부터 정보를 얻는 연산이다. **메인 쿼리와 서브 쿼리의 조인은 서브 쿼리의 WHERE 절에 서술한다.**

⊙ 부서의 사원이 한 명이라도 있는 부서의 이름과 부서위치를 보이시오.

```
SELECT dname, loc
FROM dept
WHERE EXISTS (SELECT *
        FROM emp
        WHERE emp.deptno= dept.deptno);
```

결과

	DNAME	LOC
1	ACCOUNTING	NEW YORK
2	SALES	CHICAGO
3	RESEARCH	DALLAS

앞의 예제를 보면 메인 쿼리의 **dept**(부서) 테이블과 서브 쿼리의 **emp**(사원) 테이블을 조인하고 있다. 이렇게 하면 **dept** 테이블에서 사원이 한 명이라도 있는 부서는 **emp**(사원) 테이블의 튜플들과 연결될 것이다. 그러한 부서는 4개 부서 중 위의 결과처럼 3개 부서이다.

emp

EMPNO	ENAME	JOB	MGR	HIREDATE	SAL	COMM	DEPTNO
7839	KING	PRESIDENT	null	1981-11-17	5000	null	10
7698	BLAKE	MANAGER	7839	1981-05-01	2850	null	30
7782	CLARK	MANAGER	7839	1981-06-09	2450	null	10
7566	JONES	MANAGER	7839	1981-04-02	2975	null	20
7654	MARTIN	SALESMAN	7698	1981-08-28	1250	1400	30
7499	ALLEN	SALESMAN	7698	1981-02-20	1600	300	30
7844	TURNER	SALESMAN	7698	1981-08-08	1500	0	30
7900	JAMES	CLERK	7698	1981-12-03	950	null	30
7521	WARD	SALESMAN	7698	1981-02-22	1250	500	30
7902	FORD	ANALYST	7566	1981-12-03	3000	null	20
7369	SMITH	CLERK	7902	1980-12-17	800	null	20
7788	SCOTT	ANALYST	7566	1982-12-09	3000	null	20
7876	ADAMS	CLERK	7788	1983-01-12	1100	null	20
7934	MILLER	CLERK	7782	1982-01-23	1300	null	10

dept

DEPTNO	DNAME	LOC
10	ACCOUNTING	NEW YORK
20	RESEARCH	DALLAS
30	SALES	CHICAGO
40	OPERATIONS	BOSTON

서브 쿼리의 튜플들과 연결될 수 있는 메인 쿼리의 튜플들

⊙ **부서의 사원이 한 명도 없는 부서의 이름과 부서위치를 보이시오.**

```
SELECT dname, loc
FROM dept
WHERE NOT EXISTS (SELECT *
          FROM emp
          WHERE emp.deptno= dept.deptno);
```

결과

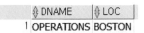

	DNAME	LOC
1	OPERATIONS	BOSTON

NOT EXIST는 **emp**(사원) 테이블의 튜플들과 연결이 되지 않는 **dept**(부서) 테이블의 튜플을 찾는다. 그러한 부서는 4개 부서 중 위의 결과처럼 1개 부서이다.

(5) ANY(SOME), ALL과 서브 쿼리

ANY는 **IN**과 유사하게 서브 쿼리의 여러 결과값들과 비교할 수 있도록 한다. 서브 쿼리의 여러 결과값 중 어느 하나라도 비교조건을 만족하면 참이 된다. **IN**과 다른 점은 비교연산자를 사용한다는 것이다. **SOME**은 **ANY**와 동일하다. **ALL**은 서브 쿼리의 여러 결과값

모두와 비교조건을 만족할 때 참이 된다.

⊙ 'RESEARCH' 부서의 사원들과 매니저가 같은 사원들의 이름, 담당 업무를 보이시오.

```
SELECT ename, job
FROM emp
WHERE mgr = ANY(SELECT mgr
            FROM emp e, dept d
            WHERE e.deptno= d.deptno
              AND dname = 'RESEARCH');
```

결과

	⊕ ENAME	⊕ JOB
1	BLAKE	MANAGER
2	CLARK	MANAGER
3	JONES	MANAGER
4	FORD	ANALYST
5	SCOTT	ANALYST
6	SMITH	CLERK
7	ADAMS	CLERK

위 서브 쿼리에서 'RESEARCH' 부서 사원들의 매니저는 한 명이 아니고 여러 명(7902, 7839, 7566, 7788)이다. 메인 쿼리는 mgr(매니저)의 값이 이들 중 어느 하나와도 일치하는 튜플들을 검색한다.

⊙ 'RESEARCH' 부서의 어떤 사원보다도 급여를 많이 받는 사원의 이름, 급여를 보이시오.

```
SELECT ename, sal
FROM emp
WHERE sal > ALL(SELECT sal
            FROM emp e, dept d
            WHERE e.deptno= d.deptno
              AND dname = 'RESEARCH');
```

결과

	⊕ ENAME	⊕ SAL
1	KING	5000

위 질의를 해석해보면 모든 'RESEARCH' 부서의 사원들보다 급여를 더 많이 받는 사원을 찾는 문제이다. 결과를 보면 사장인 'KING'만 해당된다. 참고로 'RESEARCH' 부서의 사원들이 받는 급여를 확인해 보면 다음과 같다(서브 쿼리의 결과).

	SAL
1	2975
2	3000
3	800
4	3000
5	1100

Note — SQL 명령문의 작성

하나의 질의를 해결하는 SQL 문은 여러 가지 방식으로 작성할 수 있다. 그러나 동일한 결과를 도출한다고 해서 실행 시간도 동일한 것은 아니다. 우리가 학습에 사용하는 테이블들은 데이터의 크기가 크지 않기 때문에 SQL 문들 간의 차이를 피부로 느끼기 어렵지만, 튜플의 수가 수십만 개인 테이블들을 다룰 때는 처리 속도가 중요해진다. 다음은 동일한 결과를 도출하는 서로 다른 SQL 문이다.

```
SELECT dname, loc
FROM dept
WHERE EXISTS (SELECT *
          FROM emp
          WHERE emp.deptno= dept.deptno);
```

```
SELECT dname, loc
FROM dept
WHERE deptno IN (SELECT deptno
            FROM emp);
```

```
SELECT dname, loc
FROM dept d, emp e
WHERE d.deptno = e.deptno;
```

위의 질의문들은 실행 시간이 다르다. 일반적으로 EXIST를 사용하는 것이 IN을 사용하는 것보다 빠르다고 알려져 있다. SQL 문을 전문적으로 학습하고자 하는 경우에는 처리 속도를 높이는 SQL 문에 대해 추가적으로 공부해야 한다. SQL 문의 처리 시간은 질의 결과 창에서 확인할 수 있다.

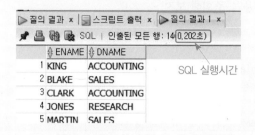

SQL 실행시간

오라클의 임시 테이블 사용하기

데이터베이스를 대상으로 작업하다 보면 SQL 질의 결과를 임시로 저장해 두었다가 다시 사용해야 하는 경우가 있다. 이럴 때 사용할 수 있는 것이 임시 테이블이다. 임시 테이블은 질의 결과에 이름을 붙여서 테이블 형태로 메모리에 저장하며, 마치 실제 테이블인 것처럼 작동한다.

① 임시 테이블을 만들어보자. 임시 테이블을 만드는 문법은 다음과 같다.

```
CREATE PRIVATE TEMPORARY TABLE ORA$PTT_임시 테이블 이름 AS
   임시 테이블을 생성하는 SELECT 문 ;
```

※ 임시 테이블 이름은 ORA$PTT_로 시작해야 한다.

위의 문법을 이용하여 급여가 1,500 이상인 사원들의 정보를 ORA$PTT_emp_high라는 이름의 임시 테이블을 생성해 보자.

```
CREATE PRIVATE TEMPORARY TABLE ORA$PTT_emp_high AS
   SELECT *
   FROM emp
   WHERE sal >= 1500 ;
```

② 임시 테이블의 내용을 조회해 보자.

```
SELECT *
FROM ORA$PTT_emp_high ;
```

결과

	EMPNO	ENAME	JOB	MGR	HIREDATE	SAL	COMM	DEPTNO
1	7839	KING	PRESIDENT	(null)	81/11/17	5000	(null)	10
2	7698	BLAKE	MANAGER	7839	81/05/01	2850	(null)	30
3	7782	CLARK	MANAGER	7839	81/06/09	2450	(null)	10
4	7566	JONES	MANAGER	7839	81/04/02	2975	(null)	20
5	7499	ALLEN	SALESMAN	7698	81/02/20	1600	300	30
6	7844	TURNER	SALESMAN	7698	81/08/08	1500	0	30
7	7902	FORD	ANALYST	7566	81/12/03	3000	(null)	20
8	7788	SCOTT	ANALYST	7566	82/12/09	3000	(null)	20

③ 임시 테이블에서 담당 업무가 'MANAGER'인 사원들을 조회해보자.

```
SELECT *
FROM ORA$PTT_emp_high
WHERE job = 'MANAGER' ;
```

결과

	EMPNO	ENAME	JOB	MGR	HIREDATE	SAL	COMM	DEPTNO
1	7698	BLAKE	MANAGER	7839	81/05/01	2850	(null)	30
2	7782	CLARK	MANAGER	7839	81/06/09	2450	(null)	10
3	7566	JONES	MANAGER	7839	81/04/02	2975	(null)	20

④ 임시 테이블과 다른 테이블과의 조인도 가능하다. 사원의 이름과 사원의 부서명을 조회해 보자.

```
SELECT ename, dname
FROM ORA$PTT_emp_high e, dept d
WHERE e.deptno = d.deptno ;
```

결과

	⊕ ENAME	⊕ DNAME
1	KING	ACCOUNTING
2	BLAKE	SALES
3	CLARK	ACCOUNTING
4	JONES	RESEARCH
5	ALLEN	SALES
6	TURNER	SALES
7	FORD	RESEARCH
8	SCOTT	RESEARCH

⑤ 임시 테이블이 필요 없게 되면 삭제한다.

```
DROP TABLE ORA$PTT_emp_high ;
```

임시 테이블은 메인 메모리에 생성되기 때문에 하드 디스크에 있는 테이블에서 데이터를 읽어오는 것보다 일반적으로 속도가 빠르다. 그리고 임시로 만들어진 테이블이기 때문에 현재 세션이 종료되면 임시 테이블도 함께 종료된다.

오라클에서는 특성이 다른 여러 종류의 임시 테이블을 제공하는데 **PRIVATE TEMPORARY TABLE** 외에도 **GLOBAL TEMPORARY TABLE**을 이용할 수 있다.

> **Note** - 세션(session)
>
> DBMS에 접속(로그인)하여 작업을 시작한 시점부터 접속을 종료할 때까지를 세션이라고 한다. SQL Plus나 SQL Developer로 로그인하면 세션이 시작되고 SQL Plus나 SQL Developer를 종료하면 세션이 종료된다.

단원 요약

1. 기본키는 개체 무결성 규칙을 구현하는 수단이다. DBMS는 테이블에 새로운 튜플이 입력될 때마다 기본키 컬럼의 값을 이미 존재하는 튜플들의 기본키 컬럼 값들과 비교하여 중복 여부를 판단한다.

2. 기본키가 될 수 있는 자격이 있는 컬럼 또는 컬럼의 집합을 후보키라고 하고 이중 하나를 선택하여 기본키로 사용한다. 기본키로 선정되지 못한 다른 후보키들을 대체키라고 한다.

3. 외래키는 참조 무결성 규칙을 구현하는 수단이다. DBMS는 외래키에 의해 참조 관계가 설정된 두 테이블 사이에 데이터의 일관성을 유지한다.

4. 참조 무결성이 깨지는 상황이 되면 DBMS는 참조 무결성을 지키기 위해 조치를 취해야 하는데 RESTRICT, CASCADE, NULLIFY, NO ACTION 중 하나를 실행하도록 사전에 지정할 수 있다.

5. 외래키에 의한 참조 관계가 하나의 테이블 안에서 이루어질 때 자기 참조라고 한다.

6. 두 개 이상의 테이블을 연결하여 질의를 해결하는 것을 조인 연산이라고 한다.

7. 조인 연산을 수행하는 SQL 문의 WHERE 절에는 반드시 조인 조건이 서술되어야 한다.

8. 조인 연산을 수행하는 SQL 문의 컬럼 이름 앞에는 테이블 이름을 붙이는 것이 원칙이나 테이블들 안에서 중복된 컬럼이 아니면 테이블 이름을 생략할 수 있다. 또한 테이블 이름 대신 간략한 별칭을 지정하여 사용할 수 있다.

9. 두 개의 테이블 간에 외래키에 의한 참조 관계가 설정되어 있지 않아도 공통 속성만 있다면 조인 연산이 가능하다.

10. 조인 연산에는 여러 종류가 있다. 두 테이블의 일치되는 튜플들만을 표시하는 Inner join 을 포함하여 Left outer join, Right outer join, Full outer join이 있다.

11. 어떤 테이블을 자기 자신과 조인하는 경우를 셀프 조인이라고 한다.

12. SQL에서는 관계 대수에서 집합 연산에 해당하는 합집합, 교집합, 차집합 연산을 UNION, INTERSECT, MINUS라는 키워드를 통해 지원한다.

13. SQL 문 안에 또 다른 SQL 문을 포함하는 경우를 중첩 SQL이라고 한다. 여러 개의 SQL 문으로 해결해야 하는 질의를 하나의 SQL 문으로 해결하는 효과가 있다.

14. 중첩 SQL 문에서 서브 쿼리의 실행 결과가 하나의 값인지 여러 개의 값인지에 따라 실 행결과에 대해 대소비교 연산 또는 IN, NOT IN을 선택하여 사용한다.

15. 서브 쿼리를 포함한 중첩 SQL 문에서 EXISTS는 메인 쿼리의 테이블과 서브 쿼리의 테 이블이 참조 관계에 있을 때 사용할 수 있다. NOT EXISTS는 이와는 반대로 서브 쿼리 튜플들에 연결되지 않는 메인 쿼리의 튜플들로부터 정보를 얻는 연산이다.

16. ANY는 IN과 유사하게 서브 쿼리의 여러 결과값들과 비교할 수 있도록 한다. 서브 쿼리의 여러 결과값 중 어느 하나와도 비교조건을 만족하면 참이 된다. ALL은 서브 쿼리의 여러 결과값 모두와 비교조건을 만족할 때 참이 된다.

연습문제

1. 다음 중 기본키에 대한 설명으로 잘못된 것을 고르시오.

   ① 개체 무결성 규칙을 구현하는 수단이다.
   ② 새로운 튜플이 테이블에 입력될 때 중복성 여부를 체크하는 기준이 된다.
   ③ 기본키는 하나의 컬럼이어야 한다.
   ④ 하나의 테이블에 2개 이상의 기본키를 설정할 수 있다.

2. 튜플의 고유성을 식별하는 기준이 될 수 있는 모든 컬럼 또는 컬럼의 집합을 (㉠)라고
   한다. 이중 기본키로 지정되지 못한 컬럼 또는 컬럼의 집합을 (㉡)라고 한다.

3. 다음은 인터넷 쇼핑몰에서 판매 상품의 정보를 관리하기 위한 테이블이다. 적절한 기본
   키 컬럼은 무엇인지 고르고 그 이유를 설명하시오.

   판매 상품

상품번호	상품명	모델명	가격	제조사
P001	세탁기	SV400	650000	삼화전자
P002	전기밥솥	PSA-120	200000	일성전기
P003	전자레인지	SSPQAS10	250000	우주산업
P004	정수기	WAT100A	390000	일신생활가전

4. 다음은 인터넷 쇼핑몰에서 월별 상품매출액을 관리하는 테이블이다. 적절한 기본키 컬럼
   은 무엇인지 고르고 그 이유를 설명하시오.

   월별 상품별매출

년월	상품명	매출액
202301	세탁기	48000
202301	전기밥솥	32500
202301	전자레인지	48000
202302	세탁기	32100

5. 외래키에 대한 설명으로 잘못된 것을 고르시오.

① 모든 테이블에는 외래키가 있어야 한다.
② 외래키는 참조 무결성 규칙을 구현하는 수단이다.
③ 외래키는 두 테이블의 데이터 간에 연관성이 있을 때 설정한다.
④ 자식 테이블의 외래키는 부모 테이블의 기본키와 연결된다.

6. 다음의 두 테이블에 있는 데이터를 보고 ㉠ 부모 테이블, ㉡ 자식 테이블, ㉢ 외래키 컬럼을 유추해 보시오.

컬러

컬러코드	컬러명
A	검정
B	주황
C	핑크
D	흰색

상품정보

상품코드	상품명	색상
P001	셔츠L	C
P002	바지XL	A
P003	바지M	A
P004	바지S	D

7. 다음은 외래키에 의해서 연결된 두 테이블에서 무결성을 지키기 위한 조치에 대한 설명이다. 보기에서 알맞은 명칭을 고르시오.

〈보기〉
㉠ RESTRICT   ㉡ CASCADE   ㉢ NULLIFY   ㉣ NO ACTION

(1) 삭제하거나 변경하려는 부모 테이블의 튜플을 참조하는 자식 테이블의 튜플이 있으면 그 튜플의 외래키 컬럼값을 널(NULL)로 변경한다. (   )
(2) 삭제하거나 변경하려는 부모 테이블의 튜플을 참조하는 자식 테이블의 튜플이 있으면 자식 테이블의 튜플도 함께 삭제하거나 변경한다. (   )
(3) 삭제하거나 변경하려는 부모 테이블의 튜플을 참조하는 자식 테이블의 튜플이 있으면 삭제/변경을 하지 못하도록 막는다. (   )
(4) 삭제하거나 변경하려는 부모 테이블의 튜플을 참조하는 자식 테이블의 튜플이 있어도 아무 조치도 취하지 않는다(그 결과 일관성이 깨진다). (   )

※ emp, dept 테이블에 대해 다음의 질의를 해결하기 위한 SQL 문을 작성하시오. SQL 문을 실행하여 그 결과를 확인하시오(8~37번).

8. DALLAS에서 근무하는 사원의 이름, 부서명, 담당 업무를 보이시오.

9. DALLAS에서 근무하는 사원 중 연봉이 4,000 이하인 사원의 이름을 보이시오.

10. PRESIDENT(사장)가 근무하는 지역은 어디인가?

11. SALES 부서에서 일하는 사원의 이름, 담당 업무를 보이시오.

12. RESEARCH 부서에서 일하고 입사일자가 1981-05-01 이후인 사원의 이름, 급여, 입사일자를 보이시오.

13. ACCOUNTING 부서에 일하는 사원 중 급여가 2,000 이상인 사원의 이름, 담당 업무, 급여를 보이시오.

14. 각 지역별로 근무하는 사원들의 연봉 합계를 보이시오(지역 명, 연봉 합계).

15. 달라스(DALLAS)에서 일하는 사원 중 급여를 가장 많이 받는 사원과 가장 적게 받는 사원의 급여 차이를 보이시오.

16. 모든 매니저의 이름과 부하 직원의 이름을 보이시오(매니저 이름으로 정렬하여 보이시오).

17. 모든 매니저의 이름과 부하 직원의 숫자를 보이시오.

18. 모든 매니저의 이름과 부하 직원의 연봉 합계, 매니저의 부서 위치를 보이시오.

19. 담당 업무가 CLERK인 사원의 매니저 이름, 사원의 이름과 사원의 급여를 보이되 매니저 이름으로 정렬하여 보이시오.

20. 자신의 매니저보다 급여를 더 많이 받는 사원이 있다면 이름과 급여를 보이시오.

21. 10번 부서와 20번 부서의 사원 이름, 입사일자, 부서번호를 보이되 UNION을 이용하여 문제를 해결하시오.

22. 담당 업무가 CLERK이고 급여를 1,000 이상 받는 사원의 이름과 급여를 보이되 INTERSECT를 이용하여 문제를 해결하시오.

23. 급여를 1,000 이상 받는 사원 중에서 담당 업무가 MANAGER이거나 PRESIDENT인 사원은 제외하고 시원의 이름과 담당 업무, 급여를 보이시오(단, MINIS를 이용하여 문제를 해결하시오).

24. 연봉을 가장 적게 받는 사원의 이름, 연봉, 부서명을 보이시오.

25. 연봉을 평균 이상 받는 사원들의 이름, 연봉, 근무지를 보이시오.

26. 연봉을 가장 적게 받는 사원의 매니저 이름을 보이시오.

27. 연봉을 가장 많이 받는 사원과 적게 받는 사원의 이름, 연봉을 보이시오.

28. 연봉을 가장 많이 받는 사원과 적게 받는 사원을 제외한 나머지 사원들의 총 연봉 합계를 보이시오.

29. SALES 부서에 속한 사원들과 동일한 담당 업무를 갖는 사원들의 이름, 담당 업무를 보이시오(단, SALES 부서에 속한 사원은 제외).

30. 연봉을 평균보다 500 이상 적게 받는 사원들의 이름, 부서명, 연봉을 보이시오.

31. JAMES보다 입사일이 빠른 사원들의 이름, 담당 업무, 입사일을 보이시오.

32. ADAMS보다 연봉을 많이 받는 사람은 모두 몇 명인가?

33. 연봉 금액이 SMITH와 FORD 사이인 사원의 이름, 연봉을 보이시오(단, SMITH와 FORD는 누가 더 연봉을 많이 받는지 알 수 없다).

34. 부서의 사원수가 4명 이상인 부서의 이름과 부서 위치를 보이시오.

35. 부서의 사원수가 3명 이하인 부서의 이름과 부서 위치를 보이시오.

36. 'RESEARCH' 부서의 사원들 중 한 명과 입사일자가 같은 다른 부서 사원들의 이름, 담당 업무를 보이시오(힌트: ANY 이용).

37. 'SALES' 부서의 모든 사원들보다 입사일자가 느린 사원들의 이름, 담당 업무, 부서번호를 보이시오(힌트: ALL 이용).

※ city, country, countrylanguage 테이블에 대해 다음의 질의를 해결하기 위한 SQL 문을 작성하시오. SQL 문을 실행하여 그 결과를 확인하시오(38~60번).

38. 프랑스(France)에서 사용하는 언어와 사용률을 보이시오.

39. 이태리(Italy)에서 사용하는 언어와 사용률을 보이되 사용률이 10% 이상인 경우만 사용률을 내림차순으로 보이시오.

40. 인구가 5천만 명 이상인 국가의 이름, 인구수, 사용하는 언어와 사용률을 보이되 인구수를 내림차순으로 보이시오.

41. 국가 면적이 30만 이상인 국가의 이름, 면적, 사용 언어 수를 보이시오.

42. 국민의 20% 이상이 프랑스어(French)를 사용하는 국가의 이름과 프랑스어 사용률을 보이시오.

43. 스페인어(Spainish)를 사용하는 국가 명, 인구수, 스페인어 사용률을 보이시오.

44. 이태리(Italy)의 도시 명, 도시 인구수를 보이되 도시 인구수가 50만 명 이상인 경우만 보이시오.

45. 영국(United Kingdom)의 지방(district) 이름과 그 지방의 도시 개수를 보이시오.

46. 도시 거주 인구수 합계가 국가 전체 인구수의 30% 이상인 국가의 전체 인구수와 도시 거주 인구수 합계를 보이시오.

47. 인구수가 가장 많은 국가의 이름과 인구수를 보이시오.

48. 인구수가 가장 적은 국가의 이름과 인구수를 보이시오.

49. 인구수가 평균 이하인 나라들의 국가 이름과 인구수를 보이시오.

50. 프랑스(France)에서 사용률이 1% 이상인 언어를 사용하는 프랑스 이외 국가의 이름과 언어 이름을 보이시오.

51. 같은 이름의 도시가 있는 국가의 이름과 그 도시 이름을 보이시오.

52. 영어(English)를 사용하는 국가의 이름과 도시 이름을 보이되 도시 인구가 50만 명 이상 인 경우만 보이시오.

53. 인구수가 프랑스(France)와 스페인(Spain) 사이인 국가들의 이름, 인구수, 도시수를 보이 시오(프랑스, 스페인을 포함해도 됨).

54. 10개국 이상에서 사용되는 언어와 사용 국가를 보이시오.

55. 국가 면적이 400,000 이상이거나 인구수가 5천만 명 이상인 국가의 이름, 면적, 인구수 를 보이되 UNION을 이용하시오.

56. 국가 면적이 300,000 이상이고 도시 수가 10개 이상인 국가의 이름, 면적, 인구수를 보 이되 INTERSECT를 이용하시오.

57. 인구수가 5천만 명 이상인 국가 중 사용 언어의 수가 3개 이하인 국가는 제외하고 국가 이름과 인구수를 보이시오(힌트: MINUS 이용).

58. 특정 언어의 사용 비율이 98% 이상인 언어를 가진 나라의 이름을 보이시오(힌트: EXIST 이용).

59. 프랑스(France)에서 사용하는 언어 중 어느 하나라도 사용하는 다른 국가의 이름을 보이시오(힌트: ANY 사용).

60. 프랑스(France)의 모든 도시들보다 인구가 많은 도시들의 이름과 인구를 보이시오(ALL 을 이용하여 문제를 해결하시오).

07

SQL III

contents

7.1 개요

우리는 지금까지 2개 단원에 걸쳐서 SQL 중 가장 많이 사용하는 **SELECT** 문에 대해 학습하였다. 어떤 테이블에 대해 **SELECT** 문을 사용하기 위해서는 먼저 해당 테이블을 생성하고 데이터를 입력해야 할 것이다. 또한 테이블을 생성하기 위해서는 먼저 그 테이블이 저장될 수 있는 데이터베이스가 존재하여야 한다. 따라서 (데이터베이스 생성) → (테이블 생성) → (테이블에 데이터 입력/수정/삭제)의 순서로 작업이 이루어진다. 이번 단원에서는 데이터베이스와 테이블을 생성, 수정, 삭제하는 데 필요한 SQL 문(DDL)과 생성된 테이블에 행(튜플)을 입력, 수정, 삭제하는 데 필요한 SQL 문(DML)에 대해 학습한다.

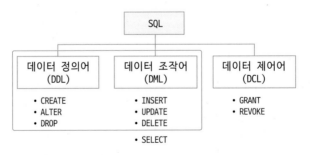

〈그림 7-1〉 7단원 학습 내용

(1) 오라클 데이터베이스의 구조

이번 단원에서 학습할 데이터 정의어(DDL)는 데이터베이스의 구조를 정의하는 데 사용된다. 데이터베이스의 구조는 DBMS가 어떤 식으로 데이터를 관리하는지에 따라 영향을 많이 받기 때문에 DBMS 제품별로 데이터 조작어(DML)에 비해 SQL 문법의 차이가 크다. 본 교재에서는 오라클 DBMS를 기준으로 학습하고 있으므로 데이터 정의어(DDL)를 학습하기에 앞서 오라클 데이터베이스의 구조에 대해 다시 한 번 상기하는 것이 필요하다. 2장의 2.5절과 실습 내용을 복습하고 학습을 진행하도록 한다.

2장의 2.5절과 2장 실습을 복습하는 것이 이번 단원을 이해하는 데 꼭 필요합니다.

2장에서 학습한 바와 같이 오라클 데이터베이스는 2중 구조를 가지고 있다. 〈그림 7-2〉와 같이 **CDB(container database)**는 데이터베이스들을 저장할 수 있는 큰 저장소를 말하며, CDB 안에 **PDB(pluggable database)**라고 불리는 데이터베이스들이 여러 개 저장되는 구조이다. PDB를 **컨테이너(container)**라는 용어로 표현하기도 하니 오라클에서 컨테이너라는 용어가 나오면 PDB를 가리키는 것으로 이해하자. CDB는 오라클을 설치하면 기본적으로 제공되기 때문에 우리가 데이터베이스를 생성한다고 하면 일반적으로 PDB를 의미한다는 것을 기억하도록 하자.

오라클 데이터베이스 구조에서 하나의 PDB는 여러 개의 **테이블스페이스(tablesspace)**를 포함할 수 있다. 테이블스페이스는 테이블, 인덱스, 뷰 등 사용자가 생성하는 데이터베이스 객체가 저장되는 논리적 공간이다. 논리적 공간인 테이블스페이스가 실제 디스크 상에 저장될 때는 **데이터파일(datafile)**에 저장되는데, 하나의 테이블스페이스를 여러 개의 데이터 파일에 나누어 저장할 수 있다.

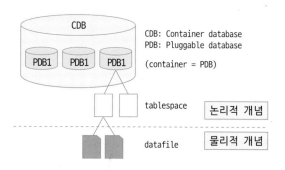

〈그림 7-2〉 오라클 데이터베이스의 구조

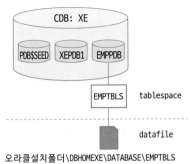

〈그림 7-3〉 실습 환경 데이터베이스의 구조

7.2 CREATE

CREATE 명령문은 테이블을 포함해서 데이터베이스 안에 저장되는 모든 객체들의 구조를 정의한다. 데이터베이스 자체도 **CREATE** 문을 이용하여 생성한다. 다음과 같은 순서로 **CREATE** 문을 학습해보자.

① 새로운 데이터베이스(PDB)를 생성한다. 데이터베이스 이름은 **testpdb**로 하고 이때 **testdb**를 관리하기로 한 관리자 계정(**testmgr**)도 함께 생성한다.
② **testpdb** 안에 두 개의 테이블을 생성한다.

(1) CREATE DATABASE

오라클에서 데이터베이스를 생성하는 일은 다른 DBMS 제품들에 비해 다소 복잡하다. 단순히 데이터베이스만 생성하면 되는 것이 아니고 데이터베이스가 사용될 수 있는 상태를 만들기 위해서 다음의 세 가지 절차를 필요로 한다. 이를 꼭 기억하도록 하자,

① 데이터베이스(pdb)를 생성한다.
② 생성된 데이터베이스를 활성화한다.
③ 데이터가 저장될 테이블스페이스를 생성한다.

오라클에서 데이터베이스를 생성하는 SQL 문의 문법은 다음과 같다.

```
CREATE PLUGGABLE DATABASE 데이터베이스 이름
   ADMIN USER 관리자 계정명 IDENTIFIED BY 비밀번호 [ROLES=(역할)]
   FILE_NAME_CONVERT=(PDB 템플릿 폴더명, 생성될 데이터베이스 폴더명) ;
```

위 문법에서 **ADMIN USER** 부분은 생성할 데이터베이스의 관리자 계정을 함께 생성하는 역할을 한다. 관리자 계정명과 비밀번호를 설정함으로써 계정을 생성할 수 있다. **FILE_NAME_CONVERT** 부분은 생성할 데이터베이스가 저장될 위치를 지정하는 역할을 한다. PDB 템플릿이 저장된 폴더명과 새 데이터베이스가 저장될 폴더명을 함께 입력하면 된다.

이 문법에 따라 **testpdb**를 생성하는 명령문의 예는 다음과 같다.

```
CREATE PLUGGABLE DATABASE testpdb
   ADMIN USER testmgr IDENTIFIED BY 4321
   FILE_NAME_CONVERT=('pdbseed','TESTPDB') ;
```

여기서 PDB 템플릿이 저장된 폴더는 '오라클설치폴더/oradata/CDB명' 아래에 위치한다. 만일 오라클을 'D:/oracle21c'에 설치했고, CDB 이름이 XE라면 PDB 템플릿 폴더는 'D:/oracle21c/oradata/XE/pdbseed'가 되고 testpdb가 저장될 폴더의 경로는 'D:/oracle21c/oradata/XE/TESTPDB'가 된다.

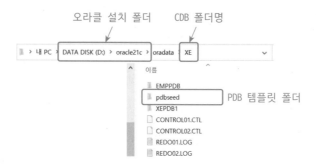

다음에 할 일은 작업 대상 pdb인 **testpdb**에 접속하고, 원활한 관리 작업을 위해 **testmgr**에게 권한을 추가한다. (권한관리는 11장에서 상세히 학습한다.)

```
ALTER SESSION SET CONTAINER = testpdb;
GRANT resource, dba TO testmgr ;
```

오라클에서 생성한 PDB를 사용 가능하게 하려면 데이터베이스를 활성화시켜주어야 한다.

```
ALTER PLUGGABLE DATABASE testpdb open read write;
ALTER PLUGGABLE DATABASE testpdb save state ;
```

첫 번째 명령문은 **testpdb**를 읽기 쓰기가 가능한 상태로 활성화시키는 역할을 하며, 두 번째 명령문은 활성화된 상태를 저장하여 다음번에 새로 활성화할 필요가 없게 하는 역할을 한다.

데이터베이스 생성의 세 번째 단계로 데이터 저장을 위한 테이블스페이스를 생성한다. 테이블스페이스 생성을 위한 문법은 다음과 같다. 사실 테이블스페이스 생성 방법은 매우 복잡한데 학습 단계이므로 가장 단순한 문법을 이용하기로 한다.

```
CREATE tablespace 테이블스페이스 이름
DATAFILE 테이블스페이스가 저장될 물리적 파일 SIZE 파일 사이즈 AUTOEXTEND ON ;
```

DATAFILE 항목은 논리적 저장 공간인 테이블스페이스가 물리적으로 어떤 파일에 저장될지 경로를 포함하여 지정한다. 만일 경로를 생략하고 파일 이름만 지정하면 **오라클설치폴더/DBHOMEXE/DATABASE/** 아래에 생성된다.

SIZE 항목은 물리적 파일의 초기 사이즈를 설정하는 역할을 한다.

AUTOEXTEND ON 항목은 데이터가 축적되어 초기에 지정한 사이즈를 초과하는 상황이 되면 자동적으로 파일 사이즈를 늘려주는 옵션이다.

다음은 테이블스페이스를 생성하는 예시이다.

```
CREATE TABLESPACE testtbls
DATAFILE 'testtbls' SIZE 64M AUTOEXTEND ON ;
```

■ SQL Plus에서 데이터베이스 생성

이제 SQL Plus를 통해 위의 명령문을 실행해 보자. 데이터베이스의 생성은 관리자 계정 (**sysdba**)으로 실행해야 함을 기억하자.

① SQL Plus를 다음과 같이 **sysdba** 권한으로 로그인한다.

```
/ as sysdba
```

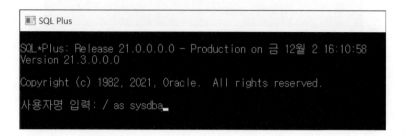

② 데이터베이스 생성 명령문을 실행하고 생성된 데이터베이스를 활성화한다.

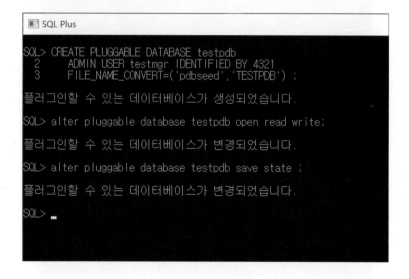

③ **testpdb**에 접속한 후 **testmgr** 계정 작업에 필요한 권한을 부여한다.

```
alter session set container = testpdb;
GRANT resource, dba TO testmgr ;
```

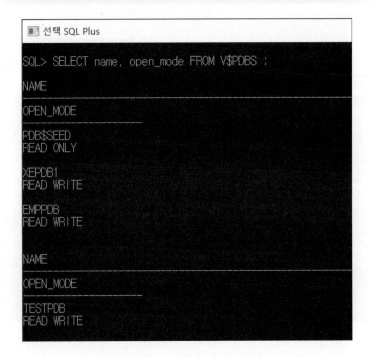

④ 생성된 PDB와 상태를 확인한다.

```
SELECT  name, open_mode   FROM V$PDBS ;
```

SQL 문을 메모장이나 문서편집 프로그램에서 작성한 후 SQL Plus 화면으로 붙여넣기할 수 있다. 보통 복사/붙여넣기는 〈Ctrl〉+〈C〉와 〈Ctrl〉+〈V〉로 가능하지만, SQL Plus와 같은 콘솔 프로그램에서는 작동하지 않는다. 〈Ctrl〉+〈V〉 대신에 SQL Plus 화면에서 마우스 오른쪽 버튼을 클릭하면 붙여넣기가 실행된다. 반대로 SQL Plus 화면의 내용을 복사하려면 복사할 영역을 마우스로 드래그하여 선택하고 〈Enter〉를 누르면 된다.

⑤ 다음 단계는 데이터 저장을 위한 테이블스페이스를 생성하는 일이다. **TESTPDB** 데이터 베이스에 대한 생성 작업은 **sysdba** 계정으로 작업했는데, 테이블스페이스 생성 작업은 **TESTPDB**에 로그인하여 **TESTPDB** 안에서 실행해야 한다. **TESTPDB**는 **TESTMGR**이라는 관리자 계정이 있으므로 로그인해보자.

TESTPDB에 접속하는 방법은 두 가지가 있다.

- SQL Plus를 새로 실행하여 사용자 이름에

```
TESTMGR/4321@localhost/TESTPDB
```

를 입력하여 로그인한다.

- 현재 SQL Plus에 다른 계정으로 로그인한 상태라면

```
CONNECT TESTMGR/4321@localhost/TESTPDB
```

를 실행하여 계정 및 데이터베이스를 전환할 수 있다.

다음은 두 번째 방법으로 TESTPDB에 접속한 화면이다.

⑥ 이제 TESTPDB를 위한 테이블스페이스를 생성한다.

```
CREATE TABLESPACE testtbls
DATAFILE 'testtbls' SIZE 64M AUTOEXTEND ON ;
```

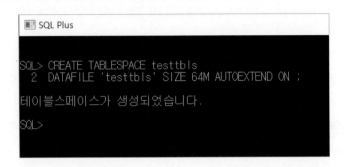

⑦ 생성된 테이블스페이스를 확인한다.

```
SELECT tablespace_name, file_name
FROM dba_data_files
WHERE tablespace_name = 'TESTTBLS';
```

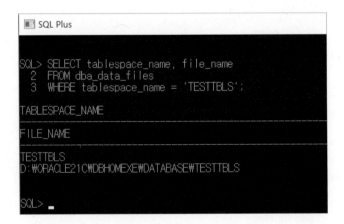

테이블스페이스가 잘 생성된 것을 알 수 있고, 테이블스페이스가 저장될 파일의 위치도 확인된다.

이제 **TESTPDB**에 테이블을 생성할 준비가 되었다.

(2) CREATE TABLE

데이터베이스의 생성은 SQL Plus로 하였지만 이후 작업은 SQL Developer로 하는 것이 편리하다. 이를 위해 관리자 계정인 **testmgr**을 위한 접속 경로를 등록한다.

① SQL Developer의 사용자 페이지 창에서 [수동으로 접속 생성]을 클릭한다.

② 다음 화면과 같이 입력하고 [테스트]를 클릭하여 성공 메시지가 표시되면 [접속]을 클릭하여 데이터베이스에 접속한다(앞에서 설정한 **testmgr**의 비밀번호는 4321이다).

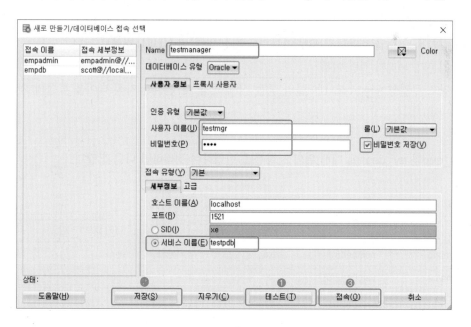

③ 이제 **testmgr**로 로그인하여 작업할 준비가 되었다.

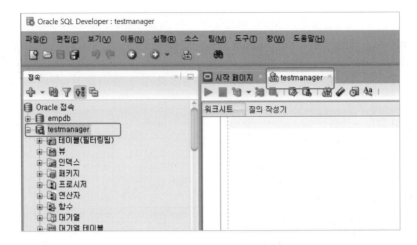

테이블의 생성은 권한이 있는 사용자라면 누구나 가능하다. 현재 **testpdb**에는 관리를 위해 **testmgr**만 생성되어 있으므로 **testmgr**의 권한으로 테이블을 생성하도록 한다. 생성할 테이블은 **my_emp**와 **my_dept**이다. **emppdb**에 있던 **emp**와 **dept** 테이블과 유사하게 만들어 보도록 한다. 테이블을 새로 만들기 위해서는 테이블의 컬럼들에 대해 기본적으로 다음 사항들을 먼저 정해야 한다.

1) 컬럼 이름
2) 컬럼의 자료형
3) 컬럼에 널 값을 허용할지 여부(아무것도 지정 안 하면 NULL 허용)
4) 기본키, 외래키 컬럼 여부
5) 참조 무결성 규칙(부모 테이블의 튜플 삭제/변경 시 연결된 자식 테이블 튜플의 처리 방법)

my_emp와 **my_dept**에 대해 위의 사항들을 반영하여 정리하면 다음과 같다.

▪ my_emp

컬럼명	자료형	널 허용 여부	키 여부
empno	number(5)	No	기본키
ename	varchar(210)	No	

job	varchar2(9)	No	
hiredate	date	No	
sal	number(7, 2)	No	
deptno	number(2)	Yes	외래키 (my_dept의 deptno 참조)

■ my_dept

컬럼명	자료형	널 허용 여부	키 여부
detno	number(2)	not null	기본키
dname	varchar2(14)	not null	
loc	varchar2(13)	not null	

(컬럼의 자료형에 대해서는 별도로 설명하기로 한다.)

my_emp 테이블의 deptno는 my_dept 테이블의 deptno를 참조하고 있다. 또한 참조 무결성 규칙을 적용하기 위해서 부모 테이블의 튜플이 삭제되는 경우는 Set Null로 처리하기로 한다. (참조 무결성 규칙에 대해서는 6.1절의 설명을 참조한다).

테이블을 생성하기 위한 기본 문법은 다음과 같다.

```
CREATE Table 테이블명 (
    컬럼명 자료형 [NOT NULL],
    컬럼명 자료형 [NOT NULL],
    .....,
    [CONSTRAINT 제약조건명 PRIMARY KEY (컬럼 목록)],
    [CONSTRAINT 제약조건명 FOREIGN KEY (컬럼 목록) REFERENCES 테이블명(컬럼 목록)]
        ON DELETE 처리방법
) TABLESPACE "테이블스페이스명" ;
```

오라클은 하나의 데이터베이스에 대해 논리적 저장 공간인 테이블스페이스를 여러 개 만들어 사용할 수 있다. 따라서 테이블을 생성할 때 어떤 테이블스페이스에 저장될지를 정해주어야 한다. 만일 테이블스페이스를 지정하지 않으면 다음의 두 가지 중 하나가 지정된다.

1) 테이블을 생성한 사용자에게 지정된 테이블스페이스를 따른다.

2) 테이블을 생성한 사용자에게 지정된 테이블스페이스가 없으면 시스템 테이블스페이스
   가 지정된다. 시스템 테이블스페이스는 글자 그대로 시스템 관리를 위해 존재하는 것
   이므로 여기에 사용자 테이블을 생성하는 것은 바람직하지 않다.

테이블에 포함될 컬럼명 및 자료형으로 지정하는 것 외의 사항은 '제약조건(constraint)'
으로 정의된다. 기본키, 외래키 등의 정의가 이에 해당한다. 외래키 제약조건의 경우 참조
무결성을 지키기 위해 부모 테이블에 update 또는 delete가 실행될 때 어떤 연산을 수
행할지를 지정한다.

위의 문법 구조에 맞추어 두 테이블을 생성하는 CREATE 문을 작성해 보자. 이때 주의할
점은 my_dept 테이블을 생성한 후에 my_emp 테이블을 생성해야 한다는 것이다. my_
emp 테이블의 생성문 가운데에는 my_dept 테이블을 참조하는 부분이 있는데 my_dept
테이블이 없다면 에러가 발생할 것이기 때문이다.

```
CREATE TABLE my_dept (
   deptno number(2) not null,
   dname  varchar2(14) not null,
   loc    varchar2(13) not null,
   CONSTRAINT pk_deptno PRIMARY KEY(deptno)
) TABLESPACE "TESTTBLS";

CREATE TABLE my_emp (
   empno    number(5) not null,
   ename    varchar2(10) not null,
   job      varchar2(9) not null,
   hiredate date not null,
   sal      number(7,2) not null,
   deptno   number(2),
   CONSTRAINT pk_empno PRIMARY KEY(empno),
   CONSTRAINT fk_deptno FOREIGN KEY (deptno) REFERENCES my_dept(deptno)
      ON DELETE SET NULL
) TABLESPACE "TESTTBLS";
```

위의 명령문을 워크시트 창에서 실행한 뒤 접속창에서 생성된 테이블을 확인한다.

(3) 컬럼의 자료형

테이블의 컬럼에 올바른 정보가 저장되도록 하는 가장 기본적인 방법은 컬럼별로 자료형을 지정하는 것이다. 예를 들면, 나이 컬럼의 자료형을 number로 지정해 놓으면 문자가 입력되는 것을 막을 수 있다. 제공되는 자료형은 DBMS 제품마다 조금씩 다를 수 있다. 다음은 오라클에서 제공되고 자주 사용하는 자료형을 정리한 것이다.

〈표 7-1〉 오라클의 주요 자료형

자료형	예제	설명
숫자형		
number	number(3)	정수를 표현(3자리)
	number(4,1)	실수를 표현(전체 자리 수는 4, 소수 이하 자리 수는 1)
문자형		
char	char(10)	고정길이 문자(지정한 길이보다 짧은 문자열이 입력되면 나머지 부분은 공백으로 채운다.)
varchar2	varchar2(10)	가변길이 문자(지정한 길이보다 짧은 문자열이 입력되면 입력된 문자열의 길이만큼 저장)
nchar	nchar(10)	고정길이 유니코드 문자(한국어 입력 시 사용) / 최대 2,000byte 가능
nvarchar	nvarchar(10)	가변길이 유니코드 문자(한국어 입력 시 사용) / 최대 2,000byte 가능
long	long	매 최대 2GB 크기의 가변길이 문자형
날짜와 시간		
date	date	날짜와 시간을 저장(년월일 시분초)
timestamp	timestamp	년월일 시분초 + 밀리 초까지 저장 가능

오라클은 〈표 7-1〉에 정리된 자료형보다 훨씬 더 많은 자료형들을 제공하고 있으니 상세한 내용은 매뉴얼을 참고하도록 한다.

(4) 컬럼에 대한 추가사항 지정

컬럼에 대해 정의할 때 NOT NULL 외에도 초기값(DEFAULT)과 컬럼 값의 유일성(UNIQUE) 여부를 지정할 수 있다. 초기값이란 해당 컬럼에 사용자가 아무 값도 입력하지 않으면 자동적으로 저장되도록 지정해 놓은 값을 말한다. 다음과 같이 지정한다.

```
..
gender  char(1) DEFAULT 'M',
..
```

성별을 나타내는 gender 컬럼에 사용자가 아무 값도 입력하지 않으면 'M'을 자동적으로 입력하라고 설정하고 있다. 만일 초기값을 지정하지 않았는데 아무 값도 입력하지 않으면 널 값이 자동으로 입력된다.

컬럼 값의 유일성이란 해당 컬럼에는 중복된 값이 존재할 수 없다는 성질을 말한다. 우리는 6장에서 후보키에 관해서 학습하였다. 후보키는 기본키와 대체키로 구분되는데 대체키에 해당하는 컬럼에 대해 지정하는 것이 UNIQUE로 다음과 같이 제약조건으로 지정한다.

```
..
cell_phone  char(11),
..
CONSTRAINT uk_cell_phone UNIQUE(cell_phone),
..
```

위의 정의문에서 **cell_phone**은 핸드폰 번호이다. 일반적으로 핸드폰 번호는 개개인의 고유한 정보에 속하기 때문에 중복된 핸드폰 번호를 갖는 사람이 한 테이블 안에 존재하면 안 된다는 것을 지정하는 것이다.

> **Note** 기본키와 UNIQUE
>
> 기본키와 UNIQUE 모두 특정 컬럼에 중복된 값이 저장되는 것을 방지하는 역할을 한다. 차이점이 있다면 기본키 컬럼에는 null 값이 저장될 수 없는 반면, UNIQUE로 지정된 컬럼에는 null 값이 저장될 수 있다.

(5) 키 컬럼에 대한 정의

테이블 구조 정의 시 기본키와 외래키도 함께 정의할 수 있음을 **my_dept**와 **my_emp** 테이블의 정의문에서 살펴보았다. 기본키와 외래키는 보통 컬럼에 대한 정의를 마친 뒤에 기술한다. 기본키에 대한 문법과 사용 예는 다음과 같다.

```
CONSTRAINT 제약조건명 PRIMARY KEY (컬럼 목록)


..
CONSTRAINT pk_deptno PRIMARY KEY(deptno)
..
```

기본키와 외래키는 무결성 제약조건의 일부이기 때문에 **CONSTRAINT** 키워드를 먼저 써준다. 그리고 제약조건의 이름을 사용자가 정해 주어야 하는데 보통 'pk_기본키컬럼이름'의 형식으로 한다. 그 다음에 **PRIMARY KEY()**에 기본키 컬럼을 서술하면 된다, 만일 기본키 컬럼이 여러 개인 경우는 **PRIMARY KEY(col1, col2)**와 같이 컬럼과 컬럼을 콤마(,)로 구분하여 기술한다.

외래키에 대한 문법과 사용 예는 다음과 같다.

```
CONSTRAINT 제약조건명 FOREIGN KEY (컬럼 목록) REFERENCES 테이블명(컬럼 목록)
    ON DELETE 처리방법
```

```
..
CONSTRAINT fk_deptno FOREIGN KEY (deptno) REFERENCES my_dept(deptno)
    ON DELETE CASCADE
..
```

외래키의 제약조건명은 보통 'fk_기본키컬럼이름'의 형식으로 한다. FOREIGN KEY() 안에는 외래키로 지정할 자식 테이블의 컬럼들을 기술하고 REFERENCES 다음에는 참조하는 부모 테이블의 이름과 컬럼들의 이름을 기술한다. 이어서 참조 무결성 규칙의 적용 방법을 정의하는데 ON UPDATE 다음에는 부모 테이블의 기본키 컬럼이 변경되었을 때 이를 참조하는 자식 테이블을 어떻게 처리할지를 정하며, ON DELETE 다음에는 부모 테이블 튜플이 삭제되었을 때(즉, 기본키 값이 삭제되었을 때) 이를 참조하는 자식 테이블을 어떻게 처리할지를 정한다.

> **Note** – 오라클의 참조 무결성 규칙 지원
>
> 오라클에서 부모 테이블의 기본키 컬럼이 갱신(update)되는 경우에 대한 처리 방법은 무조건 RESTRICT로 적용되고 부모 테이블의 튜플이 삭제(delete)되는 경우에만 처리 방법을 지정할 수 있다. 그리고 처리 방법으로서 RESTRICT는 지원하지 않고 CASCADE, SET NULL, NO ACTION만 지원한다.

오라클에서 ON DELETE에 대한 처리방법은 다음과 같다.

CASCADE	삭제되는 부모 테이블의 튜플을 참조하는 자식 테이블의 튜플이 있으면 자식 테이블의 외래키 컬럼도 함께 삭제한다.
SET NULL	삭제되는 부모 테이블의 튜플을 참조하는 자식 테이블의 튜플이 있으면 자식 테이블의 외래키 컬럼의 값을 NULL로 변경한다.
NO ACTION	삭제되는 부모 테이블의 튜플을 참조하는 자식 테이블의 튜플이 있어도 자식 테이블에 대해 아무 일도 하지 않는다(무결성이 깨짐).

(6) 오라클에서 테이블의 구조 확인

오라클에서 CREATE로 생성한 테이블의 구조를 확인하는 명령어는 DESC이다. 다음은 DESC를 이용하여 my_emp의 구조를 SQL Developer에서 확인하는 예이다.

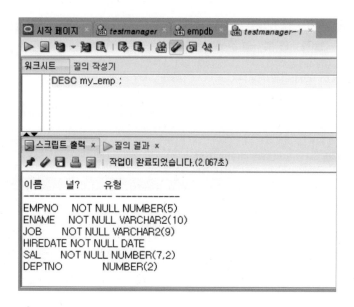

테이블의 구조는 접속창을 통해서도 확인 가능하다. 접속창에서 원하는 테이블 명을 더블클릭하면 오른쪽에 해당 테이블에 대한 워크시트가 표시되는데 여기에서 테이블의 구조 확인이 가능하다.

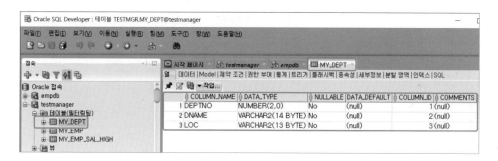

만일 어떤 테이블을 생성할 때 사용된 CREATE 문을 알고 싶다면 다음과 같이 실행한다. 이때 테이블명은 반드시 **MY_EMP**와 같이 대문자로 써야 한다. 테이블 생성 시 테이블 이름을 소문자로 했더라도 테이블 정보 저장 시 대문자로 바꾸어 저장하기 때문이다.

```
SELECT DBMS_METADATA.GET_DDL('TABLE', '테이블명') FROM DUAL ;
```

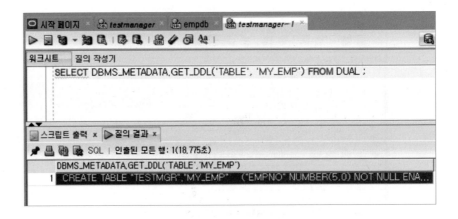

위와 같이 질의 결과가 길어서 확인이 어려운 경우는 다음과 같이 실행 결과에서 마우스
오른쪽 버튼을 클릭하여 팝업 메뉴 표시 후 [단일 레코드 뷰]를 선택한다.

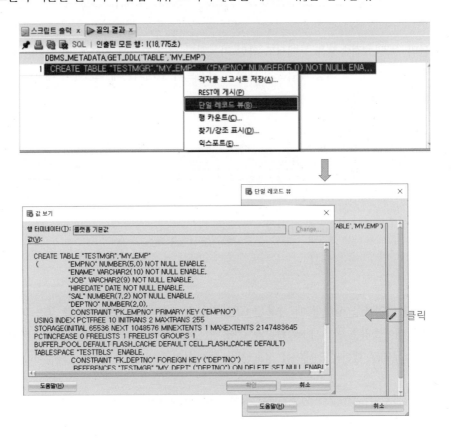

데이터베이스 생성 시 보통 테이블 이름이나 컬럼 이름은 영문으로 작성한다. 그러다 보니 이름만 보아서는 테이블이나 컬럼의 내용이 쉽게 파악되지 않는 경우가 많다. 이를 위해 오라클에서는 테이블과 컬럼에 대해 주석(comment)을 추가할 수 있는 기능을 제공한다. my_dept에 대한 주석은 다음과 같은 명령문으로 추가할 수 있다.

```
COMMENT ON TABLE my_dept IS '부서 테이블' ;
COMMENT ON COLUMN my_dept.deptno IS '부서번호' ;
COMMENT ON COLUMN my_dept.dname IS '부서명' ;
COMMENT ON COLUMN my_dept.loc IS '부서위치' ;
```

위의 명령문을 실행하고 테이블의 구조를 확인해 보면 컬럼에 대한 주석이 추가된 것을 확인할 수 있다.

(7) 질의 결과로부터 테이블 생성하기

지금까지 실습을 통해 알 수 있는 것처럼 SELECT 문으로 확인한 질의 결과는 어느 곳에 저장되는 것이 아니고 화면에 출력된 후에 메모리에서 사라진다. 따라서 질의 결과가 필요할 때마다 매번 SELECT 문을 실행해야 한다. 그런데 데이터베이스 작업을 하다 보면 어느 기간 동안은 일시적으로 질의 결과를 저장해 놓고 사용해야 하는 때가 있다. 이 때에도 CREATE 문을 사용한다. 다음은 my_emp 테이블에서 급여가 2,000 이상인 사원만 추출하여 my_emp_sal_high 테이블에 저장하는 예이다.

```
CREATE TABLE my_emp_sal_high
AS
    SELECT * FROM my_emp WHERE sal >= 2000 ;
```

접속창에서 새로고침 후 확인해보면 새 테이블이 생성된 것을 확인할 수 있다. 물론 현재는 my_emp에 아무 튜플도 없는 상태이기 때문에 my_emp_sal_high도 빈 테이블이다.

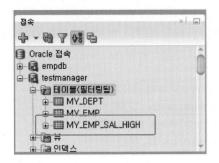

이와 같이 질의 결과로부터 테이블을 생성하는 경우는 원 테이블의 기본키, 외래키 등 컬럼 설정사항은 복사되지 않는다는 점을 기억하도록 하자.

7.3 ALTER, DROP

CREATE가 데이터베이스 및 데이터베이스 안에 저장되는 객체들의 구조를 정의하는 데 사용된다면 ALTER는 구조를 변경할 때, DROP은 생성된 객체를 삭제할 때 사용한다. ALTER는 다양한 활용 상황이 있기 때문에 자주 접하는 상황에 대해서 사용 방법을 알아보도록 한다. ALTER는 테이블에 저장된 데이터가 존재하는 경우에도 사용할 수 있음을 기억하자.

■ 테이블에 새로운 컬럼 추가

my_dept 테이블에 새로운 컬럼 budget(예산)을 추가해보자. 초기값은 0으로 한다. (테이블의 변경 내용은 DESC 명령어 사용이나 접속창에서 테이블 이름을 클릭하여 확인한다.)

```
ALTER TABLE my_dept
ADD budget number(10, 2) default (0) ;
```

■ 컬럼의 이름 변경

my_dept 테이블의 budget을 dept_budget으로 변경해보자.

```
ALTER TABLE my_dept
RENAME COLUMN budget TO dept_budget ;
```

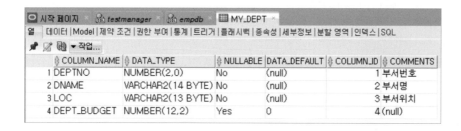

■ 컬럼의 지정사항 변경

my_dept 테이블의 dept_budget에서 자료형의 자릿수를 number(10, 2)에서
number(12, 2)로 변경해보자.

```
ALTER TABLE my_dept
MODIFY dept_budget number(12, 2) ;
```

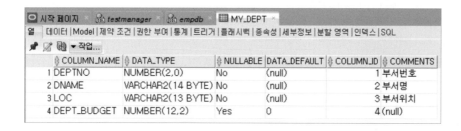

컬럼의 길이나 자리수를 늘리는 경우는 문제없지만, 줄이는 경우는 해당 컬럼에 저장된 데이터에 손실이 발생할 수 있으므로 해당 컬럼이 비어 있을 때(즉, 테이블에 데이터가 없을 때)만 가능하다.

■ 컬럼의 삭제

my_dept 테이블의 dept_budget 컬럼을 삭제해보자.

```
ALTER TABLE my_dept
DROP COLUMN dept_budget ;
```

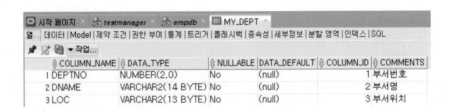

테이블의 컬럼을 삭제하면 그 컬럼에 저장되어 있던 데이터도 삭제되므로 주의하여야 한다. 테이블의 구조를 변경하는 경우는 만약을 대비하여 대상 테이블을 임시 테이블에 복사하여 놓은 후에 작업하는 것이 안전하다. 대상 테이블이 정상적으로 변경된 것을 확인한 후에 임시 테이블을 삭제하면 된다.

■ 기본키, 외래키의 추가와 삭제

만일 my_emp 테이블을 외래키, 기본키가 지정되지 않은 상태로 생성했다면 다음과 같이 추가할 수 있다.

```
ALTER TABLE my_emp
ADD CONSTRAINT pk_empno PRIMARY KEY(empno),
ADD CONSTRAINT fk_deptno FOREIGN KEY (deptno) REFERENCES my_dept(deptno)
        ON UPDATE CASCADE  ON DELETE RESTRICT ;
```

■ 테이블 이름의 변경

emp_sal_high 테이블의 이름을 sal_high로 변경하여 보자.

```
ALTER TABLE my_emp_sal_high
RENAME TO my_sal_high ;
```

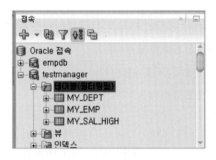

■ 테이블의 삭제

테이블을 삭제할 때는 DROP TABLE 명령을 이용한다. 간단한 tmp 테이블을 생성한 뒤 삭제해보자.

```
CREATE TABLE tmp (
    tmpid number(2)) ;

DROP TABLE tmp ;
```

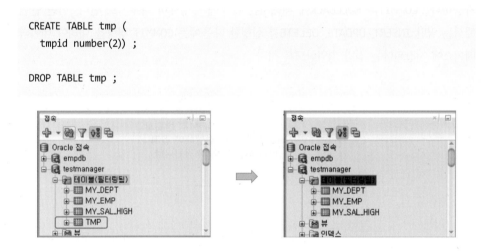

테이블을 삭제하면 테이블의 구조 및 저장된 데이터가 함께 삭제되니 테이블을 삭제할 때는 신중해야 한다. 삭제 전에 백업을 받아 두면 만일의 사태에 대비할 수 있다.

7.4 INSERT, UPDATE, DELETE

INSERT, UPDATE, DELETE는 모두 테이블에 저장된 튜플 또는 데이터에 관련된 SQL 명령어로서 SELECT와 함께 데이터 조작어로 분류된다. 각각의 기능은 다음과 같다.

INSERT	테이블에 새로운 튜플(행)을 추가한다.
UPDATE	테이블에 저장된 데이터를 수정한다.
DELETE	테이블에 저장된 튜플(행)을 삭제한다.

위 3개의 명령어는 SELECT와는 달리 데이터베이스의 내용을 변경시키기 때문에 신중해야 한다. 대부분의 DBMS는 위의 명령어를 실행시키면 변경 결과를 즉시 데이터베이스에 반영하지 않고 가지고 있다가 COMMIT 명령을 내리면 그 때 데이터베이스에 영구적으로 반영한다. 만일 COMMIT 명령을 내리기 전에 잘못 실행한 것이 확인되면 ROLLBACK 명령어를 통해 작업 결과를 취소할 수 있다(일단 COMMIT 명령이 내려지면 더 이상 취소는 불가능하다). COMMIT과 ROLLBACK에 대해서는 12장에서 상세히 다루기로 한다. 이번 단원에서는 일단 INSERT, UPDATE, DELETE를 실행한 다음에는 COMMIT 명령을 내려야 데이터베이스에 저장된다는 점만 기억하도록 하자.

INSERT, UPDATE, DELETE와 같이 데이터베이스의 상태를 변화시키는 명령문은 실행 후 반드시 commit을 추가로 실행해야 실제로 데이터베이스에 저장됩니다.

(1) INSERT

INSERT는 기본적으로 대상 테이블에 하나의 행(튜플)을 추가하는 명령어이다. 기본 문법은 다음과 같다.

```
INSERT INTO 테이블명 (컬럼 1, 컬럼 2, ..컬럼 n)
VALUES (값 1, 값 2, .., 값 n);
```

INSERT INTO 다음에 튜플을 입력할 테이블과 컬럼 이름들을 지정한 뒤 VALUES에서 각 컬럼에 저장될 값들을 기술한다. 다음은 my_dept 테이블에 튜플을 하나 추가하는 명령문이다. (SELECT 문을 통해 입력 결과를 확인한다.)

```
INSERT INTO my_dept (deptno, dname, loc)
VALUES (10, 'accounting', 'New York');

COMMIT ;
```

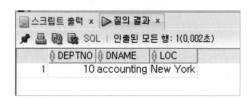

각 컬럼에 입력할 값을 기술할 때는 컬럼의 자료형에 맞추어야 한다. dname과 loc는 문자형이기 때문에 값을 서술할 때 따옴표로 묶어주었다. 위의 예와 같이 **튜플의 값들을 테이블에 있는 컬럼의 순서대로 하는 경우**는 다음과 같이 컬럼의 이름을 생략할 수 있다.

```
INSERT INTO my_dept
VALUES (10, 'accounting', 'New York');

COMMIT ;
```

그리고 컬럼의 이름을 지정하는 경우는 순서를 테이블에 있는 컬럼 순서와 다르게 해도 된다.

```
INSERT INTO my_dept (deptno, loc, dname )
VALUES (20, 'Dallas', 'Research');

COMMIT ;
```

INSERT 문을 작성할 때 대상 테이블의 모든 컬럼을 지정해야 하는 것은 아니다. 다음과 같이 두 개의 컬럼만 지정하여 값을 입력할 수 있다.

```
INSERT INTO my_dept (deptno, dname)
VALUES (30, 'Sales');
```

이 명령문은 다음 명령문과 동일한 의미이다. 즉, 지정하지 않은 컬럼에는 자동으로 널 값이 입력된다는 것이다.

```
INSERT INTO my_dept (deptno, dname, loc)
VALUES (30, 'Sales', NULL);
```

이 명령문은 정상 실행이 될 수도 있고 에러가 발생할 수도 있다. 만일 my_dept 테이블의 구조를 정의할 때 loc 컬럼을 NOT NULL로 지정했다면 위의 두 명령문은 에러를 발생시킨다. 널 값을 허용하지 않는 컬럼에 널 값을 입력하려고 하기 때문이다. loc 컬럼은 NOT NULL이 지정된 컬럼이기 때문에 위의 두 명령문은 에러가 발생한다. 결론은 튜플의 일부 컬럼에만 값을 입력하려 하는 경우에는 나머지 컬럼들이 모두 널 값을 허용하는 컬럼이어야 가능하다.

SQL Developer에서 INSERT, UPDATE, DELETE를 실행하는 경우 commit 명령을 직접 입력하는 대신 아이콘을 클릭하여 commit 명령을 내릴 수도 있다. 워크시트 화면에서 COMMIT과 ROLLBACK 아이콘을 확인해 두고 이를 활용하도록 하자.

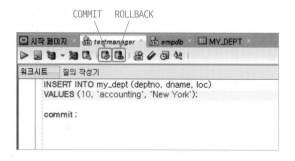

COMMIT   ROLLBACK

(2) INSERT .. SELECT

INSERT .. SELECT는 다른 테이블에 있는 튜플들을 선택하여 대상 테이블에 추가할 때 사용한다. **my_emp_sal_high**에는 급여가 2,000 이상인 사원의 정보만 저장되어 있다. 만일 급여가 1,500 이상인 사원 정보도 추가로 저장하려면 다음과 같이 실행한다.

```
INSERT INTO my_emp_sal_high
   SELECT * FROM my_emp WHERE sal >= 1500 AND sal < 2000 ;
```

(3) UPDATE

UPDATE는 테이블에 저장된 데이터를 수정하는 데 사용되는 명령어이다. 조건에 맞는 튜플들을 검색한 뒤 지정된 컬럼의 값을 지정한 수정값으로 수정한다. 기본 문법은 다음과 같다.

```
UPDATE 테이블명
 SET 컬럼 1 = 수정값 1,
    컬럼 2 = 수정값 2,
    ..
    컬럼 n = 수정값 n,
 WHERE 조건문 ;
```

my_dept 테이블에서 부서번호가 10인 부서의 위치를 'JEJU'로 변경하는 **UPDATE** 문은 다음과 같다. (**UPDATE**의 결과를 데이터베이스에 반영하기 위해서는 **COMMIT**이 필요하다.)

```
UPDATE my_dept
SET loc = 'JEJU'
WHERE deptno = 10 ;

COMMIT ;
```

	DEPTNO	DNAME	LOC
1	10	accounting	New York
2	20	Research	Dallas

⇒

	DEPTNO	DNAME	LOC
1	10	accounting	JEJU
2	20	Research	Dallas

UPDATE 문을 실행한 후 정상적으로 변경이 이루어졌는지를 확인하려면 SELECT 문으로
조회해본다. UPDATE 문을 작성할 때에는 조건절에 주의해야 한다. 만일 조건을 잘못 지
정하면 엉뚱한 데이터가 수정될 수 있기 때문이다. 그리고 조건에 맞는 튜플들의 지정한
컬럼이 모두 수정되기 때문에 편리하면서도 위험하다. 다음과 같이 실수로 조건을 지정하
지 않으면 my_dept 테이블에 있는 모든 부서들의 위치가 'SEOUL'로 변경된다.

```
UPDATE my_dept
SET loc = 'SEOUL' ;

COMMIT ;
```

다음은 UPDATE 문을 사용하는 몇 가지 사례이다.

◉ 담당업무가 'SALESMAN'인 사원들의 급여를 현재보다 10%씩 올리시오.

```
UPDATE my_emp
SET sal = sal * 1.1
WHERE job = 'SALESMAN' ;

COMMIT ;
```

◉ 담당업무가 'ANALYST'인 사원들의 업무명을 'RESEARCH'로 변경하시오.

```
UPDATE my_emp
SET job = 'RESEARCH'
WHERE job = 'ANALYST' ;

COMMIT ;
```

■ UPDATE와 서브 쿼리

UPDATE 문에도 서브 쿼리를 포함시킬 수 있다. 사용 예는 다음과 같다.

⊙ 연봉을 가장 적게 받는 사원의 급여를 10% 올리시오.

```
UPDATE my_emp
SET sal = sal * 1.1
WHERE sal = ( SELECT MIN(sal)
              FROM my_emp ) ;

COMMIT ;
```

⊙ 연봉을 가장 적게 받는 사원의 급여를 BLAKE 사원의 급여와 동일하게 변경하시오.

```
UPDATE my_emp
SET sal = (SELECT sal FROM my_emp WHERE ename = 'BLAKE')
WHERE sal = ( SELECT MIN(sal)
              FROM my_emp ) ;

COMMIT ;
```

(4) DELETE

DELETE는 테이블에 저장된 튜플을 삭제하는 데 사용되는 명령어이다. SQL 명령어 중 가장 단순하며, 조건에 맞는 튜플들을 찾아 삭제한다. 기본 문법은 다음과 같다.

```
DELETE FROM 테이블명
WHERE 조건문 ;
```

my_dept 테이블에 부서번호 50인 부서를 하나 입력하고 이를 삭제해 보자.

```
INSERT INTO my_dept
VALUES (50, 'E_COMMERCE', 'LONDON') ;

COMMIT;

SELECT * FROM my_dept;

DELETE FROM my_dept
WHERE deptno = 50 ;

COMMIT ;
```

DELETE는 UPDATE의 경우와 마찬가지로 조건을 만족하는 모든 튜플을 일괄 삭제하므로 조건 지정 시 주의해야 한다.

> **Note** DROP와 DELETE
>
> DELETE는 테이블 안에 있는 튜플들을 삭제하는 데 사용된다. DELETE에 의해 어떤 테이블의 모든 튜플을 삭제해도 그 테이블의 구조는 그대로 남아 있어서 새로운 튜플의 입력이 가능하다. DROP은 테이블 자체를 삭제하는 데 사용된다. 즉, 테이블의 구조와 안에 저장되어 있는 튜플들이 모두 삭제되는 것이다. DROP에 의해 테이블이 삭제되면 그 테이블에는 더 이상 새로운 튜플을 입력하는 것이 불가능하다. DROP으로 테이블 안의 튜플만 삭제하는 것은 불가능하다.

실습
SQL Developer를 이용한 테이블 관리

7단원에서 지금까지 SQL 명령문을 이용하여 테이블의 생성, 튜플의 입력, 수정, 삭제하는 방법에 대해 알아보았다. 오라클 SQL Developer는 SQL 명령문에 의하지 않고도 GUI를 통해 이러한 작업들을 수행할 수 있는 수단을 제공한다. 테이블 생성과 변경, 데이터의 입력과 수정 등의 작업을 GUI를 통해 실행해보자.

(1) 테이블의 생성

testpdb 안에 새로운 테이블인 **my_country**, **my_city**를 만들어 보자.

■ my_country

cid	number(3)	국가번호(기본키)
cname	varchar2(20)	국가명
capital	varchar2(20)	수도

■ my_city

ctid	number(3)	도시번호(기본키)
ctname	varchar2(20)	도시명
cid	number(3)	국가번호(외래키)

① **testmanager**로 SQL Developer에 로그인한다.

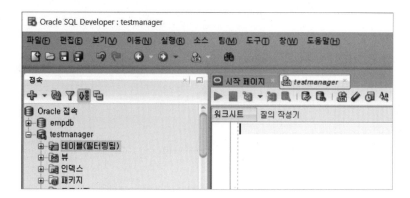

② 접속창의 **testmanger**에서 테이블 항목의 팝업 메뉴의 [새 테이블]을 선택한다.

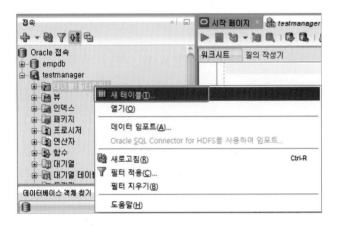

③ 테이블 생성 창이 나타나면 다음과 같이 테이블 이름과 컬럼 정보를 입력한다. 컬럼
이름 왼쪽의 공간은 기본키를 설정하는 곳(PK)으로 기본키 컬럼 옆을 클릭하면 열쇠
가 표시되어 기본키임을 나타낸다.

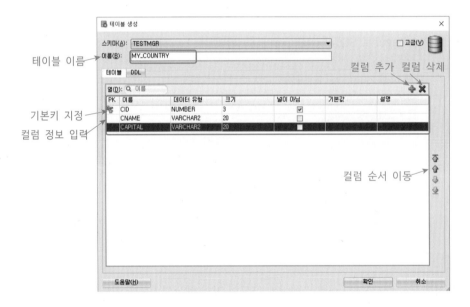

테이블에 대한 정보를 모두 입력한 후 테이블 이름 하단에 보이는 DDL 탭을 클릭하면 테
이블을 생성하는 **CREATE** 문을 확인할 수 있다.

```
테이블 DDL
SQL 문(Q):
⦿ 생성(C)  ○ 업데이트(현재 편집)(U)
CREATE TABLE MY_COUNTRY
(
  CID NUMBER(3) NOT NULL
, CNAME VARCHAR2(20)
, CAPITAL VARCHAR2(20)
, CONSTRAINT MY_COUNTRY_PK PRIMARY KEY
  (
    CID
  )
  ENABLE
);
```

④ 테이블 생성 창 하단의 [확인] 버튼을 클릭하면 데이터베이스에 테이블이 생성된다. 접
속창을 새로고침하면 다음과 같이 **my_country** 테이블이 생성된 것을 알 수 있다.

⑤ 동일한 요령으로 이제 **my_city** 테이블을 생성하도록 하자. 외래키를 설정하는 부분
은 없으므로 일단 외래키 컬럼을 입력하는 것까지만 작업한다.

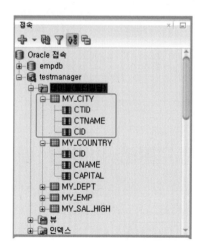

⑥ 이미 생성된 테이블을 변경(ALTER)하고자 하는 경우는 대상 테이블의 팝업 메뉴에서 [편집]을 선택한다. 그러면 테이블 편집창(테이블 생성창과 유사함)이 나타나는데 거기서 수정 작업을 하면 된다. 외래키, 인덱스의 설정은 테이블 편집창에서 가능하다.

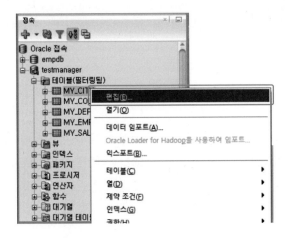

⑦ 외래키 설정 및 저장 영역 설정을 위해 my_city 테이블에 대한 편집창을 연다. 창 왼쪽에 편집 작업에 대한 메뉴가 표시된다.

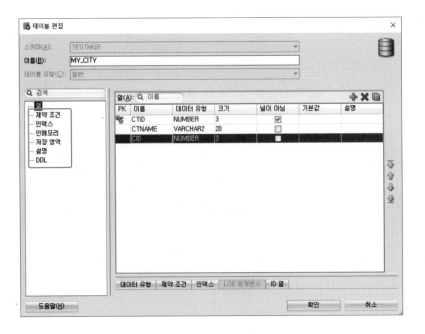

다음은 편집 작업 메뉴에 대한 설명이다.

메뉴	설명
제약 조건	기본키, 외래키를 설정한다.
인덱스	인덱스를 설정한다.
인메모리	인메모리를 설정한다.
저장 영역	테이블이 저장될 테이블스페이스를 지정한다.
설명	테이블에 대한 설명을 입력한다.
DDL	테이블을 생성하는 CREATE 문을 확인한다.

⑧ 제약 조건 메뉴를 클릭하여 제약 조건 편집 탭이 표시되면 여기서 '제약 조건 추가' 아이콘을 클릭한다.

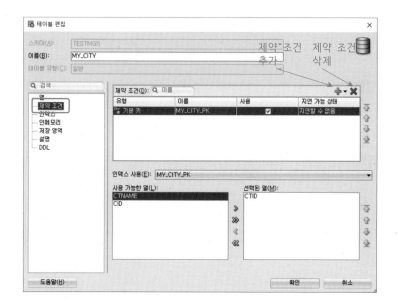

⑨ [새 외래키 제약 조건]을 선택한다.

⑩ 다음의 순서대로 필요한 값을 입력하거나 선택한 후 [확인] 버튼을 클릭하면 외래키가 설정되고 편집창을 종료한다.

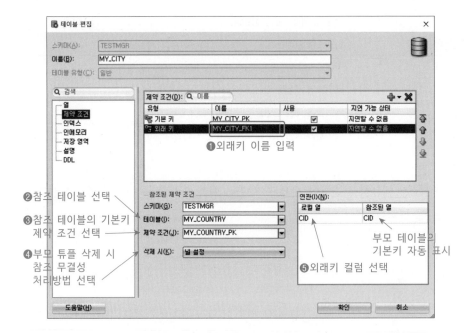

⑪ 다시 편집창을 열어서 저장 영역(테이블스페이스)을 TESTTBLS로 변경한다. my_country의 저장 영역도 TESTTBLS로 변경하도록 하자.

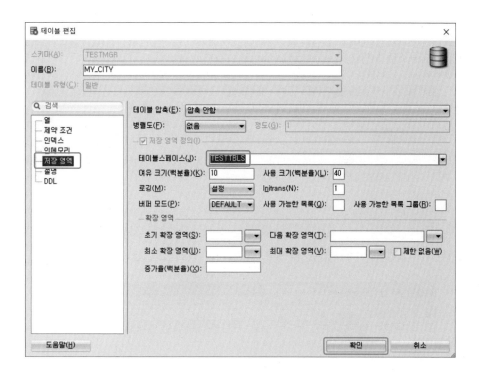

(2) 테이블 정보의 확인

SQL Developer를 이용하면 생성된 테이블에 대한 상세한 정보를 확인할 수 있다. 테이블 정보 확인을 위해서는 접속창에서 테이블 이름을 더블클릭한다. 그러면 테이블 정보를 보여주는 워크시트가 화면에 표시된다.

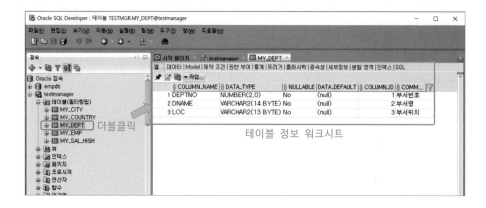

테이블 정보 워크시트

테이블 정보 워크시트에는 다양한 정보 탭이 있는데 주요 정보를 살펴보면 다음과 같다.

■ 열

테이블의 구조를 보여준다.

■ 데이터

테이블에 저장된 데이터(튜플)를 보여준다.

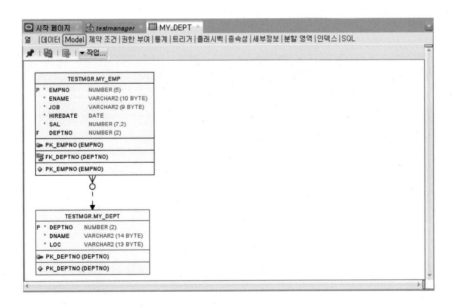

※ 가끔 데이터가 있는데도 화면에 안 나타나는 경우가 있다. 이럴 때는 SQL Developer를 종료했다가 다시 로그인하면 데이터를 볼 수 있다.

■ 모델

9장에서 살펴볼 ERD를 표시한다(해당 테이블과 연관된 부분만 출력한다).

■ 제약 조건

기본키, 외래키, 널(NULL) 여부 등 테이블에 설정된 제약 조건을 확인할 수 있다.

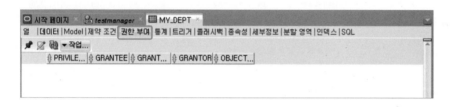

■ 권한 부여

테이블에 설정된 권한 사항을 확인할 수 있다.

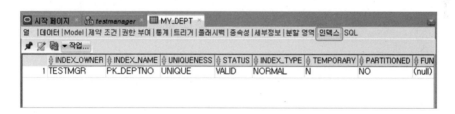

■ 인덱스

테이블에 설정된 인덱스를 확인할 수 있다.

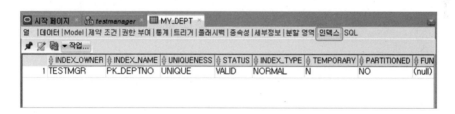

■ SQL

테이블을 생성하는 CREATE 문을 확인할 수 있다.

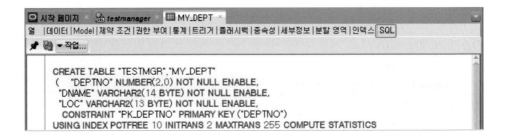

(3) 튜플의 입력, 수정, 삭제

SQL Developer를 이용하면 INSERT, UPDATE, DELETE와 같은 명령어를 사용하지 않아도 튜플의 입력, 수정, 삭제가 가능하다. 이를 위해서 작업 대상 테이블에 대한 워크시트를 열고 데이터 탭을 클릭한다.

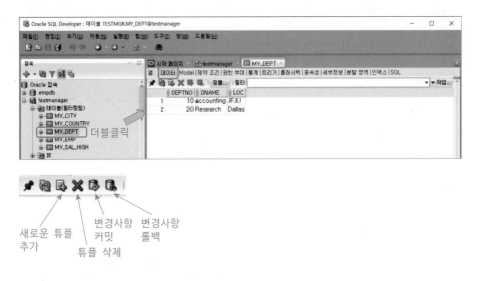

새로운 튜플을 추가하려면 '튜플 추가' 아이콘 클릭 후 튜플 내용을 입력한다. 그리고 '커밋' 아이콘을 클릭하여 데이터베이스에 반영한다.

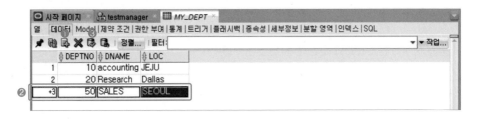

데이터를 수정하고자 하는 경우는 원하는 부분을 클릭하여 수정한 뒤 '커밋' 아이콘을 클릭하면 된다.

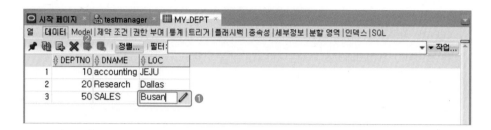

튜플을 삭제하는 경우는 해당 튜플을 선택하고, 튜플 '삭제' 아이콘을 클릭한 뒤 '커밋' 아이콘을 클릭한다.

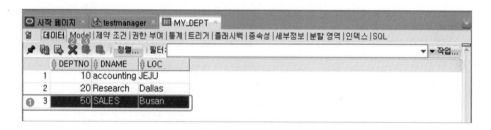

단원 요약

1. CREATE 명령문은 테이블을 포함해서 데이터베이스 안에 저장되는 모든 객체들의 구조를 정의한다. 데이터베이스 자체도 CREATE 문을 이용하여 생성한다.

2. 오라클의 경우 데이터베이스 생성 후 데이터베이스를 활성화하고 필요한 테이블스페이스를 생성해야 사용할 준비가 마무리된다.

3. 테이블을 생성할 때에는 부모 테이블을 먼저 생성하고 다음에 자식 테이블을 생성하는 것이 일반적이다.

4. 테이블에 포함되는 컬럼들은 저장할 데이터에 적절한 자료형을 지정하여야 한다.

5. 문자형 데이터를 위한 자료형 중 char 타입은 주민번호, 국가코드와 같이 저장되는 값의 길이가 일정한 경우에 사용하고, 주소 등과 같이 저장되는 값들의 길이가 일정하지 않은 경우는 varchar2 타입을 사용한다.

6. 테이블의 컬럼에는 사용자가 데이터를 입력하지 않을 시 자동으로 저장할 초기값을 지정할 수 있다.

7. 기본키와 외래키는 제약조건의 일부로서 정의할 수 있다.

8. 기존에 존재하는 테이블에 질의하여 얻은 결과를 새로운 테이블로 저장할 수 있다. 기본 문법은 다음과 같다.

```
CREATE TABLE 테이블 이름
AS (데이터를 가져오기 위한 SELECT 문) ;
```

9. ALTER 문은 데이터베이스 내에 존재하는 객체의 구조를 변경할 때, DROP 문은 존재하는 객체를 삭제할 때 사용한다.

10. INSERT 문은 테이블에 새로운 튜플을 추가할 때 사용한다.

11. UPDATE 문은 테이블에 저장된 데이터를 수정할 때 사용한다.

12. DELETE 문은 테이블에 저장된 튜플을 삭제할 때 사용한다.

13. INSERT, UPDATE, DELETE를 수행한 경우 COMMIT 문을 추가적으로 수행해야 데이터베이스에 반영된다. COMMIT 전에 ROLLBACK을 수행하면 수행 결과를 취소할 수 있다.

14. DELETE는 테이블 안에 있는 튜플들을 삭제하는 데 사용된다. DROP은 테이블의 구조와 테이블 안에 있는 데이터를 모두 삭제한다.

연습문제

1. 다음은 어느 출판사의 도서관리 테이블과 거래서점 테이블이다. empdb에 다음과 같은 구조의 테이블들을 SQL을 사용하여 생성하시오. 컬럼의 자료형은 컬럼에 저장될 값을 고려하여 판단하시오.

book(도서)

컬럼명	설명	자료형	널 허용 여부	키 여부
bid	도서번호	number(3)	No	기본키
book_title	도서명	varchar2(60)	No	
author	저자	varchar2(20)	No	
pdate	출간일	date	No	
price	정가	number(5)	No	

store(거래서점)

컬럼명	설명	자료형	널 허용 여부	키 여부
sid	거래처 번호	number(5)	No	기본키
store_name	서점명	varchar2(60)	No	
tel	연락처	varchar2(20)	Yes	

sales(거래정보)

컬럼명	설명	자료형	널 허용 여부	키 여부
sid	거래처 번호	number(5)	No	기본키이면서 외래키 (store의 sid 참조)
bid	도서번호	number(3)	No	기본키이면서 외래키 (book의 bid 참조)
sales_amount	누적판매량	number(4)	No	

2. 1번에서 생성한 테이블들에 대해 SQL 문으로 다음과 같이 데이터를 입력하시오.

book

bid	book_title	author	pdate	price
101	홍길동전	허균	2002.10.5	25000
102	토지	박경리	2003.05.12	28000
103	부활	톨스토이	2009.12.01	35000
104	리어왕	셰익스피어	2015.07.22	18000
105	톰소여의 모험	마크 트웨인	2018.10.10	15000

store

sid	store_name	tel
501	대일문고	02-1213-1231
502	진흥서적	
503	죽전서점	031-4122-1241
504	문예문고	02-5343-7322

sales

sid	bid	sales_amount
501	101	120
501	103	80
501	104	340
502	102	280
503	101	360
503	105	140

3. 죽전서점의 전화번호를 031-4124-5763으로 변경하는 SQL 문을 작성하시오.

4. 2010년 이전의 책들은 가격을 3,000원씩 인하하여 저장하는 SQL 문을 작성하시오.

5. 문예문고를 거래처 테이블에서 삭제하는 SQL 문을 작성하시오.

6. 도서 테이블에 페이지 수(pages) 컬럼을 추가하는 SQL 문을 작성하시오. 자료형은 number(4)로 하고 널 값을 허용한다.

7. book, store, sales 테이블을 삭제하는 SQL 문을 작성하시오.

8. 1번 문제를 SQL Developer의 UI를 통해 해결하시오.

9. 2번 문제를 SQL Developer의 UI를 통해 해결하시오.

10. SQL Developer의 UI를 통해 죽전서점의 전화번호를 031-4124-5763으로 변경하시오.

11. SQL Developer의 UI를 통해 문예문고를 거래처 테이블에서 삭제하시오.

contents

8.1 뷰

(1) 뷰의 필요성

데이터베이스의 기본 철학 중 하나는 조직에서 사용하는 데이터들을 한 곳에 모아 저장하고 이를 필요한 부서나 구성원들이 공유하는 것이다. 그러다 보니 부서 입장에서는 자신에게 필요하지 않은 데이터가 데이터베이스나 테이블에 포함되어 있을 수 있다. 따라서 각 부서의 관점에서 테이블을 다룰 수 있도록 하는 수단이 필요한데 이것이 뷰(view)이다. 어느 회사의 사원 테이블의 내용이 다음과 같다고 가정해보자.

employee

empid	ename	dept	hiredate	birthday	address	job	salary
1001	홍길동	영업부	2019.02.01	10.12	서울 대림동	특수영업	350
1002	곽희준	생산부	2020.01.01	9.10	부산 대하동	품질관리	400
1003	김동준	영업부	2018.01.01	5.15	경기 분당	영업관리	300
1004	성재규	인사부	2019.02.01	4.12	경기 성남	급여관리	450
1005	박성범	구매부	2018.05.01	12.4	서울 신림동	수입자재	320

위의 사원 테이블에 대해 각 부서별로 필요한 정보가 다를 수 있다. 다음은 인사팀, 기획실, 사내복지팀에서 필요로 하는 사원정보의 예이다.

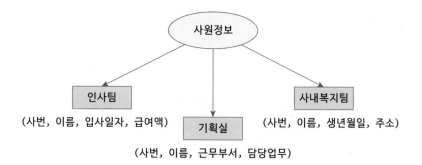

이에 따라 세 개의 부서에서 필요한 사원(employee) 테이블의 모습은 다음과 같다.

인사팀 관점의 employee

empid	ename	hiredate	salary
1001	홍길동	2019.02.01	350
1002	곽희준	2020.01.01	400
1003	김동준	2018.01.01	300
1004	성재규	2019.02.01	450
1005	박성범	2018.05.01	320

기획실 관점의 employee

empid	ename	dept	job
1001	홍길동	영업부	특수영업
1002	곽희준	생산부	품질관리
1003	김동준	영업부	영업관리
1004	성재규	인사부	급여관리
1005	박성범	구매부	수입자재

사내복지팀 관점의 employee

empid	ename	birthday	address
1001	홍길동	10.12	서울 대림동
1002	곽희준	9.10	부산 대하동
1003	김동준	5.15	경기 분당
1004	성재규	4.12	경기 성남
1005	박성범	12.4	서울 신림동

위와 같이 세 개 부서의 사원 테이블에 대한 관점이 서로 다를 수 있다. 이를 해결하기 위해 각 부서별로 필요한 테이블을 만들어서 관리하는 것은 데이터베이스의 철학에도 맞지 않고 중복 데이터 간 불일치 문제 등이 발생할 수 있다. 따라서 하나의 테이블만을 유지하면서도 각 부서에서 필요로 하는 관점의 정보를 제공할 수 있는 수단이 필요한데 이것이 바로 뷰(view)이다.

(2) 뷰의 생성

뷰는 테이블과 마찬가지로 CREATE 문을 통해 생성하며, 기본 문법은 다음과 같다.

```
CREATE VIEW 뷰 이름
AS 뷰를 정의하는 SELECT 문 ;
```

emp 테이블에 대해 급여액이 350 이상인 사원들의 사원번호, 이름, 부서번호, 급여액을
보여주는 뷰의 정의는 다음과 같다.

```
CREATE VIEW emp_high_salary
AS SELECT empno, ename, deptno, sal
   FROM emp
   WHERE sal >= 2500 ;
```

■ SQL Developer의 GUI를 이용한 뷰 생성

SQL Developer의 GUI를 이용하면 뷰를 조금 쉽게 생성할 수 있다.

① 다음과 같이 접속창의 [뷰] 항목에서 마우스 오른쪽 버튼을 클릭하면 팝업 메뉴가 표
시되는데 여기서 [새 뷰]를 선택한다.

② 뷰 편집창에서 뷰의 이름과 SELECT 문을 입력한 뒤 SELECT 문이 올바른지를 알아
보기 위해 [테스트 버튼]을 클릭한다.

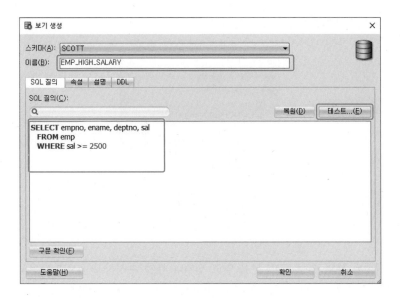

⚠ 주의

SELECT 문 작성 시 명령문 끝에 붙여주던 세미콜론(;)은 생략한다. 세미콜론을 붙여주면 오히려 오류가 발생한다.

③ 질의 테스트 창에서 SELECT 문이 성공적으로 실행된 것을 확인한 뒤 뷰 편집창에서
   [확인] 버튼을 클릭하여 작업을 종료한다.

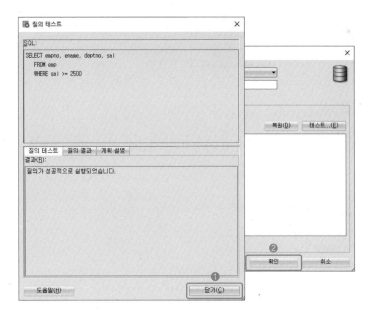

④ 생성된 뷰는 접속창에서 확인 가능하다.

⑤ 이미 생성된 뷰의 생성 SQL 문을 알고 싶거나 뷰를 수정하고 싶으면 다음과 같이 해
당 뷰에 대한 팝업 메뉴에서 [편집]을 선택한다. 그러면 뷰 편집창을 볼 수 있다.

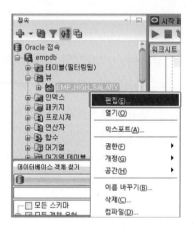

(3) 뷰의 사용

생성된 뷰는 마치 테이블처럼 사용이 가능하다. 다음은 뷰에 대해 질의하는 SQL 문의
예이다.

```
SELECT ename, sal
FROM emp_high_salary
WHERE sal < 5000 ;
```

결과

	⬥ ENAME	⬥ SAL
1	BLAKE	2850
2	JONES	2975
3	FORD	3000
4	SCOTT	3000

뷰와 일반 테이블 간의 조인도 가능하다.

```
SELECT ename, dname, sal
FROM emp_high_salary e, dept d
WHERE e.deptno = d.deptno
AND sal < 5000 ;
```

결과

	⬥ ENAME	⬥ DNAME	⬥ SAL
1	JONES	RESEARCH	2975
2	FORD	RESEARCH	3000
3	SCOTT	RESEARCH	3000
4	BLAKE	SALES	2850

뷰에 대한 질의는 어떻게 실행되는 것일까? 뷰에 대한 질의는 뷰가 정의된 실제 테이블에 대한 질의로 바뀌어 실행된다. 다음의 예에서 보는 바와 같이 FROM 절에 있는 뷰의 이름이 테이블 이름으로 바뀌고, WHERE 절에서 뷰를 정의할 때 지정된 조건문이 추가되어 실행되는 것을 알 수 있다.

```
SELECT ename, sal
FROM emp_high_salary
WHERE sal < 5000 ;
```

```
SELECT ename, sal
FROM emp
WHERE sal >= 2500
AND sal < 5000 ;
```

뷰에 대한 다음의 두 질의는 에러를 발생시킨다. 그 이유는 질의문에 사용한 job, hiredate가 뷰의 정의에는 포함되지 않았기 때문이다. 즉, **뷰를 통해서 뷰 밖의 정보들을 검색하는 것은 불가능**하다.

```
SELECT ename, job, sal
FROM emp_high_salary
WHERE sal < 5000 ;
```


```
SELECT ename, sal
FROM emp_high_salary
WHERE hiredate >= '1981-05-01' ;
```

(4) 뷰에 대한 기타 사항

뷰에 대한 개념을 다시 정리해보면 다음의 그림과 같이 뷰는 물리적으로 존재하는 테이블을 바라보는 창문의 역할을 한다. 사용자는 창문을 통해 보이는 부분만 볼 수 있고, 벽에 의해 가려진 부분은 볼 수 없다. 이것이 뷰의 특징이다. 따라서 뷰는 일종의 가상 테이블이다. 뷰는 테이블과는 달리 물리적 데이터를 갖지 않는다. 30MByte 크기의 테이블에 대해 2개의 뷰를 정의했을 때 뷰의 저장 공간으로 60MByte가 필요한 것은 아니라는 의미이다. 뷰를 생성하면 시스템 카탈로그에는 단지 뷰에 대한 정의만 저장될 뿐 테이블에서 가져온 데이터가 저장되는 것은 아니다.

| 사용자 | 뷰 | 물리적 테이블 |

employee

empid	ename	dept	hiredate	birthday	address	job	salary
1001	홍길동	영업부	2019.02.01	10.12	서울 대림동	특수영업	350
1002	곽희준	생산부	2020.01.01	9.10	부산 대하동	품질관리	400
1003	김동준	영업부	2018.01.01	5.15	경기 분당	영업관리	300
1004	성재규	인사부	2019.02.01	4.12	경기 성남	급여관리	450
1005	박성범	구매부	2018.05.01	12.4	서울 신림동	수입자재	320

실제 개발 현장에서 뷰는 다음의 세 가지 경우에 사용된다.

① 원래 뷰의 취지대로 각 부서에서 필요한 정보만 뷰로 정의하여 테이블을 단순화된 형태로 다루고자 하는 경우에 사용한다. 즉, 테이블을 각 부서의 관점에서 다룰 수 있도

록 한다.

② 많은 경우 뷰는 조직의 보안상 민감한 정보를 감추는 데도 사용된다. 예를 들면, 연봉에 대한 정보는 아무나 보면 곤란할 것이다. 이런 경우 연봉 컬럼을 제외하고 뷰를 만들어 개발자나 사용자들에게 제공하면 연봉정보에는 접근할 수 없게 된다.

③ 데이터베이스 응용 프로그램의 개발 시 다수의 테이블을 조인하는 복잡한 질의문이 자주 사용된다고 하면 이를 미리 뷰로 만들어두고, 뷰에 대해 질의문을 작성하면 코딩 작업이 한결 수월해질 수 있다. 다음의 예는 emp 테이블과 dept 테이블을 조인하여 뷰를 정의하는 SQL 문과 정의된 뷰를 이용하여 질의하는 SQL 문의 예이다. 새로 생성된 뷰를 이용하면 사원명과 부서명을 알기 위해 emp 테이블과 dept 테이블을 조인할 필요가 없음을 알 수 있다.

```
CREATE VIEW emp_dept
AS SELECT empid, ename, job, mgr, hiredate, sal, comm,
          e.deptno, dname, loc
    FROM emp e, dept d
    WHERE e.deptno= d.deptno ;
```

```
SELECT ename, dname
FROM emp_dept ;
```

뷰에 대해서도 INSERT, UPDATE, DELETE 연산이 가능할까? 경우에 따라 가능할 수도 있고 가능하지 않을 수도 있다. 예를 들면, 뷰에 정의된 컬럼들에 대해서만 값을 지정하여 INSERT 문을 작성하였을 때 뷰 밖에 있는 컬럼들에는 NULL 값이 자동 저장되는데 그 컬럼들 중 하나라도 NOT NULL로 설정되어 있다면 INSERT 문은 실행될 수 없다. 뷰의 밖에 있는 모든 컬럼이 NULL 값을 허용하도록 되어 있다면 INSERT 문은 실행된다. 뷰에 대해서 INSERT 문이 성공적으로 실행된다면 입력하는 튜플은 뷰가 아닌 뷰가 정의된 테이블에 입력된다. 뷰의 원래 취지가 존재하는 테이블에 대해 바라보는 관점을 제공하는 것이기 때문에 뷰에 대해 INSERT, UPDATE, DELETE 연산이 가능하다고 하더라도 이는 바람직하지는 않다. 갱신 연산들은 테이블에 대해서 실행하고, 뷰는 조회용으로만 사용하는 것이 바람직하다.

8.2 인덱스

DBMS는 다수의 사용자에 의한 질의 요구를 빠른 시간 안에 처리하여야 한다. 그렇게 하기 위해서는 사용자가 원하는 정보가 어디에 있는지 빠르게 찾을 수 있어야 한다. 컴퓨터 분야에서는 정보를 빠르게 찾기 위한 많은 연구가 이루어졌는데 그중에 대표적인 방법이 인덱스(index)를 이용하는 것이다. 인덱스는 책 뒤에 붙어 있는 색인과 역할과 동일하다. 이 교재의 찾아보기(색인) 페이지를 보라. 거기에는 키워드가 가나다순으로 나열되어 있고, 그 키워드가 어느 페이지에 등장하는지의 정보가 적혀 있다. 독자들은 원하는 키워드의 내용이 책의 어디에 등장하는지 알기 위해 색인을 검색하여 페이지를 알아낸 뒤 해당 페이지를 펼쳐 정보를 얻는다. 동일한 개념을 테이블 내에서 자료를 검색하는 데 적용한 것이 인덱스이다.

(1) 자료를 검색하는 세 가지 방법

다음과 같이 10만 명의 정보가 저장된 고객 테이블에서 '류용신' 고객의 전화번호를 검색하는 문제를 생각해보자.

'류용신'의 전화번호는?

고객번호	이름	성별	전화번호	취미
98001	김철수	M	111-2323	등산
98002	홍길동	M	731-4325	낚시
98003	김영희	F	456-1763	등산
98004	박순섭	F	345-4352	여행
98005	강고인	M	633-2156	낚시
98006	류용신	F	354-2323	여행
...	...	...	...	...

가장 쉽게 생각할 수 있는 방법은 **순차 탐색**(sequential search)이다. 순차 탐색은 글자 그대로 첫 번째 튜플부터 차례로 비교하여 이름이 '류용신'인 튜플이 발견될 때까지 검색을 계속하는 방법이다. 간단한 방법이기는 하지만 검색 속도가 느리다. 최악의 경우는 10만 개의 튜플과 비교해야 원하는 정보를 얻을 수 있다.

〈순차탐색〉

고객번호	이름	성별	전화번호	취미
98001	김철수	M	111-2323	등산
98002	홍길동	M	731-4325	낚시
98003	김영희	F	456-1763	등산
98004	박순섭	F	345-4352	여행
98005	강고인	M	633-2156	낚시
98006	류용신	F	354-2323	여행
...	...	...	...	...

만일 고객의 이름이 가나다순으로 정렬된 상태로 저장되어 있다면 **이진 탐색**(binary search)과 같이 매우 빠르게 검색할 수 있는 방법이 존재한다. 이진 탐색은 검색 대상 튜플의 가장 중간에 있는 튜플과 먼저 비교하여 찾고자 하는 이름이 중간 튜플보다 앞에 있으면 검색 범위를 처음부터 중간 범위까지로 축소하고, 그 반대의 경우는 중간 튜플부터 마지막 튜플 사이로 검색 범위를 축소한다. 이 과정을 반복하면 10만 개의 튜플을 검색한다고 해도 몇 번의 비교만으로 원하는 정보를 찾을 수 있다. 이 방법의 문제는 비교 대상 컬럼을 기준으로 튜플들이 정렬되어 있어야 하는데, 튜플의 수가 많아질수록 정렬 상태를 유지하는 데 비용이 많이 들기 때문에 현실적인 방법은 아니다.

인덱스 파일

고객번호	이름	성별	전화번호	취미
98005	강고인	M	633-2156	낚시
98003	김영희	F	456-1763	등산
98001	김철수	M	111-2323	등산
98006	류용신	F	354-2323	여행
98004	박순섭	F	345-4352	여행
98002	홍길동	M	731-4325	낚시
...	...	...	...	...

최소의 비용으로 이진 탐색의 효과를 얻고자 하는 방법이 **인덱스**(index)를 이용하는 방법이다. 검색 대상 테이블에서 검색 기준 컬럼을 추출하여 별도의 파일에 정렬된 상태로 저장하되 원 테이블의 튜플을 찾아가기 위한 링크 정보를 함께 저장한다. 검색을 할 때는

원 테이블에 대해 하는 것이 아니고 인덱스 파일에서 한 뒤에 링크를 따라가면 원 테이블의 튜플을 찾을 수 있다. 인덱스 파일은 정렬된 상태를 유지해야 하는데 원 테이블을 정렬된 상태로 유지하는 것보다는 비용이 적게 들기 때문에 대부분의 DBMS 제품에서 인덱스를 지원하고 있다.

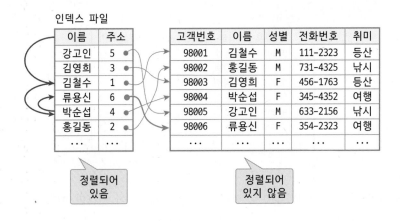

(2) 인덱스의 지정

인덱스는 SQL 문을 이용하거나 SQL Developer의 기능을 이용하여 지정할 수 있다. 먼저 SQL 문을 이용하여 인덱스를 지정하는 방법을 알아보도록 한다. 오라클에서는 테이블 생성 후에 별도로 그 테이블에 대한 인덱스를 지정한다. 인덱스를 생성하는 SQL 문법은 다음과 같다.

```
CREATE [UNIQUE] INDEX 인덱스 이름 ON 테이블명 (컬럼명) ;
```

emp 테이블의 사원이름(ename)에 인덱스를 지정하는 명령문은 다음과 같다.

```
CREATE INDEX idx_emp_ename ON emp (ename) ;
```

지정된 idx_emp_ename 인덱스를 제거하는 명령문의 예는 다음과 같다.

```
DROP INDEX idx_emp_ename ;
```

Note ━ CREATE INDEX와 CREATE UNIQUE INDEX

CREATE INDEX는 '사원이름'과 같이 인덱스를 지정하는 컬럼에 중복되는 값이 저장되는 경우에, CREATE UNIQUE INDEX는 '주민등록번호'와 같이 중복이 없는 컬럼에 인덱스를 지정하는 경우에 사용한다. INDEX보다는 UNIQUE INDEX의 검색 성능이 더 좋은 것으로 알려져 있다.

오라클에서는 인덱스를 하나의 데이터베이스 객체로 다루기 때문에 CREATE 문으로 생성하지만, 제품에 따라 인덱스를 테이블의 부속 정보로 취급하기도 한다. 이런 제품에서는 CREATE 문 대신에 ALTER 문을 이용하여 인덱스를 생성한다.

Note ━

대부분의 DBMS에서는 기본키 컬럼에 대해서는 자동적으로 인덱스를 생성하여 사용한다. 즉, 기본키 컬럼에 대해서는 인덱스를 지정할 필요가 없다는 것이다. 인덱스의 목적이 검색 속도를 높이는 데 있다는 것을 생각하면 검색의 기준이 되는 기본키에 인덱스를 지정하는 것은 자연스러운 일이다.

■ SQL Developer의 GUI를 이용한 인덱스 생성

SQL Developer의 GUI를 통해서 인덱스를 지정하는 방법에 대해 알아보도록 한다. 다음의 순서로 진행하면 된다.

① 접속창의 인덱스 항목에 대해 팝업 메뉴에서 [새 인덱스]를 선택한다.

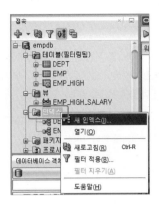

② 인덱스 편집 화면이 나오면 다음과 같이 입력한다. 입력을 마치면 [확인] 버튼을 클릭
하여 작업을 종료한다.

항목명	입력값	설명
이름	idx_emp_ename	인덱스의 이름(사용자가 지정함)
테이블	EMP	인덱스를 지정할 테이블 선택
인덱스 유형	고유하지 않음	동명이인이 있을 수 있으므로 인덱스 컬럼의 값이 고유하지 않음
표현식	ENAME, ASC	인덱스를 지정할 컬럼 및 정렬 방법 선택(오른쪽의 녹색 더하기 아이콘을 클릭하여 컬럼을 추가한다.)

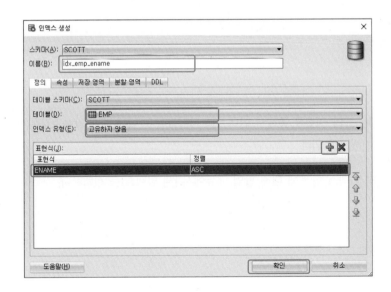

③ 정상적으로 인덱스가 생성되었다면 접속 창에서 새로 생성된 인덱스를 확인할 수 있다.

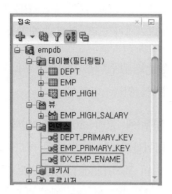

④ 생성된 인덱스는 팝업 메뉴를 통해 인덱스의 내용을 확인/수정하거나 삭제가 가능하다.

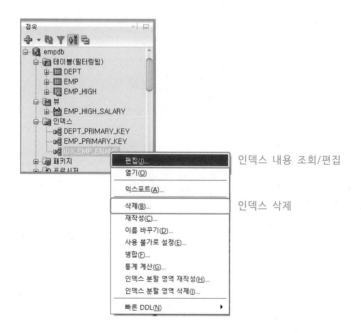

(3) 인덱스에 대한 검토

인덱스가 검색 속도를 높일 수 있는 효과적인 수단이라면 모든 컬럼에 대해 인덱스를 지정하면 좋을 것이라고 생각할 수 있다. 그러나 독립된 파일에 저장되는 인덱스는 항상 정렬된 상태를 유지해야 하기 때문에 인덱스 파일이 많으면 인덱스를 재정렬하는 데 상당한

시간이 소모되어 DBMS의 성능을 저하시킬 수 있다. 그러므로 인덱스는 꼭 필요한 컬럼에 대해서만 지정해야 한다. 인덱스는 SQL 문의 WHERE 절에 자주 비교 대상이 되거나 테이블 간 조인에 이용되는 컬럼(외래키 컬럼)에 대해 제한적으로 지정하는 것이 좋다.

또한 모든 경우에 인덱스가 성능을 발휘하는 것은 아니다. 다음은 컬럼에 인덱스를 지정하여도 효과를 보기 어려운 경우들이다.

① **테이블 튜플의 수가 적은 경우(예: 200~300개)는 인덱스를 지정하여도 효과가 별로 없다.** 하드디스크에 있는 테이블의 데이터가 메인 메모리로 불러어올 때 튜플 단위로 오는 것이 아니라 일정 크기의 블록(block) 단위로 오기 때문에 작은 테이블은 전체 데이터가 한 번에 메인 메모리로 불러어온다. 메인 메모리상에 있는 데이터는 순차 탐색을 하든 이진 탐색을 하든 속도 차이가 거의 나지 않는다. 따라서 인덱스를 지정하는 것이 의미가 없다.

② 인덱스로 지정한 컬럼에 대해 단일 값으로 검색을 했을 때 **검색된 튜플이 전체 튜플의 10~15%를 넘는 경우**는 순차 탐색을 하는 것이 인덱스를 이용하는 것보다 더 빠를 수 있다. 예를 들면, '성별' 컬럼에 인덱스가 지정되어 있고, 성별이 남성인 튜플을 검색한다고 했을 때 검색 결과는 한두 개의 튜플이 아니라 많은 수의 튜플일 것이다. 이런 경우는 순차 탐색을 하면서 성별이 남성인 튜플을 골라내는 것이 인덱스를 거쳐서 남성인 튜플을 검색하는 것보다 더 빠를 수 있다.

인덱스는 꼭 필요한 컬럼에 대해서만 지정하도록 합시다.

8.3 PL/SQL 프로시저

데이터베이스에는 테이블, 뷰와 같이 데이터에 관련된 요소뿐만 아니라 프로그램도 저장이 가능하다. 오라클에서는 SQL을 확장한 PL/SQL이라는 프로그래밍 언어를 사용하여 이러한 저장 가능 프로그램을 생성할 수 있다. PL/SQL은 SQL 문법과 일반 프로그래밍 언어의 기본 문법이 합쳐진 형태의 문법을 제공한다. PL/SQL로 생성할 수 있는 저장 가능 프로그램에는 프로시저(procedure)와 함수(function), 트리거(trigger)가 있다. 다른 DBMS 제품들도 PL/SQL과 유사한 언어를 제공한다. PL/SQL을 잘 활용하면 데이터베이스 기반 소프트웨어를 개발할 때 생산성을 높일 수 있으므로 기본 개념을 알아둘 필요가 있다. 다만 본 교재는 프로그래밍을 전문적으로 다루지는 않으므로 PL/SQL을 이해할 수 있는 정도의 내용만 알아보도록 한다.

(1) 간단한 프로시저의 생성과 사용

프로시저는 저장 프로시저(stored procedure)라는 이름으로 불리기도 한다. 프로시저를 생성하는 기본 문법은 다음과 같다. 저장 프로시저는 일반 프로그래밍 언어의 함수와 유사한 기능과 구조를 갖는다.

```
CREATE PROCEDURE 프로시저 이름 (매개 변수, 매개 변수의 자료형)
AS
  [변수 선언]
BEGIN
  프로그램 내용
END ;
```

다음은 emp 테이블에 대해 사원번호를 입력하면 해당 사원의 사원번호, 이름, 담당업무를 화면에 표시하는 간단한 저장 프로시저이다.

```
1    CREATE PROCEDURE p_emp_sel(eid number)
2    AS
3      v_ename VARCHAR2(50) ;
4      v_job   emp.job%TYPE ;
5    BEGIN
6       -- get employee info.
7      SELECT ename, job INTO v_ename, v_job
8      FROM emp
9      WHERE empno = eid ;
10
11     -- print result
12     DBMS_OUTPUT.PUT_LINE(eid || ' ' ||
13        v_ename || ' ' || v_job );
14
```

```
15    -- error handling
16    EXCEPTION
17      WHEN OTHERS THEN
18        DBMS_OUTPUT.PUT_LINE( SQLERRM );
19    END ;
```

위의 코드에 대한 설명은 다음 절에서 하기로 한다. 작성한 코드를 실행하면 코드를 컴파일하여 실행 가능 프로그램을 생성한다. 코드가 에러 없이 정상적으로 실행되면 스크립트 출력 창에 다음과 같은 메시지가 출력된다. 에러가 있는 경우는 에러 메시지가 표시된다.

Procedure P_EMP_SEL이(가) 컴파일되었습니다.

생성된 프로시저는 다음과 같이 접속 창에서 프로시저 항목에 대해 새로고침 후에 확인이 가능하다.

새로고침 아이콘

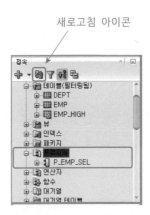

프로시저를 생성하는 코드에 문법 오류가 있는 경우는 스크립트 출력창에 에러 메시지가 표시되는데 프로시저 객체는 생성된다. 따라서 문법 오류를 수정하기 전에 잘못 생성된 프로시저를 먼저 삭제한 후에 작업해야 한다. 또는 CREATE PROCEDURE 대신에 REPLACE PROCEDURE 명령문을 이용해야 한다. 이러한 번거로움을 없애기 위해서 프로시저 생성 코드의 첫 줄을 다음과 같이 변경하여 사용하는 것이 편리하다.

```
CREATE OR REPLACE PROCEDURE p_emp_sel(eid number)
```

앞 명령문의 의미는 만일 p_emp_sel이 없으면 새로 생성하고, 이미 존재하면 기존 것을 새로 만드는 것으로 대체하라는 의미이다. 따라서 프로시저 생성 과정에서 에러에 의해 잘못된 프로시저가 생성되어도 명시적 삭제 없이 수정 작업이 가능하다.

생성된 프로시저의 실행은 **EXECUTE** 또는 **EXEC** 명령어를 이용한다. 사원번호가 7698인 사원의 정보를 보기 위해서는 다음과 같이 프로시저를 실행한다.

```
SET SERVEROUTPUT ON ;
EXEC p_emp_sel(7698) ;
```

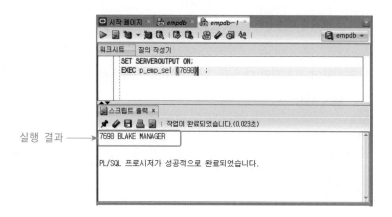

SET SERVEROUTPUT ON ; 의 역할은 프로시저의 실행 결과가 화면에 나타나도록 설정하는 것이다. 프로시저를 실행할 때마다 매번 설정할 필요는 없고 한 번만 설정하면 세션이 종료될 때까지 유효하다.

■ SQL Developer GUI를 통한 프로시저 생성

프로시저는 SQL Developer의 메뉴를 통해서도 생성 가능하다. 다음의 순서를 따른다.

① 접속창의 프로시저 항목에 대한 팝업 메뉴에서 [새 프로시저]를 선택한다.

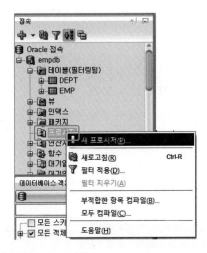

② 프로시저 편집창이 표시되면 다음과 같이 프로시저 이름과 입력 매개 변수를 입력한 후 [확인]을 클릭한다.

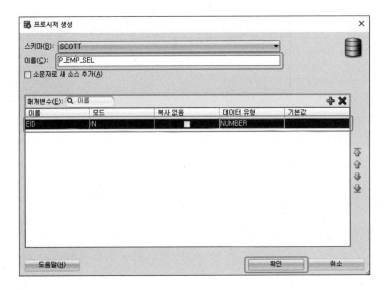

③ 편집 화면에 다음과 같이 프로시저에 대한 템플릿이 표시된다. 템플릿의 내용을 보면 예제 코드와 약간 달라 보이는 부분이 있는데 신경 쓰지 않아도 된다.

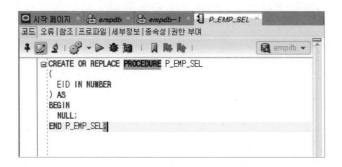

④ 이제 템플릿의 빈 부분을 채워 넣고 메뉴에서 컴파일 아이콘을 클릭한다.

컴파일 아이콘

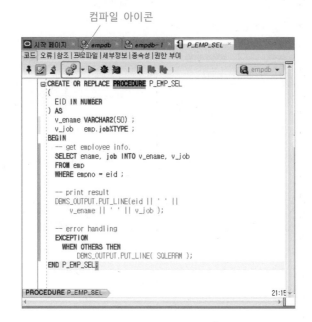

⑤ 컴파일 결과는 프로시저 편집창 하단의 메시지 탭에서 확인 가능하다. 컴파일이 정상
적으로 이루어졌으면 '컴파일됨'으로 표시되고 오류가 있는 경우는 '컴파일됨(오류 발
생)'으로 표시된다. (오류 발생 시에는 오류 수정 후 다시 컴파일하도록 한다.)

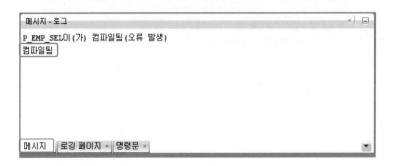

⑥ 컴파일이 정상적으로 되었다면 프로시저 편집창에서 프로시저를 실행해 볼 수 있다.
다음의 순서대로 실행하도록 한다.

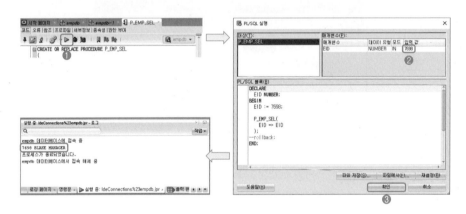

(2) 프로시저 작성에 사용되는 문법

앞에서 살펴본 프로시저의 예제 코드를 중심으로 프로시저를 작성하는 데 필요한 문법
들을 알아보도록 한다.

■ 주석문

주석문(comment)은 코드의 내용을 설명하기 위해 사용하며, 코드를 컴파일할 때는 제
외된다. 오라클 프로시저에서 여러 줄을 한 번에 주석 처리하기 위해서는 /* */를 사용한

다. 한 줄 주석은 ――를 이용한다. 예제 코드에서 6, 11, 15라인이 한 줄 주석문이다.

```
6          -- get employee info.
```

■ 변수의 선언, 변수에 값 저장하기

일반 프로그램과 마찬가지로 프로시저 내에서도 변수를 선언하여 사용할 수 있다. **AS**와
BEGIN 사이에 변수를 선언하며, 문법은 다음과 같다.

```
변수명 자료형 ;
```

예제 코드의 3, 4 라인이 변수를 선언하는 부분이다. **v_ename**과 **v_job** 이렇게 두 개
의 변수를 선언하였다. **v_ename**의 자료형은 **VARCHAR2(50)**이고 **v_job**의 자료형은 **emp.
job%TYPE**이다. **emp.job%TYPE**의 의미는 **v_job**의 자료형을 **emp** 테이블의 **job**과 동일하
게 하라는 의미이다.

```
3      v_ename VARCHAR2(50) ;
4      v_job   emp.job%TYPE ;
```

pi라는 변수를 선언하여 3.14라는 값을 저장하려면 다음과 같이 한다. **pi**에 3.14를 저장
할 때 **pi = 3.14**가 아닌 **pi := 3.14**를 사용하는 것에 주의하자.

```
 ..
AS
  pi NUMBER(5,2) ;
BEGIN
  pi := 3.14 ;

END
```

다음과 같이 변수의 선언과 초깃값을 동시에 저장하는 것도 가능하다.

```
..
AS
  pi NUMBER(5,2) := 3.14 ;
BEGIN


END
```

SQL 문의 실행 결과를 생성한 변수에 저장할 수도 있다. 실행 결과가 여러 개의 값이면 여러 개의 변수에 나누어 저장하는 것도 가능하다. 예제의 라인 7을 보면 SELECT 문에서 조건에 맞는 사원이름(ename)과 담당업무(job)를 검색하여 변수 v_ename와 v_job에 각각 저장하는 것을 알 수 있다.

```
6       -- get employee info.
7       SELECT ename, job INTO v_ename, v_job
8       FROM emp
9       WHERE empno = eid ;
```

Note — 변수명 규칙

변수의 이름은 사용자가 임의로 만들어서 사용할 수 있지만, 다음의 규칙을 지켜야 한다.

1. 변수명의 첫 글자는 반드시 문자로 시작해야 한다.
2. 변수명의 두 번째 글자부터는 문자나, 숫자, 특수문자를 포함할 수 있다.
3. 변수명은 30Byte(영문 기준 30글자) 이하여야 한다.
4. 예약어(키워드)를 사용하면 안 된다(예: begin, end, id, result,...).

■ 입력 변수(매개 변수)의 선언

입력 변수 또는 매개 변수는 프로시저의 외부에서 프로시저 안으로 값을 전달할 때 사용된다. 1라인에서 eid가 입력 변수의 이름이고 number가 입력 변수의 자료형이다.

```
1       CREATE PROCEDURE p_emp_sel(eid number)
```

프로시저 p_emp_sel을 실행할 때 p_emp_sel(7847)와 같이 하는데 7847이 변수 eid

에 저장되어 프로그램 안으로 전달되는 것이다.

프로시저에서 입력 변수(매개 변수)의 자료형을 선언할 때 자릿수는 제외하고 표현하도록 한다. 그렇지 않으면 컴파일 에러가 발생한다.

올바른 예

```
CREATE OR REPLACE PROCEDURE p_odd_sum(in_value number)
```

잘못된 예

```
CREATE OR REPLACE PROCEDURE p_odd_sum(in_value number(10,2))
```

Note ┤ 입력 변수의 유형

프로시저와 다음 절에서 학습할 함수는 입력 변수(매개 변수)를 정의할 수 있다. 오라클에서는 입력 변수의 성격에 따라 IN, OUT, INOUT 3가지 타입으로 구분한다. IN 타입 입력 변수는 읽기 전용으로서 변수에 저장된 값을 읽을 수는 있지만, 변경하는 것은 불가능하다. OUT 타입 입력 변수는 쓰기가 가능하고 INOUT 타입 변수는 읽기와 쓰기가 모두 가능하다. 입력 변수 정의 시 타입을 지정하지 않으면 IN 타입이 자동적으로 지정된다. 다음은 타입을 지정한 입력 변수의 정의 예이다.

```
CREATE OR REPLACE PROCEDURE p_odd_sum(in_value IN number)
```

■ 화면에 작업 결과 출력하기

화면에 작업 결과나 변수의 내용을 출력하려면 **DBMS_OUTPUT.PUT_LINE()** 함수를 이용한다. ( ) 안에 출력할 변수명이나 문자열을 적어주면 된다. ||는 출력할 내용을 연결하는 역할을 한다.

```
11    -- print result
12    DBMS_OUTPUT.PUT_LINE(eid || ' ' ||
13      v_ename || ' ' || v_job );
```

프로시저를 작성할 때 문법 오류를 포함할 수 있는데, 문법 오류는 컴파일 단계에서 알 수 있다. 그러나 문법 오류는 없지만, 실행 단계에서 에러가 나는 경우가 있다. 이럴 때 에러 메시지를 화면에 출력하는 부분이 예제 코드의 16~18라인이다.

```
15    -- error handling
16    EXCEPTION
17      WHEN OTHERS THEN
18        DBMS_OUTPUT.PUT_LINE( SQLERRM );
```

■ 비교문

비교 조건에 따라 특정 작업을 수행하거나 하지 않는 것이 가능하다. 기본 문법은 다음과 같다.

```
IF 비교 조건 THEN
  비교 조건 만족 시 실행할 명령문 1 ;
  ..
  비교 조건 만족 시 실행할 명령문 n ;
END IF
```

```
IF 비교 조건 THEN
  비교 조건 만족 시 실행할 명령문 1 ;
  ..
  비교 조건 만족 시 실행할 명령문 n ;
ELSE
  비교 조건 만족 안할 때 실행할 명령문 1 ;
  ..
  비교 조건 만족 안할 때 실행할 명령문 n ;
END IF
```

다음은 평균 급여액이 3,000 미만이면 전 사원의 급여를 10% 올려서 저장하는 명령문이다.

```
IF avg_salary < 3000 THEN
    UPDATE emp
    SET sal = sal * 1.1 ;
END IF ;
```

■ 반복문

오라클에서는 반복문에 많이 이용되는 FOR 문을 포함해서 WHILE 문과 LOOP 문을 제공하는데 여기서는 FOR 문에 대해서만 언급한다. 문법은 다음과 같다.

```
FOR 증감변수 IN 초기값..최종값 LOOP
  명령문 1 ;
  ..
  명령문 n ;
END LOOP ;
```

다음은 반복문을 이용하여 1~100의 합계를 계산하여 출력하는 코드이다.

```
..
AS
    v_sum NUMBER := 0;
BEGIN
  FOR i IN 1..100 LOOP
    v_sum := v_sum + i ;
  END LOOP ;
  DBMS_OUTPUT.PUT_LINE('sum :' || v_sum );
END
```

■ 기타 명령문

이상에서 소개한 명령문들 외에도 프로시저에서 사용 가능한 명령어들이 많이 있으나 본 교재는 저장 프로시저를 전문적으로 다루는 교재가 아니므로 관심이 있는 독자들은 전 문서적이나 튜토리얼 사이트(https://www.oracletutorial.com/plsql-tutorial/)를 참고 하도록 한다.

다음은 앞에서 소개한 명령문들을 이용하여 작성한 프로시저의 예이다. 정수 값을 입력하면 1~입력값 사이의 홀수에 대해서만 합계를 구하여 출력한다.

```
CREATE OR REPLACE PROCEDURE p_odd_sum(in_value number)
AS
  v_sum NUMBER := 0 ;
BEGIN
  FOR i IN 1..in_value LOOP
    IF MOD(i, 2) = 1 THEN
       v_sum := v_sum + i ;
    END IF ;
  END LOOP ;

  DBMS_OUTPUT.PUT_LINE('sum :' || v_sum );
END ;
```

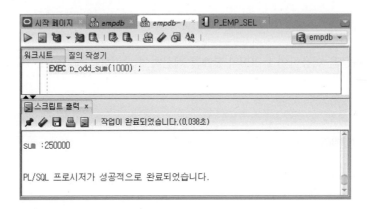

(3) 프로시저의 장단점

프로시저의 사용은 장점과 단점을 함께 가지고 있으니 이를 잘 이해하고 필요할 때 사용하도록 한다. 프로시저의 **장점**은 다음과 같다.

1) 복수의 SQL을 실행해야 하는 외부 어플리케이션의 경우 프로시저로 묶어서 정의하면 여러 SQL의 실행을 매번 DBMS에게 요청하지 않아도 되므로 네트워크의 부하를 줄일 수 있다. 외부 어플리케이션에서는 단지 프로시저를 1회 실행함으로써 여러 SQL을 실행한 효과를 갖는다.

2) 일반 SQL 문은 SQL 문이 요청될 때마다 매번 문법 검사, 권한 및 보안검사, 최적화 작업 등을 실시한다. 그러나 프로시저 안에 정의된 SQL 문은 프로시저 생성(컴파일) 시에 이러한 작업을 수행하고 이를 저장하였다가 프로시저가 호출될 때 저장된 정보를 재활용하므로 일반 SQL에 비해 처리 시간이 단축된다.

3) 보안상 SQL 문의 임의 작성 및 실행을 제한하여야 하는 경우 필요한 SQL 문을 프로시저의 형태로 정의하고 프로시저의 실행 권한만을 부여함으로써 보안 문제를 해결할 수 있다.

4) 여러 외부 어플리케이션에서 필요로 하는 공통 SQL 문은 프로시저로 정의하여 공유함으로써 어플리케이션별로 SQL 문을 기술해야 하는 번거로움과 SQL 문 작성 시의 실수를 줄일 수 있다.

5) 업무 규칙이 바뀌어서 여러 어플리케이션에서 공동으로 사용하는 프로시저를 수정하게 되면 이를 사용하는 어플리케이션들을 수정한 것과 동일한 효과를 갖는다. 이에 따라 어플리케이션의 유지보수가 용이해진다.

반면에 프로시저는 다음과 같은 **단점**도 있다.

1) 프로시저의 작성에 사용되는 문법이 DBMS 제품마다 조금씩 다르기 때문에 사용하는 DBMS 제품의 변경 시 프로시저를 수정하거나 재작성해야 한다.

2) 업무 규칙이 바뀌었는데 이에 영향 받는 처리 절차가 외부 응용프로그램과 프로시저에 나뉘어서 구현되어 있다면 이들을 통합적으로 수정해주어야 하는데, 외부 프로그램 한 곳에 구현되어 있는 경우에 비해 수정 절차가 복잡하고(응용프로그램 개발자와 저장 프로시저 개발자가 협업해야 할 수도 있다) 그 과정에서 변경 실수에 의한 오류나 장애를 발생시킬 수도 있다.

3) 프로시저를 너무 남발하는 경우는 전체 정보 시스템의 관리나 유지보수가 더 어려워질 수 있다.

8.4 PL/SQL 함수

함수(function)는 프로시저와 마찬가지로 데이터베이스에 저장되어 사용되는 미니 프로그램이다. 우리가 이미 학습한 바 있는 SUM(), AVG(), MAX(), MIN() 등이 바로 함수인데 DBMS 회사에 의해 만들어져서 제공된다는 의미에서 '내장 함수'라고 한다. 보통 데이터베이스 작업에서 자주 쓰이는 기능들이 내장 함수의 형태로 제공된다. 이번 절에서 다루는 함수는 사용자가 필요에 의해서 직접 만들어 사용한다는 의미에서 '사용자 정의 함수 (user defined function)'라고 한다.

사용자 정의 함수는 프로시저와 유사한데, 프로시저와 다른 점은 사용자 정의 함수는 반드시 SQL 문 안에서 사용되어야 하며, 반환(return)값이 있다는 것이다. 이 두 가지를 제외하면 함수 작성을 위한 문법은 프로시저의 작성을 위한 문법과 동일하다.

함수를 정의하는 문법은 다음과 같다.

```
CREATE FUNCTION 함수 이름(입력 변수 리스트)
  RETURN 반환 값의 자료형
IS
  변수 선언;
BEGIN
  처리내용 ;
  RETURN 반환값 ;
END ;
```

프로시저의 경우와 마찬가지로 **CREATE FUNCTION** 대신에 **CREATE FUNCTION OR REPLACE**를 사용하면 좀 더 편리하게 함수를 개발할 수 있다.

다음은 급여액을 입력하면 높은 연봉(high salary)인지 낮은 연봉(low salary)인지를 알려주는 사용자 정의 함수의 예이다.

```
CREATE OR REPLACE FUNCTION f_grade (in_value number)
  RETURN varchar2
AS
  v_grade varchar2(20) ;
BEGIN
  v_grade := 'Low salary' ;
  IF in_value > 2500 THEN
    v_grade := 'High salary' ;
  END IF ;

  RETURN v_grade ;
END ;
```

함수 작성 시 다음 두 가지 사항을 주의해야 한다.

1) 함수는 연산의 결과를 하나의 값으로 반환하도록 되어 있다. 그리고 RETURN 다음에 반환값의 자료형을 정의한다. f_grade() 함수를 보면 반환값이 v_grade라는 변수에 저장되어 있다. 따라서 v_grade의 자료형은 RETURN 다음에 정의된 반환값의 자료형과 일치해야 한다.

```
CREATE OR REPLACE FUNCTION f_grade (in_value number)
  RETURN varchar2          ← 일치해야 함
AS
  v_grade varchar2(20) ;
BEGIN
  v_grade := 'Low salary' ;
  IF in_value > 2500 THEN
    v_grade := 'High salary' ;
  END IF ;
  RETURN v_grade ;
END ;
```

2) 보통 자료형을 정의할 때는 자리수를 포함하여 number(10, 2), varchar2(30)과 같이 표현한다. 그런데 함수에서 <u>입력 변수</u>와 <u>반환값</u>의 자료형에 자리수를 포함하면 컴파일 에러가 발생하므로 number, varchar2와 같이 자리수를 제외하고 표현한다. 기타 다른 변수의 정의에는 자리수를 포함하도록 한다.

```
CREATE OR REPLACE FUNCTION f_grade (in_value number)
  RETURN varchar2          ← 자리수 지정하지 않음
AS
  v_grade varchar2(20) ;
BEGIN
  v_grade := 'Low salary' ;
  IF in_value > 2500 THEN
    v_grade := 'High salary' ;
  END IF ;
  RETURN v_grade ;
END ;
```

생성된 사용자 정의 함수는 스키마창에서 새로고침 후 확인할 수 있다.

■ SQL Developer의 GUI를 이용한 함수 생성

SQL Developer의 메뉴를 이용하여 사용자 정의 함수를 생성할 수도 있다. 다음의 순서를 따른다.

① 접속창의 함수 항목에 대한 팝업창에서 [새 함수]를 선택한다.

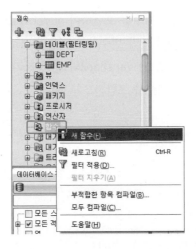

② 다음과 같이 함수 이름, 반환 유형, 입력 변수(매개 변수)를 입력하고 [확인] 버튼을 클릭한다.

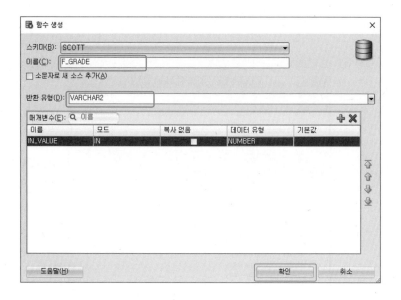

③ 함수 작성 템플릿 화면이 표시되면 함수의 내용을 입력하고 컴파일 아이콘을 클릭한다.

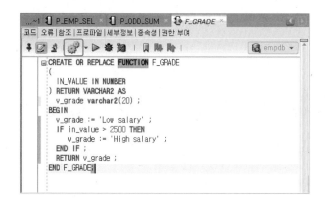

④ 함수 편집 화면 하단의 메시지 로그에 '컴파일됨'이라는 메시지가 표시되면 정상적으로 함수 생성 작업이 마무리된 것이다.

■ 생성된 함수 사용하기

생성된 함수를 이용하여 사원(emp) 테이블에서 사원들의 연봉에 대해 높은 연봉인지 낮은 연봉인지를 확인해보자.

```sql
SELECT ename, sal, f_grade(sal)
FROM emp ;
```

f_grade() 함수를 이용하여 다음과 같이 연봉이 높은 사원들을 조회할 수 있다.

```sql
SELECT ename, job, sal
FROM emp
WHERE f_grade(sal) = 'High salary' ;
```

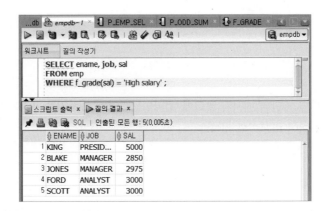

■ 프로시저와 함수 비교

프로시저 작성에 사용되는 문법은 함수에도 그대로 적용된다. 함수에서 주의할 점은 반환값이 단일한 값이어야 한다는 것이다. 프로시저와 함수의 차이를 정리하면 다음과 같다. 프로시저는 **EXEC** 명령어로 호출하여 실행하는 반면 함수는 SQL 문 안에 포함되어 SQL 문의 일부로서 실행된다. 또한 프로시저는 반환값이 없는 반면 함수는 하나의 반환값을 갖는다.

〈표 8-1〉 프로시저와 함수의 차이점

	프로시저	함수
실행	EXEC 명령어로 실행	SQL 문 안에서 사용
반환값	없음	있음

Note -– 트리거(trigger)

이번 단원에서는 테이블 이외에 데이터베이스에 저장되어 사용되는 다양한 객체들에 대해 살펴보았다. 언급하지 않은 객체 중에 프로시저, 함수와 비슷한 **트리거(trigger)**가 있다. 트리거는 특정 조건이 만족되면 DBMS가 자동적으로 실행하는 작업을 정의하는 미니 프로그램이다. 예를 들면, emp 테이블의 튜플에 변경이 발생하면 변경 전 데이터와 변경 후 데이터를 emp_log라는 테이블에 자동 저장되도록 트리거를 정의할 수 있다. 다른 객체들에 비해 사용 빈도가 낮아서 학습 단계에서는 개념을 이해하는 정도로 만족하도록 하자.

실습

부서 정보를 출력하는 프로시저의 작성

과제: 부서 이름을 입력하면 부서에 속한 사원 명단(사원 이름, 담당 업무)을 출력하고, 총 사원수를 출력하는 프로시저를 작성하고 테스트하시오.

① 우선 다음과 같이 프로시저 이름과 입력 변수(매개 변수)를 정한다.

```
create or replace PROCEDURE p_dept_info (in_dname varchar2)
```

② 부서이름을 입력하면 해당 부서 사원들의 정보를 가져와야 하므로 **dept**와 **emp** 테이블의 조인이 필요하다. 'SALES' 부서의 사원 정보를 조회하는 SQL을 작성해 본다.

```
SELECT ename, job
FROM emp e, dept d
WHERE e.deptno = d.deptno
  AND dname = 'SALES' ;
```

③ SQL 문의 실행 결과는 **SELECT .. INTO ..**를 통해 변수에 저장할 수 있다. 문제는 특정 부서의 사원은 한 명이 아니라 여러 명이기 때문에 여러 명의 정보를 한꺼번에 받아야 한다는 것이다. 오라클에서는 복수 행(튜플)을 가져오는 방법으로 커서(cursor)라는 개념을 지원한다. 커서는 일종의 임시 메모리이며, 커서에 복수 개의 행을 받아온 뒤 여기서 한 행씩 추출하여 이용한다. 커서에서 한 행을 읽는 명령어는 **FETCH**이다. 다음은 커서를 이용하는 프로시저의 구조이다.

```
CREATE PROCEDURE 프로시저 이름 (입력 변수 리스트)
AS
   변수 선언 ;
BEGIN
   DECLARE
      CURSOR 커서 이름 (입력 변수 리스트)
      IS
         커서에 저장할 데이터를 정의하는 SQL 문 ;
         커서 안에서 사용할 변수 선언 ;
      BEGIN
         OPEN 커서 이름(입력값);
         LOOP
            FETCH 커서 이름 INTO 변수명 ;
            EXIT WHEN 커서 이름 %NOTFOUND ;
            커서 처리 내용 ;
         END LOOP ;
         CLOSE 커서 이름 ;
      END ;
      프로시저 처리 내용 ;
END ;
```

CURSOR 정의 및 처리부

커서에서 한 행씩 읽어와서 처리하는 부분

이러한 구조에 따라서 다음과 같이 코드를 작성한다.

```
1    CREATE or REPLACE PROCEDURE p_dept_info (in_dname varchar2)
2    AS
3      v_cnt_emp number (4)  ;
4    BEGIN
5       DECLARE
6              CURSOR dept_info (s_dname varchar2)
7               IS
8                   SELECT ename, job
9                   FROM emp e, dept d
10                  WHERE e.deptno = d.deptno
11                    AND dname = s_dname ;
12
13                  -- declare variable inside of cursor
14                  v_ename varchar(50) ;
15                  v_job  varchar(50) ;
16       BEGIN
17           dbms_output.put_line('ept name : ' || in_dname);
18           dbms_output.put_line('--------------------------------');
19
20           OPEN dept_info (in_dname) ;
21           LOOP
22               FETCH dept_info INTO v_ename, v_job ;
23               EXIT WHEN dept_info %NOTFOUND ;
24               dbms_output.put_line(v_ename || ' / ' || v_job);
25
26           END LOOP ;
27           CLOSE dept_info ;
28       END ;
29
30       -- print # of employee
31       SELECT  count(*) INTO  v_cnt_emp
32       FROM emp e, dept d
33       WHERE e.deptno = d.deptno
34         AND dname = in_dname ;
35
36       dbms_output.put_line('--------------------------------');
37       dbms_output.put_line('# of employee : ' ||  v_cnt_emp);
38
39   END ;
```

■ 프로시저 실행 코드

```
EXEC p_dept_info ('SALES')
```

■ 실행 결과

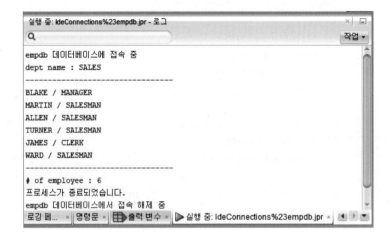

단원 요약

1. 뷰는 하나의 테이블을 부서별로 원하는 관점으로 다룰 수 있도록 하는 수단이다. 뷰는 테이블을 바라보는 창문의 역할을 한다.

2. 뷰를 생성하기 위해서는 뷰를 정의할 테이블이 필요하다. 생성된 뷰는 마치 테이블인 것처럼 사용할 수 있다. 외관상으로는 뷰와 테이블을 구분할 수 없다.

3. 뷰는 일종의 가상 테이블이기 때문에 물리적 데이터를 갖지 않는다. 뷰에 대한 질의는 그 뷰를 정의한 테이블에 대한 질의로 바뀌어 실행된다.

4. 뷰에 대한 갱신 연산은 가능할 수도 있고 가능하지 않을 수도 있다. 뷰의 주된 목적이 조회에 있기 때문에 뷰에 대한 갱신 연산은 바람직하지 않다.

5. 인덱스는 데이터베이스에서 테이블에 저장된 정보를 빠르게 찾을 수 있도록 해주는 기본적인 수단이다.

6. 인덱스가 항상 검색 속도를 높여주는 것은 아니므로 테이블을 잘 검토한 후에 성능 향상이 기대될 때 지정하도록 한다.

7. PL/SQL을 통해서 데이터베이스에 저장할 수 있는 미니 프로그램을 작성할 수 있다.

8. 프로시저 혹은 저장 프로시저는 반환값이 없는 미니 프로그램으로 EXEC 명령어로 실행한다.

9. 함수는 SQL 문 안에 포함되어 실행되는 미니 프로그램으로 반환값이 있다.

10. PL/SQL은 일반 프로그래밍 언어의 기본 문법과 SQL 문법을 섞어서 사용할 수 있도록 문법 체계가 구성되어 있다.

연습문제

1. 다음 중 뷰에 대한 설명으로 거리가 먼 것을 고르시오.

   ① 뷰는 다양한 관점에서 테이블을 볼 수 있도록 한다.
   ② 뷰는 1개의 물리적 테이블에 대해서만 정의할 수 있다.
   ③ 뷰는 물리적 데이터를 갖지 않는다.
   ④ 뷰는 독립적인 객체로서 데이터베이스에 저장된다.

2. emp, dept 테이블에 대한 뷰가 다음과 같다고 하자.

   ```
   CREATE VIEW view_1
   AS SELECT empno, ename, sal, hiredate, dname
      FROM emp e, dept d
      WHERE e.deptno = d.deptno
      AND sal > 1500  ;
   ```

   다음의 질의를 DBMS가 실제 실행할 때는 어떤 SQL 문으로 변환하여 실행하는지를 보이시오.

   ```
   SEELCT ename, sal
   FROM view_1
   WHERE hiredate > '1981-05-01' ;
   ```

3. country, city 테이블에 대해서 다음 사항을 반영한 뷰를 정의하는 SQL 문을 제시하시오.

뷰 이름	country_city
뷰의 컬럼 이름	국가명, 도시 명, 도시 인구
조건	국가면적이 30,000 이상인 국가만 포함

4. 3번에서 생성한 뷰를 이용하여 도시 인구가 10만 명 이상인 도시의 국가명, 도시 명을 보이는 SQL 문을 작성하시오.

5. country 테이블의 국가명(name) 컬럼에 unique 인덱스를 지정하는 SQL 문을 작성하시오.

6. country 테이블의 국가명(name) 컬럼에 일반 인덱스가 아닌 unique 인덱스를 지정할 수 있는 이유를 설명하시오.

7. 다음 중 인덱스를 지정하여 검색 성능 향상 효과를 볼 수 있는 가장 적합한 경우를 고르시오.

   ① 4계절 정보를 담고 있는 테이블의 '계절명' 컬럼에 인덱스 설정
   ② 요일별 통계정보를 담고 있는 테이블의 '요일명' 컬럼에 인덱스 설정
   ③ 전국 공무원의 신상정보를 관리하는 테이블의 '성명' 컬럼에 인덱스 설정
   ④ 어떤 대학의 학생 정보를 관리하는 테이블에서 '단과대코드' 컬럼에 인덱스 설정

8. 다음 중 인덱스에 대한 설명으로 거리가 먼 것을 고르시오.

   ① 인덱스는 검색 성능을 높이는 데 사용된다.
   ② 어떤 테이블에 대해 인덱스를 많이 설명하면 할수록 검색 성능을 높일 수 있다.
   ③ 인덱스는 지정된 컬럼의 값들이 오름차순 또는 내림차순으로 정렬되어 있다.
   ④ 인덱스가 지정된 테이블에 새로운 튜플이 추가되면 인덱스에도 변화가 발생한다.

9. 국가명을 입력하면 면적, 인구, 기대수명을 출력하는 오라클 프로시저를 생성하고 이 프로시저를 이용하여 프랑스(France)의 정보를 출력하시오(대상 테이블: country).

10. 부서 번호를 입력하면 해당 부서의 이름과 소속 사원들의 급여 합계를 출력하는 오라클 프로시저를 생성하고 이 프로시저를 이용하여 20번 부서의 이름과 사원들의 급여 합계를 출력하시오(대상 테이블: emp, dept).

11. 부서번호를 입력하면 부서명을 리턴하는 오라클 함수를 만들고 이 함수를 이용하여 급여가 1,500 이상인 사원들의 이름, 부서명, 담당 업무, 급여를 보이는 SQL 문을 작성하시오(대상 테이블: dept).

12. 사원번호를 입력하면 그 사원의 매니저 이름을 리턴하는 오라클 함수를 만들고 이 함수를 이용하여 입사일자가 '1981-05-01' 이후인 사원들의 이름, 매니저 명, 담당 업무, 급여를 보이는 SQL 문을 작성하시오(대상 테이블: emp).

09

데이터베이스 설계 I

contents

9.1 데이터베이스 설계의 절차

(1) 데이터베이스 설계의 중요성

데이터베이스는 그 자체로도 중요하기는 하지만, 그보다는 응용 SW의 개발에서 있어서 필요한 데이터를 효율적으로 관리하는 수단으로서 중요성을 갖는다. 1장에서 소개한 바와 같이 오늘날 어느 정도 규모가 있는 응용 SW을 개발하는 경우는 대부분 〈그림 9-1〉 과 같이 데이터베이스를 기반으로 개발이 이루어지고 있다. 우리가 흔히 접할 수 있는 온라인 쇼핑몰을 생각해보자. 회원정보, 상품정보, 판매정보, 배송정보, 반품/환불정보 등이 모두 데이터베이스에 저장되어 관리되고, 이를 기반으로 웹 페이지를 통해 구매자들이 상품을 검색하고 구매할 수 있는 프로그램들이 구현되는 것이다.

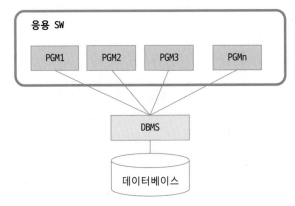

〈그림 9-1〉 데이터베이스 기반의 응용 SW 개발

우리는 지금까지 이미 구축된 데이터베이스를 잘 사용하는 방법에 대해 학습하였다. SQL 문을 사용하는 방법은 응용 프로그램 작성 시 주로 활용될 것이다. 우리가 실습에 사용한 emppdb 데이터베이스는 누군가가 사원정보 관리를 위해 데이터베이스를 설계하고 구축해 놓은 것이다. emp, dept 테이블은 상상의 산물이 아니며, 현실 업무에서 사원 관리에 대한 요구사항을 만족시키기 위해 만들어졌다. 테이블 하나하나, 테이블 내의 컬럼 하나하나는 모두 심도 있는 분석과 고민의 결과로 존재하는 것이다.

데이터베이스 설계란 응용 SW 개발을 위해 기반이 되는 데이터베이스의 구조, 즉 스키마(schema)를 설계하는 과정을 말한다. 데이터베이스 안에 어떤 테이블, 뷰 등이 있어야 하고, 각 테이블은 어떤 컬럼과 자료형으로 구성되는지, 테이블 간의 참조 관계는 어떠한지 등을 정의하는 것이 데이터베이스 설계이다. 데이터베이스가 응용 SW 개발의 기초가 되기 때문에 잘 설계된 데이터베이스는 응용 SW의 성공을 위한 열쇠라고 할 수 있다. 반대로 데이터베이스의 설계가 잘못되어 있다면 아무리 프로그램을 잘 작성하여도 전체적인 업무의 흐름에 문제가 발생할 수 있다. 환불과 관련된 정보를 저장하는 부분이 데이터베이스에 존재하지 않는다면 환불 처리를 하는 프로그램은 개발될 수 없는 것이다.

데이터베이스 설계 능력은 SQL 구사 능력과는 다른 차원의 이야기이다. 데이터베이스는 응용 프로그램과 마찬가지로 현실세계의 업무에 대한 분석의 결과로 만들어지는데, 이를 위해서는 현실 업무에 대한 지식이 없이는 불가능하다. 이것이 설계가 어려운 이유이다. 쇼핑몰을 위한 데이터베이스를 설계하기 위해서는 쇼핑몰 운영에 대한 전반적인 업무의 흐름을 알아야 한다. 회계 관리를 위한 데이터베이스를 설계하기 위해서는 전문적인 회계 지식이 필요하고, 심지어 관련된 법규도 알고 있어야 한다. 이런 이유로 데이터베이스 설계를 신입사원이 하는 경우는 드물다.

따라서 교재를 통해 데이터베이스 설계를 배우는 것에는 한계가 있다. 본 교재에서는 데이터베이스 설계에 대한 대략적인 윤곽과 기본 원리들을 학습하는 데 초점을 맞출 것이다.

Note ─ 스키마(schema) 이야기

데이터베이스 관련 서적에서는 '스키마'라는 용어를 자주 접하게 된다. 스키마의 일반적인 의미는 데이터베이스의 구조를 의미하지만, DBMS 제품마다 조금씩 다른 의미를 갖는다. 예를 들면, MySQL에서는 스키마가 데이터베이스와 동의어처럼 사용된다. 그래서 CREATE DATABASE 대신에 CREATE SCHEMA를 실행하여도 결과는 동일하다.

오라클에서는 조금 다른 의미를 갖는데 스키마란 특정 사용자가 생성한 모든 데이터베이스 객체(테이블, 뷰,

인덱스, …)의 집합을 의미한다. 그래서 사용자ID가 스키마를 대표하는 용어로 사용(스키마 이름 = 사용자 이름)되다 보니 사용자와 스키마를 동일시하는 경우도 있는데 이는 잘못된 이해이다.

(2) 응용 SW의 개발 절차

기능이 단순한 응용 SW라면 체계적인 접근 없이도 SW의 개발이 가능하지만, 개발의 규모가 커질수록 체계적 접근이 중요하다. 〈그림 9-2〉는 데이터베이스를 기반으로 하는 응용 SW의 일반적인 개발 절차를 보여준다. 그림에서 두 가지의 흐름을 볼 수 있는데 하나는 데이터베이스의 설계와 구축이라는 흐름이고, 다른 하나는 프로그램의 설계와 구현이라는 흐름이다. 이 두 가지 흐름은 상호 교류하면서 진행된다. 데이터베이스의 설계와 구축이라는 흐름을 중심으로 주요 단계를 설명하도록 한다.

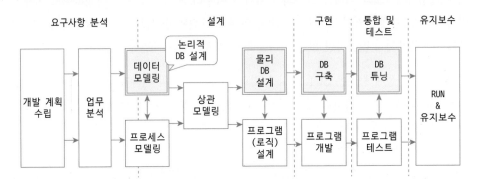

〈그림 9-2〉 응용 SW의 개발 절차

■ 개발 계획의 수립

응용 SW의 개발에 앞서서 개발 목표, 시스템 요구 사항, 현재 조직의 상태 등을 진단·분석하고 개발에 대한 계획과 일정을 수립하는 단계이다. 개발 팀을 구성하고 업무를 분담한다. 경우에 따라서는 현행 업무 절차를 평가하여 개선 사항을 도출하며, 새로운 전략 및 업무 절차를 수립하는 컨설팅 단계를 거치기도 한다.

■ 업무 분석

개발 계획이 수립되면 업무 분석과 모델링 단계를 거치게 된다. 업무 분석과 모델링은 작업의 내용상 겹치는 부분이 많다. 업무의 분석이란 글자 그대로 현실세계에서 업무가 어떻게 이루어지는지를 파악하는 것으로 누가 어떤 행위를 하는지, 그리고 업무 과정에서 어떤 정보가 발생하거나 오고 가는지, 어떤 절차를 거쳐 업무가 진행되는지 등을 파악하여 문서로 정리하는 단계이다. 〈그림 9-3〉은 업무 분석에서 일반적으로 사용되는 도표 중의 하나로서 업무가 어떻게 진행되는지를 파악하기 쉽게 해준다.

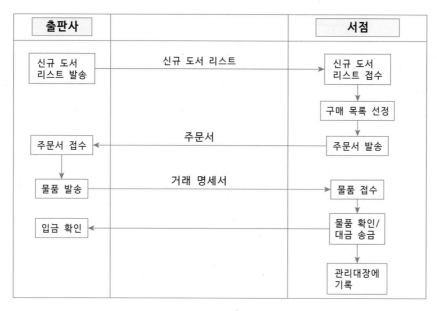

〈그림 9-3〉 업무 흐름도의 예

업무 분석 이후 단계는 크게 두 가지의 흐름으로 진행된다. 하나는 **데이터 관점**에서의 개발 과정이고 다른 하나는 **프로세스(process) 관점**에서의 개발 과정이다. 프로세스란 업무의 처리 절차나 방법을 말한다.

■ 데이터 모델링(논리적 데이터베이스 설계)

데이터 모델링이란 현실세계를 데이터의 관점에서 파악하여 개념적인 모델로 표현하는 단계를 말하며, 논리적 데이터베이스 설계에 해당한다. 이에 대응하는 프로세스 모델링이란 현실세계를 업무의 처리 절차나 흐름의 관점에서 파악하여 개념적 모델로 표현하는 단계를 말한다. 데이터 모델의 표현을 위해서는 〈그림 9-4〉와 같은 ER 다이어그램(ERD)이 많이 사용된다.

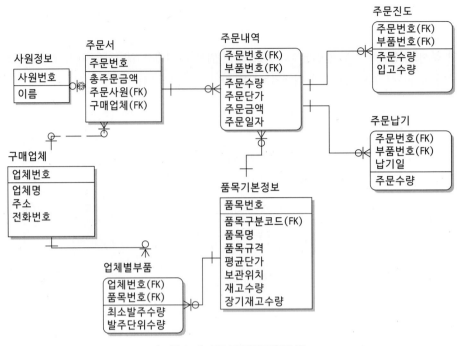

〈그림 9-4〉 ER 다이어그램의 예

■ 상관 모델링

데이터 모델링과 프로세스 모델링이 완료되면 데이터 모델과 프로세스 모델을 비교 검토하여 서로 간에 잘 맞는지, 모순되거나 어느 한쪽에 대응되는 내용이 없는지를 평가하게 되는데 이를 상관 모델링 단계라고 한다. 데이터 모델과 프로세스 모델은 동일한 현실세계의 서로 다른 면을 표현한 것이기 때문에 상호 조화를 이루어야 한다.

■ 물리적 데이터베이스 설계

물리적 DB 설계에서는 실제 데이터베이스 구축을 위한 테이블, 뷰, 인덱스, 용량 등을 설계한다. 물리적 설계 단계부터는 특정 DBMS 제품을 염두에 두고 작업을 진행한다. 논리적 설계 단계와는 달리 구축될 데이터베이스의 용량, 성능, 보안요소 등도 고려하게 된다. 물리적 설계 단계의 대표적인 산출물은 물리적 ER 다이어그램과 〈그림 9-5〉에 있는 것과 같은 테이블 기술서이다.

Name	Orders	Table 기술서		작성일	2022. 11. 23	page
System	컴퓨터부품관리			작성자	한 소 연	/
Description	주문 정보를 가지고 있는 테이블					

NO	Column Name	Data Type	NN	KY	Default	Description
1	order_no	integer	✔	(PK)		주문 일련번호
2	Supplier_sup_no	integer	✔	(FK)		공급회사의 일련번호
3	send_date	date				주문 제품을 받는 날
4	total_money	integer				주문된 제품의 총 금액
5	order_date	date				주문한 날짜
6	end_date	date				납품 완료일
7						
8						
비고						

〈그림 9-5〉 테이블 기술서의 예

■ DB 구축

데이터베이스 구축이란 물리적 DB 설계의 내용을 가지고 실제 DBMS 안에 테이블, 인덱스, 뷰 등을 생성하는 과정을 말한다. 이렇게 구축된 데이터베이스를 가지고 프로그램을 개발하고 테스트하게 된다. 데이터베이스의 구축은 수작업으로 할 수도 있지만, 보통은 모델링 도구에서 제공하는 기능을 이용하여 거의 자동적으로 데이터베이스를 구축한다.

■ 데이터베이스 튜닝 및 유지보수

데이터베이스의 튜닝이란 데이터베이스가 일정한 성능을 유지할 수 있도록 비효율적인 요소를 제거하고 성능 개선을 위하여 SQL 문장을 포함, 데이터베이스의 여러 요소를 조정하는 작업을 말한다. 응용 SW가 사용되기 시작하면서 데이터베이스 내에 데이터의 양과 사용자의 수가 증가하면 자연히 데이터베이스의 응답 속도 및 처리 속도가 저하되기 마련이다. 따라서 데이터베이스 튜닝을 통하여 일정한 성능을 유지시키는 것이 중요하다. 한 번 구축된 데이터베이스 구조가 영원히 지속되는 것은 아니다. 현실세계의 업무는 지속적인 변화가 있는데, 그에 따라 데이터베이스의 구조와 응용 SW도 크고 작은 변화를 지속적으로 경험한다.

9.2 ER 다이어그램

ER 다이어그램은 Entity-Relationship Diagram의 줄임말이며, 간단히 ERD라고 표기하기도 한다. ER 다이어그램은 데이터베이스의 설계 결과를 표현하기 위한 도구이다. 데이터 모델링(논리적 DB 설계), 물리적 DB 설계 단계 모두에 사용된다. ER 다이어그램에 대해 살펴보기에 앞서서 데이터 모델링에서 사용되는 용어를 익힐 필요가 있다. 그동안 사용했던 데이터베이스의 용어와 다소 차이가 있다. 〈표 9-1〉은 데이터베이스의 용어와 데이터 모델링 용어 비교표이다. 9장에서는 데이터 모델링 용어를 주로 사용하니 〈표 9-1〉을 참조하여 이해하도록 한다.

〈표 9-1〉 데이터베이스 용어 vs 데이터 모델링 용어

데이터베이스 용어	데이터 모델링 용어
테이블(table)	엔티티(entity)
컬럼(column), 열	속성(attribute)
튜플(tuple), 행(row)	인스턴스(instance)
기본키(primary key)	주식별자(primary identifier)
외래키(foreign key)	외래 식별자(foreign identifier)

ER 다이어그램은 엔티티들과 엔티티 안에 포함될 속성들(주식별자, 외래 식별자 포함), 그리고 엔티티들 간의 관계를 선으로 표시한 도표이다. 쉽게 이야기해서 테이블을 생성하기 위한 설계도로서 테이블의 구조와 테이블 간의 관계를 표현한 도표라고 이해하면 된다. ER 다이어그램을 표기하는 방법은 여러 가지가 있는데 본 교재에서는 많이 사용되는 '정보공학(information engineering) 표기법'을 따르기로 한다. 우리가 알고 있는 **emppdb**의 **emp, dept** 테이블에 대해 ER 다이어그램으로 표기하면 〈그림 9-6〉과 같다.

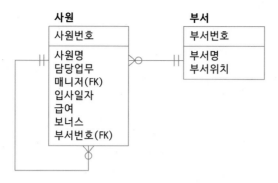

〈그림 9-6〉 emp, dept 테이블에 대한 ER 다이어그램

이제 모델링 용어에 있는 각 요소들이 ER 다이어그램에 어떻게 표현되는지 알아보도록 한다.

■ 엔티티

엔티티는 현실세계를 데이터 관점에서 모델링할 때 사용되는 핵심적인 개념으로서 다음과 같이 정의된다.

> 엔티티(entity)란 업무의 관심 대상이 되는 정보를 갖고 있거나 그에 대한 정보를 관리할 필요가 있는 유형, 무형의 사물(개체)을 말한다.

회원제 인터넷 쇼핑 사이트에서 상품을 판매하는 업무를 생각해보자. 판매자의 입장에서 보면 상품을 판매하기 위해서는 누가 구입하는지를 확인할 수 있기 위해 구매자(회원)에 대한 정보를 가지고 있어야 할 필요가 있다. 또한 구매자가 상품을 고르기 위해서는 상품에 대한 사양과 가격 정보를 가지고 있어야 한다. 구매자는 한 번에 여러 개의 상품을 구매할 수 있으므로 구매 중인 상품을 임시로 담아둘 쇼핑카트의 정보도 유지해야 할 것이다.

이와 같은 상황에서 정보를 관리해야 할 필요가 있는 **회원, 상품, 쇼핑카트**와 같은 사물을 엔티티라고 한다. 이 경우 회원이나 상품은 실제로 존재하는 유형의 사물이지만, 쇼핑카트는 인터넷 상에만 존재하는 무형의 사물이다. 이와 같이 눈에 보이지 않는 무형의 사물도 정보를 관리해야 할 필요가 있다면 엔티티가 될 수 있다. 엔티티는 데이터베이스의 테이블로 구현된다.

ER 다이어그램에서 엔티티는 하나의 박스로 표현된다. 박스 위에는 엔티티의 이름을 표기한다.

〈그림 9-7〉 사원, 부서 엔티티의 표현

■ 속성

속성이란 엔티티에서 관리해야 할 최소 단위의 정보 항목을 말하며, 테이블의 컬럼으로 구현된다. 엔티티는 하나 이상의 속성을 포함한다. 예를 들면, 회원 엔티티는 회원의 ID, 이름, 주소, 전화번호 등을 관리하기 위한 것으로 ID, 이름, 주소, 전화번호 등을 회원 엔티티의 속성이라고 말한다. 현실세계에서 하나의 엔티티는 많은 정보를 포함할 수 있다. 그러나 모델링 과정에서는 포함하고 있는 모든 정보 항목을 속성으로 표현하지는 않는다. 엔티티의 경우와 마찬가지로 업무에서 관심 있고 응용 SW에서 관리될 필요가 있는 정보 항목만을 속성으로 취한다.

ER 다이어그램에서 주식별자를 제외한 속성은 엔티티 박스의 하단에 표기한다.

〈그림 9-8〉 ERD에서 속성의 표현

■ 주식별자와 외래 식별자

주식별자와 외래 식별자의 개념은 관계형 모델에서 기본키(primary key)와 외래키(foreign key)에 대응하는 개념이다. 모델링에서는 '키(key)'라는 용어 대신에 '식별자(identifier)'라는 용어를 사용한다. 주식별자는 엔티티 박스의 상단에 표기하고, 외래 식별자는 하단에 일반 속성들과 함께 표기하되 FK를 붙여서 외래 식별자임을 나타낸다.

〈그림 9-9〉 ERD에서 주식별자의 표현

〈그림 9-10〉 ERD에서 외래 식별자의 표현

■ 관계

관계란 두 엔티티 사이의 관련성을 나타내는 용어이다. 현실세계에서는 여러 사물들이 상호 관련성을 가지고 움직이기 때문에 이를 모델링하면 엔티티와 엔티티 사이의 관계로 표현된다. 예를 들어, 학생들의 수강과목 정보를 파악하여 데이터베이스에 저장한다고 가정해보자. 이 경우 '학생'과 '수강과목'은 독립적인 엔티티가 되고 개별 학생의 정보는 '학생' 엔티티에서 관리하고, 학생이 수강한 과목 정보는 '수강과목' 엔티티에서 관리할 것이므로 '학생' 엔티티와 '수강과목' 엔티티는 어떤 관련성이 있다. 두 엔티티가 관계가 있을 때 ER 다이어그램에서는 두 엔티티를 선으로 연결하여 관계가 있음을 나타낸다.

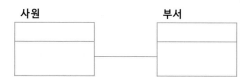

〈그림 9-11〉 ERD에서 관계의 표현

두 엔티티가 관계가 있다는 것은 일반적으로 두 엔티티가 외래 식별자에 의해서 연결되어 있다는 것을 의미한다. 이때 외래 식별자를 가지고 있는 엔티티를 **자식 엔티티**, 외래키가 참조하고 있는 엔티티를 **부모 엔티티**라고 한다. 〈그림 9-12〉에서는 사원이 자식 엔티티, 부서가 부모 엔티티이다.

〈그림 9-12〉 부모 엔티티와 자식 엔티티

이제 관계의 종류에 대해 알아볼 차례이다. 관계의 종류란 엔티티의 한 인스턴스(테이블에서 튜플)가 다른 엔티티의 인스턴스들과 어떻게 연결되는지를 기호로 표현한 것이다. 상호 관련 있는 엔티티 A, B가 있다고 가정해 보자. 엔티티 A를 기준으로 했을 때 다음과 같은 종류의 관계가 가능하다.

〈표 9-2〉 관계의 종류와 의미

관계 표시	의미
A ——————‖ B	A의 하나의 인스턴스에 대응하는 B의 인스턴스가 오직 하나만 존재한다(1:1 관계).
A ——————< B	A의 하나의 인스턴스에 대응하는 B의 인스턴스가 여러 개 존재한다(1:N 관계).
A ————○—— B	A의 하나의 인스턴스에 대응하는 B의 인스턴스가 없을 수도 있다(선택).
A ——————‖ B	A의 하나의 인스턴스에 대응하는 B의 인스턴스가 반드시 존재해야 한다(필수).

위의 관계 표시에 대한 의미를 설명해보면 관계 표시는 크게 두 유형으로 나눌 수 있다. 하나는 1:1 관계인지 1:N 관계인지를 나타내는 부분으로 관계선 가장자리 위치에 표현된다. 다른 하나는 선택/필수 관계를 나타내는 부분으로 관계선 안쪽 위치에 표현된다.

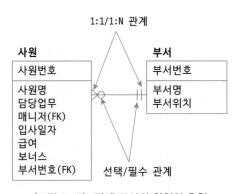

〈그림 9-13〉 관계 표시의 위치와 유형

관계는 상호적이다. 즉, 엔티티 A를 기준으로 보았을 때 엔티티 B와의 관계가 있고 엔티티 B를 기준으로 보았을 때 엔티티 A와의 관계가 있는 것이다. 〈그림 9-6〉에 있는 ER 다이어그램에서 사원과 부서 엔티티 간의 관계에 대해서 살펴보자. 우선 사원 엔티티 입장에서 부서 엔티티에 대한 관계를 보면 〈그림 9-14〉와 같다. 관계의 표시를 해석해 보면 사원 엔티티의 인스턴스에 대응하는 부서 엔티티의 인스턴스가 반드시 하나 존재한다(필수). 데이터베이스 용어로 표현하자면 사원 테이블의 어떤 튜플에 부서번호가 저장되어 있다면 그 부서번호에 대한 튜플이 반드시 부서 테이블에 하나 있어야 한다는 의미이다.

〈그림 9-14〉 사원 엔티티의 관점에서 부서 엔티티와의 관계

이번에는 부서 엔티티의 입장에서 사원 엔티티와의 관계를 살펴보자. 관계 표시 기호를 해석해보면 부서 엔티티에 있는 하나의 인스턴스에 대응하는 사원 엔티티의 인스턴스는 없을 수도 있고 있을 수도 있다(선택). 데이터베이스 용어로 표현하자면 부서 테이블의 어떤 부서번호에 대해 그 부서번호를 갖는 튜플이 사원 테이블에 없거나 하나 이상 존재할 수 있다는 의미이다.

〈그림 9-15〉 부서 엔티티의 관점에서 사원 엔티티와의 관계

두 엔티티가 부모, 자식의 관계에 있을 때 두 엔티티의 관계 표시는 다음과 같으며, 수학 공식처럼 적용되기 때문에 기억해 두도록 한다.

(부모는 자식이 없을 수도 있고 있으면 여러 명 있을 수 있다. 자식은 반드시 부모가 있어야 하고 부모가 하나여야 한다.)

데이터 모델링 작업은 일반적인 문서 편집 SW를 통해서도 가능하지만, 전문적인 모델링 도구를 이용하는 것이 일반적이다. 모델링 도구를 이용하면 모델링 결과로부터 데이터베이스를 자동적으로 구축할 수도 있다. 많은 모델링 SW들이 평가판 버전도 제공하고 있으니 경험해보기 바란다. 다음은 모델링 도구 중 ERwin의 편집 화면이다.

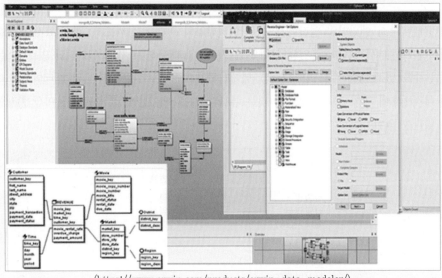

(https://www.erwin.com/products/erwin-data-modeler/)

9.3 데이터 모델링

데이터 모델링 또는 논리적 데이터베이스 설계는 현실세계의 업무를 분석하여 그 결과를 약속된 표기법(ER 다이어그램)으로 도식화하는 과정을 말한다. 여기서 도출된 ER 다이어그램은 실제 데이터베이스 구축의 기초가 된다.

현실세계의 업무를 분석할 수 있기 위해서는 업무에 대한 지식이 수반되어야 하는데 이는 교재를 통해 얻을 수 있는 것이 아니므로 본 교재에서는 이미 분석된 업무에 대해서 모델링을 진행하기로 한다.

〈그림 9-16〉 데이터 모델링의 개념

(1) 모델링 대상 업무

앞으로 진행하고자 하는 데이터 모델링의 대상 업무는 한국유통(가상의 기업)의 판매, 재고 관리 업무이다. 한국유통은 제조업체들로부터 제품을 구매하여 일반 소비자에게 판매하는 업체이며, 업무를 파악하여 정리한 결과는 다음과 같다.

① 제조업체들로부터 구매하는 제품은 정해져 있다.
② 제조업체는 업체ID, 업체명, 주소, 연락처 정보를 관리한다.
③ 각 제품은 제품코드, 제품명, 모델명, 구매업체, 구매단가 정보를 관리한다.
④ 제품의 판매는 온라인상으로 회원가입을 한 고객들을 대상으로 이루어진다.
⑤ 회원들은 회원번호, 이름, 연락처, 주소, 회원등급을 관리한다.
⑥ 회원 등급은 일반, 실버, 골드 3개 등급이 있으며, 각 등급별 할인율은 0%, 5%, 10%이다.
⑦ 구매 물품이 창고에 입고되면 입고 내역을 기록한다.
⑧ 입고 내역은 입고일자, 구매업체, 제품코드, 제품명, 입고수량을 포함한다.
⑨ 고객은 주문 시 다음 내용을 입력한다. 주문번호, 주문일자, 고객명, 주문제품, 주문수량, 총주문금액
⑩ 배송은 고객의 주문에 기초해서 이루어지며, 주문번호, 배송일자, 고객명, 배송제품, 배송수량을 관리한다.

(2) 데이터 모델링의 과정

데이터베이스 모델링 과정의 주요 단계는 〈그림 9-17〉과 같다. 실제로는 좀 더 상세한 단계가 있지만, 학습 단계에서는 아래의 단계들을 이해하는 것만으로도 충분하다.

〈그림 9-17〉 데이터 모델링의 과정

■ 엔티티/속성의 정의

엔티티/속성의 정의 단계에서는 데이터베이스에 구현될 테이블들과 테이블에 포함될 컬럼들을 정의한다. 엔티티는 업무의 관심 대상이 되는 **정보**를 가지고 있거나, 그에 대한 **정보**를 관리할 필요가 있는 유형, 무형의 사물(개체)을 말한다. 속성은 엔티티 안에 관리하여야 하는 정보의 항목들이다. 엔티티, 속성은 업무 매뉴얼, 업무 분석 자료, 사용 중인 문서들로부터 도출할 수 있다. 한국유통의 업무 파악 자료로부터 엔티티와 속성을 도출해 보도록 한다. 엔티티와 속성은 업무 파악 자료에서 명사형으로 표현되므로 명사형 단어에 주의한다. 그리고 엔티티인지 어떤 엔티티에 포함되어야 할 속성인지도 판단하도록 한다. 도출된 엔티티와 속성은 다음과 같은 엔티티 속성 리스트에 기록한다.

〈표 9-3〉 엔티티 속성 리스트

엔티티명	속성

이제 업무 리스트의 내용을 하나하나 살펴보면서 엔티티 속성 리스트를 작성해보자.

> ① 제조업체들로부터 **구매**하는 **제품**은 정해져 있다.

이 문장에서 정보관리가 필요한 대상으로 보이는 것은 **제조업체, 구매, 제품**으로 판단되어 이를 엔티티 속성 리스트의 엔티티에 추가한다.

엔티티명	속성
제조업체	
구매	
제품	

② 제조업체는 업체ID, 업체명, 주소, 연락처 정보를 관리한다.

이 문장에서 업체ID, 업체명, 주소, 연락처는 제조업체 엔티티의 속성임을 알 수 있다.

엔티티명	속성
제조업체	업체ID, 업체명, 주소, 연락처
구매	
제품	

③ 각 제품은 제품코드, 제품명, 모델명, 구매업체, 구매단가 정보를 관리한다.

이 문장에서 제품코드, 제품명, 모델명, 구매업체, 구매단가는 제품 엔티티의 속성임을 알 수 있다.

엔티티명	속성
제조업체	업체ID, 업체명, 주소, 연락처
구매	
제품	**제품코드, 제품명, 모델명, 구매업체, 구매단가**

④ 제품의 **판매**는 온라인상으로 회원가입을 한 **고객**들을 대상으로 이루어진다.

이 문장에서 정보를 관리해야 할 새로운 대상으로 판매와 고객이 새로 등장하여 이를 엔티티 목록에 추가한다.

엔티티명	속성
제조업체	업체ID, 업체명, 주소, 연락처
구매	
제품	제품코드, 제품명, 모델명, 구매업체, 구매단가
판매	
고객	

⑤ 회원들은 회원번호, 이름, 연락처, 주소, 회원등급을 관리한다.

이 문장에서는 **회원번호, 이름, 연락처, 주소, 회원등급**이 회원 엔티티의 속성임을 알 수 있는데 회원은 고객과 동일한 의미이므로 고객 엔티티에 속성을 추가한다.

엔티티명	속성
제조업체	업체ID, 업체명, 주소, 연락처
구매	
제품	제품코드, 제품명, 모델명, 구매업체, 구매단가
판매	
고객	**회원번호, 이름, 연락처, 주소, 회원등급**

⑥ 회원등급은 일반, 실버, 골드 3개 등급이 있으며, 각 **등급별 할인율**은 0%, 5%, 10%이다.

이 문장에서는 회원등급이 **등급명, 할인율**이라는 정보를 가지고 있으므로 엔티티가 된다. 따라서 엔티티에 추가한다.

엔티티명	속성
제조업체	업체ID, 업체명, 주소, 연락처
구매	
제품	제품코드, 제품명, 모델명, 구매업체, 구매단가
판매	
고객	회원번호, 이름, 연락처, 주소, 회원등급
회원등급	**등급명, 할인율**

⑦ **구매 물품**이 창고에 입고되면 **입고 내역**을 기록한다.

이 문장에서 등장하는 명사들을 살펴보면 **구매 물품**은 엔티티 목록의 **제품**과 동일하다. 문맥상 **입고 내역** 안에 구매 물품 정보가 포함되므로 **창고**와 **입고 내역**을 엔티티에 추가 한다.

엔티티명	속성
제조업체	업체ID, 업체명, 주소, 연락처
구매	
제품	제품코드, 제품명, 모델명, 구매업체, 구매단가
판매	
고객	회원번호, 이름, 연락처, 주소, 회원등급
회원등급	등급명, 할인율
입고 내역	**입고 제품(구매 물품)**
창고	

⑧ **입고 내역**은 입고일자, 구매업체, 제품코드, 제품명, 입고수량을 포함한다.

이 문장에서 **입고 내역** 엔티티에 대한 속성 정보가 서술되어 있으므로 이를 리스트에 반 영한다. 입고 내역에 먼저 기록된 **입고 제품**(구매물품)은 '제품명'과 동일하므로 하나만 포 함시키도록 한다.

엔티티명	속성
제조업체	업체ID, 업체명, 주소, 연락처
구매	
제품	제품코드, 제품명, 모델명, 구매업체, 구매단가
판매	
고객	회원번호, 이름, 연락처, 주소, 회원등급
회원등급	등급명, 할인율
입고 내역	**입고일자, 구매업체, 제품코드, 제품명, 입고수량**
창고	

⑨ 고객은 주문 시 다음 내용을 입력한다. 주문번호, 주문일자, 고객명, 주문제품, 주문수량, 총주문금액

이 문장은 **고객주문** 엔티티의 속성을 설명하고 있다. 엔티티와 속성을 리스트에 추가한다.

엔티티명	속성
제조업체	업체ID, 업체명, 주소, 연락처
구매	
제품	제품코드, 제품명, 모델명, 구매업체, 구매단가
판매내역	
고객	회원번호, 이름, 연락처, 주소, 회원등급
회원등급	등급명, 할인율
입고 내역	입고일자, 구매업체, 제품코드, 제품명, 입고수량
창고	
고객주문	**주문번호, 주문일자, 고객명, 주문제품, 주문수량, 총주문금액**

⑩ 배송은 고객의 주문에 기초해서 이루어지며, **주문번호, 배송일자, 고객명, 배송제품, 배송수량**을 관리한다.

이 문장에서 **배송(내역)**은 엔티티 리스트에서 **판매내역**과 성격이 같다. 따라서 판매내역 대신 **배송내역**과 속성들을 추가한다.

엔티티명	속성
제조업체	업체ID, 업체명, 주소, 연락처
구매	
제품	제품코드, 제품명, 모델명, 구매업체, 구매단가
배송내역	**주문번호, 배송일자, 고객명, 배송제품, 배송수량**
고객	회원번호, 이름, 연락처, 주소, 회원등급
회원등급	등급명, 할인율
입고 내역	입고일자, 구매업체, 제품코드, 제품명, 입고수량
창고	
고객주문	주문번호, 주문일자, 고객명, 주문제품, 주문수량, 총주문금액

앞의 엔티티 속성 리스트를 보면 **구매**와 **창고** 엔티티는 속성을 찾지 못하였다. 먼저 창고 담당자와 면담한 결과 이 쇼핑몰 업체에는 창고가 하나밖에 없다고 한다. 이런 경우는 창고 엔티티를 만들더라도 거기에 입력할 튜플은 하나밖에 없게 된다. 이런 경우는 엔티티로서의 의미가 없기 때문에 엔티티 목록에서 제외한다. 다만 창고에 제품이 입고되면 제품별로 재고 수량을 증가시키고 판매가 이루어져 제품이 출고되면 제품별로 재고 수량을 감소시킨다고 한다. 이에 따라 **창고** 엔티티를 **제품재고**로 바꾸고 필요한 속성을 추가하였다.

구매 엔티티에 관한 정보를 얻기 위해 구매 담당자와 인터뷰한 결과 구매를 위해 주문서를 제조업체에 보내고, 제조업체에서는 주문서에 근거해서 제품을 납품한다는 사실을 새롭게 알게 되었다. 주문서 샘플을 확인한 결과 주문번호, 주문일자, 주문업체, 납기요청일자, 주문제품, 주문수량이 포함되어 있었다. 이를 바탕으로 **구매** 엔티티를 **주문서**로 바꾸고 속성을 추가하였다. 최종적으로 완성된 엔티티 속성 리스트는 〈표 9-4〉와 같다. 〈표 9-4〉의 결과를 ER 다이어그램으로 표현하면 〈그림 9-18〉과 같다.

〈표 9-4〉 완성된 엔티티 속성 리스트

엔티티명	속성
제조업체	업체ID, 업체명, 주소, 연락처
주문서	주문번호, 주문일자, 주문업체, 납기요청일자, 주문제품, 주문수량
제품	제품코드, 제품명, 모델명, 구매업체, 구매단가
배송내역	주문번호, 배송일자, 고객명, 배송제품, 배송수량
고객	회원번호, 이름, 연락처, 주소, 회원등급
회원등급	등급명, 할인율
입고 내역	입고일자, 구매업체, 제품코드, 제품명, 입고수량
제품재고	제품코드, 제품명, 재고수량
고객주문	주문번호, 주문일자, 고객명, 주문제품, 주문수량, 총주문금액

제조업체	주문서	제품	배송내역
업체ID 업체명 주소 연락처	주문번호 주문일자 주문업체 납기요청일자 주문제품 주문수량	제품코드 제품명 모델 구매업체 구매단가	주문번호 배송일자 고객명 배송제품 배송수량

고객	회원등급	입고내역	제품재고
회원번호 이름 연락처 주소 회원등급	등급명 할인율	입고일자 구매업체 제품코드 제품명 입고수량	제품코드 제품명 재고수량

고객주문
주문번호 주문일자 고객명 주문제품 주문수량 총주문금액

〈그림 9-18〉 한국유통 판매/재고관리를 위한 ER 다이어그램

■ 주식별자의 정의

주식별자는 테이블의 기본키에 해당하는 것으로 각 엔티티가 테이블로 구현되었을 때 각 테이블 내의 튜플들을 식별하는 데 기준이 되는 속성을 말한다. 하나의 속성이 주식별자가 될 수도 있고, 경우에 따라서는 두 개 혹은 그 이상의 속성이 합쳐져서 주식별자의 역할을 할 수도 있다. 엔티티들 중에서 주식별자가 명확한 것들을 먼저 정리하면 다음과 같다.

〈표 9-5〉 주식별자가 명확한 엔티티

엔티티	주식별자
제조업체	업체ID
제품	제품코드
고객	회원번호
제품재고	제품코드

주식별자가 명확하지 않은 엔티티는 데이터가 포함된 테이블을 그린 후, 관리하고자 하는 정보가 무엇인지를 관찰하면 대부분 주식별자를 찾을 수 있다. 주문서 엔티티에 대해서 검토해보자. 데이터가 포함된 테이블을 작성해 보면 다음과 같다.

주문서

주문번호	주문일자	주문업체	납기요청일자	주문제품	주문수량
P001	2022.10.1	흥남전자	2022.10.15	M001	1
P001	2022.10.1	흥남전자	2022.10.15	M002	2
P002	2022.10.1	한성실업	2022.10.16	M002	2
P002	2022.10.1	한성실업	2022.10.16	M005	1

주문서 테이블을 보면 한 번의 주문에 여러 개의 제품이 포함될 수 있음이 확인된다. 따라서 주문번호만으로는 기본키의 역할을 수행할 수 없다. 그런데 하나의 주문에 동일 주문제품이 여러 개 있을 수는 없으므로 주문번호와 주문제품을 묶으면 기본키가 될 수 있다. 이와 유사한 성격의 엔티티가 배송내역이다. 주문번호와 배송제품을 묶어야 주식별자의 역할을 한다. 고객주문 엔티티도 동일한 이유로 주문번호와 주문제품이 주식별자가 된다.

입고내역 엔티티는 마땅한 주식별자를 찾기 어렵다. 입고일자와 제품코드를 묶는다면 동일 제품은 하루에 한 번밖에 입고할 수 없게 된다. 이런 경우는 입고번호와 같이 새로운 속성을 추가하여 주식별자로 지정한다.

회원등급은 등급명이 주식별자가 될 수 있지만, 일반적으로는 'gold', 'silver'와 같이 길이가 다른 데이터를 포함하는 속성은 주식별자로 하지 않는다. 이 경우도 등급코드라는 새로운 속성을 부여하여 주식별자로 지정한다. 주식별자가 지정된 ER 다이어그램은 〈그림 9-19〉와 같다.

제조업체
업체ID
업체명
주소
연락처

주문서
주문번호 주문제품
주문일자 주문업체 납기요청일자 주문수량

제품
제품코드
제품명 모델 구매업체 구매단가

배송내역
주문번호 배송제품
배송일자 고객명 배송수량

고객
회원번호
이름 연락처 주소 회원등급

회원등급
등급코드
등급명 할인율

입고내역
입고번호
입고일자 구매업체 제품코드 제품명 입고수량

제품재고
제품코드
제품명 재고수량

고객주문
주문번호 주문제품
주문일자 고객명 주문수량 총주문금액

〈그림 9-19〉 주식별자를 포함하는 ER 다이어그램

■ 관계/외래식별자의 정의

이제 외래 식별자의 지정을 통해서 엔티티들 간의 관계를 맺도록 한다. 관계가 있는 엔티티들을 찾기 위해서는 공유하는 속성이 있는지를 검토한다. 단, 속성의 이름은 다를 수있다. 그리고 어느 쪽이 부모 엔티티이고 어느 쪽이 자식 엔티티인지를 정한다. 그러면 자식 엔티티의 공유 속성이 외래 식별자가 된다. 두 엔티티 사이에 관계선을 긋고 관계를 표시하면 작업은 완료된다.

제조업체와 주문서 엔티티를 관찰해 보자. 주문서 엔티티의 주문업체는 제조업체 엔티티의 업체ID와 동일한 의미이므로 두 엔티티는 관계가 있다. 그러면 어느 쪽이 부모 엔티티일까? 공유 속성이 주식별자인 엔티티가 부모 엔티티이다. 따라서 제조업체가 부모 엔티티, 주문서가 자식 엔티티이다. 그러므로 주문서의 주문업체 속성이 외래식별자가 된다. 그리고 두 엔티티의 관계 표시는 9.2절에서 설명한 공식을 따르면 된다. 〈그림 9-21〉은 제조업체와 주문서 엔티티에 대한 관계 정의 결과이다.

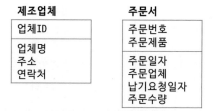

〈그림 9-20〉 제조업체와 주문서 엔티티

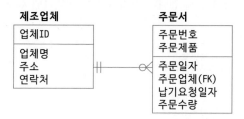

〈그림 9-21〉 제조업체와 주문서 엔티티에 대한 관계 정의 결과

두 엔티티가 공통속성을 통해 관계가 맺어질 때, 공통속성이 주식별자인 쪽이 부모 엔티티입니다.

고객과 배송내역 엔티티는 언뜻 보면 공통속성이 없어 보이지만, 배송내역의 고객명은 고객 엔티티가 관리하는 정보의 일부이다. 따라서 〈그림 9-23〉과 같이 **고객명** 대신 **회원번호**로 대체하면 **고객** 엔티티를 참조하여 고객의 이름을 알 수 있게 된다.

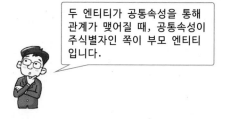

〈그림 9-22〉 고객과 배송내역 엔티티

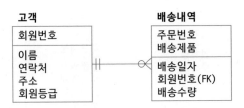

〈그림 9-23〉 고객과 배송내역 엔티티에 대한 관계 정의 결과

이와 같은 원리를 적용하여 전체 엔티티 간의 관계를 정의하면 〈그림 9-24〉와 같다.

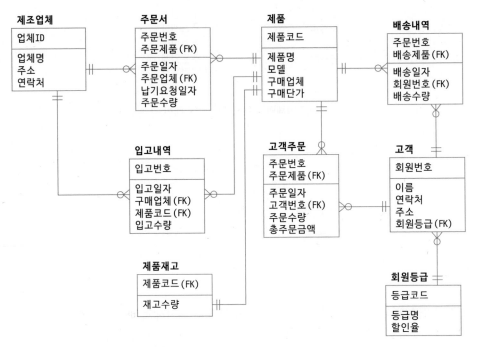

〈그림 9-24〉 판매, 재고관리 ER 다이어그램

■ 정규화

데이터베이스 정규화(normalization)란 설계된 데이터베이스 안에 존재하는 데이터의 중복을 제거하여 데이터의 무결성을 유지하는 과정을 말한다. 정규화에 대해서는 10장에서 상세히 다룰 것이므로 여기서는 설계된 엔티티 안에 존재하는 데이터 중복의 가능성에 대해 살펴보고 데이터 중복에 의해 발생하는 문제를 알아보도록 한다. 〈그림 9-24〉에서 주문서 엔티티에 대해 데이터를 포함하는 테이블에 대해 다시 살펴보자. 주문서 테이블을 보면 주문번호가 같으면 상식적으로 주문일자와 주문업체가 같을 것이라고 예상할 수 있

다. 하나의 주문번호에는 여러 건의 주문 제품이 있을 수 있으므로 P001과 같이 주문 제품이 2건인 경우 주문일자가 '2022.10.1.'이고 주문업체가 '흥남전자'라는 정보가 2회 중복해서 저장된 것을 알 수 있다. 만일 주문 제품이 5개라면 5건의 중복된 데이터가 존재하게 될 것이다. 그렇게 되면 중복된 데이터들 간의 불일치 가능성이 있고, 데이터의 불일치는 데이터베이스의 무결성을 손상시킨다.

주문서

주문번호	주문일자	주문업체	납기요청일자	주문제품	주문수량
P001	2022.10.1	흥남전자	2022.10.15	M001	1
P001	2022.10.1	흥남전자	2022.10.15	M002	2
P002	2022.10.1	한성실업	2022.10.16	M002	2
P002	2022.10.1	한성실업	2022.10.16	M005	1

〈그림 9-25〉 중복을 포함하는 엔티티 설계

따라서 설계를 변경하여 중복을 제거할 필요가 있다. 〈그림 9-26〉은 〈그림 9-25〉의 테이블이 가진 정보를 손상시키지 않으면서 중복성을 제거한 엔티티 설계의 예를 보여준다. 하나의 테이블이 둘로 분리되었지만, 조인 연산에 의해 원래의 테이블을 완벽히 복원할 수 있다. 동시에 주문일자와 주문번호의 중복성 문제도 해결되었다. 이와 같은 작업이 정규화인 것이다. 〈그림 9-27〉은 정규화 이전의 엔티티와 이후 엔티티를 ER 다이어그램으로 표현한 것이다.

주문서

주문번호	주문일자	주문업체
P001	2022.10.1	흥남전자
P002	2022.10.1	한성실업

주문내역

주문번호	납기요청일자	주문제품	주문수량
P001	2022.10.15	M001	1
P001	2022.10.15	M002	2
P002	2022.10.16	M002	2
P002	2022.10.16	M005	1

〈그림 9-26〉 중복을 제거하는 엔티티 설계

(a) 정규화 이전   (b) 정규화 이후

〈그림 9-27〉 정규화 이전과 이후의 주문서 엔티티

〈그림 9-28〉은 〈그림 9-24〉에 대해 전체적으로 정규화를 실시한 이후의 ER 다이어그램이다.

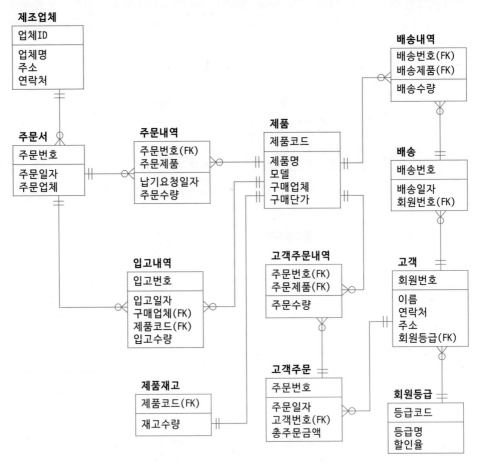

〈그림 9-28〉 정규화 이후의 판매, 재고관리 ER 다이어그램

■ 모델의 검토

주어진 업무에 대해 논리적 데이터베이스가 올바로 설계되었는지를 검토하는 단계이다. 필요로 하는 엔티티가 빠짐없이 도출되었는지, 각 엔티티의 주식별자와 외래 식별자는 올바른지, 누락된 속성은 없는지 또는 불필요한 속성이 포함된 것은 아닌지를 검토한다. 모델의 검토 단계에서 가장 중요한 것은 작성된 모델이 앞으로 구축될 시스템에서 필요로 하는 정보를 충분히 제공할 수 있는가의 여부이다. 응용프로그램 개발자가 프로그램을 작성하는 데 필요로 하는 정보가 데이터베이스에 없다면 당황스러울 것이다. 물론 정보

가 필요한 시점에서 데이터베이스를 수정하면 되겠지만 바람직하지는 않다. 판매/재고관리 ER 다이어그램에 대해서 몇 가지 사항을 검토해 보자.

■ 고객의 등급 조정을 위한 정보

고객의 등급에 대한 업무 규칙이 다음과 같다고 하자.

> - 고객이 처음 회원가입을 하면 '일반' 등급이 부여된다.
> - 고객의 누적 구매금액이 500만 원이 넘으면 '실버' 등급을 부여한다.
> - 고객의 누적 구매금액이 1,000만 원이 넘으면 '골드' 등급을 부여한다.

이러한 업무 규칙을 구현하려면 고객의 누적 구매 금액을 알 수 있어야 한다. 판매/재고관리 ER 다이어그램을 검토해보자. 어떤 회원이 어떤 제품을 몇 개 구입했는지를 알 수 있는데 구매금액을 계산하려면 단가를 알아야 한다. 그런데 **제품** 엔티티에는 구매 단가만 있지 판매 단가가 없다. 당연히 판매 단가는 구매 단가보다 높을 것이므로 별도의 정보 관리가 필요하다. 따라서 **제품** 엔티티에 **판매단가** 속성을 추가할 필요가 있다.

제품 엔티티에 **판매단가** 속성을 추가한다고 해서 문제가 모두 해결된 것은 아니다. 판매 단가는 계속 변할 수 있기 때문이다. 어제 판매할 때는 5,000원인 제품이 일주일 후에는 5,100원이나 4,900원이 될 수 있는 것이다. 따라서 판매 시점에서의 단가가 어딘가에 저장되어야 한다. 가장 적합한 곳은 **배송내역** 엔티티이다. 여기에 **판매단가** 속성을 추가한다.

이렇게만 하면 고객의 누적 구매금액을 계산할 수 있다. 그런데 고객의 누적 구매금액을 알기 위해 매번 계산을 해야 한다면 불편할 것이다. 만일 누적 구매금액 자체를 어딘가에 저장하고 있으면 계산 과정 없이 정보를 바로 알 수 있을 것이다. **고객** 엔티티의 속성으로 **누적 구매금액** 속성을 추가한다.

이상의 내용을 정리하면 다음과 같다.

> 1) 제품 엔티티에 판매단가 속성을 추가한다.
> 2) 배송내역 엔티티에 판매단가 속성을 추가한다.
> 3) 고객 엔티티에 누적 구매금액 속성을 추가한다.

■ 1:1 관계에 있는 엔티티의 검토

두 엔티티의 주식별자가 동일하면 두 엔티티는 1:1 관계에 있게 된다. 판매/재고관리 ER
다이어그램에서 **제품** 엔티티와 **제품재고** 엔티티는 1:1 관계에 있다. 다시 말해서 **제품** 엔티
티의 하나의 튜플은 **제품재고** 엔티티의 튜플 중 오직 하나와만 연결된다. 두 엔티티가 1:1
관계에 있으면 두 엔티티는 하나로 합칠 수 있다. 하나의 엔티티를 둘로 나누어 관리해야
하는 특별한 이유가 없다면 하나로 합치는 것이 바람직하다. 따라서 〈그림 9-29〉와 같이
제품재고 엔티티를 제품 엔티티로 합치도록 한다.

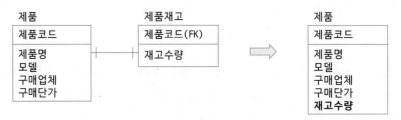

〈그림 9-29〉 두 엔티티의 통합

지금까지 두 개의 항목에 대해 검토하고 그에 따라 모델을 수정하였다. 모델을 검토하
는 것은 쉬운 일은 아니다. 모델의 검토 단계에서 모든 문제를 걸러낼 수는 없지만, 최대
한 문제가 없도록 모델을 만드는 것이 시스템 구축 프로젝트를 성공적으로 마칠 수 있는
필수 요소 중의 하나이다. 〈그림 9-30〉은 검토사항을 반영하여 수정한 ER 다이어그램
이다.

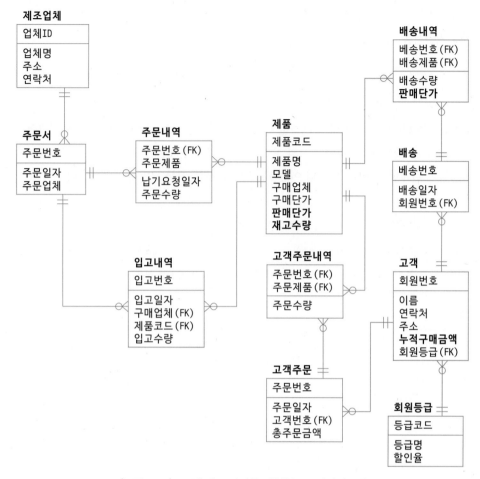

〈그림 9-30〉 모델 검토 결과를 반영한 ER 다이어그램

9.4 물리적 데이터베이스의 설계

물리적 데이터베이스 설계는 데이터 모델링(논리적 데이터베이스 설계)의 결과를 실제 데이터베이스를 구축하기 위해서 설계의 내용을 구체화하는 과정을 말한다. 데이터 모델링은 앞으로 구축하고자 하는 시스템에서 필요한 정보가 무엇인지를 파악하는 데 초점이 있으며, DBMS 제품과는 무관하게 진행하였다. 그러나 물리적 데이터베이스 설계에서는 실제 구축 대상 DBMS 제품에 맞추어 설계를 진행하기 때문에 DBMS 제품의 특성도 반영되며, 뷰(view)의 설계가 추가되고 성능을 고려하여 인덱스의 지정도 진행된다. 물리적

데이터베이스의 설계 결과도 기본적으로는 ER 다이어그램으로 표현되고, 부가적으로 테이블 기술서를 작성하기도 한다.

(1) 테이블, 컬럼, 키로의 전환

물리적 데이터베이스 설계의 기본적인 내용은 논리적 설계의 산출물인 ER 다이어그램의 각 요소들을 관계형 데이터베이스의 요소들로 전환하는 것이다. 〈표 9-6〉은 ERD의 각 요소들이 관계형 데이터베이스의 어떤 요소로 전환되는지를 요약하여 보여준다.

〈표 9-6〉데이터 모델링과 물리적 데이터베이스 설계의 비교

데이터 모델링(논리적 DB 설계)	물리적 DB 설계
DBMS의 종류나 제품에 상관없이 진행(ERD는 어떤 DBMS 제품을 사용해도 적용 가능)	특정 DBMS 제품을 전제로 진행(적용 DBMS의 특성을 고려함)
〈설계 요소〉 엔티티(entity) 속성(attribute) 주식별자(primary identifier) 외래 식별자(foreign identifier)	〈설계 요소〉 테이블(table) 컬럼(column) 기본키(primary key) 외래키(foreign key) 뷰(view) 인덱스(index)

데이터 모델링에서의 엔티티, 속성, 식별자는 물리적 설계에서는 테이블, 컬럼, 키로 전환된다. ER 다이어그램의 외관상 큰 차이는 없으나 테이블이나 컬럼의 이름이 한글에서 영어로 바뀌고, 컬럼에는 DBMS가 지원하는 자료형이 지정된다. 엔티티와 엔티티의 관계는 테이블과 테이블의 관계로 그대로 전환이 이루어진다. 〈그림 9-31〉은 데이터 모델링의 결과가 어떻게 물리적 설계로 전환되는지를 사례로 보여준다. 목표 DBMS는 오라클이다. 〈그림 9-32〉는 물리적 데이터베이스 설계의 내용에 대한 테이블 기술서이다.

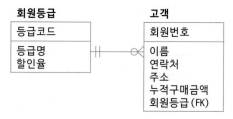

회원등급

등급코드
등급명 할인율

고객

회원번호
이름 연락처 주소 누적구매금액 회원등급 (FK)

(a) 데이터 모델링 결과

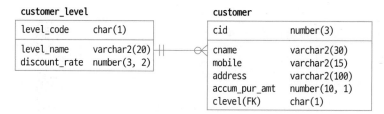

customer_level

level_code	char(1)
level_name	varchar2(20)
discount_rate	number(3, 2)

customer

cid	number(3)
cname	varchar2(30)
mobile	varchar2(15)
address	varchar2(100)
accum_pur_amt	number(10, 1)
clevel(FK)	char(1)

(b) 물리적 설계의 결과

〈그림 9-31〉 데이터 모델링의 결과를 물리적 설계로 전환하기

Name	customer_level	Table 기술서		작성일	2022. 11. 25	page
System	판매/재고관리			작성자	김 승 민	/
Description	주문 정보를 가지고 있는 테이블					

NO	Column Name	Data Type	NN	KY	Default	Description
1	level_code	char(1)	✔	(PK)	'N'	등급코드
2	level_name	varchar2(20)	✔		'일반'	등급명
3	discount_rate	number(3, 2)	✔		0.0	할인율
4						
5						
6						
7						

비고
* level_code: N-일반, S-실버, G-골드

Name	customer	Table 기술서			작성일	2022. 11. 25	page
System	판매/재고관리				작성자	김 승 민	/
Description	고객 정보						

NO	Column Name	Data Type	NN	KY	Default	Description	
1	cid	number(3)	✔	(PK)		회원번호	
2	cname	varchar2(30)	✔			이름	
3	mobile	varchar2(15)	✔			연락처	
4	address	varchar2(100)				주소	
5	accum_pur_amt	number(10, 1)			0	누적구매금액	
6	clevel	char(1)	✔	(FK)	'N'	회원등급	
7							

비고	
* clevel → 〈customer_level〉(clevel)	

〈그림 9-32〉 물리 설계에 대한 테이블 기술서

(2) 뷰와 인덱스의 지정

물리적 데이터베이스 설계는 시스템에서 필요로 하는 정보를 올바로 제공하는지 여부뿐만 아니라 데이터 보안과 실행 성능, 응용프로그램 개발의 편의성까지도 고려해야 한다. 이를 반영할 수 있는 수단 중의 하나가 뷰와 인덱스이다. 뷰를 설계하면 〈그림 9-33〉과 같이 뷰 정의서를 작성한다. 뷰 정의서에서 SQL은 실제 뷰를 생성하기 위한 SQL 문이다. 뷰의 정의는 데이터베이스의 시스템 카탈로그에 저장되지만, 뷰가 어떻게 정의되었는지를 알아보려면 DBMS에 따라 매우 번거로운 작업이 될 수 있다. 따라서 반드시 뷰 정의서를 작성해 보관하는 것이 나중에 뷰를 관리하는 데 도움이 된다. 실제 프로젝트에서는 설계 단계에서 기본적인 뷰들이 작성되고 응용 프로그램의 개발 단계에서 개발자의 요구에 따라 나머지 뷰들을 생성하는 경우가 많다.

354   데이터베이스 기초와 SQL

뷰명	뷰 설명	관련 테이블	SQL
customer_gold	골드레벨 회원 정보	customer	select * from customer where clevel = 'G' ;

〈그림 9-33〉 뷰 정의서의 예

인덱스는 이미 설명한 바와 같이 테이블에 대한 검색 속도를 향상시킬 수 있는 확실한 수단이다. 따라서 대부분의 DBMS 제품은 인덱스를 지원한다. 인덱스는 자주 검색되는 테이블에서 검색 기준으로 사용되는 속성에 대해 지정하는데, 기본키와 외래키 컬럼에 대해서는 자동적으로 인덱스가 생성되므로 나머지 컬럼들 중 검색에 자주 사용하는 컬럼에 대해 지정하면 된다. 예를 들면, 인터넷 쇼핑몰에서 원하는 제품을 검색할 때 제품코드보다는 제품 이름이나 모델명으로 검색을 하는 경우가 많을 것이므로 제품 테이블에서 제품명과 모델 컬럼에 인덱스를 지정하는 것이 바람직하다.

Item

item_code	int
item_name(**idx**)	varchar(50)
model(**idx**)	varchar(30)
vendor	int
unit_price_pur	decimal(10, 2)
unit_price_sel	decimal(10, 2)
stock_amt	decimal(10,2)

〈그림 9-34〉 인덱스의 지정 예

(3) 반정규화

반정규화(de-normalization)는 정규화와 대비되는 개념으로 정규화의 목적이 ER 다이어그램에 포함되어 있는 중복을 제거함으로써 데이터를 정확하게 관리하는 것, 즉 데이터의 무결성 유지에 있다면 반정규화의 목적은 그 반대로 어느 정도의 중복은 감수하고 데이터베이스의 성능(특별히 검색 속도)을 향상시키는 것이다. 데이터베이스는 정보를 올바로 관리하는 것도 중요하지만, 다수 사용자가 동시에 이용하는 속성상 일정 성능을 유지하는 것도 중요하기 때문이다. 정규화 과정은 엔티티들을 분리하는 형태로 진행된다면 반정규화 과정은 엔티티들을 통합해가는 형태로 진행한다. 반정규화를 할 것인지 아닌지는 데이터의 무결성 유지가 중요한지, 데이터베이스의 성능이 중요한지에 따라 결정된다. 여기서는 반정규화의 한 가지 사례만 소개하도록 한다.

쇼핑몰에서 판매되는 제품들은 판매 빈도가 높은 것도 있고 낮은 것도 있다. 20:80의 법칙에 따르면 전체 매출의 80%는 상위 20%의 제품들에 의해 이루어진다. 제품의 수가 10,000개라고 하면 2,000개의 제품이 전체 매출의 80%를 차지하는 것이다. 매출이 많다는 것은 검색 빈도도 높다는 말이므로 제품 테이블을 둘로 나누어 **제품 1, 제품 2**와 같이 하고, **제품 1**에는 상위 2,000개의 제품 정보를 저장하고 **제품 2**에는 나머지 8,000개의 제품 정보를 저장한다. 제품 정보를 검색하는 응용프로그램에서는 제품 정보 검색 시 먼저 **제품 1**에서 하고, **제품 1**에 없는 경우에는 **제품 2**에서 재검색한다. 이렇게 하면 평균 검색 속도를 높일 수 있다. 이처럼 튜플에 의해 테이블을 나누는 것을 테이블의 수평분할이라고 하며, 대규모 데이터를 저장하는 테이블에 대해 종종 시행되는 반정규화의 사례이다.

〈그림 9-35〉 테이블의 수평분할에 의한 반정규화 사례

Note ┤ 물리적 데이터베이스 설계 다음의 단계는?

물리적 데이터베이스를 설계한 다음에는 설계 내용을 가지고 실제 데이터베이스를 구축하는 과정이 이루어진다. 작성된 테이블 기술서나 뷰 기술서를 보고 수작업으로 테이블들을 생성할 수도 있겠지만, 데이터 모델링이나 물리적 데이터베이스 설계를 Erwin과 같은 도구를 가지고 작업한 경우는 도구에서 직접 데이터베이스에 테이블을 생성해주거나 테이블을 생성하는 SQL 스크립트를 만들어준다. 따라서 데이터베이스의 설계 작업은 도구를 이용하는 것이 편리하다.

SQL Developer로 물리적 ERD 작성하기

오라클 SQL Developer에는 물리적 ERD를 작성할 수 있는 Data Modeler 도구가 포함되어 있다. 이를 이용하여 〈그림 9-31〉에 있는 물리적 ERD를 작성해 보도록 한다.

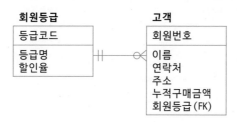

(논리적 모델)

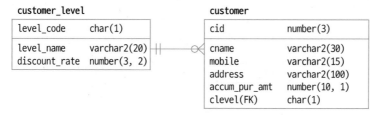

(물리적 모델)

실습 내용을 요약하면 다음과 같다.

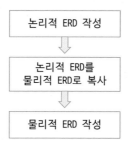

■ 논리적 ERD 작성

① Data Modeler를 사용하기 위해서 메인 메뉴에서 [보기] → [Data Modeler] → [브라우저]의 순서로 선택한다.

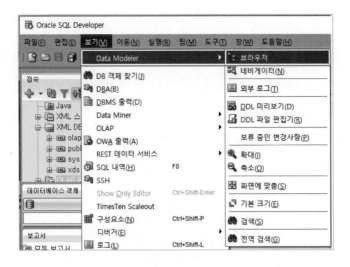

② 그러면 접속창 하단에 브라우저 창이 표시되는데 여기서 논리적 모델과 물리적 모델을 생성할 수 있다. 브라우저 창에서 [관계형 모델]이 물리적 모델이다.

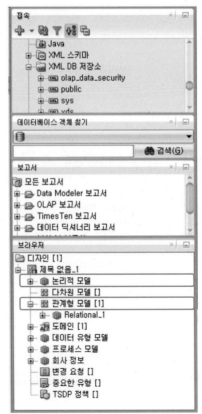

논리적 모델

물리적 모델

③ [논리적 모델]의 팝업 메뉴에서 [표시]를 선택하면 ERD를 작성할 수 있는 화면이 표시
된다.

④ ERD 작성에 주로 사용되는 아이콘은 다음과 같다.

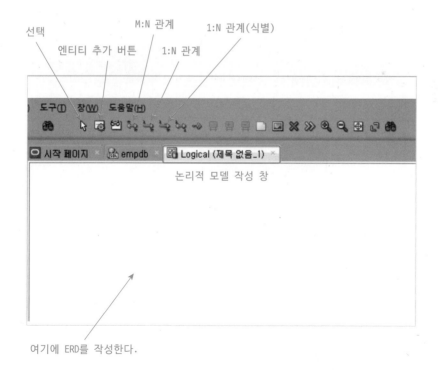

⑤ 엔티티 추가 버튼을 클릭한 후에 ERD 작성 화면의 빈 곳을 클릭하면 엔티티 작성 창이 나오는데 엔티티 이름을 입력 후 [확인] 버튼을 클릭하면 ERD 작성 창에 엔티티가 표시된다.

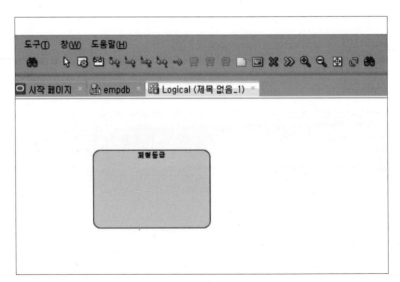

⑥ 동일한 요령으로 고객 엔티티를 생성한다. (화면을 클릭할 때마다 엔티티 생성 창이 표시되어 불편하므로 엔티티를 필요한 개수만큼 생성한 후에는 '선택' 아이콘을 클릭하여 엔티티 추가를 종료하는 것이 편리하다.)

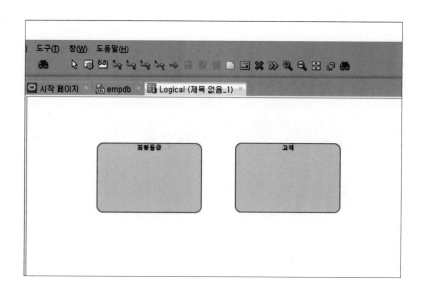

⑦ ERD 표기법에는 여러 가지가 있는데 정보 공학 표기법을 사용하기로 한다. ERD 작성 화면에서 마우스 오른쪽 버튼을 클릭하여 팝업 메뉴가 표시되면 [표기법] → [정보 엔지니어링 표기법]을 선택한다.

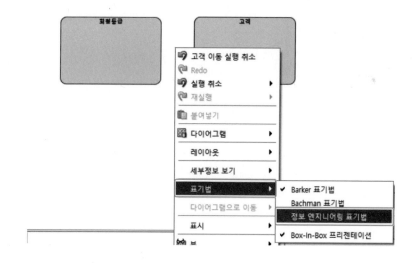

⑧ 이제 엔티티의 속성을 입력해 보자. (단, 외래 식별자 속성은 나중에 엔티티 관계를 맺어주면 자동으로 입력되므로 별도로 생성할 필요가 없다.) 회원등급 엔티티를 더블클릭하거나 회원등급 엔티티에 대한 팝업 메뉴에서 [속성]을 선택하면 엔티티 편집창이 나타난다. 여기서 [속성] 항목을 클릭하면 속성 입력 화면이 표시된다.

Note --

다음과 같이 속성을 추가하는 부분이 안 보이는 경우 엔티티 편집창을 오른쪽으로 늘리면 나타난다.

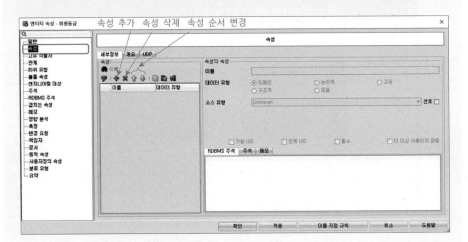

⑨ '+' 아이콘을 클릭하여 속성이 하나 추가되면 오른쪽의 편집창에서 속성 이름을 입력한다. 등급코드의 경우는 주식별자이므로 '기본 UID' 항목에 체크한다. [적용] 버튼을 누르면 입력 결과가 적용된다.

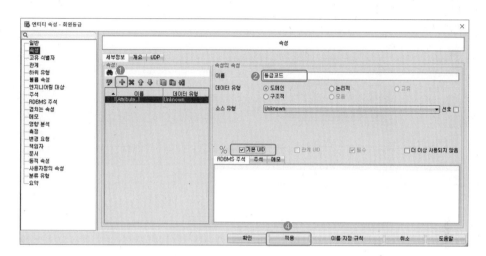

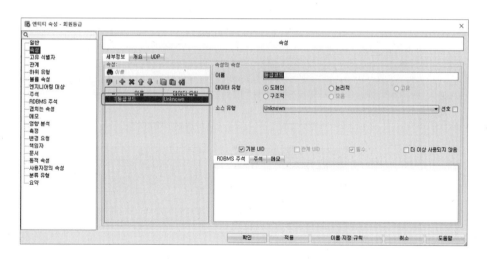

⑩ 동일한 방법으로 등급명과 할인율 속성을 입력한다. 단, 두 속성은 주식별자가 아니므로 '기본 UID'를 체크하면 안 된다. 속성 입력을 모두 마치면 [확인]을 클릭하여 엔티티 편집을 종료한다.

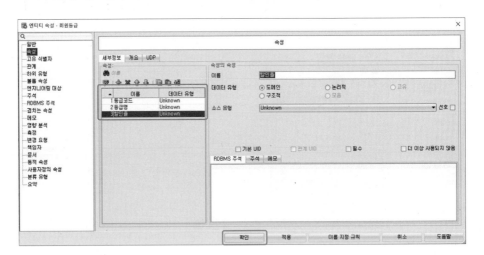

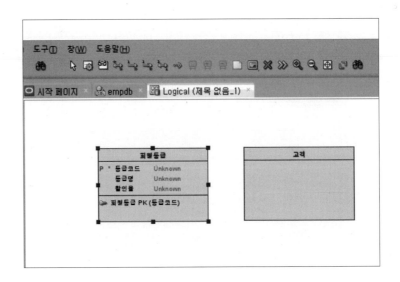

⑪ 동일한 방법으로 고객 엔티티의 속성도 입력한다. (외래 식별자인 회원등급은 제외
한다.)

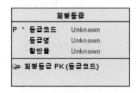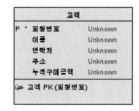

⑫ 논리적 ERD는 자료형을 지정하지 않으므로 이를 제외하고 ERD를 표시해보자. ERD
작성 화면에서 마우스 오른쪽 버튼을 클릭하여 팝업 메뉴가 표시되면 [세부정보 보기]
→ [속성]을 선택한다.

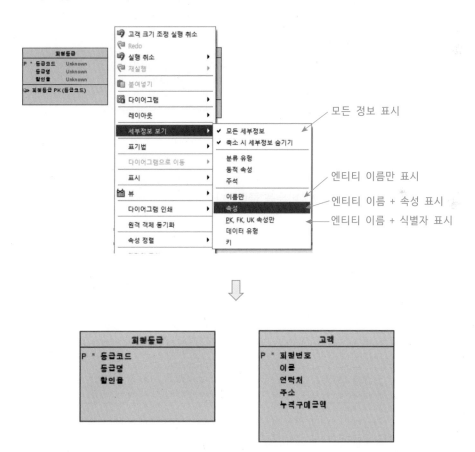

⑬ 이제 두 엔티티의 관계를 맺을 차례이다. 회원등급이 부모 엔티티, 고객이 자식 엔티티이므로 회원등급과 고객은 1:N 관계이다. ERD 작성 화면에서 관계 아이콘은 두 종류인데 '1:N 관계'와 '1:N 관계 식별'이 그것이다. '1:N 관계'는 외래키가 일반 속성일 경우, '1:N 관계 식별'은 외래키가 주식별자의 일부인 경우, 즉 주식별자이면서 동시에 외래 식별자인 경우이다. 고객 엔티티의 회원등급이 외래 식별자인데 일반 속성이므로 '1:N 관계' 아이콘을 통해 관계를 맺어준다. 관계를 맺는 방법은 두 엔티티를 클릭하면 되는데 주의할 점은 **먼저 부모 엔티티를 클릭한 후에 자식 엔티티를 클릭**하는 것이다.

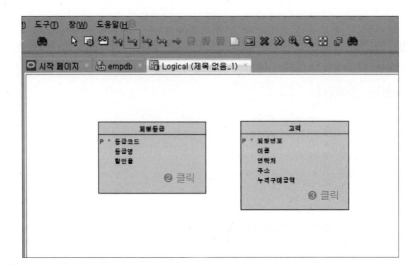

⑭ 다음과 같이 입력하고 [확인] 버튼을 클릭한다.

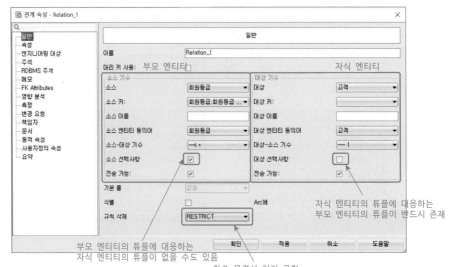

⑮ 이제 논리적 ERD가 완성되었다. 고객 엔티티에 외래키 컬럼으로서 회원등급이 자동으로 추가된 것을 확인할 수 있다.

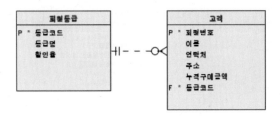

■ 논리적 ERD를 물리적 ERD로 복사

① 물리적 ERD 작성을 위해 엔티티부터 새로 생성하는 것은 번거롭다. Data Modeler 도구는 논리적 ERD를 물리적 ERD로 복사하는 기능이 있으므로 이를 이용하도록 한다. 브라우저 창에서 [논리적 모델] 항목에 대한 팝업 메뉴에서 [관계형 모델로 엔지니어링]을 선택한다.

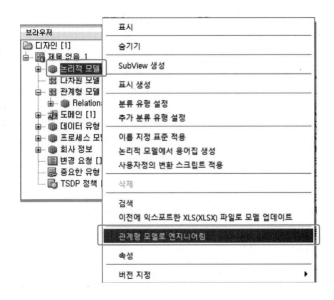

② 관계형 모델 엔지니어링 창에서 [엔지니어] 버튼을 클릭한다.

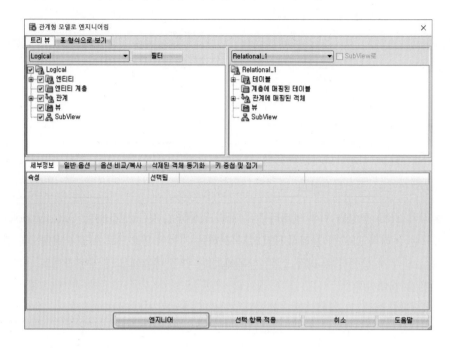

③ 작업 결과 논리적 ERD 창 옆에 물리적 ERD 창이 생성되고 논리적 ERD의 내용이 물리적 ERD에 복사되어 나타난다. 복사된 엔티티를 정돈해서 보면 다음과 같다.

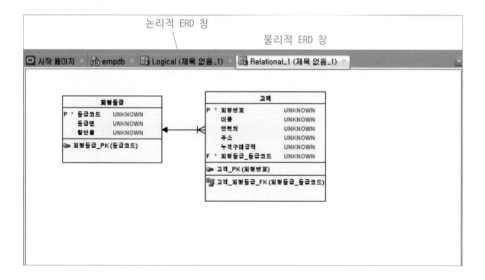

물리적 ERD에서 크게 달라진 점은 관계 표시이다. 부모 엔티티 쪽은 정보 공학 표기법 대신 화살표로 표현되었다.

■ 물리적 ERD의 작성

① 물리적 ERD의 작성 방법은 논리적 ERD 작성 방법과 다르지 않다. 속성 이름을 한 글에서 영어로 바꾸고 자료형을 추가하는 작업만 하면 된다. 먼저 회원 등급 엔티티를 편집한다. 다음은 등급코드 열(column)을 편집하는 화면이다. 데이터 유형을 [논리적] 으로 선택하면 소스 유형에서 자료형을 선택할 수 있다. 그리고 크기 항목에 자리수를 입력하면 된다.

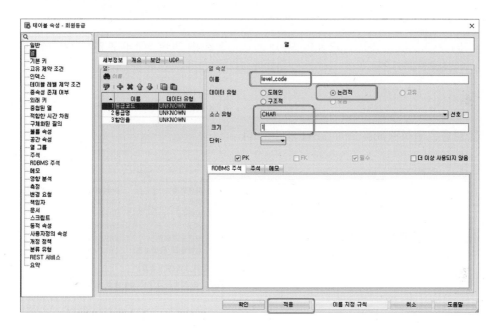

다음은 한글을 영어로 변경해야 하는 부분과 이 작업을 할 수 있는 메뉴 항목의 이름 이다.

영어로 변경 필요	메뉴 항목
엔티티 이름	일반
속성 이름	열
주식별자(기본키) 이름	기본키
외래 식별자(외래키) 이름	외래키

1. 소스 유형 선택 시 VARCHAR2, NUMBER는 소스 유형에 표시되지 않는다. VARCHAR, DECIMAL을 선택하면 VARCHAR2, NUMBER로 변환되어 ERD에 표시된다.

2. 기본키 이름도 영어로 바꾸어주는 것이 좋다. [기본키] 항목에서 이름을 변경할 수 있다.

3. 엔티티 한글 이름을 영어로 바꾼 뒤 [적용] 버튼을 클릭하면 다음과 같이 '부적합한 별칭'이라고 에러 메시 지가 뜨는 경우가 있다. 이는 엔티티 이름은 영어로 바뀌었지만, 별칭이 한글로 남아 있기 때문이다.

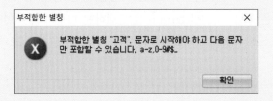

위의 메시지를 닫으면 RESET 화면이 표시되는데 여기서 한글 별칭을 영어로 바꾸어주면 된다. 보통은 이름 과 별칭을 동일하게 한다.

② 다음은 완성된 customer_level 엔티티이다.

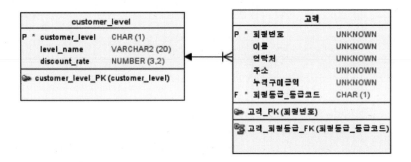

③ customer 엔티티도 동일하게 편집한다. 이제 물리적 ERD가 완성되었다.

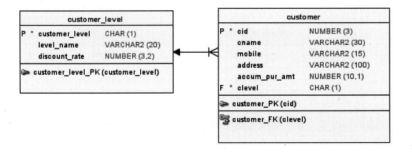

④ 이제 작업 결과를 저장한다. 메인 메뉴에서 [파일] → [Data Modeler] → [저장]의 순
서로 선택한다.

⑤ 저장 위치와 파일 이름을 지정한 뒤 저장 버튼을 클릭한다.

단원 요약

1. 데이터베이스 설계란 응용 SW 개발을 위해 기반이 되는 데이터베이스의 구조, 즉 스키마(schema)를 설계하는 과정을 말한다.

2. 데이터베이스 설계를 위해서는 데이터에 대한 지식뿐만 아니라 설계 대상 업무에 대한 지식도 필요하다.

3. 데이터 모델링이란 현실세계를 데이터의 관점에서 파악하여 개념적인 모델로 표현하는 단계를 말하며, 논리적 데이터베이스 설계라고도 말한다.

4. 물리적 데이터베이스 설계에서는 실제 데이터베이스 구축을 위한 테이블, 뷰, 인덱스, 용량 등을 설계한다.

5. ER 다이어그램은 Entity-Relationship Diagram의 줄임말이며, 데이터베이스의 설계 결과를 표현하기 위한 도구이다.

6. ER 다이어그램은 엔티티들과 엔티티 안에 포함될 속성들(주식별자, 외래 식별자 포함), 그리고 엔티티들 간의 관계를 선으로 표시한 도표이다.

7. 엔티티(entity)란 업무의 관심 대상이 되는 정보를 갖고 있거나 그에 대한 정보를 관리할 필요가 있는 유형, 무형의 사물(개체)을 말한다.

8. 속성이란 엔티티에서 관리해야 할 최소 단위의 정보 항목을 말하며, 테이블의 컬럼으로 구현된다.

9. 주식별자와 외래 식별자의 개념은 관계형 모델에서 기본키(primary key)와 외래키(foreign key)에 대응하는 개념이다.

10. 관계란 두 엔티티 사이의 관련성을 나타내는 용어이다. 1:1, 1:N 관계와 선택, 필수 관계가 있다.

11. 부모, 자식 엔티티의 관계는 일반적으로 다음과 같다.

12. 공유 속성으로 관계를 맺는 두 엔티티에서 자식 엔티티의 외래 식별자는 부모 엔티티의 주식별자를 참조한다.

13. 하나의 속성이 주식별자가 될 수 없는 경우는 여러 개의 속성을 묶어서 주식별자로 지정해야 한다.

14. 데이터베이스 정규화란 설계된 데이터베이스 안에 존재하는 데이터의 중복을 제거하여 데이터의 무결성을 유지하는 과정을 말한다.

15. 1:1 관계에 있는 두 엔티티는 하나로 합칠 수 있으므로 둘로 나누어야 할 필요가 있는지를 검토한다.

16. 반정규화는 정규화와 대비되는 개념으로, 어느 정도의 중복은 감수하고 데이터베이스의 성능(특별히 검색 속도)을 향상시키고자 정규화의 반대 방향으로 작업한다. 보통 반정규화는 테이블을 합치는 방향으로 진행된다.

연습문제

※ 다음 문제의 설명과 가장 관련이 있는 용어를 보기에서 고르시오(1~5번).

> **〈보기〉**
> ㉠ 데이터 모델링　ⓛ 데이터베이스 설계　ⓒ 물리적 데이터베이스 설계　ⓔ ER 다이어그램　ⓜ 엔티티

1. 실제 데이터베이스 구축을 위한 테이블, 뷰, 인덱스, 용량 등을 설계하는 단계를 말한다.

2. 응용 SW 개발을 위해 기반이 되는 데이터베이스의 구조, 즉 스키마(schema)를 설계하는 과정을 말한다.

3. 데이터베이스의 설계 결과를 표현하기 위해 일반적으로 사용되는 도구이다.

4. 현실세계를 데이터의 관점에서 파악하여 개념적인 모델로 표현하는 단계를 말하며, 논리적 데이터베이스 설계라고도 말한다.

5. 업무의 관심 대상이 되는 정보를 갖고 있거나 그에 대한 정보를 관리할 필요가 있는 유형, 무형의 사물(개체)을 말한다.

6. 다음 중 데이터베이스 설계 단계에 대한 설명으로 잘못된 것을 고르시오.
   ① 구축될 데이터베이스의 용량, 성능, 보안요소 등도 고려하여 설계하는 단계는 물리적 데이터베이스 설계이다.
   ② 데이터 모델과 프로세스 모델을 비교·검토하여 서로 간에 잘 맞는지, 모순되거나 어느 한 쪽에 대응되는 내용이 없는지를 평가하는 단계는 상관 모델링이다.
   ③ 현실세계에서 업무가 어떻게 이루어지는지를 파악하는 단계는 업무 분석이다.
   ④ 현실세계를 데이터의 관점에서 파악하여 개념적인 모델로 표현하는 단계는 데이터베이스 구축이다.

7. 다음 중 데이터베이스 용어와 대응하는 모델링 용어가 잘못된 것을 고르시오.

① 테이블 – 엔티티
② 컬럼 – 속성
③ 튜플 – 행
④ 기본키 – 주식별자

8. 다음의 ER 다이어그램에 대한 설명 중 잘못된 것을 모두 고르시오.

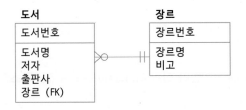

① 도서 엔티티에는 없는 장르가 장르 엔티티에 있을 수 있다.
② 도서 엔티티의 외래키 이름은 장르번호로 수정해 주어야 한다.
③ 도서 엔티티에 저장되는 장르는 반드시 장르 엔티티에도 있어야 한다.
④ 하나의 도서는 여러 개의 장르를 가질 수 있다.
⑤ 도서 엔티티의 주식별자는 도서번호이다.

9. 한 학생이 여러 동아리에 가입하는 것이 가능한 어떤 학교에서 학생과 동아리 정보를 관리하기 위한 ER 다이어그램을 다음과 같이 작성하였다. 문제점을 지적하고 올바른 ER 다이어그램을 제시하시오.

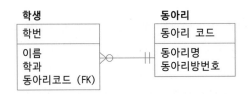

10. 다음은 어떤 갤러리에서 소장 및 전시 작품을 관리하기 위해 작성한 ER 다이어그램이다. 두 엔티티 사이의 관계를 표시하시오.

※ 다음은 어떤 창고의 재고 관리 업무에 대한 설명이다. 물음에 답하시오(11~13번).

  – 창고에는 여러 종류의 상품이 입고된다.
  – 상품 입고 시 상품명과 입고일, 입고수량을 기록한다.
  – 상품의 출고 시에는 출고일, 출고 수량을 기록한다.
  – 상품은 종류에 따라 정해진 구역에 보관한다.
  – 현재 창고관리자는 1명이다.

11. 다음 중 엔티티로 가장 적합한 것을 고르시오.

  ① 창고   ② 상품   ③ 구역   ④ 관리자

12. 인터뷰 결과 상품의 종류를 엔티티로 만드는 것이 필요하다고 판단되었다. 적절한 엔티티
    를 설계하여 ER 다이어그램 표기법으로 보이시오.

13. 다음은 상품을 엔티티로 하는 것이 필요하여 ER 다이어그램으로 나타낸 것이다. 개선이
    필요한 부분을 찾아서 개선된 ER 다이어그램으로 나타내시오.

상품

상품코드
상품명 상품종류코드 입고일 입고수량 출고일 출고수량

실습문제

14. 13번 문제의 개선된 ER 다이어그램을 SQL Developer를 이용하여 작성하시오.

데이터베이스 설계 II

contents

10.1 함수적 종속성

데이터베이스 설계 및 결과 표현의 도구로서 ER 다이어그램에 대해 학습하였다. 이제 데이터베이스 설계의 기초가 되는 함수적 종속성과 정규화에 대해 학습하도록 한다. 잘못 설계된 데이터베이스(구체적으로는 테이블들)는 나중에 테이블에 대한 삽입, 변경, 삭제 연산의 수행 시 여러 가지 문제를 일으킬 수 있다. 이러한 문제들을 **연산 이상**(anomaly)이라고 한다. 연산 이상을 일으키는 원인은 테이블 내에 존재하는 데이터의 중복 때문이다. 테이블 내에 존재하는 데이터의 중복을 해소하는 과정을 **정규화**(normalization)라고 한다. 데이터의 중복을 해소하는 것을 다른 말로 표현하면 **함수적 종속성**(functional dependency)을 제거한다고 말한다. 연산 이상과 함수적 종속성의 개념을 살펴본 뒤 정규화에 대해 학습하도록 한다.

(1) 연산 이상

연산 이상은 잘못된 데이터베이스(테이블) 설계의 결과로 발생하며, 다음과 같이 삽입 이상(insertion anomaly), 갱신 이상(update anomaly), 삭제 이상(deletion anomaly)이 있다.

연산 이상	설명
삽입 이상	테이블에 새로운 데이터를 삽입할 때 불필요한 데이터도 함께 삽입해야 하는 현상
갱신 이상	중복 튜플이 존재하는데 이중 어느 한쪽만 갱신하여 두 튜플 간에 불일치가 발생하는 현상
삭제 이상	어떤 튜플을 삭제했는데 남아 있어야 하는 다른 데이터까지 함께 삭제되는 현상

연산 이상에 대해 구체적으로 알아보기 위해 다음과 같이 고객의 과일 주문정보를 관리하는 상황을 생각해 보자. 다른 테이블들은 없고 〈그림 10-1〉의 **고객주문** 테이블 하나로 데이터를 관리한다. 한 명의 고객이 여러 과일을 주문할 수도 있고, 동일 과일이 여러 고객에 의해 주문될 수 있으므로 **고객번호**나 **과일ID** 단독으로는 기본키가 될 수 없다. 따라서 **고객번호, 과일ID** 두 개의 컬럼이 함께 기본키의 역할을 한다.

고객주문

고객번호	과일ID	과일명	주문수량	고객명	주소
1001	F001	사과	10	김철수	대구
1001	F002	배	5	김철수	대구
1001	F003	딸기	20	김철수	대구
1002	F001	사과	8	박용하	용인
1002	F004	오렌지	5	박용하	용인
1003	F002	배	5	김수빈	서울

〈그림 10-1〉 고객주문 테이블(기본키: 고객번호, 과일ID)

■ 삽입 이상

삽입 이상은 테이블에 새로운 데이터를 삽입할 때 불필요한 데이터도 함께 삽입해야 하는 현상을 말한다. 아직 주문 기록이 없는 '부산'에 사는 새로운 고객 '이수민'의 정보를 테이블에 저장해야 하는 경우를 생각해 보자. 〈그림 10-2〉와 같이 새로운 튜플로 입력해야 하는데 기본키 컬럼의 하나인 **과일ID**에는 NULL 값이 입력될 수 없으므로 새로운 튜플은 저장되지 않는다. 만일 새로운 튜플을 저장하고 싶으면 **주문과일** 컬럼에 임의의 과일 이름을 넣어 주어야 할 것이다. 즉, 새로운 고객 정보를 입력하기 위해 주문하지도 않은 과일 ID을 함께 저장해야 하는데 이것이 삽입 이상이다.

고객주문

고객번호	과일ID	과일명	주문수량	고객명	주소
1001	F001	사과	10	김철수	대구
1001	F002	배	5	김철수	대구
1001	F003	딸기	20	김철수	대구
1002	F001	사과	8	박용하	용인
1002	F004	오렌지	5	박용하	용인
1003	F002	배	5	김수빈	서울
1004	**NULL**	**NULL**	**NULL**	**이수민**	**부산**

기본키 컬럼에는 NULL이 입력될 수 없음

〈그림 10-2〉 삽입 이상의 예

■ 갱신 이상

갱신 이상은 중복 튜플이 존재하는데, 이중 일부의 튜플만 갱신하여 중복 튜플들 간에 불일치가 발생하는 현상을 말한다. 〈그림 10-1〉의 **고객주문** 테이블에서 '김철수' 고객이 대구에서 광주로 이사하게 되어 고객 정보를 수정해야 하는 상황이 되었다고 가정해 보자. 김철수 고객의 정보가 세 개의 튜플에 있으므로 세 개의 튜플을 모두 수정해야 하는데, 수정 프로그램의 실수로 다음과 같이 첫 번째 튜플만 수정했다고 하면 '김철수' 고객의 주소가 '광주'인지 '대구'인지 알 수 없게 될 것이다. 이것이 갱신 이상이다.

고객주문

고객번호	과일ID	과일명	주문수량	고객명	주소
1001	F001	사과	10	김철수	광주
1001	F002	배	5	김철수	대구
1001	F003	딸기	20	김철수	대구
1002	F001	사과	8	박용하	용인
1002	F004	오렌지	5	박용하	용인
1003	F002	배	5	김수빈	서울

불일치

〈그림 10-3〉 갱신 이상으로 인한 데이터 불일치의 발생

■ 삭제 이상

삭제 이상은 어떤 튜플을 삭제했는데 남아 있어야 하는 다른 데이터까지 함께 삭제되는 현상을 말한다. 〈그림 10-1〉의 **고객주문** 테이블에서 '김철수' 고객이 주문을 취소하여 주문정보를 테이블에서 삭제하는 경우를 생각해보자. 우리가 원하는 것은 주문정보는 삭제하되 '김철수' 고객의 정보는 남아 있는 것이지만, 다음의 그림에서 보는 바와 같이 주문정보를 삭제하면 고객정보도 함께 삭제될 수밖에 없다. 이런 현상을 삭제 이상이라고 한다.

고객주문

고객번호	과일ID	과일명	주문수량	고객명	주소
1001	F001	사과	10	김철수	대구
1001	F002	배	5	김철수	대구
1001	F003	딸기	20	김철수	대구
1002	F001	사과	8	박용하	용인
1002	F004	오렌지	5	박용하	용인
1003	F002	배	5	김수빈	서울

주문정보의 삭제

고객정보도 삭제됨

〈그림 10-4〉 삭제 이상으로 인해 필요한 정보도 함께 삭제

(2) 함수적 종속성

〈그림 10-1〉의 고객주문 테이블에 대해 삽입 이상, 갱신 이상, 삭제 이상이 발생하는 이유는 테이블의 설계가 잘못되었기 때문이다. 다시 말해서, 이 테이블은 바람직하지 않은 **함수적 종속성**(functional dependency)을 포함하고 있기 때문에 문제가 발생하는 것이다. 함수적 종속성의 정의는 다음과 같다.

> 어떤 릴레이션을 구성하는 속성들의 부분집합 X와 Y가 있을 때, 임의의 X의 값을 하나 선택했을 때 Y가 유일한 값으로 대응된다면 'X가 Y를 함수적으로 결정한다.' 또는 'Y는 X에 함수적으로 종속되어 있다.'라고 말한다.

Y가 X에 함수적으로 종속되어 있음을 다음과 같이 기호로 표현한다. 그리고 X를 **결정 속성**, Y를 **종속 속성**이라고 표현한다.

$$X \longrightarrow Y$$

함수적 종속성은 정의만 보아서는 쉽게 이해되지 않을 것이다. 예를 통해 함수적 종속성을 이해해 보자. 〈그림 10-4〉의 **고객주문** 테이블을 관찰하면 다음과 같은 사실을 관찰할 수 있다

- 고객번호 1001의 고객명은 항상 '김철수'이다. ('김철수'이기도 하고 다른 사람이기도 할 수는 없다.)
- 고객번호 1002의 고객명은 항상 '박용하'이다.
- 고객번호 1003의 고객명은 항상 '김수빈'이다.

이것은 마치 어떤 함수에 고객번호를 입력하면 그에 대응하는 고객이름이 하나 출력되는

것과 비슷하다. 이것을 다르게 표현하면 '고객번호가 정해지면 고객명은 자동적으로 정해진다.'라고 할 수 있다. 이와 같은 경우 '고객번호가 고객명을 결정한다.' 또는 '고객명이 고객번호에 종속되어 있다.'라고 말한다. 이를 기호로 표현하면 다음과 같다.

$$\{고객번호\} \longrightarrow \{고객명\}$$

그런데 고객번호와 주소도 동일한 관계에 있으므로

$$\{고객번호\} \longrightarrow \{주소\}$$

고객번호가 정해지면 고객명과 주소가 정해지므로 다음과 같은 표현이 가능하다.

$$\{고객번호\} \longrightarrow \{고객명, 주소\}$$

또한 〈그림 10-4〉의 고객주문 테이블에서 과일ID가 정해지면 과일명도 정해지므로 다음의 관계도 성립한다.

$$\{과일ID\} \longrightarrow \{과일명\}$$

〈그림 10-5〉와 같이 어떤 릴레이션의 함수적 종속 관계를 다이어그램으로 표시한 것을 **함수 종속 다이어그램**이라고 하는데 복잡한 함수적 종속 관계도 쉽게 파악할 수 있도록 하는 도구이다.

〈그림 10-5〉 함수 종속 다이어그램의 예

■ 주식별자와 함수적 종속성

주식별자(기본 키)는 릴레이션(테이블) 내에서 인스턴스(튜플)를 식별하는 역할을 하므로 주식별자가 아닌 모든 속성들의 집합은 주식별자에 함수적으로 종속된다. 이는 모든 릴레이션이 공통적으로 가지는 성질로서 정상적인 함수적 종속성이다.

■ 완전 함수 종속과 부분 함수 종속

완전 함수 종속(full functional dependency)이란 주식별자 여러 개인 릴레이션에서 주식별자가 아닌 속성들이 <u>주식별자 전체 속성</u>에 함수적으로 종속된 경우를 말한다. 이와는 대조적으로 주식별자가 아닌 속성들이 <u>주식별자의 부분 속성</u>에 함수적으로 종속된 경우를 **부분 함수 종속**(partial functional dependency)이라고 한다. 〈그림 10-6〉의 고객주문 릴레이션에 대한 함수 종속 다이어그램을 살펴보자. 고객주문 릴레이션의 주식별자는 {고객번호, 과일ID}이다. 주식별자의 성질에 의해 주식별자가 아닌 속성들은 주식별자에 함수적으로 종속되는데 이는 완전 함수 종속이다(그림에서 굵은 실선). 그리고 {고객명}, {주소}는 {고객번호}에, {과일명}은 {과일ID}에 함수적으로 종속되어 있다. 주식별자 전체가 아닌 부분에 함수적으로 종속되어 있기 때문에 부분 함수 종속이다(그림에서 가는 실선). 데이터베이스 설계에서 문제가 되는 부분은 부분 함수 종속이다.

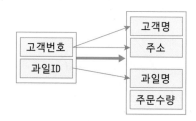

〈그림 10-6〉 고객주문 릴레이션에 대한 함수 종속 다이어그램

바람직하지 않은 함수적 종속성(부분 함수 종속)은 연산 이상을 일으키는 원인이 된다. 올바른 테이블의 설계는 바람직하지 않은 함수적 종속성을 해소해 나가면서 설계하는 것이다. 이 과정을 정규화라고 한다. 정규화에 대해서는 다시 배우겠지만, 〈그림 10-1〉의 고객주문 테이블은 다음과 같이 정규화하는 것이 바람직하다.

고객

고객번호	고객명	주소
1001	김철수	대구
1002	박용하	용인
1003	김수빈	서울

주문

고객번호	과일ID	주문수량
1001	F001	10
1002	F002	5
1003	F003	20
1002	F001	8
1002	10F004	5
1003	F002	5

과일

과일ID	과일명
F001	사과
F002	배
F003	딸기
F004	오렌지

〈그림 10-7〉 함수적 종속성(부분 함수 종속)을 포함하지 않는 설계의 예

10.2 정규화

데이터베이스 설계의 과정은 바람직하지 않은 함수적 종속성이 존재하지 않도록 테이블을 정규화해가는 과정이라고 할 수 있다. 정규화는 여러 단계의 수준에서 이루어진다. 〈그림 10-8〉은 정규화의 단계에 대한 요약이다. 정규화가 이루어진 정도를 **정규형 (normal Form)**이라고 하는데 제1정규형을 만족하면 제1정규화가 이루어졌다고 표현한다. 정규화의 단계가 높아질수록 정규화에 대한 요구사항도 높아진다. 그리고 정규화에서 상위 단계는 기본적으로 하위 단계의 요구사항을 만족해야 하고, 거기에 새로운 요구사항을 추가로 만족해야 한다. 현실 세계의 데이터베이스 설계 업무에서는 제3정규형보다 높은 단계의 정규화를 요구하는 상황은 만나기 어렵다. 따라서 제3정규형까지를 이해하고 활용할 수 있으면 충분하다. 이제 정규화의 각 단계에 대해 알아보기로 한다.

〈그림 10-8〉 정규형의 단계

(1) 제1정규형

데이터베이스 설계의 가장 기본적인 단계이다. 어떤 릴레이션의 설계가 다음 조건을 만족하면 제1정규형에 속한다.

> 릴레이션에 속한 모든 속성의 도메인이 단일 값(atomic value)으로만 구성되어 있어야 한다.

이를 다르게 표현하면 테이블에 있는 튜플들의 모든 컬럼은 단일 값만을 저장해야 한다는 것이다. 여기서 단일 값이란 더 이상 나누면 의미를 상실하는 값을 말한다. 어떤 과일 가게에서 고객이 주문한 과일을 주문번호별로 저장하기 위한 릴레이션의 ERD와 예제 테이블이 다음과 같다고 하자.

주문		고객	
주문번호		주문번호	주문과일
주문과일		1001	사과, 배, 딸기
		1002	사과, 오렌지
		1003	배

〈그림 10-9〉 제1정규화 대상 릴레이션(테이블)

주문 릴레이션에서 **주문번호**가 주식별자(기본 키)이고 한 번 주문에 여러 개의 과일을 주문할 수 있으므로 실제 데이터는 오른쪽의 예제 테이블과 같이 **주문과일** 컬럼에 여러 과일의 이름이 저장될 것이다. 이와 같이 동일 도메인의 값들이 하나의 컬럼에 여러 개 저장되면 단일 값 저장 원칙이 깨진 것이다. 따라서 제1정규형을 만족하지 못하므로 제1정규화 대상이 된다. 〈그림 10-9〉와 같이 테이블이 설계된다면 다음과 같은 질의를 SQL 문으로 처리하기 어렵다.

- 현재 판매되는 과일은 몇 종류인가?
- 고객들이 한 번에 주문하는 과일의 종류는 평균 몇 개인가?
- 주문번호별로 주문한 과일의 개수를 보이시오.

이러한 문제를 해결하기 위해서는 하나의 컬럼에는 복수의 값이 아닌 단일 값이 저장되도록 다음과 같이 설계를 수정해야 한다.

주문	주문	
주문번호	주문번호	주문과일
주문과일	1001	사과
	1001	배
	1001	딸기
	1002	사과
	1002	오렌지
	1003	배

〈그림 10-10〉 제1정규화 시행 후의 릴레이션(테이블)

위와 같이 제1정규화를 시행하면 정규화 이전에 처리가 불가능했던 질의의 처리가 가능해진다. 세 번째 질의는 다음과 같은 SQL 문으로 처리가 가능하다.

주문번호별로 주문한 과일의 개수를 보이시오.

```
select 주문번호, count(*)
from 주문
group by 주문번호 ;
```

다음의 설계는 제1정규형이기는 하나 초보 설계자가 자주 하는 설계의 실수이다.

주문

주문번호
주문과일1
주문과일2
주문과일3

주문

주문번호	주문과일1	주문과일2	주문과일3
1001	사과	딸기	딸기
1002	사과	오렌지	NULL
1003	배	NULL	NULL

〈그림 10-11〉 바람직하지 않은 제1정규형

테이블의 각 컬럼에 단일 값이 저장되도록 설계하였으므로 제1정규형을 만족하나 동일 성격 컬럼이 반복되고 있고, 다음과 같은 문제점이 있다.

- 주문 시 한 번에 과일을 세 개까지(주문 과일 컬럼의 수까지)만 주문할 수 있다.
- 한번에 10개의 과일을 주문할 수 있기 위해서는 주문 과일 컬럼의 수를 늘려야 한다. 그렇게 되면 주문 과일의 개수가 적은 튜플에는 많은 수의 NULL이 저장된다.
- SQL 문이 복잡해진다. (예: 주문번호 1004의 주문 과일 목록을 보이시오.)

따라서 〈그림 10-10〉의 설계가 바람직하다고 할 수 있다.

(2) 제2정규형

어떤 릴레이션의 설계가 다음 조건을 만족하면 제2정규형에 속한다.

- 릴레이션이 제1정규형에 속한다.
- 릴레이션에서 주식별자와 일반 속성들 사이에는 완전 함수 종속 관계만 존재한다. (주식별자의 일부 속성에 종속되는 속성은 존재하지 않는다.)

제2정규화에 대해 설명하기 위해서 〈그림 10-12〉의 도시 릴레이션을 살펴보자. 이 릴레이션은 도시 정보를 저장하기 위해 설계된 것이다. 같은 도시 이름이 서로 다른 나라에 존재하는 경우가 있기 때문에 **도시명**과 **국가코드**가 주식별자로 지정되어 있다.

도시

도시명
국가코드
도시면적
도시인구수
국가명
공식언어

도시

도시명	국가코드	도시면적	도시인구수	국가명	공식언어
Seoul	KOR	3400	1000	대한민국	Korean
Pusan	KOR	800	380	대한민국	Korean
Inchon	KOR	750	255	대한민국	Korean
Chicago	USA	1100	289	미국	English
Dallas	USA	980	118	미국	English
London	GBR	890	728	영국	English

〈그림 10-12〉 제2정규화가 필요한 설계의 예

오른쪽의 예제 테이블을 관찰해 보면 **국가명**과 **공식언어**가 주식별자의 일부인 **국가코드**에 함수적으로 종속되어 있음을 알 수 있다. 부분 함수 종속이 존재하면 앞에서 설명한 삽입 이상, 갱신 이상, 삭제 이상이 발생할 수 있다. 부분 함수 종속이 존재하는 경우는 릴레이션의 분할을 통해 부분 함수 종속을 해소해 주어야 한다.

제2정규화 시 부분 함수 종속을 해결하는 방법은 〈그림 10-13〉과 같다. 먼저 함수적 부분 함수 종속 관계에 있는 세 개의 속성(**국가코드, 국가명, 공식언어**)을 가지고 새로운 릴레이션을 만든다. 릴레이션의 이름은 저장되는 내용에 따라 적절히 명명한다. 새로운 릴

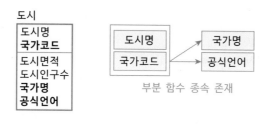

부분 함수 종속 존재

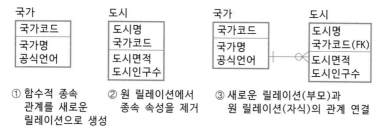

〈제2정규화 과정〉

① 함수적 종속 관계를 새로운 릴레이션으로 생성
② 원 릴레이션에서 종속 속성을 제거
③ 새로운 릴레이션(부모)과 원 릴레이션(자식)의 관계 연결

〈그림 10-13〉 제2정규화의 과정

레이션의 주식별자는 결정 속성(국가코드)이다. 다음은 원래의 릴레이션에서 종속 속성(국가명, 공식언어)을 제거한다. 마지막으로 두 릴레이션의 관계를 연결하면 되는데, 새로 만들어진 릴레이션이 부모, 원래 있던 릴레이션이 자식이 된다. 따라서 관계 표시를 부모-자식 관계에 따라 하면 된다.

〈그림 10-14〉는 제2정규화가 이루어졌을 때 테이블의 예이다. 함수적 종속 관계가 해소되었음을 확인할 수 있다. 도시 테이블에서 **국가명**, **공식언어** 컬럼이 제거되었지만, **국가코드**를 통해 **국가** 테이블에서 정보를 확인할 수 있기 때문에 정규화로 인한 정보의 손실은 발생하지 않는다.

국가

국가코드	국가명	공식언어
KOR	대한민국	Korean
USA	미국	English
GBR	영국	English

도시

도시명	국가코드	도시면적	도시인구수
Seoul	KOR	3400	1000
Pusan	KOR	800	380
Inchon	KOR	750	255
Chicago	USA	1100	289
Dallas	USA	980	118
London	GBR	890	728

〈그림 10-14〉 제2정규형을 만족하는 테이블의 예

(3) 제3정규형

어떤 릴레이션의 설계가 다음 조건을 만족하면 제3정규형에 속한다.

- 릴레이션이 제2정규형에 속한다.
- 릴레이션에서 주식별자가 아닌 속성들 간에는 함수적 종속성이 존재하지 않는다.

〈그림 10-15〉의 릴레이션과 예제 테이블을 살펴보자. 모든 컬럼에는 단일 값이 저장되고, 주식별자의 일부에 종속되는 일반 속성들도 없으므로 제1정규형과 제2정규형의 조건을 만족하고 있다. 그러나 AS담당자이름과 AS담당자연락처가 AS담당자ID에 종속되어 있음을 쉽게 알 수 있다. 즉, 함수적 종속성이 존재하는 것이다. 이러한 경우에도 삽입 이상, 갱신 이상, 삭제 이상이 발생하므로 해소해 주어야 한다.

도시

판매번호		상품번호	판매수량	AS담당자ID	AS담당자이름	AS담당자연락처
판매번호						
상품번호						
판매수량						
AS담당자ID						
AS담당자이름						
AS담당자연락처						

도시

판매번호	상품번호	판매수량	AS담당자ID	AS담당자이름	AS담당자연락처
S001	P100	50	72001	최승일	010-5213-7642
S001	P200	30	72003	김미나	010-1422-7421
S002	P100	100	72004	박한솔	010-5233-6421
S003	P100	60	72001	최승일	010-5213-7642
S003	P200	50	72002	한민구	010-4551-9876
S003	P300	100	72003	김미나	010-1422-7421

〈그림 10-15〉 제3정규화가 필요한 설계

제3정규화 시 함수적 종속성을 해결하는 방법은 제2정규화와 유사하다. 〈그림 10-16〉과 같이 먼저 함수적 종속 관계에 있는 세 개의 속성(AS담당자ID, AS담당자이름, AS담당자연락처)을 가지고 새로운 릴레이션을 만든다. 릴레이션의 이름은 저장되는 내용을 반영하여 적절히 명명한다. 새로운 릴레이션의 주식별자는 결정 속성(AS담당자ID)이다. 다음은 원래의 릴레이션에서 종속 속성(AS담당자이름, AS담당자연락처)을 제거한다. 마지막으로 두 릴레이션의 관계를 연결하면 되는데, 새로 만들어진 릴레이션이 부모, 원래 있던 릴레이션이 자식이 된다. 따라서 관계 표시를 부모-자식 관계에 따라 하면 된다. 〈그림 10-17〉은 제3정규화가 이루어졌을 때 테이블의 예이다. 판매 테이블에서 AS담당자의 이름과 연락처가 삭제되었지만, AS담당자ID를 매개로 AS담당자 테이블과 조인하면 AS담당자의 이름과 연락처 정보를 알 수 있다. 즉, 정보의 손실은 없으면서 함수적 종속성은 해소된 것이다.

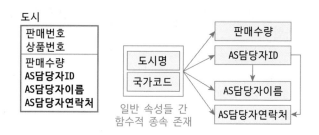

<제3정규화 과정>

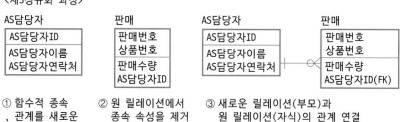

〈그림 10-16〉 제3정규화의 과정

AS담당자

AS담당자ID	AS담당자이름	AS담당자연락처
72001	최승일	010-5213-7642
72002	한민구	010-4551-9876
72003	김미나	010-1422-7421
72004	박한솔	010-5233-6421

판매

판매번호	상품번호	판매수량	AS담당자ID
S001	P100	50	72001
S001	P200	30	72003
S002	P100	100	72004
S003	P100	60	72001
S003	P200	50	72002
S003	P300	100	72003

〈그림 10-17〉 제3정규형을 만족하는 테이블의 예

Note— 이행적 종속성

어떤 릴레이션에서 X, Y, Z라는 3개의 속성이 있을 때 X → Y, Y → Z란 종속 관계가 있을 경우, X → Z가 성립될 때 이행적 함수 종속(transitive functional dependency)이라고 한다. 즉, X를 알면 Y를 알고 그를 통해 Z를 알 수 있는 경우를 말한다.

〈그림 10-16〉을 보면 {판매번호, 상품번호} → {AS담당자ID}이고 또한 {AS담당자ID} → {AS담당자이름, AS담당자연락처}의 관계가 성립한다. 따라서 이행적 종속성이 존재한다고 말할 수 있다. 결국 제3정규화는 이행적 종속성을 해소하는 과정이라고 말할 수 있다.

(4) 보이스/코드 정규형

어떤 릴레이션의 설계가 다음 조건을 만족하면 보이스/코드 정규형(BCNF: Boyce/Codd Normal Form)에 속한다.

- 릴레이션이 제3정규형에 속한다.
- 릴레이션에서 주식별자의 일부 속성이 일반 속성에 함수적으로 종속하는 경우는 존재하지 않는다.

학생의 수강과목에 대한 성적을 저장하기 위한 릴레이션을 〈그림 10-18〉과 같이 설계하였다고 가정해 보자. 주식별자가 **학번**과 **강사ID**로 설정되어 있다. 모든 컬럼에는 단일 값이 저장되도록 하고 있으므로 제1정규형을 만족한다. 그리고 주식별자의 일부에 종속되는 일반 속성들도 없으므로 제2정규형의 조건을 만족하고 있다. 일반 속성들 사이에 함수적 종속 관계가 없으므로 제3정규형의 조건도 만족한다. 그러나 **클래스ID**가 정해지면 그 클래스의 **강사ID**도 정해지므로 주식별자의 일부인 **강사ID**가 일반 속성 **클래스ID**에 함수적으로 종속되어 있다. 따라서 보이스/코드 정규형은 만족하지 않는다.

성적

학번
강사ID
클래스ID 성적

성적

학번	강사ID	클래스ID	성적
S001	T01	C100	A
S001	T02	C200	A
S001	T03	C300	B
S002	T01	C100	B
S003	T01	C100	A
S003	T03	C300	C

〈그림 10-18〉 보이스/코드 정규화가 필요한 설계

학생의 성적을 저장하기 위한 릴레이션을 〈그림 10-18〉과 같이 하였다면 다음과 같은 문제에 직면한다. 강사 T01은 C100과 C400 두 개의 클래스를 담당하고 있는데, 학번이 S001인 학생이 C100과 C400 두 개의 클래스를 모두 수강하여 각각 A와 B를 받았다고 하자. C100에 대한 정보는 저장했으므로 C400에 대한 정보를 다음과 같이 저장해야 하는데 기본 키 컬럼의 중복에 의하여 저장할 수 없는 상황이 발생한다.

성적

학번	강사ID	클래스ID	성적
S001	T01	C100	A
S001	T02	C200	A
S001	T03	C300	B
S002	T01	C100	B
S003	T01	C100	A
S003	T03	C300	C
S001	T01	C400	B

기본키
중복으로
저장 안 됨

〈그림 10-19〉 보이스/코드 정규화가 안 된 테이블에서의 튜플 삽입 문제

따라서 〈그림 10-18〉의 릴레이션은 정규화가 필요하다. 보이스/코드 정규화는 〈그림 10-20〉의 순서를 따른다. 먼저 함수적 종속 관계에 있는 두 개의 속성(클래스ID, 강사ID)을 가지고 새로운 릴레이션을 만든다. 릴레이션의 이름은 저장되는 내용을 반영하여 적절히 명명한다. 새로운 릴레이션의 주식별자는 결정 속성(클래스ID)이다. 다음은 원래의 릴레이션에서 종속 속성(강사ID)을 결정 속성(클래스ID)으로 대체한다. 마지막으로 두 릴레이션의 관계를 연결하면 되는데, 새로 만들어진 릴레이션이 부모, 원래 있던 릴레이션이 자식이 된다. 〈그림 10-21〉은 제3정규화가 이루어졌을 때 테이블의 예이다.

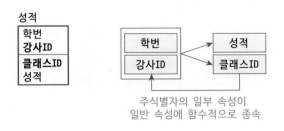

성적

학번
강사ID
클래스ID
성적

주식별자의 일부 속성이
일반 속성에 함수적으로 종속

<보이스/코드 정규화 과정>

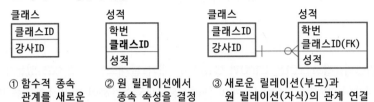

클래스

클래스ID
강사ID

성적

학번
클래스ID
성적

클래스

클래스ID
강사ID

성적

학번
클래스ID(FK)
성적

① 함수적 종속 ② 원 릴레이션에서 ③ 새로운 릴레이션(부모)과
   관계를 새로운   종속 속성을 결정   원 릴레이션(자식)의 관계 연결
   릴레이션으로 생성   속성으로 대체

〈그림 10-20〉 보이스/코드 정규화의 과정

성적

클래스ID	강사ID
C100	T01
C200	T02
C300	T03
C400	**T01**

성적

학번	클래스ID	성적
S001	C100	A
S001	C200	A
S001	C300	B
S002	C100	B
S003	C100	A
S003	C300	C
S001	**C400**	**B**

〈그림 10-21〉 보이스/코드 정규형을 만족하는 테이블의 예

(5) 제4정규형, 제5정규형

앞에서 언급한 바와 같이 제4정규화와 제5정규화를 필요로 하는 상황은 현실에서 만나
보기 어렵다. 따라서 제4정규형과 제5정규형에 대해서는 간단히 설명하기로 한다.

■ 제4정규형

어떤 릴레이션의 설계가 다음 조건을 만족하면 제4정규형에 속한다.

- 릴레이션이 보이스/코드 정규형에 속한다.
- 릴레이션에서 속성들 간에 다가 종속(multivalued dependency) 관계가 두 개 이상 존재하지 않는다.

〈그림 10-22〉는 다가 종속 관계가 존재하는 테이블의 예이다. SW 개발을 주로 하는 회사에서 각 개발자에게 배정된 프로젝트와 역할을 다음과 같이 관리한다고 했을 때 한 명의 사원에 대해 여러 개의 프로젝트와 여러 개의 역할이 존재할 수 있는데 이를 다가 종속이라고 한다. 한 테이블에 다가 종속 관계가 2개 있기 때문에 제4정규화를 필요로 한다. 이와 같은 테이블은 얼핏 보아도 기본 키조차 정하기가 어렵다. 따라서 〈그림 10-23〉과 같이 정규화하여 다가 종속성이 한 테이블에 1개만 있도록 한다.

업무배정

사번	프로젝트ID	역할ID
S001	T01	NULL
S001	T02	NULL
S001	NULL	R1
S001	NULL	R2
S002	T01	R2
S002	NULL	R3

〈그림 10-22〉 제4정규화를 필요로 하는 설계의 예

프로젝트_배정

사번	프로젝트ID
S001	T01
S001	T02
S002	T01

역할_배정

사번	역할ID
S001	R1
S001	R2
S002	R2
S002	R3

〈그림 10-23〉 제4정규화를 실시한 설계

■ 제5정규형

어떤 릴레이션의 설계가 다음 조건을 만족하면 제5정규형에 속한다.

- 릴레이션이 제4정규형에 속한다.
- 릴레이션에서 조인 종속(join dependency) 관계가 존재하지 않는다.

여기서 조인 종속이란 어떤 릴레이션을 분해하여 여러 릴레이션들을 구성한 뒤 이들을 조인하면 원래 릴레이션이 그대로 복원되는 성질을 말한다. 만일 조인 종속이 존재한다면 여러 릴레이션으로 분해하여 조인 종속을 제거하는 것이 제5정규화이다.

강좌

과목	강사	학기
S001	김철수	1학기
S001	홍길동	1학기
S002	홍길동	1학기
S002	박신혜	2학기
S003	한규민	1학기

〈그림 10-24〉 제5정규화를 필요로 하는 설계의 예

과목강사

과목	강사
S001	김철수
S001	홍길동
S002	홍길동
S002	박신혜
S003	한규민

학기과목

학기	과목
1학기	S001
1학기	S002
2학기	S002
1학기	S003

학기강사

학기	강사
1학기	김철수
1학기	홍길동
2학기	박신혜
1학기	한규민

〈그림 10-25〉 제5정규화의 결과

10.3 정규화 사례

(1) 정규화에 대한 고찰

9.4절에서 살펴본 정규화 과정을 정리해 보면 다음과 같다.

1) 정규화 과정은 릴레이션(테이블)에 포함된 중복 데이터를 해소해 나가는 과정이다. 즉, 데이터베이스에는 중복된 데이터가 저장되어서는 안 된다는 대원칙을 구현하기 위한 절차가 정규화이다. 예를 들면, 사번이 'S001'인 사원의 이름이 '홍길동'이라는 정보는 데이터베이스 내에 단 한 번만 기록되어야 한다. 동일 정보가 여러 번 저장되는 경우 앞에서 살펴본 삽입 이상, 갱신 이상, 삭제 이상이 발생할 수 있다.

2) 정규화는 여러 단계로 진행될 수 있다. 정규화를 실시하면 릴레이션이 분해되므로 릴레이션의 개수가 늘어난다.

3) 정규화에 의해 릴레이션 A가 A'와 B로 분해되면 A'와 B는 외래 식별자에 의해 연결된다. A'와 B를 조인하면 A의 정보를 복원할 수 있다.

데이터베이스 설계에서 정규화가 중요하기는 하나 실제 상황에서는 정규화 과정을 거치는 경우가 거의 없다. 그 이유는 정규형에 대해 잘 이해하고 있으면 처음부터 정규화가 필요 없는 데이터베이스의 설계가 가능하기 때문이다. 숙련된 데이터베이스 설계자는 정규화를 잘하는 설계자가 아니라 정규화가 필요 없도록 하는 설계자이다.

정규화가 잘 된 데이터베이스는 삽입 이상, 갱신 이상, 삭제 이상 등의 문제가 발생하지는 않지만, 성능 면에서는 손해를 볼 수 있다. 정규화에 의해 하나의 테이블이 둘로 나뉜 경우 두 테이블을 조인하여 정보를 얻는 것은 하나의 테이블을 검색하여 정보를 얻는 것보다 느릴 것이다. 따라서 검색 속도가 중요한 어플리케이션에서는 검색 속도를 높이기 위해 분해된 테이블들을 하나로 합쳐서 유지하기도 하는데 이를 **반정규화(de-normalization)**라고 한다.

(2) 정규화 사례

이제 실제 사례를 통해 데이터베이스의 설계 및 정규화 과정에 대해 살펴보자. 〈그림 10-26〉은 어떤 회사의 영업부서에서 고객에게 제품을 판매한 내역을 기록한 판매전표이다. 문서로 관리하던 판매전표를 SW를 통해 전자적으로 관리하기로 하여 시스템의 개발을 IT 업체에 의뢰하였다. 개발업체에서는 판매전표의 내용을 데이터베이스로 관리하기로 하고 이를 위해 판매전표를 저장하기 위한 테이블을 다음과 같은 과정을 통해 설계하였다.

판매전표

판매일자 : 2022.09.02
판매부서 : DH01 　　　부서명 : 영업 1부
판매사원번호 : 12437 　　사원명 : 김철수
판매일련번호: 3

고객번호 : YS02 　　　　　고객명 : 영진전자
고객주소 : 서울시 영등포구 여의도동 137-27

제품번호	제품명	단가	수량	금액
DW01	TV 12"	500	10	5,000
DW09	선풍기	200	20	4,000
DW20	라디오	100	30	3,000

〈그림 10-26〉 판매전표

■ 기본 테이블의 설계

판매전표에 있는 모든 데이터 항목을 컬럼으로 만든다. 판매부서가 여러 개이고, 각 부서에는 여러 사원들이 있으며, 각 사원은 매일 여러 고객에게 판매하므로 주식별자는 **판매일자, 부서번호, 사원번호, 일련번호**로 하였다.

판매전표

판매일자
부서번호
사원번호
일련번호
부서명
사원명
고객번호
고객명
고객주소
제품번호1
제품명1
단가1
수량1
금액1
제품번호2
제품명2
단가2
수량2
금액2
제품번호3
제품명3
단가3
수량3
금액3

〈그림 10-27〉 판매전표 릴레이션의 초기 설계

■ 제1정규화

튜플의 각 컬럼에 원자값이 아닌 값들이 저장되는 부분은 없는지, 혹은 릴레이션 내에서 반복되는 속성들은 없는지 살펴본다. 판매전표에서 고객에게 판매한 제품이 반복적으로 저장되도록 릴레이션이 설계된 것을 알 수 있다. 따라서 제일 먼저 반복 속성들을 해소하도록 한다.

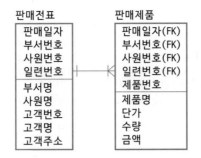

〈그림 10-28〉 릴레이션에서 반복 속성의 해소

■ 제2정규화

일반 속성들 중 주식별자의 일부에 함수적으로 종속된 것들은 없는지 찾아본다. 판매전표에서는 부서명이 부서번호에, 사원명이 사원번호에 함수적으로 종속되어 있고, 판매제품에서는 제품명과 단가가 제품번호에 함수적으로 종속된다. 이를 해소하도록 한다.

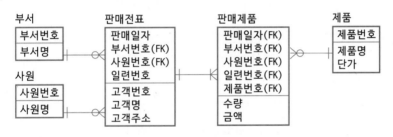

〈그림 10-29〉 제2정규화의 결과

■ 제3정규화

일반 속성들 간에 함수적 종속 관계가 있는지를 찾아 이를 해소한다. **판매전표** 엔티티에서 **고객명과 고객주소가 고객번호**에 함수적으로 종속되어 있다. 〈그림 10-30〉과 같이 고객 엔티티를 새로 만들어서 함수적 종속을 해소한다.

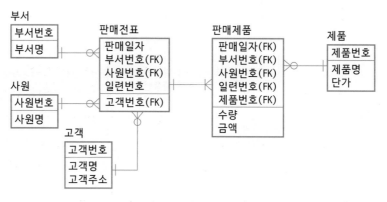

〈그림 10-30〉 제3정규화의 결과

Data Modeler를 이용한 순공학 및 역공학 작업

물리적 ERD의 설계가 끝나면 다음 단계는 실제로 데이터베이스를 구축하는 것이다. 물론 물리적 ERD를 보고 SQL를 이용하여 테이블을 하나하나 생성할 수도 있지만, 시간도 오래 걸리고 설계 내용과 다르게 테이블을 생성할 수도 있다. 그렇기 때문에 대부분의 데이터베이스 설계 도구들은 물리적 ERD로부터 쉽게 데이터베이스를 구축할 수 있는 기능을 제공하는데 이를 **순공학**(forward engineering)이라고 한다. 또한 이미 구축된 데이터베이스를 분석하여 데이터베이스의 내용을 물리적 ERD로 보여주는 기능도 제공하는데 이를 **역공학**(reverse engineering)이라고 한다. Data Modeler를 이용하여 순공학과 역공학을 실습해 보자.

(1) 순공학 실습

지난 단원에서 실습했던 고객/고객등급 ERD를 emppdb에 반영하는 작업을 실습하기로 한다.

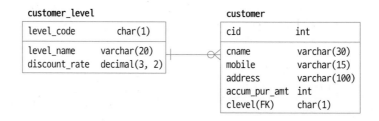

① Data Modeler 브라우저를 연다.

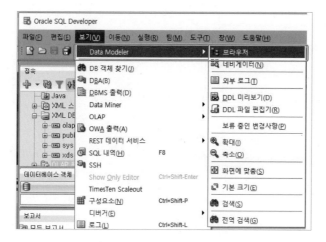

② 메인 메뉴에서 [파일] → [Data Modeler] → [열기]의 순서로 선택한다.

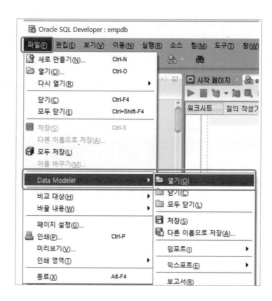

③ 지난 실습에서 저장했던 customer.dmd를 읽어온다.

④ 메인 메뉴에서 [파일] → [Data Modeler] → [익스포트] → [DDL 파일]의 순서로 선택
한다.

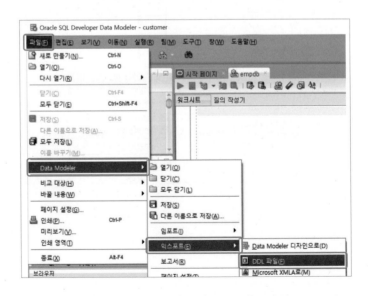

⑤ DDL 파일 편집기 창에서 Oracle Database 21c 선택 후 [생성] 버튼을 클릭하면 DDL
  생성 옵션 화면이 표시되는데 옵션 수정 없이 [확인] 버튼을 클릭한다.

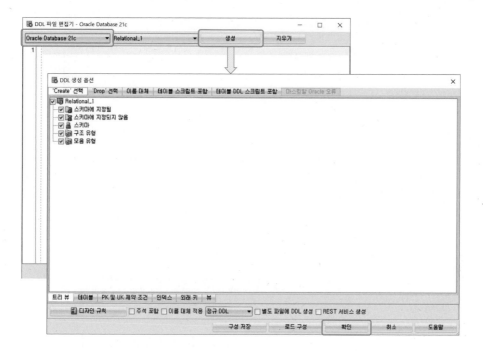

⑥ DDL 편집기 화면에 테이블을 생성하기 위한 SQL 코드가 표시되는데 이를 복사하여 SQL 실행창에 붙여넣기한다(복사할 때 주석문은 생략해도 된다).

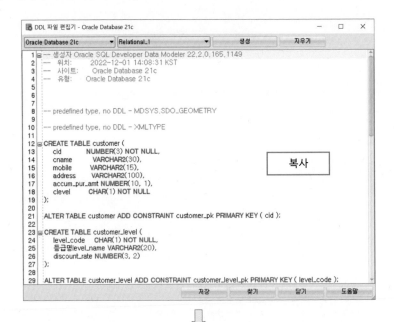

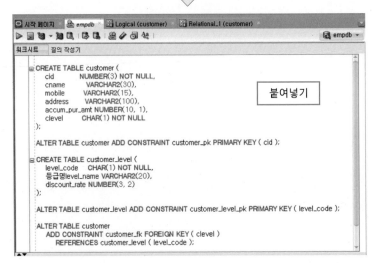

⑦ 이제 붙여넣기를 한 SQL 문을 실행하면 테이블들이 생성된다. 스크립트 실행 아이콘을 클릭하면 SQL 편집창의 여러 SQL 문을 한 번에 실행할 수 있다. 실행 결과는 접속창에서 확인한다.

(2) 역공학 실습

이제 emppdb의 내용을 가져와서 물리적 ERD로 작성해 보도록 한다.

① 새로운 ERD를 작성하기 위해서 기존에 열려있는 ERD는 닫도록 한다. 메인 메뉴에서 [파일] → [Data Modeler] → [닫기]의 순서로 선택한다.

② 메인 메뉴에서 [파일] → [Data Modeler] → [임포트] → [데이터 딕셔너리]의 순으로
선택한다.

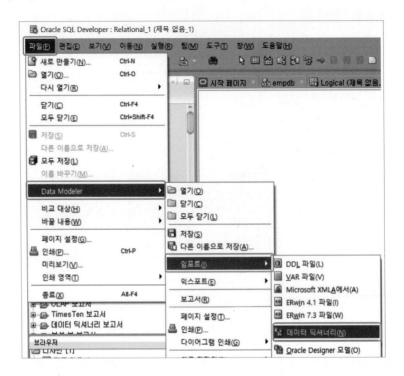

③ 데이터 딕셔너리 임포트 마법사가 실행되면 데이터베이스에 접속하기 위한 접속 이름
을 선택하고 [다음]을 클릭한다.

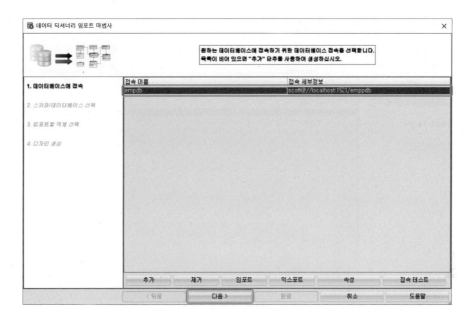

④ 스키마/데이터베이스 선택 단계에서 SCOTT를 선택하고 [다음]을 클릭한다. SCOTT
가 생성한 데이터베이스를 선택한다는 의미이다.

⑤ 임포트할 객체 선택 단계에서 필요한 객체를 선택한 후 [다음]을 클릭한다(여기서는 모든 객체를 선택하였다).

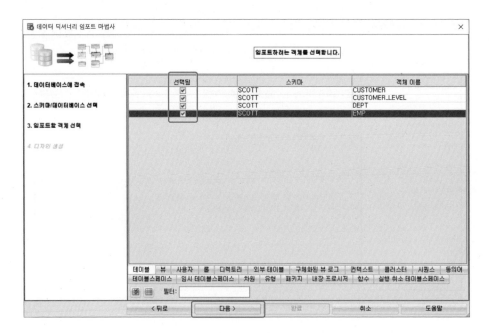

⑥ 디자인 생성 단계에서 [완료]를 클릭하여 임포트 작업을 마무리한다.

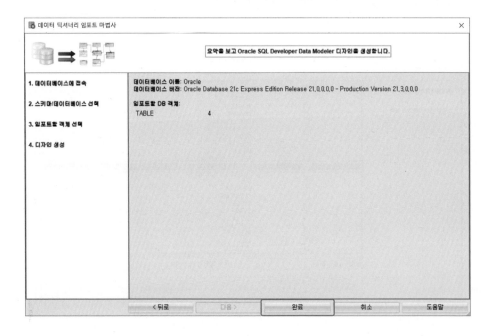

⑦ 임포트 결과와 작업 로그 화면이 같이 표시되는데 작업 로그를 닫으면 다음과 같이
물리적 ERD를 확인할 수 있다.

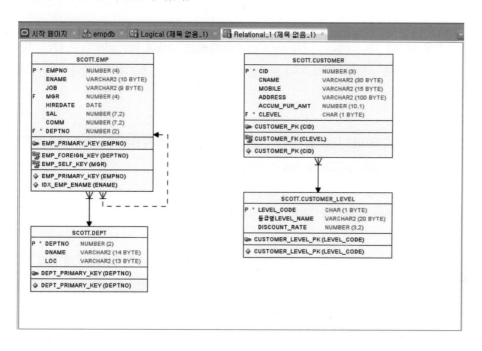

단원 요약

1. 잘못 설계된 데이터베이스(구체적으로는 테이블들)는 나중에 테이블에 대한 삽입, 변경, 삭제 연산의 수행 시 여러 가지 문제를 일으킬 수 있는데, 이러한 문제들을 연산 이상(anomaly)이라고 한다.

2. 연산 이상은 테이블 내에 존재하는 데이터의 중복 때문에 발생하는데, 데이터의 중복을 해소하는 과정을 정규화(normalization)라고 한다.

3. 연산 이상에는 삽입 이상, 갱신 이상, 삭제 이상이 있다.

4. 어떤 릴레이션을 구성하는 속성들의 부분집합 X와 Y가 있을 때 임의의 X의 값을 하나 선택했을 때, Y가 유일한 값으로 대응된다면 'X가 Y를 함수적으로 결정한다.' 또는 'Y는 X에 함수적으로 종속되어 있다.'라고 말한다.

5. 테이블 안에서 주식별자가 아닌 모든 속성들의 집합은 주식별자에 함수적으로 종속된다.

6. 완전 함수 종속이란 주식별자 여러 개인 릴레이션에서 주식별자가 아닌 속성들이 주식별자 전체 속성에 함수적으로 종속된 경우를 말한다. 또한 주식별자가 아닌 속성들이 주식별자의 부분 속성에 함수적으로 종속된 경우를 부분 함수 종속(partial functional dependency)이라고 한다.

7. 정규화는 여러 단계의 수준에서 이루어지는데 현실 적용을 위해서는 제3정규형까지 이해하면 충분하다.

8. 제1정규형은 릴레이션에 속한 모든 속성의 도메인이 단일 값(atomic value)으로만 구성될 때 만족한다.

9. 제2정규형은 제1정규형을 만족하면서 릴레이션에서 주식별자와 일반 속성들 사이에는 완전 함수 종속 관계만 존재하는 경우이다. 다시 말해서 주식별자의 일부 속성에 함수적으로 종속하는 경우가 없어야 한다.

10. 제3정규형은 제2정규형을 만족하면서 주식별자가 아닌 속성들 간에 함수적 종속 관계가 없는 경우를 말한다. 다시 말해서 이행적 종속성이 해소된 상태여야 한다.

11. 정규화가 진행될수록 테이블 분리가 일어나서 테이블의 수가 증가한다.

12. 정규형에 대해 잘 이해하고 있으면 처음부터 정규화가 필요 없는 데이터베이스의 설계가 가능하다.

13. 검색 속도가 중요한 어플리케이션에서는 검색 속도를 높이기 위해 분해된 테이블들 (정규화가 잘된 테이블들)을 하나로 합쳐서 유지하기도 하는데 이를 반정규화(de-normalization)라고 한다.

14. 순공학이란 데이터베이스의 설계 내용을 바탕으로 물리적 데이터베이스를 구축하는 과정을 말한다. 물리적 ER 다이어그램으로부터 물리적 데이터베이스를 구축한다.

15. 역공학이란 기존에 구축된 데이터베이스를 분석하여 ER 다이어그램을 작성하는 과정을 말한다.

16. 보통 순공학과 역공학은 SW 도구에 의해 자동적으로 이루어진다. 오라클 Data Modeler 가 여기에 해당한다.

연습문제

1. 테이블 내에 존재하는 데이터의 중복을 해소하는 과정을 (   )라고 한다.

2. 연산 이상은 잘못된 데이터베이스(테이블) 설계의 결과로 발생하며, (   ), (   ),
   (   )이 있다.

3. 다음의 판매내역 테이블에서 4월 3일에 구매한 C001 고객의 연락처가 변동되어 수정하
   였다. 어떤 문제가 있는지 고르시오.

   판매내역

방문일자	고객번호	고객연락처	구매금액
2023.03.01	C001	010-3454-1212	35000
2023.03.01	C003	010-2323-6567	42000
2023.04.02	C002	010-4548-1534	15000
2023.04.03	C001	010-8615-3433	90000

   ① 삽입 이상   ② 갱신 이상
   ③ 삭제 이상   ④ 조회 이상

4. 다음은 어떤 용어에 대한 정의인가?

   어떤 릴레이션을 구성하는 속성들의 부분집합 X와 Y가 있을 때, 임의의 X 값을 하나 선택했을 때 Y가 유일한
   값으로 대응된다.

5. 다음은 요리의 종류(한식, 중식, 양식, …)와 요리에 필요한 재료를 관리하기 위한 엔티티
   이다. 문제점을 지적하고 이를 정규화하시오.

   요리

요리코드
요리명 요리종류 포함재료

6. 다음은 회원제로 운영되는 어떤 콘도에서 호실별로 회원의 이용 정보를 관리하기 위한 엔티티이다. 이 엔티티가 포함한 종속 관계 다이어그램을 제시하시오. 또한 이 엔티티가 포함한 문제점을 설명하시오.

입실정보

호실 입실일자 회원번호
회원명 회원등급 퇴실일자

7. 6번 문제의 종속성을 해결하기 위한 정규화 결과를 제시하시오.

8. 다음은 과일에 대한 정보를 관리하기 위한 엔티티이다. 이 엔티티가 포함된 종속 관계 다이어그램을 제시하시오. 또한 이 엔티티가 포함된 문제점을 설명하시오.

과일정보

과일번호
과일명 원산지 원산지소속대륙 원산지평균기온

9. 8번 문제의 종속성을 해결하기 위한 정규화 결과를 제시하시오.

10. 어떤 릴레이션에서 X, Y, Z라는 3개의 속성이 있을 때 X → Y, Y → Z란 종속 관계가 있을 경우, X → Z가 성립될 때 (   )라고 한다.

11

데이터베이스 관리와 보안

contents

11 데이터베이스 관리와 보안

11.1 데이터베이스 보안 개요

사용자가 데이터베이스에 대해 기대하는 것 중의 하나는 높은 보안성이다. 데이터베이스에 비즈니스 관련 데이터가 축적될수록, 현실 업무가 축적된 데이터에 기반하여 이루어질수록 데이터베이스 내에 저장된 데이터를 보호해야 할 필요성이 높아진다. 많은 경우 고객의 개인정보도 데이터베이스에 저장되는데, 개인정보가 유출될 경우 기업의 존립이 흔들릴만큼 타격을 입을 수도 있다. 이번 단원에서는 데이터베이스 보안과 관련된 주제들을 학습하도록 한다.

(1) 데이터 보안의 고려 요소

일반적으로 데이터와 관련된 시스템의 보안성을 평가하거나 높이고자 할 때 다음의 세 가지 요소를 고려해야 한다.

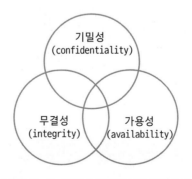

〈그림 11-1〉 데이터 보안의 3대 고려 요소

▪ 기밀성(confidentiality)

기밀성은 승인되지 않은 사용자가 무단으로 데이터를 액세스하는 것을 방지하고, 승인된 사용자가 액세스하는 경우 데이터는 승인된 목적으로만 사용되도록 하는 것을 말한다. 다른 말로 하면 기밀성은 프라이버시를 침해할 수 있는 정보의 공개로부터 데이터를 보호하는 것을 의미한다. 기밀성을 위해 사용자의 데이터 액세스 권한은 담당하는 업무에 따라 필요한 만큼만 차등적으로 제공되어야 한다.

▪ 무결성(integrity)

무결성은 우리가 이미 학습한 바와 같이 데이터를 일관성 있고 오류 없이 유지하는 것과 관련 있다. 데이터베이스 무결성은 데이터베이스 내에 있는 데이터가 불일치나 이상이 없도록 하는데 초점이 맞추어져 있지만, 데이터베이스를 사용하는 전체 조직의 관점에서의 무결성은 데이터베이스의 데이터뿐 아니라 조직의 업무 흐름과 사용자 및 데이터 액세스 패턴까지도 고려 대상이 된다. 예를 들면, 인터넷을 사용하여 제품 원가 계산 데이터에 액세스하는 재택근무 직원은 근무 시간 동안 또는 원가 계산 작업을 하는 특정 기간 동안만 엑세스가 허용되어야 무결성이 지켜진다고 말할 수 있다. 또한 인쇄된 보고서는 적정 시점에 파쇄되어야 하고 USB 메모리에 데이터를 복사하는 일이나 외부에 이메일로 데이터 파일을 전송하는 것도 통제되어야 한다.

▪ 가용성(availability)

가용성은 승인된 사용자가 요구할 때마다 승인된 데이터에 대한 액세스가 가능해야 함을 의미한다. 어떤 이유로 시스템의 사용이 중단된다면 조직 전체에 손해를 끼칠 수 있기 때문이다. 기밀성이나 무결성을 지나치게 높은 수준으로 유지하고자 하면 가용성이 떨어질 우려가 있으므로 적절한 수준에서 이루어져야 한다. 주말에는 모든 시스템에 대한 접근을 차단하는 정책을 사용한다면 기밀성은 높아지겠지만, 긴급한 업무를 처리해야 하는 부서나 구성원에게는 가용성이 침해된 것이다. 따라서 시스템 가용성은 보안의 중요한 목표 중 하나이다.

(2) 보안의 취약 요소

데이터베이스 보안을 고려해야 하는 이유는 보안 위협이 존재하기 때문이다. 보안 위협은 시스템이 가진 취약성(vulnerability) 때문에 발생하는 경우가 많다. 〈표 11-1〉은 시스템의 취약 요소와 그에 대한 대응 방안을 정리한 것이다.

〈표 11-1〉 시스템의 취약 요소와 대응 방안

시스템 요소	보안 취약성의 예	대응 방안
사용자	• 비밀번호를 설정하지 않음 • 비밀번호가 짧거나 생년월일이 포함 • 사무실 문을 열어두고 퇴근 • 사용자가 급여 정보를 장시간 화면에 띄움	• 복잡한 암호를 사용 • 다단계 인증을 사용 • 보안 화면과 화면보호기를 사용 • 민감한 데이터에 대한 사용자 교육 • 보안 카메라 설치, 자동 도어락 사용
컴퓨터와 서비스	• 데이터를 USB 메모리에 저장해 둠 • 컴퓨터가 여러 사람에 의해 공유됨 • 권한이 없는 사용자가 컴퓨터 사용 • 정전에 의한 하드디스크 손상 • 컴퓨터 폐기 시 하드디스크에 민감한 정보가 남아 있음	• USB 등 보조기억장치에 대한 엄격한 사용 정책 시행 • 컴퓨터별로 사용자/권한 지정 • 컴퓨터에 도난 방지 장치 설정 • 무정전 전원장치(UPS) 설치 • 컴퓨터 폐기 시 데이터 완전 삭제 시행
어플리케이션	• SQL 삽입 공격 • 어플리케이션 오류(버퍼 오버플로우 등) • 이메일에 의한 공격(스팸, 스미싱, 스니핑, 스푸핑)	• SQL 삽입 취약성 제거 • 시큐어 코딩 기법에 의한 어플리케이션 개발 • 안티바이러스 필터 설치
데이터	• 데이터가 여러 사람에게 오픈됨 • 데이터가 원격지에서 엑세스됨	• 파일 시스템 보안 구현 • 데이터 접근 권한 지정 • 데이터 암호화

(3) 데이터베이스 보안 정책

데이터베이스는 다수 사용자에 의해 공유되는 특성상 보안 위협에 노출되어 있다. 따라서 DBMS는 데이터를 보호하기 위한 다양한 방법들을 제공한다. 다음은 일반적으로 DBMS가 제공하는 보안 기능들이다.

■ 인증(authentication)

다른 소프트웨어와는 달리 데이터베이스를 이용할 수 있기 위해서는 별도의 계정을 부여받아야 하며, 로그인 과정을 통해 자신이 이용 권한이 있는 사용자임을 입증해야 한다. DBMS는 권한이 있는 사용자에 대한 계정, 비밀번호 정보를 관리한다.

▪ 접근제어(access control)

로그인을 통과한 사용자라 하더라도 데이터베이스 내의 모든 정보에 접근할 수 있는 것은 아니다. 데이터베이스 관리자는 사용자별로 권한을 할당하고, 사용자는 할당받은 권한 안에서만 데이터베이스를 이용할 수 있다. 이에 대한 내용을 11.2절에서 상세하게 다룬다. DBMS는 사용자로부터 어떤 요청이 있을 때 권한이 있는지를 먼저 검사하며, 권한이 없는 경우 요청을 거절한다.

▪ 감사(auditing)

감사는 사용자의 데이터베이스 작업을 모니터링하고 보안 로그(log)에 기록하는 것을 말한다. 데이터베이스 보안 담당자는 필요 시 보안 로그를 통해 특정 사용자의 부정행위나 불법행위의 여부를 판단한다. 보안 로그의 기록은 실행된 SQL 문의 유형과 같은 개별 작업을 기반으로 하거나 사용자 이름, 응용 프로그램, 시간 등을 포함할 수 있는 요소의 조합을 기반으로 할 수 있다. 데이터베이스 관리자는 민감한 정보가 조회되거나 갱신될 때 이를 보안 로그에 기록하도록 설정할 수 있다.

▪ 암호화(encription)

기본적으로 데이터베이스 전체는 침입자에 의해 탈취되어도 열어볼 수 없도록 데이터베이스 전체를 암호화할 수 있는 기능을 제공한다. 또한 비밀번호, 주민등록번호, 신용카드 번호 등 테이블 내에 저장되는 개별 정보를 별도로 암호화하는 방법을 제공한다. 〈그림 11-2〉는 MySQL DBMS에서 사용자 정보를 담고 있는 테이블에서 사용자 ID와 비밀번호를 조회한 것이다. 비밀번호가 암호화되어 저장된 것을 확인할 수 있다.

user	password
mysql.infoschema	A005$THISISACOMBINATIONOFINVALIDSALTANDPASSWORDTH...
mysql.session	A005$THISISACOMBINATIONOFINVALIDSALTANDPASSWORDTH...
mysql.sys	A005$THISISACOMBINATIONOFINVALIDSALTANDPASSWORDTH...
root	A005$+O.mdⅡ:웃J‼-&eY1u ĺbBUgh9k.ggOKX4TAnPiLabSffEepyel...

〈그림 11-2〉 암호화된 비밀번호

▪ 무결성 제어(integrity control)

데이터 무결성은 데이터베이스 내에 저장된 데이터가 오류가 없고 데이터들 간 모순이 없는 상태로 유지되어야 하는 요구사항을 말하며, DBMS는 여러 방법으로 데이터 무결성을 유지한다. 이미 배운 바와 같이 외래키는 참조 무결성을 유지하기 위한 방법이다. 또한 DBMS는 허가되지 않은 사용자의 데이터 변경이나 파괴, 저장 그리고 데이터를 손상시킬 수 있는 시스템 오류, 고장들로부터 데이터베이스를 보호하는 기능을 제공해야 한다. DBMS는 적절한 시스템 통제와 다양한 백업 및 복구 절차 등을 통하여 데이터베이스를 보호한다.

11.2 사용자 계정의 생성

DBMS는 데이터베이스의 보호를 위해 운영체제와는 별도로 사용자 및 사용자들에 대한 권한을 관리한다. 등록된 사용자만이 데이터베이스에 접속할 수 있고 부여된 권한 범위 안에서만 데이터베이스를 이용할 수 있다. 오라클에서 사용자 계정을 생성하고 사용 권한을 부여하는 방법을 학습하기에 앞서서 오라클에서는 2계층의 데이터베이스가 존재하고, 그에 맞추어 두 가지 유형의 사용자가 있음을 상기할 필요가 있다. **공통 사용자**는 CDB 및 PDB 모두에 접근이 가능한 사용자이며, **로컬 사용자**는 특정 PDB에 대해서만 접근이 가능하다. 공통 사용자는 일반적으로 데이터베이스에 대한 관리 역할을 하는 사용자이다. 공통 사용자의 계정명 앞에는 **C##** 또는 **c##**을 붙인다는 것도 기억하도록 하자.

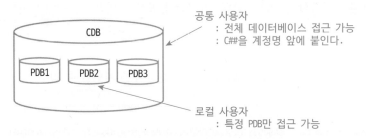

〈그림 11-3〉 오라클 데이터베이스 구조와 사용자

공통 사용자는 CDB에 관리자 계정으로 로그인한 상태에서 생성할 수 있으며, 로컬 사용자는 특정 PDB에 관리자 계정으로 로그인한 상태에서 생성할 수 있다.

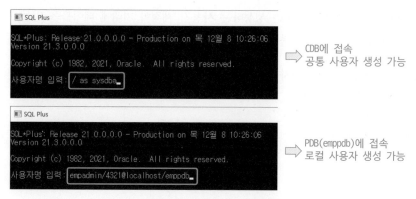

〈그림 11-4〉 공통 사용자와 로컬 사용자 생성을 위한 데이터베이스 로그인

이번 단원에서는 오라클에서 로컬 사용자 계정을 생성하고 사용 권한을 부여하는 방법을 살펴보도록 한다. 사용자 생성 및 관리는 관리자 권한이 필요하다. 우리가 사용하는 실습용 데이터베이스 emppdb에는 scott 계정이 있는데 관리자 권한도 가지고 있다. scott 계정의 접속 경로는 empdb이므로 empdb로 접속하여 권한 작업을 진행하도록 한다.

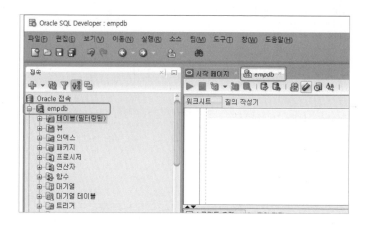

(1) 사용자 계정의 생성

사용자 계정의 생성도 CREATE 명령문을 이용하며, 기본 문법은 다음과 같다.

```
CREATE USER 사용자 계정명
IDENTIFIED BY 비밀번호
DEFAULT TABLESPACE 테이블스페이스 이름  ;
```

여기서 DEFAULT TABLESPACE는 생성하는 사용자 계정이 미래에 테이블을 만들게 되면 테이블 데이터가 저장될 테이블스페이스를 지정하는 것이다.

다음과 같이 **emppdb**에 사용자를 생성해보자.

```
CREATE USER salesman_1
IDENTIFIED BY 4321
DEFAULT TABLESPACE emptbls ;
```

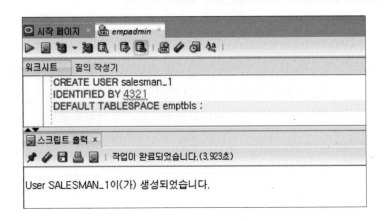

생성된 사용자 계정은 다음의 명령어로 확인할 수 있다.

```
SELECT username, default_tablespace
FROM dba_users
WHERE account_status = 'OPEN' ;
```

	USERNAME	DEFAULT_TABLESPACE
1	SYS	SYSTEM
2	SYSTEM	SYSTEM
3	SYSRAC	SYSTEM
4	EMPADMIN	SYSTEM
5	SALESMAN_1	EMPTBLS
6	SCOTT	EMPTBLS

▪ GUI를 통한 사용자 생성

SQL Developer의 GUI를 통해서 사용자를 생성하는 것도 가능하다. 접속창의

empadmin 항목 중 [다른 사용자]가 있는데 이 항목 위에서 마우스 오른쪽 버튼을 클릭하여 팝업 메뉴가 표시되면 여기서 [사용자 생성]을 선택한다.

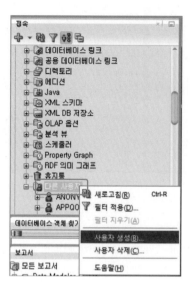

사용자 생성을 위한 창이 표시되면 다음과 같이 입력한다.

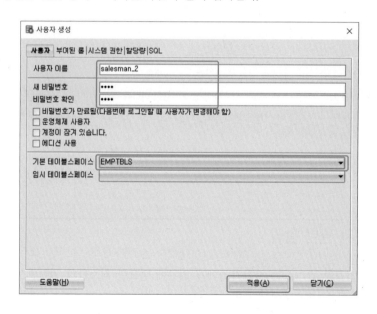

접속창의 empadmin 항목 중 [다른 사용자]의 하위 항목에서 생성된 사용자를 확인할 수 있다.

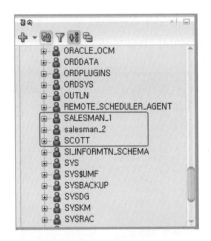

11.3 사용자 권한 관리

데이터베이스 보안 관리자는 사용자들에게 업무에 필요한 최소한의 권한만을 갖도록 관리할 필요가 있다. 오라클에서의 권한은 크게 시스템 권한과 오브젝트 권한으로 구분할 수 있다.

〈표 11-2〉 오라클 권한 분류

권한	설명
시스템 권한	데이터베이스 수준의 작업을 수행하기 위한 권한(예: 유저 생성, 권한 관리, 테이블 생성, 모든 테이블 조회 등)
오브젝트 권한	테이블, 인덱스, 함수 및 프로시저 등 오브젝트에 대한 작업 권한(예: 테이블에 대한 튜플 입력, 수정, 삭제 등)

대부분의 DBMS는 권한을 부여하거나 회수할 수 있는 명령어를 제공한다. 권한의 부여와 회수에 사용되는 SQL 명령어는 다음과 같다.

명령어	기능
GRANT	사용자에게 권한을 부여한다.
REVOKE	사용자에게 권한을 회수한다.

Note — 권한 부여자와 대상자

권한 부여 작업에는 권한을 부여하는 '부여자'와 권한을 부여받는 '대상자'가 존재한다. 당연한 이야기이지만 '부여자'는 **자신이 소유한 권한 중에서만** 일부 또는 전부를 '대상자'에게 부여할 수 있다. 즉, 자신이 소유하지 않은 권한은 '대상자'에게 부여할 수 없는 것이다. 따라서 권한 부여 작업은 보통 충분한 권한을 가진 관리자가 수행한다.

한 가지 더 기억할 점은 사용자 A가 생성한 모든 데이터베이스 객체는 사용자 A의 소유이며, 사용자 A는 자신이 생성한 객체에 대해 모든 권한을 갖는다.

먼저 권한을 부여하는 **GRANT** 명령어부터 알아보도록 한다. 기본 문법은 다음과 같다.

```
GRANT 부여할 권한 [ON 부여 대상]
    TO 사용자 계정 또는 역할
    [WITH GRANT OPTION]
    [PUBLIC] ;
```

부여할 수 있는 권한의 종류는 CREATE, INSERT, UPDATE, DELETE 등 우리가 지금까지 배운 거의 모든 SQL 명령어를 포함한다. 모든 권한을 주고자 하는 경우는 **ALL PRIVILEGES**를 지정하면 된다. 한 번에 여러 개의 권한을 지정하는 것도 가능한데, 권한들을 콤마로 구분하여 나열하면 된다. 다음은 부여 가능한 권한의 예와 설명이다.

부여할 권한	설명
CONNECT	데이터베이스 연결 권한
RESOURCE	데이터베이스 객체 생성, 변경, 삭제 권한
DBA	DB 관리자 권한
ALL PRIVILEGES	모든 권한
CREATE, ALTER, DROP	CREATE, ALTER, DROP 권한
INSERT, UPDATE, DELETE	INSERT, UPDATE, DELETE 권한
SELECT	SELECT 권한

권한의 부여 대상은 데이터베이스의 모든 객체들이다.

WITH GRANT OPTION은 선택사항으로, 권한을 부여받는 사용자 또는 역할이 또 다른 사용자나 역할에게 자신의 권한을 부여할 수 있는지 여부를 지정한다. WITH GRANT OPTION을 지정하면 자신이 받은 권한 내에서 제3자에게 권한을 재부여할 수 있게 된다.

PUBLIC 역시 선택사항인데 해당 권한을 데이터베이스에 존재하는 모든 사용자에게 할당할 때 사용한다.

이제 salesman_1 계정에 대해서 다음과 같이 권한을 부여해보도록 하자.

권한의 부여 대상	부여 권한
	connect(데이터베이스 로그인을 위해 필요)
emp	select, insert 권한만 부여
dept	select 권한만 부여

권한을 부여하기 위한 GRANT 문은 다음과 같다.

```
GRANT connect TO salesman_1 ;
GRANT select, insert ON emp TO salesman_1 ;
GRANT select ON dept TO salesman_1 ;
```

부여된 권한은 다음과 같이 확인한다.

```
SELECT *
FROM  DBA_TAB_PRIVS
WHERE grantor = 'SCOTT' ;
```

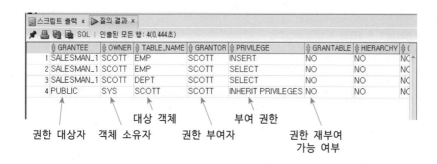

GRANTEE	OWNER	TABLE_NAME	GRANTOR	PRIVILEGE	GRANTABLE	HIERARCHY	
1 SALESMAN_1	SCOTT	EMP	SCOTT	INSERT	NO	NO	NO
2 SALESMAN_1	SCOTT	EMP	SCOTT	SELECT	NO	NO	NO
3 SALESMAN_1	SCOTT	DEPT	SCOTT	SELECT	NO	NO	NO
4 PUBLIC	SYS	SCOTT	SCOTT	INHERIT PRIVILEGES	NO	NO	NO

권한 대상자   객체 소유자   권한 부여자   권한 재부여
                                              가능 여부

대상 객체   부여 권한

이제 SQL Plus를 통해 **salesman_1** 계정의 권한을 확인해 보자. 먼저 데이터베이스에 접속한다.

사용자명 입력: salesman_1/4321@localhost/emppdb

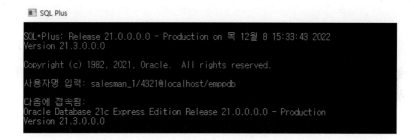

saleman_1 계정에 connect 권한을 부여했기 때문에 데이터베이스 로그인이 가능하다.

```
SQL> SELECT * FROM dept ;
SELECT * FROM dept
          *
1행에 오류:
ORA-00942: 테이블 또는 뷰가 존재하지 않습니다.
```

dept 테이블에 대한 select 권한을 부여했는데 왜 테이블을 볼 수 없는 것일까? 그것은 dept가 salesman_1이 생성한 객체가 아니기 때문이다. 오라클에서는 기본적으로 자신이 생성한 객체만 볼 수 있다. 그렇다면 다른 사용자가 생성했고 권한을 부여 받았다면 어떻게 볼 수 있을까? 다음과 같이 스키마 이름(사용자 이름)을 붙여서 조회하면 된다.

```
SQL> SELECT * FROM scott.dept ;

   DEPTNO DNAME                          LOC
---------- ------------------------------ ------------------------------
       10 ACCOUNTING                     NEW YORK
       20 RESEARCH                       DALLAS
       30 SALES                          CHICAGO
       40 OPERATIONS                     BOSTON
```

scott.dept는 scott가 생성한 dept 테이블을 의미한다. 정상적으로 조회되었다.

```
SQL> UPDATE scott.dept SET loc = 'SEOUL' WHERE deptno = 10 ;
UPDATE scott.dept SET loc = 'SEOUL' WHERE deptno = 10
       *
1행에 오류:
ORA-01031: 권한이 불충분합니다
```

이번에는 dept 테이블의 갱신을 시도하였다. 그러나 update 권한은 부여받지 못했기 때문에 성공하지 못하였다.

Note -

오라클에서는 사용자 계정을 중심으로 데이터베이스 객체를 관리한다. 그렇기 때문에 같은 데이터베이스 안에 있는 객체라 하더라도 누가 생성한 것인가에 따라 접근 방법이 다르다.

1) 내가 만든 객체: 모두 접근 가능
2) 타사용자가 만든 객체: 접근 불가
2) 타사용자가 만든 객체인데 접근 권한을 부여받은 경우: 접근 가능(단, 스키마 이름(원 소유자 계정 이름)을 객체 앞에 붙여야 함)

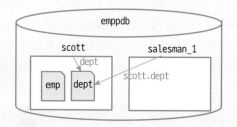

오라클에서 스키마는 특정 사용자가 생성한 객체 전체를 가리키는 용어로 사용자 이름이 곧 스키마 이름이다.
위 그림에서 emppdb에는 두 개의 스키마가 있고, emp, dept 테이블은 scott 스키마에 포함되어 있다.

11.4 역할의 관리

(1) 역할의 필요성

어떤 기업의 정보시스템을 개발하는 업체에서 50명의 개발자가 팀을 나누어서 개발에 참
여하는 상황을 가정해 보자. 데이터베이스 보안의 유지를 위해 각 팀의 개발자들은 자신
에게 필요한 접근 권한만을 할당받는다. 그리고 하나의 계정을 여러 개발자가 공유하는
것은 바람직하지 않으므로 각각 하나의 계정을 할당받는 것으로 가정해 보자. 그러면 데
이터베이스 관리자는 50개의 계정을 생성해야 하고 각 계정에 대한 권한 부여 작업을 50
회 실시해야 한다. 이러한 방식의 권한 관리는 다음과 같은 어려움을 포함한다.

1) 같은 팀에 속한 개발자들은 부여받는 권한도 동일하거나 유사할 것이다. 따라서 같은
   팀에 속한 개발자들의 권한 부여는 같은 일을 중복적으로 수행하는 것이 된다.
2) 어떤 팀에 10명의 개발자가 속해 있는데, 그 팀에 새로운 권한의 부여가 필요한 경우,
   10명의 개발자에게 각각 권한을 부여해야 한다. 만일 이 과정에서 실수한다면 어떤 개
   발자는 정상적으로 업무를 수행할 수 없을 것이다.
3) 권한 관리는 팀 단위로 이루어짐에도 불구하고 데이터베이스 내에서는 계정별로 이루
   어지므로 불편함이 있다. 계정이 많아질수록 권한 관리가 어렵게 된다.

이러한 어려움을 해소하고 권한 관리를 보다 효율적으로 할 수 있기 위해서 '역할(role)'이
라는 개념이 제안되었다. 공통 권한을 갖는 사용자가 다수 있다면 권한을 개별 사용자에

게 일일이 부여하기보다는 역할을 생성하여 공통 권한을 그 역할에 부여한 뒤 사용자들에게 다시 역할을 부여하는 방식을 사용할 수 있다. 〈그림 11-5〉는 권한을 개별 사용자에게 일일이 부여하는 방식을, 〈그림 11-6〉은 역할을 사용하여 간접적으로 부여하는 방식을 보여준다.

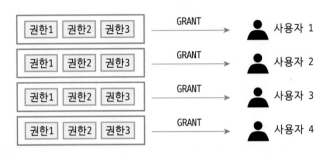

〈그림 11-5〉 권한의 개별 부여

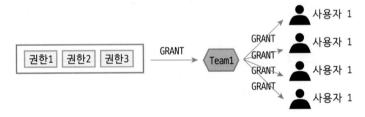

〈그림 11-6〉 역할을 통한 권한의 부여

역할을 사용한 권한 관리는 다음과 같은 편리함이 있다.

1) 어떤 팀에 새로운 개발자가 들어오면 이미 생성된 역할을 부여함으로써 그 개발자가 필요로 하는 권한들을 손쉽게 할당할 수 있다.
2) 어떤 팀에 업무를 위해 새로운 권한이 필요한 경우 그 팀의 역할에 새로운 권한을 부여한다. 그러면 새로운 권한이 그 팀의 역할을 할당받은 사용자들에게 자동적으로 부여되는 효과가 있다.
3) 어떤 팀에 더 이상 필요가 없게 된 권한이 있으면 그 팀의 역할에서 권한을 회수한다. 그러면 그 권한은 그 역할을 할당받은 모든 사용자들에게서 회수되는 효과가 있다.

(2) 오라클에서 역할의 생성과 권한의 부여

오라클에서 역할을 생성하는 문법은 다음과 같다.

```
CREATE ROLE 역할 이름 ;
```

개발1팀의 업무를 위해 emppdb의 emp 테이블에 대한 select, insert, update 권한과 dept 테이블에 대한 select 권한이 필요하다고 가정해 보자. 그리고 이 팀에는 4명의 개발자가 있다고 하면 개발1팀을 위한 사용자 생성과 권한 부여 과정은 다음과 같다.

```
-- 사용자 계정 생성
CREATE USER user1 IDENTIFIED BY 1234 ;
CREATE USER user2 IDENTIFIED BY 1235 ;
CREATE USER user3 IDENTIFIED BY 1236 ;
CREATE USER user4 IDENTIFIED BY 1237 ;

-- 역할의 생성
CREATE ROLE team1 ;

-- 역할에 권한 부여
GRANT select, insert, update ON emp TO team1 ;
GRANT select ON dept TO team1 ;

-- 역할을 사용자에게 부여
GRANT team1 TO user1, user2, user3, user4 ;
```

개발1팀의 user1에게만 dept 테이블에 대한 insert, update 권한을 주려면 다음과 같이 한다.

```
GRANT insert, update ON dept TO user1 ;
```

역할 team1에 부여된 권한은 다음과 같이 확인할 수 있다. 실행 결과의 두 번째, 세 번째 행이 부여된 권한을 나타낸다.

```
SELECT *
FROM   DBA_TAB_PRIVS
WHERE grantee = 'TEAM1' ;
```

	GRANTEE	OWNER	TABLE_NAME	GRANTOR	PRIVILEGE	GRANTABLE	
1	TEAM1	SCOTT	EMP	SCOTT	INSERT	NO	I
2	TEAM1	SCOTT	DEPT	SCOTT	SELECT	NO	I
3	TEAM1	SCOTT	EMP	SCOTT	SELECT	NO	I
4	TEAM1	SCOTT	EMP	SCOTT	UPDATE	NO	I

사용자 **user1**에 부여된 권한과 역할은 다음과 같이 확인할 수 있다.

```
-- 직접 부여된 권한 확인
SELECT *
FROM  DBA_TAB_PRIVS
WHERE grantee = 'USER1' ;

-- 부여된 역할 확인
SELECT *
FROM DBA_ROLE_PRIVS
WHERE  grantee = 'USER1' ;
```

	GRANTEE	OWNER	TABLE_NAME	GRANTOR	PRIVILEGE	GRANTABLE	HIERARCHY	COMMON
1	USER1	SCOTT	DEPT	SCOTT	INSERT	NO	NO	NO
2	USER1	SCOTT	DEPT	SCOTT	UPDATE	NO	NO	NO

	GRANTEE	GRANTED_ROLE	ADMIN_OPTION	DELEGATE_OPTION	DEFAULT_ROLE	COMMON
1	USER1	TEAM1	NO	NO	YES	NO

실습

데이터베이스 내보내기

오라클 SQL Developer는 데이터베이스의 내용을 밖으로 내보낼 수 있는 기능과 밖에 있는 SQL script를 실행할 수 있는 기능을 제공한다. 두 가지 기능을 실습해 보도록 한다.

(1) 데이터베이스 내보내기

emppdb에서 일부 테이블을 SQL 스크립트의 형태로 저장해 보자.

① SQL Developer 메인 메뉴에서 [도구] → [데이터베이스 익스포트]를 선택한다.

② 익스포트 마법사가 실행되면 첫 단계로서 내보낼 데이터베이스 접속 경로 및 SQL 스크립트를 저장할 파일을 지정하고, 필요한 옵션들을 설정한다.

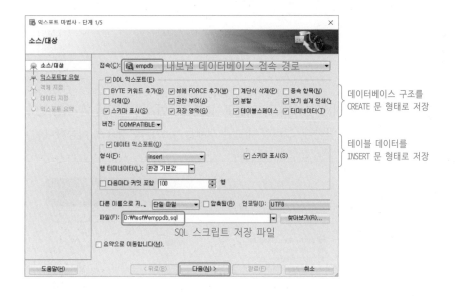

③ 두 번째 단계에서는 내보내기를 원하는 객체의 종류를 선택한다.

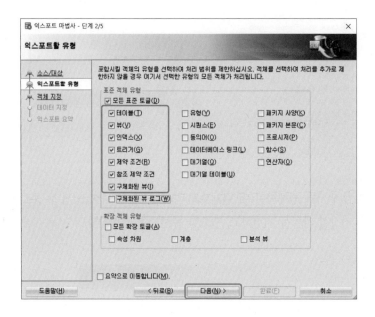

④ [조회] 버튼을 클릭하면 객체 리스트가 표시되는데, 여기서 내보낼 객체를 선택한 후 객체 선택 버튼을 클릭한다. 그러면 내보낼 객체들이 오른쪽 창으로 이동한다.

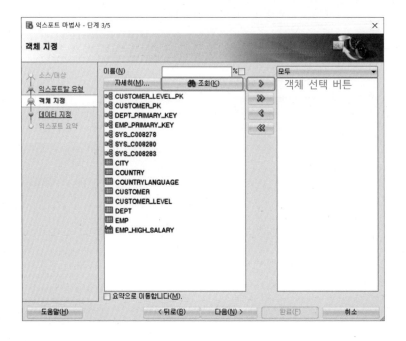

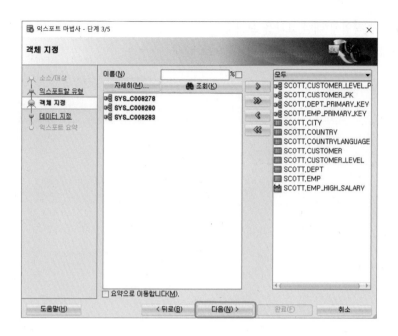

⑤ 테이블별로 내보낼 튜플들을 선택한다. 아무 지정도 하지 않으면 전체 튜플을 내보낸다. 아래의 경우는 emp 테이블에서 sal(급여)이 1,000 이상인 튜플만 선택하여 내보내도록 지정한 것이다. SELECT 문의 WHERE 절을 서술한다고 생각하면 된다.

⑥ 내보내기 작업에 대한 요약을 보여준다. [완료] 버튼을 클릭하면 내보내기가 실행된다. 내보내기의 실행은 약간의 시간을 필요로 한다.

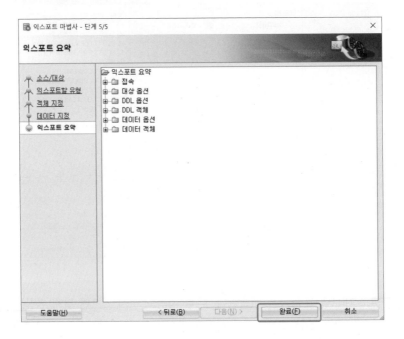

⑦ 내보내기 작업이 완료되면 워크시트에 생성된 SQL 스크립트가 표시된다.

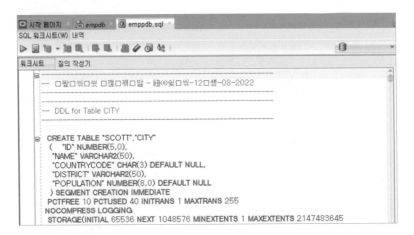

⑧ 이제 내보내기를 저장한 파일을 열어서 내용을 살펴보도록 한다. 확장자가 .SQL인 파일은 메모장으로도 읽을 수 있다. 파일 내용을 보면 데이터 구조를 설정하는 CREATE

문과 데이터를 생성하기 위한 **INSERT** 문이 보인다.

데이터베이스의 내용을 SQL 문의 형태로 저장하면 나중에 필요 시 SQL 문을 실행해줌으로써 원래 데이터
베이스를 복원할 수 있다. 또한 파일의 내용을 조금만 수정하면 MySQL이나 MS SQL SERVER와 같은 다른
DBMS 제품에서도 데이터베이스의 복원이 가능해진다.

(2) 외부의 SQL 스크립트 파일 실행하기

데이터베이스의 내용을 SQL 스크립트 형태로 내보내기해서 저장할 수도 있지만, 반대
로 SQL 스크립트 파일의 내용을 불러와서 실행할 수도 있다. 여기에는 두 가지 방법이
있다.

1) SQL 스크립트 파일의 내용을 복사하고 SQL Developer 워크시트에 붙여넣기를 한 후
   실행한다.
2) SQL 스크립트 파일을 바로 실행한다.

여기서는 두 번째 방법을 실습해 보자.

① 우선 create_dummy.sql 파일에 다음과 같이 입력해 보자.

```
CREATE TABLE tbl_dummy (
 fruit_name varchar(30)
) ;

INSERT INTO tbl_dummy VALUES ('APPLE') ;
INSERT INTO tbl_dummy VALUES ('ORANGE') ;
INSERT INTO tbl_dummy VALUES ('BANANA') ;
INSERT INTO tbl_dummy VALUES ('MANGO') ;

COMMIT ;
```

② create_dumy.sql 파일이 D:/test/에 저장되어 있다고 하면 SQL Developer 워크시트에서 다음과 같이 입력한 후 실행 아이콘을 클릭하면 create_dumy.sql에 저장된 내용이 실행된다.

```
@D:/test/create_dummy.sql
```

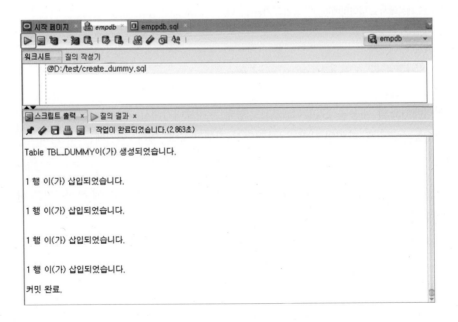

③ tbl_dummy의 내용을 조회해 보면 입력 내용의 확인이 가능하다.

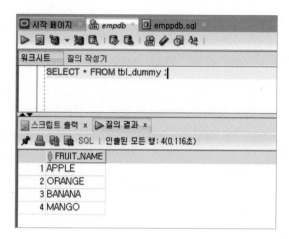

단원 요약

1. 데이터와 관련된 시스템의 보안은 기밀성, 무결성, 가용성의 측면을 고려해야 한다.

2. 기밀성은 승인되지 않은 사용자가 무단으로 데이터를 액세스하는 것을 방지하고, 승인된 사용자가 액세스하는 경우 데이터는 승인된 목적으로만 사용되도록 하는 것을 말한다.

3. 무결성은 데이터를 일관성 있고 오류 없이 유지하는 것과 관련이 있다.

4. 가용성은 승인된 사용자가 요구할 때마다 승인된 데이터에 대한 액세스가 가능해야 함을 의미한다.

5. 데이터베이스 보안 위협은 시스템이 가진 취약성 때문에 발생하는 경우가 많다. 취약성은 시스템의 다양한 요소에서 발생한다.

6. 데이터베이스는 다양한 보안 서비스를 제공하는데 인증, 접근제어, 감사, 암호화, 무결성 제어 등이 있다.

7. 사용자가 자신에게 할당된 권한 범위 내에서만 데이터베이스를 이용할 수 있게 관리하는 것을 접근제어라고 한다.

8. 감사는 사용자의 데이터베이스 작업을 모니터링하고 보안 로그에 기록하는 것을 말한다. 보안 로그를 이용해 특정 사용자의 부정행위나 불법행위의 여부를 판단할 수 있다.

9. 오라클에서는 2계층의 데이터베이스가 존재(CDB, PDB)하고, 그에 맞추어 두 가지 유형의 사용자가 존재(공통 사용자, 로컬 사용자)한다.

10. 사용자를 생성하기 위해서는 CREATE USER 명령문을 사용한다.

11. 사용자에게 부여할 수 있는 권한에는 크게 시스템 권한과 오브젝트 권한이 있다. 시스템 권한은 데이터베이스 수준의 작업을 수행하기 위한 권한을 말하며, 오브젝트 권한은 테이블, 인덱스, 함수 및 프로시저 등 오브젝트에 대한 작업 권한을 말한다.

12. GRANT는 권한을 부여할 때, REVOKE는 권한을 회수할 때 사용하는 명령어이다.

13. 역할은 특정 사용자 그룹이 갖는 공통 권한을 정의할 때 사용한다. 역할은 사용자의 권한 관리를 효율적으로 할 수 있게 한다.

연습문제

※ 다음 문제에서 설명하는 용어를 보기에서 고르시오(1~6번).

> 〈보기〉
> ⊙ 기밀성　　ⓛ 무결성　　ⓒ 가용성　　ⓔ 취약성　　ⓜ 접근제어　　ⓗ 감사

1. 사용자의 데이터베이스 작업을 모니터링하고 보안 로그에 기록하는 행위를 말한다.

2. 데이터베이스 보안 위협은 시스템이 가진 (　　) 때문에 발생하는 경우가 많다.

3. 승인되지 않은 사용자가 무단으로 데이터에 액세스하는 것을 방지하는 것을 말한다.

4. 사용자가 자신에게 할당된 권한 범위 내에서만 데이터베이스를 이용할 수 있게 관리하는 것을 말한다.

5. 데이터를 일관성 있고 오류 없이 유지하는 것을 말한다.

6. 승인된 사용자가 요구할 때마다 승인된 데이터에 대한 액세스가 가능해야 한다는 보안 요구 사항을 말한다.

※ 다음은 보안 요구 사항 중 무엇과 관련 있는가?(7~9번)

7. 신체검사 항목 중 시력을 저장하는 속성에 12가 입력되었다.

8. 인사팀장만 볼 수 있는 사원의 연봉정보를 인사팀 직원이 조회하였다.

9. 인터넷뱅킹 사이트에서 새벽 2시에 계좌이체를 시도했는데 실행되지 않았다.

10. 데이터베이스에 대한 이용 권한이 있는지 확인하기 위해 로그인을 하도록 하는 보안 기능을 (　　　　)이라고 한다.

11. 오라클에서 사용자 계정을 생성하는 명령어를 고르시오.

① CREATE ACCOUNT

② CREATE USER

③ CREATE LOGIN

④ CREATE CUSTOMER

12. 오라클에서 사용자에게 권한을 부여하는 명령어는 (   )이고, 권한을 회수하는 명령어
는 (   )이다.

13. 오라클 데이터베이스에서 scott 계정으로 실습에 사용한 emp 테이블을 생성하고 자료
를 입력하였다. emp 테이블에 대한 조회(SELECT) 권한을 john 계정에게 부여하였다면
john 계정 사용자가 emp 테이블에서 사원이름, 담당 업무, 급여를 조회하는 SQL 문을
제시하시오.

14. 특정 사용자 그룹이 갖는 공통 권한을 관리할 때 효과적으로 사용할 수 있는 수단은
(   )이다.

실습문제

15. empdb에 대해서 guest 계정을 생성하고 country, city 테이블에 대한 조회 권한을 생성
하시오. guest 계정으로 로그인하여 city 테이블과 emp 테이블의 내용을 조회하고 결과
를 설명하시오.

contents

트랜잭션

12.1 트랜잭션

(1) 트랜잭션의 개념

데이터베이스 분야에서 트랜잭션(transaction)이란 데이터베이스의 상태를 변화시키는 업무처리의 논리적 단위를 말한다. 트랜잭션은 현실세계의 업무를 반영하는데, 제품구매, 계좌이체, 수강신청 등이 그 예이다. 하나의 트랜잭션은 보통 여러 작업(연산)으로 구성되어 있다. 수강신청을 생각해보면 홍길동 학생의 A 과목 수강신청의 처리 과정은 ① 홍길동의 수강과목에 A 과목을 추가, ② A 과목의 수강 가능 인원이 1명 감소, 이렇게 두 개의 작업이 수행되어야 한다. 만일 ① 작업은 정상적으로 수행이 되었지만, ② 작업은 수행되지 못했다면 우리는 수강신청 트랜잭션이 정상적으로 완료되었다고 보기 어려울 것이다. 따라서 트랜잭션을 더 이상 쪼개면 업무의 의미를 상실하는 작업(연산)들의 집합으로 정의하기도 한다.

트랜잭션의 영어적인 의미는 '거래'이다. 거래는 주고받는 행위를 포함한다. 만일 물건을 보냈는데 돈을 받지 못했거나, 돈은 보냈는데 물건을 받지 못했다면 이는 거래가 정상적으로 이루어진 것이 아니다. 데이터베이스에서의 트랜잭션도 영어 단어의 의미를 충실히 담고 있다고 말할 수 있다. 데이터베이스에서 트랜잭션을 중요하게 다루는 이유는 트랜잭션이 정상적으로 완료되지 못하면 데이터의 무결성, 일관성에 문제가 생길 수 있기 때문이다. 홍길동의 계좌에서 5,000원을 김철수의 계좌로 이체하는 '계좌이체' 트랜잭션을 생각해보자. 이 트랜잭션은 두 가지 작업으로 이루어진다. ① 홍길동의 계좌 잔액을 5,000원 차감,

② 김철수의 계좌 잔액을 5,000원 증액. 이 과정은 〈그림 12-1〉과 같이 표현할 수 있다.

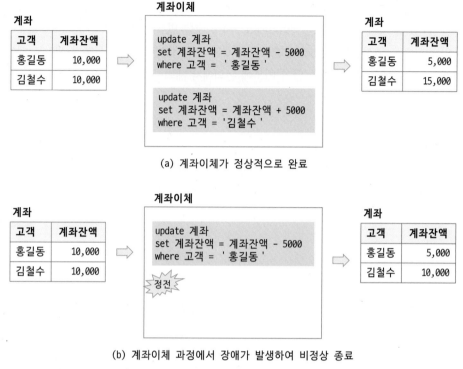

(a) 계좌이체가 정상적으로 완료

(b) 계좌이체 과정에서 장애가 발생하여 비정상 종료

〈그림 12-1〉 계좌이체 트랜잭션의 실행

〈그림 12-1〉의 (a)는 계좌이체 트랜잭션을 구성하는 두 가지 작업(연산)이 정상 실행된 경우를 보여준다. 고객 계좌 잔액의 합계가 계좌이체를 실행하기 전에 20,000원이었는데 계좌이체를 실행한 후에도 20,000원으로 데이터의 일관성이 유지되는 것을 알 수 있다. 〈그림 12-1〉의 (b)는 홍길동의 계좌에서 5,000원을 차감하는 작업이 종료된 직후에 시스템에 장애가 발생하여 두 번째 작업이 실행되지 못한 경우를 보여준다. 5,000원이 인출되었으나 김철수에게 입금이 안 되었으므로 5,000원이 시스템에서 사라졌다. 따라서 고객 계좌 잔액의 합계가 20,000원이 아닌 15,000원이 되었다. 만일 이러한 상황이 현실에서 발생한다면 이는 매우 중대한 문제일 것이다. 그래서 트랜잭션을 구성하는 작업들은 '모두 실행이 되든지, 하나도 실행이 안 되든지(all-or-nothing)' 해야 시스템에 문제를 일으키지 않는다. DBMS의 중요한 역할 중 하나는 장애가 발생해도 트랜잭션이 문제를 일으키지 않도록 관리하는 것이다. 실제로 〈그림 12-1〉의 (b)와 같은 상황이 발생하면 DBMS는 첫 번째 작업(홍길동 계좌에서 5,000원 차감)을 취소하고 홍길동 계좌의 잔액

을 10,000원으로 원상 복구한다.

데이터베이스의 입장에서 보면 트랜잭션은 작업 수행에 필요한 SQL 문들의 집합으로 정의될 수 있다. 특히 트랜잭션은 데이터베이스의 상태를 변경하는 insert, update, delete 문의 집합으로 구성된다. select 문만으로 구성된 트랜잭션은 중간에 문제가 생겨도 데이터베이스의 상태를 변화시키지 않기 때문에 논의에서 제외한다.

(2) 트랜잭션의 4가지 특성

여러 개의 작업으로 구성된 트랜잭션은 수행 시 원자성(atomicity), 일관성(consistency), 격리성(isolation), 지속성(durability) 이렇게 4가지의 특성이 지켜질 때 데이터베이스에 문제를 일으키지 않는다.

■ 원자성(atomicity)

트랜잭션을 구성하는 작업들은 전부 수행이 되거나 전혀 수행이 되지 않아야 하는 특성으로서 트랜잭션이 부분적으로만 수행되는 것은 안 됨을 의미한다. '원자성'이라는 단어는 트랜잭션을 구성하는 작업들 전체를 하나로 보아야 한다는 의미이다. 〈그림 12-2〉의 수강신청 트랜잭션은 insert, update의 두 가지 SQL 문으로 구성되어 있지만, 두 가지를 묶어서 하나의 작업으로 다루어야 한다.

수강신청

```
insert 수강정보
values ('홍길동', '자료구조')


update 개설과목
set 수강가능인원 = 수강가능인원 -1
where 과목명 = '자료구조'
```

〈그림 12-2〉 계좌이체 트랜잭션의 원자성

■ 일관성(consistency)

일관성이란 트랜잭션을 수행하기 이전의 데이터베이스와 수행한 이후의 데이터베이스가 논리적으로 일관된 상태를 유지하는 특성을 말한다. 〈그림 12-3〉의 판매 트랜잭션에 대해 **판매정보**와 **상품재고**의 TV 수량 합계(0+20=20)는 판매 트랜잭션이 실행된 후

(5+15=20)에도 동일하게 유지되어야 한다.

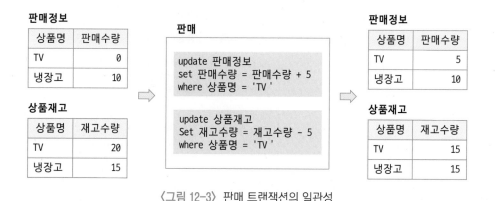

〈그림 12-3〉 판매 트랜잭션의 일관성

■ 격리성(isolation)

격리성이란 여러 트랜잭션들이 병렬적으로 수행되는 상황에서 트랜잭션들 간에 상호 간섭에 의한 문제를 일으키지 않는 성질을 말한다. 격리성을 만족한다면 병렬 수행의 결과는 각 트랜잭션을 순차적으로 실행하였을 때의 결과와 같게 된다. 트랜잭션들의 병행 수행 상황에서 격리성을 만족시키려면 수행 중인 어떤 트랜잭션이 완료될 때까지 다른 트랜잭션들이 중간 연산 결과에 접근할 수 없도록 해야 한다.

〈그림 12-4〉는 계좌이체 트랜잭션과 이자지급 트랜잭션을 순차적으로 실행한 경우와 병렬 실행한 경우 계좌의 잔액이 어떻게 변화되는지를 비교한 것이다. 〈그림 12-4〉(a)는 두 트랜잭션을 순차적으로 실행한 경우인데, 계좌의 잔액은 '홍길동'이 5,000, '김철수'가 15,300이다. 〈그림 12-4〉(b)는 계좌이체 트랜잭션의 두 번째 연산이 수행된 후에 이자지급 트랜잭션이 병행 수행되는 상황으로 '김철수' 고객에게 이자 300원을 지급하여 잔액이 10,300원이 되었지만, 계좌이체 트랜잭션은 '김철수' 고객의 잔액이 10,000원으로 알고 있는 상태에서 5,000원을 더하는 연산을 수행하여 최종 결과가 15,000원이 되었다. 결과적으로 이자지급 트랜잭션의 수행 결과는 데이터베이스에 반영되지 않은 것이다. 이러한 현상은 이자지급 트랜잭션의 수행이 계좌이체 트랜잭션의 영향을 받은 것인데, 트랜잭션의 격리성이 지켜지지 못한 예이다.

트랜잭션의 격리성을 지키는 가장 손쉬운 방법은 트랜잭션들을 순차적으로 실행하는 것인데, 그렇게 하면 전체적으로 처리 시간이 늘어나서 사용자의 요구를 일정 시간 안에 처리하는 것이 어려워진다. 따라서 격리성을 유지하면서도 병행 수행을 할 수 있는 방법을 찾아야 하는데 이에 대해서는 12.3절에서 다루기로 한다.

계좌

고객	계좌잔액
홍길동	10,000
김철수	10,000

(수행 전)

계좌이체

```
select 계좌잔액 into A
from 계좌
where 고객 = '홍길동'
```

```
select 계좌잔액 into B
from 계좌
where 고객 = '김철수'
```

```
update 계좌
set 계좌잔액 = A - 5000
where 고객 = '홍길동'
```

```
update 계좌
set 계좌잔액 = B + 5000
where 고객 = '김철수'
```

계좌

고객	계좌잔액
홍길동	5,000
김철수	15,300

(수행 후)

이자지급

```
update 계좌
set 계좌잔액 = 계좌잔액 + 300
where 고객 = '김철수'
```

(a) 계좌이체, 이자지급 트랜잭션의 순차적 실행

계좌

고객	계좌잔액
홍길동	10,000
김철수	10,000

(수행 전)

계좌이체

```
select 계좌잔액 into A
from 계좌
where 고객 = '홍길동'
```

```
select 계좌잔액 into B
from 계좌
where 고객 = '김철수'
```

이자지급

```
update 계좌
set 계좌잔액 = 계좌잔액 + 300
where 고객 = '김철수'
```

```
update 계좌
set 계좌잔액 = A - 5000
where 고객 = '홍길동'
```

```
update 계좌
set 계좌잔액 = B + 5000
where 고객 = '김철수'
```

계좌

고객	계좌잔액
홍길동	5,000
김철수	15,000

(수행 후)

(b) 계좌이체, 이자지급 트랜잭션의 병렬적 실행

〈그림 12-4〉 병행 수행에서 격리성의 문제

■ 지속성(durability)

지속성이란 트랜잭션이 성공적으로 완료된 후에는 트랜잭션의 수행 결과가 데이터베이스에 영구적으로 유지되는 특성을 말한다. 트랜잭션이 성공적으로 완료되었다면 시스템에 장애가 발생하더라도 트랜잭션의 수행 결과가 데이터베이스에 반드시 반영되도록 DBMS가 조치를 취해야함을 의미한다. 계좌이체의 경우를 생각해보자. 계좌이체 트랜잭션이 성공적으로 수행되었고 그 결과도 데이터베이스에 저장되었다. 고객에게도 계좌이체가 성공되었다고 문자메시지가 발송되었다. 그런데 데이터베이스를 저장하는 하드디스크에 문제가 발생하여 저장한 데이터에 접근이 안 되는 상황이 되었다면 어떻게 될까? 데이터베이스도 하드웨어 자원을 이용하므로 이와 같은 문제는 발생 가능하다. DBMS가 이러한 문제에 대처할 수 없다면 우리는 데이터베이스를 믿고 사용하기 어려울 것이다. 오늘날의 DBMS 제품들은 회복(recovery) 기능을 구현함으로써 이러한 문제에 대처하고 있다. 데이터베이스 회복에 관해서는 12.2절에서 다루도록 한다.

(3) commit과 rollback 연산

우리는 앞에서 갱신 연산(insert, update, delete)을 수행한 다음에 commit을 실행해야 그 결과가 데이터베이스에 저장된다고 배웠다. 그리고 commit 대신 rollback을 실행하면 갱신 연산의 실행 결과가 취소되어 데이터베이스에는 아무 변화가 발생하지 않는다.

commit과 rollback 연산은 트랜잭션에도 적용된다. commit은 트랜잭션이 성공적으로 수행되었음을 확정하는 명령어로서 commit 연산의 결과, 트랜잭션의 전체 수행 결과가 데이터베이스에 영구적으로 기록된다. rollback은 트랜잭션의 처리 과정에서 발생한 전체 변경 사항을 취소하고 트랜잭션 과정을 종료시키는 명령어로서, 트랜잭션의 수행이 어떤 이유로 실패했을 때 내리는 명령이다.

〈그림 12-5〉는 세 개의 연산으로 구성된 트랜잭션에 대해 commit과 rollback이 실행되는 상황을 표현한 것이다. 일반적으로 트랜잭션이 시작되어 내부 연산들이 문제없이 실행된다면 〈그림 12-5〉(a)와 같이 commit에 의해서 실행 결과가 데이터베이스에 영구 반영된다. 바꾸어 말하면 commit 전에는 실행 결과가 데이터베이스에 반영되지 않는다는 의미이다. 〈그림 12-5〉(b)와 같이 commit 연산을 실행하기 전에 장애가 발생하면 DBMS는 부분 실행된 S1, S2의 결과를 취소하여 트랜잭션의 실행 이전으로 되돌아간다.

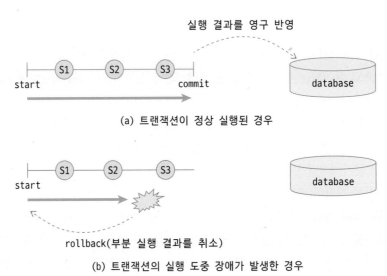

실행 결과를 영구 반영

S1 — S2 — S3

start   commit   database

(a) 트랜잭션이 정상 실행된 경우

S1 — S2 — S3

start   database

rollback(부분 실행 결과를 취소)

(b) 트랜잭션의 실행 도중 장애가 발생한 경우

〈그림 12-5〉 commit과 rollback

결론적으로 하나의 트랜잭션은 **commit**을 만나서 실행 결과를 데이터베이스에 영구 반영하거나 **rollback**을 만나서 트랜잭션 시작 이전으로 되돌아오거나 둘 중 하나로 마무리된다. 이외의 다른 경우는 없다. 한 가지 더 기억할 사항은 **commit**에 의해서 데이터베이스에 저장된 결과는 **rollback**으로 취소할 수 없다는 것이다. **rollback**으로 취소할 수 있는 것은 **commit**을 실행하기 이전의 사항들이다.

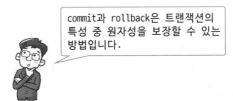

commit과 rollback은 트랜잭션의
특성 중 원자성을 보장할 수 있는
방법입니다.

Note — DDL, DCL과 commit

SQL 문 중 DDL에 해당하는 **create, alter, drop**과 DCL에 해당하는 **grant, revoke**는 데이터베이스에 변화를 일으키는 연산이다. 따라서 이러한 명령문을 실행한 후에도 **commit**을 실행해야 데이터베이스에 반영될 것 같지만, DDL, DCL은 **commit**을 필요로 하지 않는다. 그 이유는 DDL, DCL은 실행 즉시 자동적으로 **commit**이 이루어져 그 결과가 데이터베이스에 반영되기 때문이다(이를 auto commit이라고 한다).

select 문도 **commit**을 필요로 하지 않는다. 데이터베이스의 내용을 단순히 조회하는 연산은 데이터를 변화시키지 않기 때문이다.

(4) 오라클에서의 트랜잭션

오라클도 트랜잭션의 개념을 지원한다. 트랜잭션은 commit 또는 rollback으로 종료된다. 그렇다면 트랜잭션의 시작은 언제일까? 명시적으로 트랜잭션의 시작을 표시하는 명령어는 없으며, 다음의 상황에서 트랜잭션이 시작된다.

■ 새로운 세션이 시작된 직후

SQL Plus나 SQL Developer에서 데이터베이스에 로그인하는 순간 새로운 세션이 시작된다. 또는 응용 프로그램에서 데이터베이스에 접속하여도 새로운 세션이 시작된다.

■ commit, rollback 명령어를 실행한 직후

commit, rollback 명령어를 실행하면 하나의 트랜잭션이 끝나는 동시에 새로운 트랜잭션이 시작된다.

■ DDL, DCL 명령어를 실행한 직후

DDL, DCL을 실행하면 자동적으로 commit이 이루어지기 때문에(auto commit) 트랜잭션이 종료되고 새로운 트랜잭션이 시작된다.

〈그림 12-6〉은 오라클에서 시간의 흐름에 따라 트랜잭션이 언제 시작되고 언제 종료되는지에 대한 예시이다.

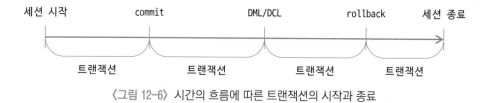

〈그림 12-6〉 시간의 흐름에 따른 트랜잭션의 시작과 종료

다음은 오라클에서 rollback으로 끝나는 트랜잭션을 테스트하는 예이다. 라인 1~5까지가 하나의 트랜잭션이다.

```
1   SELECT * FROM dept ;
2   INSERT INTO dept VALUES (70, 'BRANCH_1', 'SEOUL') ;
3   SELECT * FROM dept ;
4   ROLLBACK ;
5   SELECT * FROM dept ;
```

① 라인 1: dept 테이블의 현재 데이터를 확인한다. 현재 4개의 부서가 등록되어 있다.

	DEP...	DNAME	LOC
1	10	ACCOUNTING	NEW YORK
2	20	RESEARCH	DALLAS
3	30	SALES	CHICAGO
4	40	OPERATIONS	BOSTON

② 라인 2: 70번 부서의 정보를 새로 입력한다.

③ 라인 3: dept 테이블의 현재 데이터를 확인한다. 새로 입력한 부서정보가 추가된 것을 확인할 수 있다. 화면에 보이는 70번 부서의 정보는 현재 트랜잭션 안에서만 보이는 것으로 데이터베이스에 영구적으로 저장된 것이 아니다. 따라서 제3자가 dept 테이블의 내용을 조회하면 70번 부서의 정보가 보이지 않는다.

	DEPTNO	DNAME	LOC
1	10	ACCOUNTING	NEW YORK
2	20	RESEARCH	DALLAS
3	30	SALES	CHICAGO
4	40	OPERATIONS	BOSTON
5	70	BRANCH_1	SEOUL

④ 라인 4: 장애가 발생했다고 가정하고 rollback 연산을 실행하였다.

⑤ 라인 5: dept 테이블의 현재 데이터를 확인한다. 트랜잭션의 실행이 취소되어 dept 테이블의 내용이 원래대로 보인다.

	DEP...	DNAME	LOC
1	10	ACCOUNTING	NEW YORK
2	20	RESEARCH	DALLAS
3	30	SALES	CHICAGO
4	40	OPERATIONS	BOSTON

이번에는 commit으로 종료되는 트랜잭션을 테스트해보자. 라인 1~4가 하나의 트랜잭션, 라인 5~6이 하나의 트랜잭션이다.

```
1   SELECT * FROM dept ;
2   INSERT INTO dept VALUES (70, 'BRANCH_1', 'SEOUL') ;
3   COMMIT;
4   SELECT * FROM dept ;
5   ROLLBACK ;
6   SELECT * FROM dept ;
```

① 라인 1: dept 테이블의 현재 데이터를 확인한다.

	DEP...	DNAME	LOC
1	10	ACCOUNTING	NEW YORK
2	20	RESEARCH	DALLAS
3	30	SALES	CHICAGO
4	40	OPERATIONS	BOSTON

② 라인 2: 70번 부서의 정보를 새로 입력한다.

③ 라인 3: commit 명령을 실행하여 결과를 데이터베이스에 영구 반영한다.

④ 라인 4: dept 테이블의 현재 데이터를 확인한다. 새로 입력한 부서정보가 추가된 것을 확인할 수 있다.

	DEPTNO	DNAME	LOC
1	10	ACCOUNTING	NEW YORK
2	20	RESEARCH	DALLAS
3	30	SALES	CHICAGO
4	40	OPERATIONS	BOSTON
5	70	BRANCH_1	SEOUL

⑤ 라인 5: 장애가 발생했다고 가정하고 rollback 연산을 실행하였다.

⑥ 라인 6: dept 테이블의 현재 데이터를 확인한다. 70번 부서의 정보가 그대로 남아 있다. 앞에서 rollback 연산을 수행했음에도 트랜잭션의 수행 결과가 취소되지 않은 것이다. commit 명령에 의해 데이터베이스에 영구 반영된 결과는 rollback 연산에 의해 취소되지 않는다.

	DEPTNO	DNAME	LOC
1	10	ACCOUNTING	NEW YORK
2	20	RESEARCH	DALLAS
3	30	SALES	CHICAGO
4	40	OPERATIONS	BOSTON
5	70	BRANCH_1	SEOUL

이번에는 DCL을 포함하는 트랜잭션을 실행해보자. 앞의 예 라인 3에서 COMMIT 대신에 GRANT 명령을 수행하였다.

```
1   SELECT * FROM dept ;
2   INSERT INTO dept VALUES (80, 'BRANCH_2', 'BUSAN') ;
3   GRANT update ON DEPT TO salesman_1 ;
4   SELECT * FROM dept ;
5   ROLLBACK ;
6   SELECT * FROM dept ;
```

① 라인 1: dept 테이블의 현재 데이터를 확인한다.

	DEPTNO	DNAME	LOC
1	10	ACCOUNTING	NEW YORK
2	20	RESEARCH	DALLAS
3	30	SALES	CHICAGO
4	40	OPERATIONS	BOSTON
5	70	BRANCH_1	SEOUL

② 라인 2: 80번 부서의 정보를 새로 입력한다.

③ 라인 3: GRANT 명령을 실행하였다.

④ 라인 4: dept 테이블의 현재 데이터를 확인한다. 새로 입력한 부서정보가 추가된 것을 확인할 수 있다.

	DEPTNO	DNAME	LOC
1	10	ACCOUNTING	NEW YORK
2	20	RESEARCH	DALLAS
3	30	SALES	CHICAGO
4	40	OPERATIONS	BOSTON
5	70	BRANCH_1	SEOUL
6	80	BRANCH_2	BUSAN

⑤ 라인 5: 장애가 발생했다고 가정하고 **rollback** 연산을 실행하였다.

⑥ 라인 6: dept 테이블의 현재 데이터를 확인한다. 80번 부서의 정보가 그대로 남아 있다. 이 트랜잭션에는 **commit** 명령이 없음에도 **INSERT** 결과가 데이터베이스에 영구 반영된 것이다. 그 이유는 DCL을 실행하면 자동으로 **COMMIT**이 실행되기 때문이다.

	⊕ DEPTNO	⊕ DNAME	⊕ LOC
1	10	ACCOUNTING	NEW YORK
2	20	RESEARCH	DALLAS
3	30	SALES	CHICAGO
4	40	OPERATIONS	BOSTON
5	70	BRANCH_1	SEOUL
6	80	BRANCH_2	BUSAN

commit 명령에 의해 데이터베이스에 영구 반영된 결과는 rollback 연산으로 취소할 수 없습니다.

Note — commit, rollback 명령은 누가 내리는가?

commit은 트랜잭션이 완료되었음을 확정하는 것이므로 어디서부터 어디까지가 트랜잭션인지를 알고 있는 사용자에 의해서 명령이 내려진다. rollback은 사용자의 판단에 의해 명시적으로 내려지는 경우도 있지만, 장애가 발생한 후에 데이터베이스를 복구하는 과정에서 DBMS의 판단으로 자동 실행되는 경우가 더 많다.

(5) 트랜잭션이 데이터베이스에 반영되는 과정

응용 프로그램 또는 트랜잭션에서 데이터베이스에 대해 읽기나 쓰기 연산을 수행하면 물리적 데이터베이스에 대해 직접 연산이 이루어지는 것이 아니라 메모리 버퍼를 통해 연산이 이루어진다. 데이터베이스에 대한 읽기 연산을 실행하면 필요한 데이터가 버퍼로 로딩(input)되고 응용프로그램에서는 버퍼의 내용을 읽는(read) 것이다. 반대로 데이터베이스에 대해 쓰기(write) 연산을 실행하면 데이터베이스에 직접 반영되지 않고 버퍼에 로딩된 데이터에 대해 쓰기 연산이 이루어진다.

버퍼에서 갱신된 데이터는 DBMS에 의해 주기적으로 물리적 데이터베이스에 반영된다.

이렇게 하는 이유는 디스크에 대한 읽기나 쓰기 연산은 시스템 입장에서는 시간이 매우 오래 걸리는 작업이기 때문에 읽기나 쓰기 횟수를 가급적 줄이는 것이 유리한데, 데이터 갱신이 일어날 때마다 쓰는 것보다는 일정 주기마다 한 번에 모아 처리하는 것이 유리하다. 같은 이유로 버퍼와 데이터 저장장치 간에는 개별 데이터 단위가 아닌 블록 단위로 input/output이 이루어진다.

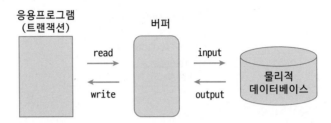

〈그림 12-7〉 트랜잭션과 데이터베이스 간 데이터의 흐름

12.2 장애와 회복

데이터베이스 시스템도 소프트웨어와 하드웨어로 구성된 시스템이기 때문에 〈표 12-1〉과 같은 다양한 장애(failure)가 발생할 수 있다. 장애의 발생에 의해 데이터베이스가 논리적 일관성을 상실한 상태가 된다면 데이터베이스를 기반으로 이루어지는 현실업무도 영향을 받게 되고 중대한 손실이나 위험을 초래할 수도 있다. 따라서 손상된 데이터베이스를 원래의 일관된 상태로 회복(recovery)할 수 있는 방법이 필요하다. 데이터베이스의 회복은 장애의 종류에 따라 적절한 방법의 적용이 필요하다.

〈표 12-1〉 데이터베이스 장애의 종류와 원인

종류		의미와 원인
트랜잭션 장애	의미	트랜잭션을 더 이상 수행할 수 없는 상태가 됨
	원인	트랜잭션 자체의 논리적 오류, DBMS에 의한 수행 중단(시스템 자원의 과다 요구, 트랜잭션 간 교착상태(dead lock) 발생 등)
시스템 장애	의미	DBMS가 정상적으로 작동할 수 없는 상태가 됨
	원인	하드웨어 또는 소프트웨어의 이상 발생(메인 메모리 이상, 운영체제 에러, 전원 공급 이상 등)
미디어 장애	의미	저장장치와 SW 간 데이터 입출력이 정상적으로 이루어지지 못함
	원인	디스크 손상, 불량섹터 발생, 디스크 헤드 이상 등

(1) 백업(backup)과 로그(log)

어떤 원인으로든 데이터베이스에 장애가 발생했을 때, 데이터베이스를 원래의 일관된 상태로 회복하기 위한 기본적인 방법은 **백업**(backup)과 **로그**(log) 데이터를 이용하는 것이다. **백업**은 운영 중인 데이터베이스의 내용을 안전한 장소에 복사하여 보관하는 행위를 말한다. 만일 미디어 장애로 인해 디스크에 저장된 데이터베이스를 더 이상 사용할 수 없게 되면 디스크 교체 후 백업된 데이터를 통해 회복 작업을 수행할 수 있다. 백업 작업은 여러 가지로 분류할 수 있다. 〈표 12-2〉는 시스템 종료가 필요한지 여부에 따른 분류를, 〈표 12-3〉은 백업의 범위에 따른 분류를 설명한다.

〈표 12-2〉 시스템 종료가 필요한지 여부에 따른 분류

종류	설명
콜드 백업 (cold backup)	실행 중인 운영 시스템을 중지한 후에 백업을 실시한다. 간편하나 대다수의 운영 시스템이 24시간 운영되기 때문에 백업 시간을 찾기 어려울 수 있다.
핫 백업 (hot backup)	운영 시스템을 중지하지 않고 백업을 수행한다. 백업을 하는 중에도 데이터베이스가 변화하기 때문에 백업된 데이터를 이용하여 회복 작업을 할 때 주의가 필요하다.
웜 백업 (warm backup)	위 두 방법을 조합한 형태로 운영시스템을 중지하지는 않으나, 외부 사용자가 데이터베이스를 변경하는 것을 막아서 운영시스템을 중지하고 백업하는 것과 유사한 효과를 얻을 수 있다.

〈표 12-3〉 백업의 범위에 따른 분류

종류	설명
전체 백업 (full backup)	시스템 내의 백업 대상이 되는 모든 데이터를 백업하는 방식을 말한다. 백업에 시간이 오래 걸린다.
증분 백업 (incremental backup)	과거의 백업 시점 이후에 변화된 부분만 백업하는 방식이다.

데이터베이스의 백업은 일정 주기로 이루어지기 때문에 백업 이후 시간이 지날수록 실제 데이터베이스와 백업 데이터는 차이가 생길 수밖에 없다. 백업 데이터만 가지고 회복을 한다면 백업 이후에 변화된 부분은 회복할 방법이 없게 된다. 이를 해결하는 방법이 로그 기록을 이용하는 것이다. 로그는 데이터베이스에 변화가 생길 때마다 시간과 함께 변화된 내용을 기록한 것이다. 특정 데이터에 변화가 생기면 변화되기 이전 상태와 이후 상태를 함께 기록한다. 로그 기록은 보안 침해 사고가 발생했을 때 원인을 규명할 때도 중요

한 참조 자료가 되고, 데이터베이스에 장애가 발생했을 때 회복을 위한 자료로 활용된다. 〈그림 12-8〉에서 보는 바와 같이 미디어 장애 발생 시 백업 시점 이후에 변경된 사항은 로그 기록을 이용하여 복구가 가능하다. 그 이유는 백업이 일 단위, 주 단위, 월 단위 등 일정 시점마다 이루어지는 반면, 로그 기록은 데이터의 변화가 있을 때마다 작성되기 때문이다. 따라서 백업 시점 이후의 데이터 변경 사항을 추적하여 데이터베이스를 장애 발생 이전으로 회복하는 것이 가능해진다.

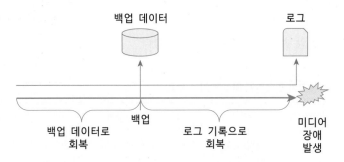

〈그림 12-8〉 백업과 로그를 이용한 회복 개념

Note — 트랜잭션 로그

로그에는 여러 종류가 있는데 트랜잭션의 실행을 기록한 로그를 특별히 트랜잭션 로그라고 한다. 본 교재에서 말하는 로그는 트랜잭션 로그를 의미한다.

Note — 회복 시 백업과 로그의 사용

데이터베이스에 장애가 발생하였을 때 디스크 손상 같은 미디어 장애가 아니라면 장애 발생 후에도 데이터베이스에 접근하는 것은 가능하다. 다만 데이터베이스의 논리적 일관성은 침해되었을 가능성이 높다. 이런 경우는 백업 데이터를 이용하지 않고 로그 기록만으로 회복 작업이 가능하다. 따라서 다음과 같이 정리할 수 있다.

- 미디어 장애 발생 시: 백업 데이터 + 로그 기록으로 회복 작업 수행
- 기타 장애 발생 시: 로그 기록으로 회복 작업 수행

※ 미디어 장애가 발생하는 것은 매우 드문 일이므로 데이터베이스의 장애 회복은 보통 로그를 이용한 회복을 의미한다.

로그는 트랜잭션의 원자성을 보장하는 수단이기도 하다. 트랜잭션의 실행 내용을 기록하고 있다가 장애가 발생하면 로그 기록에 따라 트랜잭션을 재실행하거나 트랜잭션 실행 이

전으로 되돌림으로써 원자성을 보장한다. 로그는 레코드(record) 단위로 기록되는데 기록되는 내용은 〈표 12-4〉와 같다.

〈표 12-4〉 로그 레코드의 예

로그 레코드	의미
〈T₁, start〉	트랜잭션 T₁이 시작됨
〈T₁, X, old_value, new_value〉	트랜잭션 T₁이 데이터 X의 이전값 old_vlaue를 new_value로 갱신함 (예: 〈T₁, X, 100, 200〉)
〈T₁, commit〉	트랜잭션 T₁에 대해 commit 연산이 실행됨
〈T₁, abort〉	트랜잭션 T₁이 철회됨
〈check point〉	검사 시점. 버퍼에 있던 내용이 모두 물리적 데이터베이스에 반영됨

〈그림 12-9〉는 〈그림 12-2〉의 판매 트랜잭션 수행이 로그에는 어떻게 기록되는지를 보여준다. 판매정보의 판매수량(X)은 트랜잭션 수행에 의해 0에서 5로 변경되고, 상품재고의 재고수량(Y)은 20에서 15로 변경되는 상황이 로그 레코드로 기록되었다.

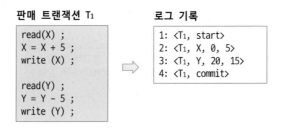

〈그림 12-9〉 판매 트랜잭션의 로그 기록 사례

로그 레코드의 〈check point〉의 개념에 대해서 알아보도록 하자. DBMS는 주기적으로 메모리 버퍼의 갱신된 데이터를 물리적 데이터베이스에 저장하여 로그의 내용과 물리적 데이터베이스의 내용을 일치시킨 후에 로그에 '**검사 시점**(check point)'을 기록한다. 따라서 검사 시점의 의미는 그 시점에 로그의 내용과 물리적 데이터베이스의 내용이 일치되었음을 의미하는 것이다. 〈그림 12-10〉은 검사 시점을 로그에 기록하는 과정을 나타낸다. 버퍼의 갱신된 데이터를 물리적 데이터베이스에 저장하는 동안 DBMS는 트랜잭션의 실행을 일시 중지하여 버퍼의 내용이 변경되는 것을 방지한다.

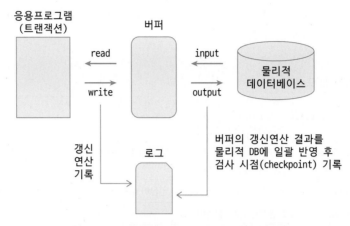

응용프로그램
(트랜잭션)

물리적
데이터베이스

read

input

갱신
연산
기록

로그

버퍼의 갱신연산 결과를
물리적 DB에 일괄 반영 후
검사 시점(checkpoint) 기록

〈그림 12-10〉 버퍼(buffer)와 검사 시점(check point)

여기서 한 가지 기억할 사항은 트랜잭션의 실행을 데이터베이스와 로그에 기록할 때의 순서이다. 먼저 로그에 기록한 후 데이터베이스에 실행 결과를 반영한다. 데이터베이스에 먼저 결과를 저장한 후 로그에 기록하는 경우, 데이터베이스에 저장한 직후 장애가 발생하면 로그에는 기록이 안 되어 있기 때문에 회복 작업 시 해당 트랜잭션은 로그 기록에서 찾을 수 없고 따라서 그 트랜잭션은 복구가 불가능해진다.

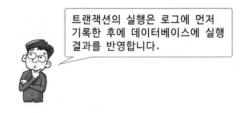

트랜잭션의 실행은 로그에 먼저 기록한 후에 데이터베이스에 실행 결과를 반영합니다.

검사 시점이 없는 경우는 〈그림 12-11〉(a)와 같이 장애 발생 후 회복 시 로그에 기록된 전체 트랜잭션에 대해서 회복 작업을 해주어야 하지만, 검사 시점을 로그에 남기는 경우는 〈그림 12-11〉(b)와 같이 검사 시점 이후의 트랜잭션들만 고려하면 되기 때문에 회복에 걸리는 시간을 단축할 수 있다. 이런 이유로 주요 DBMS 제품들에서 검사 시점을 사용하고 있다.

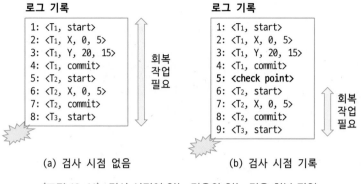

〈그림 12-11〉 검사 시점이 없는 경우와 있는 경우 회복 작업

(2) redo와 undo

데이터베이스에 장애가 발생하여도 트랜잭션의 원자성이 유지되어야 한다. 그리고 원자성을 유지할 수 있는 수단이 로그이다. DBMS는 회복 작업 시 로그에 기록된 트랜잭션에 대해 다음의 두 가지 연산 중 하나를 실행하여 트랜잭션의 원자성을 유지할 수 있다.

redo(재실행)	• 로그에 기록된 트랜잭션을 재실행한다. • 장애 발생 이전에 commit이 완료된 트랜잭션을 대상으로 한다.
undo(실행취소)	• 로그에 기록된 트랜잭션을 취소한다. (트랜잭션의 실행으로 인한 데이터베이스의 변경된 내용을 변경 이전 상태로 되돌린다.) • 장애 발생 시점에 실행 중이던 트랜잭션(아직 commit이 실행되지 못한)을 대상으로 한다.

redo와 undo를 이용한 회복의 구체적인 방법은 다음 절에서 설명한다.

(3) 로그 회복 기법

데이터베이스 장애는 미디어 장애를 제외하고는 로그를 이용하여 회복할 수 있다. 로그 회복 기법을 한마디로 요약하면 장애 발생 시 로그를 참조하여 기록된 트랜잭션들에 대해 redo 또는 undo 연산을 실행하는 것이다. 회복의 목표는 트랜잭션의 원자성을 보장하기 위한 것임을 다시 기억하도록 하자.

로그 회복 기법은 해당 DBMS 시스템에서 **즉시 갱신**을 채택하는지 **지연 갱신**을 채택하는지에 따라 처리 과정이 조금 다르다. 어떤 데이터베이스 시스템에 장애가 발생하여 회복 작업이 진행 중이며, 로그 기록이 다음과 같다고 하자.

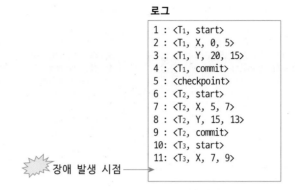

로그

```
 1 : <T₁, start>
 2 : <T₁, X, 0, 5>
 3 : <T₁, Y, 20, 15>
 4 : <T₁, commit>
 5 : <checkpoint>
 6 : <T₂, start>
 7 : <T₂, X, 5, 7>
 8 : <T₂, Y, 15, 13>
 9 : <T₂, commit>
10: <T₃, start>
11: <T₃, X, 7, 9>
```

장애 발생 시점 →

■ 즉시 갱신 시 회복 기법

즉시 갱신(immediate update)은 트랜잭션을 구성하는 연산들이 여러 개 있을 때 각 연산이 실행되는 즉시 그 결과를 데이터베이스(정확히는 버퍼)에 반영하는 방법을 말한다. 물론 로그에도 기록된다(〈그림 12-12〉(a)).

로그 기록을 보면 5번 시점에 마지막 검사 시점(checkpoint)이 기록되어 있다. 따라서 검사 시점 이전의 트랜잭션 T_1은 commit 연산까지 정상적으로 실행되었고 데이터베이스에도 정상적으로 반영되었으므로 아무 작업도 할 필요가 없다. 트랜잭션 T_2와 T_3는 검사 시점 이후에 기록되었는데 이 의미는 버퍼에 있던 실행 결과가 데이터베이스에 아직 반영되지 않았음을 의미한다.

트랜잭션 T_2는 commit 연산까지 정상적으로 실행되어 7번, 8번 시점의 연산 결과가 데이터베이스에 정상적으로 반영되었어야 하지만, 버퍼만 갱신을 하고 아직 데이터베이스에는 반영되지 않았으므로 redo(재실행) 작업을 수행하여 데이터베이스에 반영시켜 준다. 트랜잭션 T_3의 경우는 11번 시점의 연산이 수행되었고 즉시 갱신에 따라 버퍼에도 반영된 상태였다. 그러나 commit 연산이 수행되기 전에 장애가 발생하였기 때문에 트랜잭션의 원자성을 지키기 위해 부분 수행된 트랜잭션 T_3의 연산들은 취소되어야 한다. 따라서 트랜잭션 T_3에 대해서는 undo(실행취소) 작업을 수행한다.

■ 지연 갱신 시 회복 기법

지연 갱신(deferred update)은 트랜잭션을 구성하는 연산들이 실행되는 동안 로그에만 기록하고 있다가 commit 연산이 실행되면 그 때 각 연산의 결과를 한꺼번에 데이터베이스(정확히는 버퍼)에 반영하는 방법을 말한다. 다시 말해서 commit 시점까지 데이터베이스의 갱신을 연기하는 것이다(〈그림 12-12〉(b)).

앞에서 살펴본 것처럼 검사 시점 이전의 트랜잭션 T_1은 commit 연산까지 정상적으로 실행되었고 데이터베이스에도 정상적으로 반영되었으므로 아무 작업도 할 필요가 없다. 트랜잭션 T_2는 commit 연산까지 정상적으로 실행되어 7번, 8번 시점의 연산 결과가 데이터베이스에 정상적으로 반영되었어야 하지만, 버퍼만 갱신하고 아직 데이터베이스에는 반영되지 않았으므로 redo(재실행) 작업을 수행하여 데이터베이스에 반영시켜 준다.

트랜잭션 T_3의 경우는 11번 시점의 연산이 수행되었으나 지연 갱신 정책에 따라 로그에만 기록되고 버퍼에 반영되지 않은 상태였다. 그리고 commit 연산이 수행되기 전에 장애가 발생하였기 때문에 사실상 트랜잭션 T_3의 연산들은 하나도 실행 안 된 것과 마찬가지이다. 따라서 트랜잭션 T_3에 대해서는 무시하고 아무 작업도 수행하지 않아도 된다.

즉시 갱신과 지연 갱신에 따른 회복 작업을 요약하면 다음과 같다.

트랜잭션	즉시 갱신 시	지연 갱신 시
T_1	조치 불필요	조치 불필요
T_2	redo	redo
T_3	undo	조치 불필요

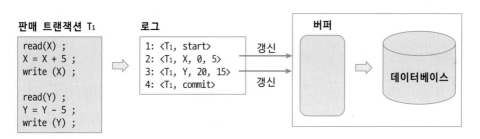

(a) 즉시 갱신

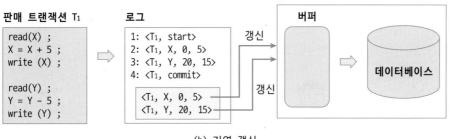

(b) 지연 갱신

〈그림 12-12〉 즉시 갱신과 지연 갱신의 사례

12.3 병행 수행 제어

데이터베이스는 다수의 사용자가 이용하는 시스템이기 때문에 많은 수의 질의가 DBMS에 요구되고 DBMS는 빠른 시간 안에 질의를 처리하여 사용자에게 결과를 알려주어야 한다. 이를 위해 DBMS는 요청되는 트랜잭션을 한 번에 하나씩 순차적으로 실행하는 것이 아니라 여러 트랜잭션들을 병행하여 수행하는 기능을 가지고 있다. 하나의 트랜잭션은 여러 연산들로 구성되는데, 각 연산의 수행 시간이 다르다. 데이터베이스에 대한 읽기, 쓰기 연산은 상대적으로 오랜 시간을 필요로 하는데, 하나의 트랜잭션이 읽기 연산의 결과를 기다리는 동안 다른 트랜잭션의 연산을 처리하는 방식으로 트랜잭션들의 병행 수행이 가능하다.

트랜잭션들을 병행 수행하면 주어진 시간에 많은 트랜잭션을 처리할 수 있게 되어 처리율 (throughput)은 높아지지만, 데이터베이스의 일관성에 문제가 생길 수 있다. 트랜잭션 T_1 과 T_2가 병행 수행되면서 서로 다른 데이터를 사용한다면 아무 문제가 없지만, 트랜잭션 T_1의 중간 연산 결과를 트랜잭션 T_2가 참조한다면 트랜잭션의 격리성이 지켜지지 못할 수도 있다. 따라서 DBMS는 트랜잭션의 4가지 특성을 유지하면서도 병행 수행해야 하는데, 이를 **병행 수행 제어**(concurrency control)라고 한다. 병행 수행 제어는 DBMS의 기능 중 하나로서 병행 수행 중인 트랜잭션들이 같은 데이터에 접근하여 연산을 실행하여도 문제가 발생하지 않고, 각각의 트랜잭션을 순차적으로 실행한 것과 같은 결과를 얻을 수 있도록 트랜잭션의 수행을 제어하는 것을 의미한다.

(1) 병행 수행 시 발생할 수 있는 문제

병행 수행의 기법에 대해 알아보기 전에 트랜잭션의 병행 수행 시 발생할 수 있는 문제들에 대해 살펴보기로 한다. 모든 병행 수행이 문제를 일으키는 것은 아니지만, 갱신 분실, 모순성, 연쇄 복귀의 문제가 발생할 수 있다. 병행 수행이 문제없이 올바르게 수행되었는지의 여부는 트랜잭션들을 순차적으로 실행했을 때의 결과와 비교해보면 알 수 있다. 왜냐하면 트랜잭션의 순차적 실행은 데이터베이스에 아무 문제를 일으키지 않기 때문이다.

병행 수행이 문제를 일으키는지 여부는 트랜잭션들의 순차적 실행 결과와 비교하여 알 수 있습니다.

■ 갱신 분실(lost update)

갱신 분실은 하나의 트랜잭션이 수행한 데이터 변경 연산의 결과를 다른 트랜잭션이 재변경함으로써 이전 변경 연산이 무효화되는 현상을 의미한다. 데이터 X의 값이 5,000인 상황에서 X의 값을 1,000 증가시키는 트랜잭션 T_1과 X의 값을 2,000 증가시키는 트랜잭션 T_2의 실행을 생각해보자. 트랜잭션 T_1과 T_2가 순차적으로 실행된다면 결과는 〈그림 12-13〉과 같이 X = 8,000이 될 것이다.

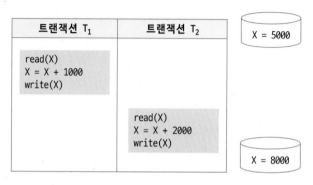

〈그림 12-13〉 트랜잭션의 순차적 실행 결과

이제 〈그림 12-14〉와 같이 트랜잭션 T_1과 T_2가 병행 수행되는 상황을 생각해보자. 트랜잭션 T_1과 트랜잭션 T_2 모두 X의 값을 읽어서 5,000으로 알고 있는 상태에서 X의 값을 각각 1,000, 2,000씩 증가시켰다. 그 후에 트랜잭션 T_1이 데이터베이스에 있는 X의 값을 갱신하여 6,000을 만들었는데 트랜잭션 T_2가 또다시 갱신하여 최종적으로 데이터베이스의 X 값은 7,000이 되었다. 결과적으로 트랜잭션 T_2의 실행 결과만 데이터베이스에 반영되고, 트랜잭션 T_1의 실행은 무효화되었다. 트랜잭션 T_1의 write(X) 연산의 결과가 분실된 것이다. 이는 트랜잭션 T_1과 트랜잭션 T_2를 순차적으로 실행한 결과와 차이가 있는 것으로 DBMS는 갱신 분실이 일어나지 않도록 병행 수행을 제어해야 한다.

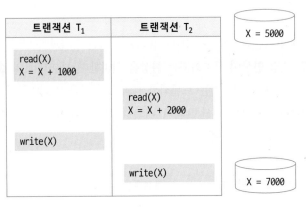

〈그림 12-14〉 병행 수행에 의한 갱신 분실의 발생

■ 모순성(inconsistency)

모순성이란 하나의 트랜잭션이 여러 개의 갱신 연산을 실행할 때 서로 다른 상태의 데이터베이스를 참조하여 연산함으로써 데이터베이스에 모순된 결과를 초래하는 경우를 말한다. 데이터베이스의 X와 Y의 값이 각각 5,000원, 5,000원인 상황에서 X, Y를 1,000씩 증가시키는 트랜잭션 T_1과 X, Y를 절반으로 감소시키는 트랜잭션 T_2를 가정해 보자. 〈그림 12-15〉와 같이 두 트랜잭션을 순차적으로 실행하면 X와 Y의 값은 각각 3,000원, 3,000원이 될 것이다.

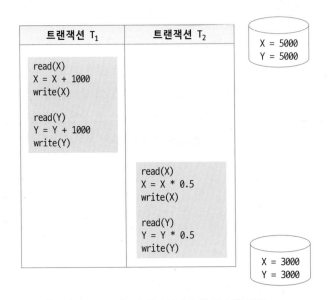

〈그림 12-15〉 트랜잭션의 순차적 실행 결과

이제 〈그림 12-16〉과 같이 트랜잭션 T_1과 T_2를 병행 수행하는 경우를 생각해 보자. 트랜잭션 T_1 연산의 일부가 수행된 상태에서 트랜잭션 T_2가 실행되고, 다시 T_1의 나머지 연산이 수행되었다. 그 결과 X와 Y의 값은 각각 3,000원, 3,500원이 되었다. 이는 순차적 실행 시의 3,000원, 3,000원과는 다른 결과이다. X, Y의 초깃값이 동일한 상태에서 1,000원씩 올린 후 절반을 감소시켰는데 X와 Y의 값이 달라지는 모순이 발생한 것이다.

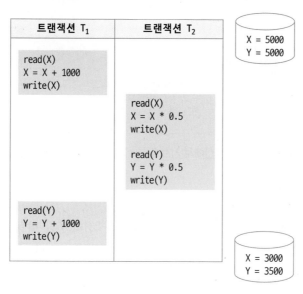

〈그림 12-16〉 병행 수행에 의한 모순성의 발생

왜 이러한 현상이 일어나는 것일까? 그 이유는 트랜잭션 T_1이 동일 시점(상태)의 X, Y 값을 읽어야 함에도 〈그림 12-16〉에 있는 것처럼 X는 트랜잭션이 수행되기 이전의 데이터베이스에서 읽어왔고, Y는 트랜잭션 T_2의 실행 결과가 반영된 데이터베이스에서 읽어왔기 때문에 두 값의 차이가 발생한 것이다. 즉, X와 Y는 서로 다른 상태의 데이터베이스에서 읽어온 것이다. 여기서 알 수 있는 사실은 하나의 트랜잭션에서 갱신 연산이 여러 개 있는 경우는 갱신을 위한 값을 읽어올 때 동일 상태의 데이터베이스를 참조해야 문제가 없다는 것이다.

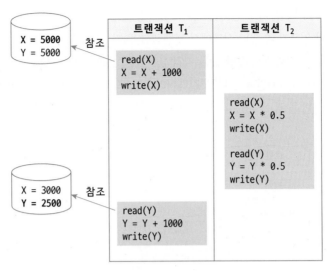

트랜잭션 T_1	트랜잭션 T_2
read(X) X = X + 1000 write(X)	
	read(X) X = X * 0.5 write(X) read(Y) Y = Y * 0.5 write(Y)
read(Y) Y = Y + 1000 write(Y)	

X = 5000
Y = 5000
참조

X = 3000
Y = 2500
참조

〈그림 12-17〉 하나의 트랜잭션에서 서로 다른 상태의 데이터베이스를 참조하는 사례

■ 연쇄 복귀(cascading rollback)

트랜잭션의 병행 수행 시 장애가 발생하여 어떤 트랜잭션의 중간 실행 결과를 rollback 해야 하는 상황을 가정해보자. 여러 트랜잭션이 상호 영향을 미치며 실행되다 보니 한 트랜잭션의 rollback은 연쇄적으로 다른 트랜잭션의 rollback을 유발하는 경우가 많다. 이 때 연쇄적 rollback이 정상적으로 이루어지지 못하는 상황을 연쇄 복귀의 문제라고 한다. 〈그림 12-18〉은 두 개의 계좌이체 트랜잭션 T_1과 T_2가 순차적으로 실행되다 장애가 발생한 상황을 보여준다. 트랜잭션 T_2는 완료(commit)가 되지 않은 상태이기 때문에 rollback을 수행하여 부분 수행 결과를 취소하고 트랜잭션 T_1은 정상 완료가 되었으므로 실행 결과는 데이터베이스에 영구 반영된다. 이렇게 처리하면 데이터베이스의 일관성에 문제가 생기지 않는다.

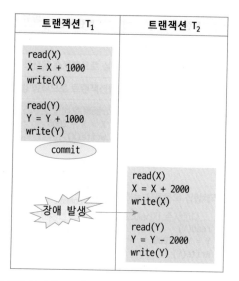

트랜잭션 T_1	트랜잭션 T_2
read(X) X = X + 1000 write(X) read(Y) Y = Y + 1000 write(Y) commit	
장애 발생 ──▶	read(X) X = X + 2000 write(X) read(Y) Y = Y - 2000 write(Y)

〈그림 12-18〉 트랜잭션의 순차적 실행 시 장애 발생

〈그림 12-19〉는 트랜잭션 T_1과 T_2가 병행 수행되다가 장애가 발생한 상황을 보여주다. 트랜잭션 T_1이 완료되지 못한 상태에서 장애가 발생했기 때문에 부분 실행된 연산들은 모두 취소되어야 한다. 따라서 트랜잭션 T_1의 write(X) 연산의 결과도 취소되어야 한다. 그렇게 되면 트랜잭션 T_2에서 T_1의 write(X) 연산의 결과를 읽어서 작업을 수행한 결과도 더 이상 유효하지 않기 때문에 트랜잭션 T_2도 연쇄적으로 rollback 처리되어야 한다. 그런데 트랜잭션 T_2는 정상 완료(commit)가 되었기 때문에 트랜잭션의 지속성(durability) 특성에 따라 데이터베이스에 영구 반영되어야 하므로 rollback이 불가능하다. 즉, 연쇄 복귀가 필요한데 할 수 없는 문제가 발생한 것이다.

테이블을 엑셀 파일로 저장

SQL Developer를 이용하면 테이블의 데이터를 엑셀 파일로 저장할 수도 있고 엑셀 파일로 작성된 데이터를 불러와서 테이블에 저장할 수도 있다.

(1) 테이블 데이터를 엑셀 파일로 저장하기

emppdb 데이터베이스의 emp 테이블 데이터를 엑셀 파일로 저장해 보자.

① 접속창에서 저장 대상 테이블을 선택한 뒤 마우스 오른쪽 버튼을 클릭하여 팝업 메뉴가 표시되면 [익스포트]를 선택한다.

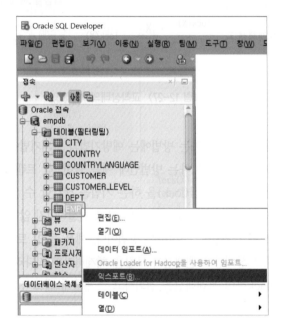

② 익스포트 마법사가 표시되면 다음과 같이 선택 또는 입력한 후 [다음] 버튼을 클릭한다.

항목	선택 또는 입력 값
DDL 익스포트	선택을 해제한다. (DDL 익스포트는 데이터를 SQL 문 형태로 내보낼 때 사용)
형식	excel 2003*(xlsx)
질의 워크시트	선택을 해제한다.
파일	테이블 데이터를 저장할 폴더와 파일 이름을 입력한다.

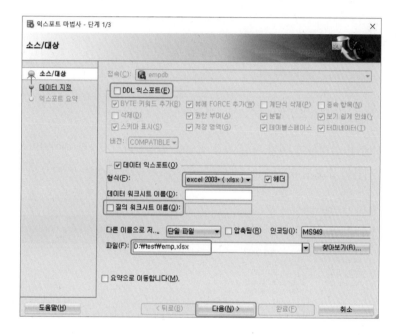

③ 데이터 선택 조건이 있으면 입력하고 [다음] 버튼을 클릭한다. (여기서는 모든 데이터를 저장할 것이므로 아무 조건도 입력하지 않았다.)

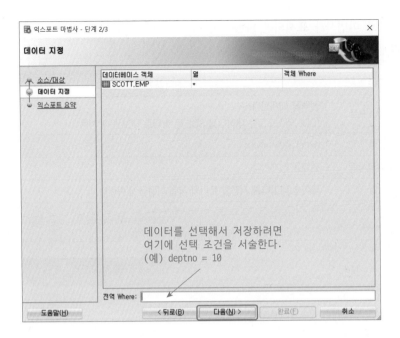

④ [완료] 버튼을 클릭하여 엑셀 파일 저장 작업을 실행한다. (저장할 데이터의 양에 따라
약간의 시간이 소요된다.)

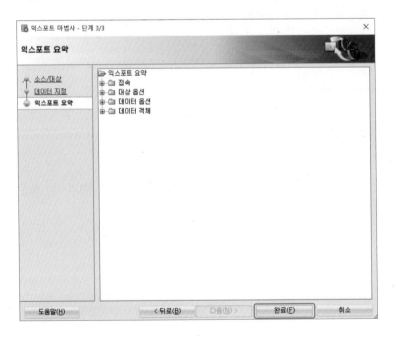

⑤ 엑셀 파일을 열어서 데이터가 저장된 것을 확인한다.

	A	B	C	D	E	F	G	H
1	EMPNO	ENAME	JOB	MGR	HIREDATE	SAL	COMM	DEPTNO
2	7839	KING	PRESIDENT		11-17-1981	5000		10
3	7698	BLAKE	MANAGER	7839	5-1-1981	2850		30
4	7782	CLARK	MANAGER	7839	6-9-1981	2450		10
5	7566	JONES	MANAGER	7839	4-2-1981	2975		20
6	7654	MARTIN	SALESMAN	7698	8-28-1981	1250	1400	30
7	7499	ALLEN	SALESMAN	7698	2-20-1981	1600	300	30
8	7844	TURNER	SALESMAN	7698	8-8-1981	1500	0	30
9	7900	JAMES	CLERK	7698	12-3-1981	950		30
10	7521	WARD	SALESMAN	7698	2-22-1981	1250	500	30
11	7902	FORD	ANALYST	7566	12-3-1981	3000		20

> **Note** – 저장 파일의 형식
>
> 테이블 데이터를 저장할 때 다양한 포맷의 파일로 저장 가능하다. CSV, HTML, TEXT 등 다양한 형식으로 저장할 수 있다.

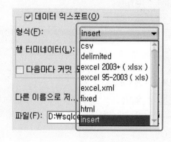

(2) 엑셀 파일을 데이터 테이블에 저장하기

부서정보 데이터를 엑셀 파일로 작성한 뒤 이를 읽어서 DEPT 테이블에 저장해 보자.

① 엑셀 파일에 다음과 같이 입력하여 dept.xlsx에 저장하자.

	A	B	C	D
1	부서번호	부서명	부서위치	
2	91	HR 1 TEAM	SEOUL	
3	92	HR 2 TEAM	BUSAN	
4	93	HR 3 TEAM	INCHON	
5	94	HR 4 TEAM	DAEGOO	
6				

② dept 테이블의 팝업 메뉴에서 [데이터 임포트]를 선택한다.

③ 데이터 임포트 마법사가 표시되면 읽어올 파일을 지정하고 '헤더' 항목을 체크 후 [다음] 버튼을 클릭한다. '헤더'는 엑셀 파일에서 첫 줄이 데이터가 아닌 항목을 설명하는 이름(컬럼 이름)을 나타낸다. 따라서 헤더 없이 바로 첫 줄부터 데이터가 시작되는 경우는 '헤더' 항목의 체크를 해제해야 한다.

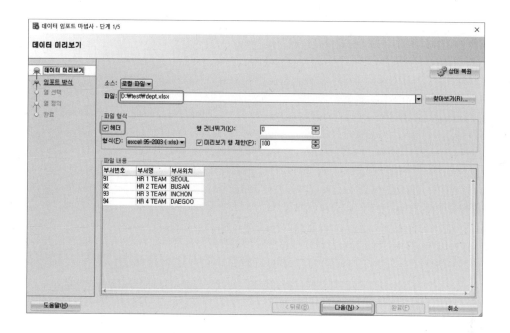

④ 임포트 방식을 '삽입'으로 선택한 뒤 [다음] 버튼을 클릭한다.

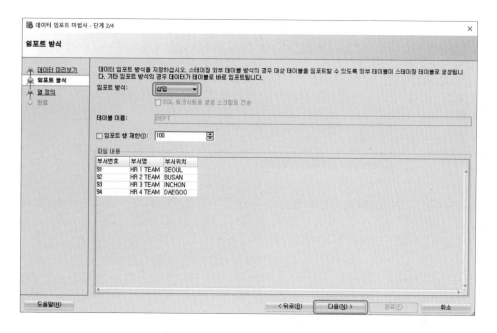

⑤ 저장할 열을 선택하는 화면이다. 이미 필요한 열이 모두 선택되어 있으므로 [다음] 버튼을 클릭한다. 이 화면에서 열의 순서도 조정할 수 있다. 테이블의 열의 순서에 맞추

는 것이 편리하다.

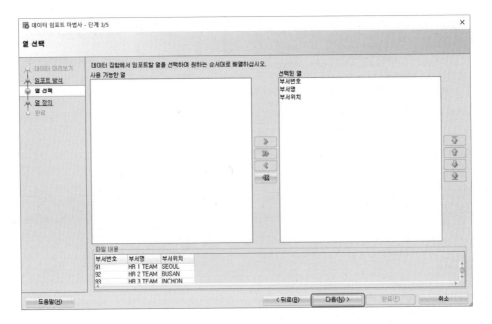

⑥ 엑셀 파일의 열과 테이블의 열을 연결하는 과정이다. **모든 열별로 하나하나 연결을 해주어야 한다**(부서번호 → DEPTNO, 부서명 → DNAME, 부서위치 → LOC).

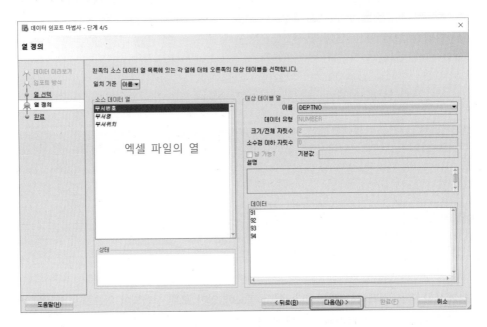

⑦ [완료] 버튼을 클릭하여 임포트 작업을 실행한다.

⑧ 임포트 작업이 성공하면 다음의 메시지가 출력된다.

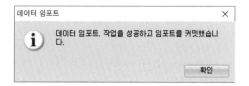

⑨ SELECT 문을 통해 데이터가 테이블에 올바로 저장되었는지 확인한다.

단원 요약

1. 트랜잭션이란 데이터베이스의 상태를 변화시키는 업무 처리의 논리적 단위를 말한다.

2. 트랜잭션을 구성하는 작업들은 '모두 실행이 되든지', '하나도 실행이 안 되든지' 해야 시스템에 문제를 일으키지 않는다.

3. 트랜잭션은 수행 시 원자성, 일관성, 격리성, 지속성을 만족해야 한다.

4. 트랜잭션을 구성하는 작업들은 전부 수행이 되거나 전혀 수행이 되지 않아야 하는 특성을 원자성이라고 한다.

5. 일관성이란 트랜잭션을 수행하기 이전의 데이터베이스와 수행한 이후의 데이터베이스가 논리적으로 일관된 상태를 유지하는 특성을 말한다.

6. 격리성이란 여러 트랜잭션들이 병렬적으로 수행되는 상황에서 트랜잭션들 간에 상호 간섭에 의한 문제를 일으키지 않는 성질을 말한다.

7. 지속성이란 트랜잭션이 성공적으로 완료된 후에는 트랜잭션의 수행 결과가 데이터베이스에 영구적으로 유지되는 특성을 말한다.

8. commit은 트랜잭션이 성공적으로 수행되었음을 확정하는 명령어로서 commit 연산의 결과, 트랜잭션의 전체 수행 결과가 데이터베이스에 영구적으로 기록된다.

9. rollback은 트랜잭션의 처리 과정에서 발생한 전체 변경 사항을 취소하고 트랜잭션 과정을 종료시키는 명령어로서, 트랜잭션의 수행이 어떤 이유로 실패했을 때 내리는 명령이다.

10. SQL 문 중 DDL, DCL에 해당하는 명령문과 SELECT 문은 commit를 필요로 하지 않는다.

11. 시스템 장에 발생 시 데이터베이스를 장애 발생 전의 일관된 상태로 되돌리는 작업을 회복이라고 한다.

12. 회복 작업을 위해서 백업과 로그를 이용한다. 백업은 백업 시점까지의 회복에 사용되며, 백업 시점부터 장애 발생 시점까지는 로그를 이용하여 회복한다.

13. 백업은 시스템 종료 필요 여부에 따라 콜드 백업, 핫 백업, 웜 백업으로 구분되며, 백업 범위에 따라 전체 백업, 증분 백업으로 구분된다.

14. 회복 작업에서 redo는 로그에 기록된 트랜잭션을 재실행하는 연산을 말하며, undo는 로그에 기록된 트랜잭션을 취소하는 연산을 말한다.

15. 응용 프로그램 또는 트랜잭션에서 데이터베이스에 대해 읽기나 쓰기 연산을 수행하면 물리적 데이터베이스에 대해 직접 연산이 이루어지는 것이 아니라 버퍼를 통해 연산이 이루어진다.

16. 버퍼에서 갱신된 데이터는 DBMS에 의해 주기적으로 물리적 데이터베이스에 반영되는데 반영 시점을 검사시점이라고 한다.

17. 즉시 갱신은 트랜잭션을 구성하는 연산들이 여러 개 있을 때 각 연산이 실행되는 즉시 그 결과를 데이터베이스(정확히는 버퍼)에 반영하는 방법을 말한다. 지연 갱신은 트랜잭션을 구성하는 연산들이 실행되는 동안 로그에만 기록하고 있다가 commit 연산이 실행되면 그 때 각 연산의 결과를 한꺼번에 데이터베이스(정확히는 버퍼)에 반영하는 방법을 말한다.

18. DBMS는 트랜잭션의 4가지 특성을 유지하면서도 병행 수행을 해야 하는데, 이를 병행 수행 제어라고 한다.

19. 병행 수행 시 발생할 수 있는 문제로 갱신 분실, 모순성, 연쇄 복귀가 있다.

20. 트랜잭션 스케줄은 DBMS에 의해서 작성되는데 직렬 가능 스케줄을 작성하는 것이 목표이다.

21. 병행 수행 제어를 위해 기본 로킹 규약이 제시되었으나 지나치게 병행성을 제약하고 경우에 따라 직렬 가능 스케줄을 만드는 데 실패하기 때문에 이를 보완하기 위해 2단계 로킹 규약이 제안되었다.

22. 2단계 로킹 규약은 트랜잭션이 잠금 연산을 수행하는 확장 단계와 잠금을 해제하는 축소 단계로 구성되어 있다.

23. 두 개의 트랜잭션이 상대방의 해제 연산을 영원히 기다리는 상태를 교착상태라고 한다.

연습문제

※ 다음 문제에서 설명하는 용어를 보기에서 고르시오(1~9번).

〈보기〉

| ㉠ 트랜잭션 | ㉡ 원자성 | ㉢ 일관성 | ㉣ 격리성 | ㉤ 지속성 |
| ㉥ commit | ㉦ rollback | ㉧ 백업 | ㉨ 로그 | |

---

1. 트랜잭션을 구성하는 작업들은 전부 수행이 되거나 전혀 수행이 되지 않아야 하는 특성을 말한다.

2. 트랜잭션이 성공적으로 수행되었음을 확정하는 명령어이다.

3. 데이터베이스의 상태를 변화시키는 업무처리의 논리적 단위를 말한다.

4. 시스템 장애 발생 시 데이터베이스를 장애 발생 전의 일관된 상태로 되돌리는 작업을 말한다.

5. 여러 트랜잭션들이 병렬적으로 수행되는 상황에서 트랜잭션들 간에 상호 간섭에 의한 문제를 일으키지 않는 성질을 말한다.

6. 데이터베이스의 변화를 기록해 놓은 것을 말한다.

7. 트랜잭션을 수행하기 이전의 데이터베이스와 수행한 이후의 데이터베이스가 논리적으로 일관된 상태를 유지하는 특성을 말한다.

8. 문제 발생에 대비해 데이터베이스의 복사본을 저장하는 것을 말한다.

9. 트랜잭션이 성공적으로 완료된 후에는 트랜잭션의 수행 결과가 데이터베이스에 영구적으로 유지되는 특성을 말한다.

10. 다음 중 트랜잭션이 만족해야 할 특성이 아닌 것을 고르시오.

① 유일성   ② 원자성

③ 일관성   ④ 격리성

11. SQL 문 중 DDL, DCL에 해당하는 명령문과 SELECT 문은 commit을 필요로 하지 않는 이유를 설명하시오.

12. 회복 작업을 위해 필요한 두 가지 자료는 무엇인가?

13. 시스템이 가동 중인 상태에서 백업하는 것을 (　　)이라고 한다.

14. 마지막 백업 시점 이후에 변화된 부분만 백업하는 것을 (　　)이라고 한다.

15. 회복 작업에서 로그에 기록된 트랜잭션을 재실행하는 연산을 (　　)라고 한다.

16. 응용 프로그램 또는 트랜잭션에서 데이터베이스에 대해 읽기나 쓰기 연산을 수행하면 물리적 데이터베이스에 대해 직접 연산이 이루어지는 것이 아니라 (　　)를 통해 연산이 이루어진다.

17. DBMS는 주기적으로 버퍼의 갱신된 데이터를 물리적 데이터베이스에 저장하여 로그의 내용과 물리적 데이터베이스의 내용을 일치시킨 후에 로그에 (　　)을 기록한다.

18. 트랜잭션을 구성하는 연산들이 여러 개 있을 때 각 연산이 실행되는 즉시 그 결과를 버퍼에 반영하는 방법을 (　　)이라고 하고, 트랜잭션을 구성하는 연산들이 실행되는 동안 로그에만 기록하고 있다가 commit 연산이 실행되면 그 때 각 연산의 결과를 한꺼번에 (정확히는 버퍼에) 반영하는 방법을 (　　)이라고 한다.

19. 트랜잭션의 실행 기록이 다음과 같을 때, 회복 시 트랜잭션별로 필요한 연산을 즉시 갱신, 지연 갱신 여부에 따라 서술하시오.

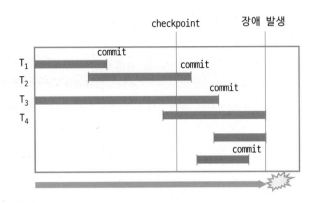

트랜잭션	즉시 갱신	지연 갱신
T_1		
T_2		
T_3		
T_4		
T_5		
T_6		

※ 다음의 설명에 해당하는 용어를 보기에서 찾으시오(20~22번).

〈보기〉
ⓐ 갱신 분실   ⓑ 모순성   ⓒ 연쇄 복귀

20. 회복 작업 시 한 트랜잭션의 rollback은 연쇄적으로 다른 트랜잭션의 rollback을 유발하는 경우가 많다. 이때 연쇄적 rollback이 정상적으로 이루어지지 못하는 경우를 말한다.

21. 하나의 트랜잭션이 여러 개의 갱신 연산을 실행할 때 서로 다른 상태의 데이터베이스를 참조하여 연산함으로써 데이터베이스에 모순된 결과를 초래하는 경우를 말한다.

22. 하나의 트랜잭션이 수행한 데이터 변경 연산의 결과를 다른 트랜잭션이 재변경함으로써 이전 변경 연산이 무효화되는 현상을 의미한다.

23. 트랜잭션의 병행 수행 시 트랜잭션들을 오고가면서 트랜잭션들을 구성하는 연산들을 번갈아 수행하는데 이런 방식을 (   )이라고 한다.

24. (   )은 트랜잭션들을 구성하는 연산들을 어떤 순서로 실행할지에 대한 계획을 말하며 DBMS에 의해 작성된다.

25. 다음의 트랜잭션 스케줄 중에서 문제 발생 가능성은 없지만 병행성은 가장 낮은 것은 무엇인가?

① 직렬 스케줄　　　　　　　　　② 비직렬 스케줄
③ 직렬 가능 스케줄　　　　　　　④ 병렬 스케줄

26. 직렬 가능 스케줄을 만들기 위해 잠금(lock)을 할 때는 계속 잠금만 하고, 해제(unlock)를 할 때는 계속 해제만 해야 한다는 규칙을 (   )이라고 한다.

27. 두 개의 트랜잭션이 상대방의 잠금이 해제되기를 영원히 기다리는 상태를 (   )라고 한다.

28. 다음 설명 중 로킹 단위의 크기에 대한 설명으로 거리가 먼 것을 모두 고르시오.

① 로킹 단위가 커지면 병행수준도 높아진다.
② 로킹 단위의 크기는 병행수준과 상관이 없다.
③ 로킹 단위가 커지면 병행제어가 간단해진다.
④ 로킹 단위가 커지면 교착상태의 경우가 늘어난다.

29. 데이터베이스에서 트랜잭션의 원자성을 보장하는 데 사용되는 파일은 무엇인가?

① 환경 설정 파일　　　　　　　　② 로그 파일
③ 데이터 파일　　　　　　　　　　④ 백업 파일

30. 2단계 로킹 규약에 대한 설명으로 잘못된 것을 고르시오.

① 확장 단계는 트랜잭션에서 필요한 로크를 얻는 단계이다.
② 축소 단계는 로크를 해제하는 단계이다.
③ 로크를 해제한 다음에도 필요 시 다시 로크를 얻을 수 있다.
④ 2단계 로킹 규약은 직렬 가능 스케줄을 보장한다.

31. 다음 스케줄의 문제점을 지적하시오.

트랜잭션 T_1	트랜잭션 T_2
read(X) X = X + 20 write(X)	
	read(X) X = X + 30 write(X)
read(Y) T_1을 취소	

데이터베이스 기반 앱 개발

데이터베이스 기반 앱 개발

13.1 개발 환경의 설정

이번 단원에서는 데이터베이스와 앱을 연동하는 방법을 학습한다. 많은 경우 어플리케이션(앱)의 개발 시 데이터베이스를 자료 관리의 기본 도구로 사용하고 있기 때문에 앱에서 어떻게 데이터베이스의 정보를 불러오는지, 어떻게 데이터베이스에 데이터를 입력하거나 갱신하는지를 배우는 것은 필요하다. 본 교재에서는 앱 개발 언어로 파이썬을 선정하여 설명하지만, C++, 자바 또는 JSP, PHP와 같은 웹 어플리케이션 개발 언어에서도 본 교재에서 배운 내용을 적용할 수 있다. 이번 단원의 학습을 위해 설치해야 할 것들은 다음과 같다.

〈표 13-1〉 실습을 위해 필요한 요소들

설치 요소	설명
오라클	DBMS
파이썬	앱 개발 언어
oracledb	오라클과 연동하기 위한 파이썬 라이브러리
PyQT5	GUI 프로그래밍을 하기 위한 파이썬 라이브러리

■ 오라클

실습을 위해 오라클이 설치되어야 한다. 오라클의 설치에 대해서는 1장의 1.4절에서 설명하였다.

■ 파이썬

파이썬의 설치에 관해서는 인터넷 상에 자세히 소개되어 있으므로 설명을 생략한다. 본 교재에서는 아나콘다(anaconda)를 통해 파이썬을 설치했다고 가정한다. 아나콘다는 파이썬 언어뿐만 아니라 데이터 분석 및 머신러닝 작업에 필요한 파이썬 패키지들까지 함께 설치해주기 때문에 초보 개발자들에게 유용하다. 또한 Spyder라고 하는 통합개발환경(IDE)도 제공해준다. 아나콘다의 다운로드 사이트는 다음과 같다.

https://www.anaconda.com

■ oracledb

아나콘다를 설치했다면 다음과 같은 순서를 따라 oracledb 패키지를 설치한다.

① 윈도우 메뉴에서 다음과 같이 Anaconda Prompt를 선택한다.

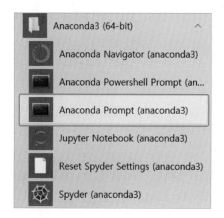

② Anaconda Prompt 화면에서 다음의 명령어를 입력하여 실행한다.

```
pip install oracledb --upgrade
```

과거에는 **cx_Oracle** 패키지를 이용하였는데 최근에 **oracledb**로 변경되었다.

③ 다음과 같은 내용이 표시되면 정상 실행된 것이다.

- PyQT5

PyQT5는 아나콘다를 설치하면 기본적으로 함께 설치되는 패키지 중의 하나이다. 따라서 아나콘다를 설치한 독자는 별도로 설치할 필요가 없다. 파이썬을 독립적으로 설치한 독자는 Command 콘솔에서 다음의 두 명령어를 순차적으로 실행하여 PyQT5를 설치한다.

```
pip install pyqt5
pip install pyqt5-tools
```

13.2 텍스트 모드 프로그래밍

파이썬과 오라클의 연동을 위한 준비가 끝났다면 파이썬을 통해 오라클의 데이터베이스를 사용해 보도록 한다.

(1) 오라클 접속 테스트

먼저 파이썬에서 오라클에 정상적으로 접속되는지 테스트해 보자.

〈코드 13-1〉 오라클 접속 테스트

```
1   import  oracledb
2
3   # 필요한 기본 DB 정보
4   dsn = "localhost/emppdb"   # 접속할 db명
5   user = "scott"             # 접속할 db의 user명
6   pw = "tiger"               # 접속할 db의 password
7
8   # DB에 접속
9   conn = oracledb.connect(user = user, password = pw, dsn=dsn)
10  print(conn)
```

〈코드 13-1〉을 행별로 설명하면 다음과 같다.

```
1   import  oracledb
```

오라클과 접속에 필요한 패키지를 로딩한다.

```
3   # 필요한 기본 DB 정보
4   dsn = "localhost/emppdb"   # 접속할 db명
5   user = "scott"             # 접속할 db의 user명
6   pw = "tiger"               # 접속할 db의 password
```

오라클 데이터베이스와 접속하기 위한 정보(데이터베이스명, 사용자ID, 비밀번호)를 각각 변수에 저장한다.

```
8   # DB에 접속
9   conn = oracledb.connect(user = user, password = pw, dsn=dsn)
```

다음은 오라클 데이터베이스에 접속하는 명령문이다. 성공하면 파이썬 프로그램과 오라클 사이의 커뮤니케이션 통로가 열린다. 마치 전화를 걸어서 통화 연결이 된 것과 비슷하다.

```
10  print(conn)
```

접속 결과를 출력한다. 〈코드 13-1〉을 실행했을 때 특별한 에러 메시지가 없고, print (conn) 실행 시 다음과 같이 표시되면 정상적으로 접속된 것이다.

```
In [9]: print(conn)
<oracledb.Connection to scott@localhost/emppdb>
```

(2) 사원정보 조회(전체 조회)

우리가 실습에 사용한 emp 테이블의 내용을 파이썬에서 조회해 보자. 전체 코드는 〈코드
13-2〉와 같다.

〈코드 13-2〉 사원 정보 조회(전체 결과 읽기)

```
1   import oracledb
2
3   # 필요한 기본 DB 정보
4   dsn = "localhost/emppdb"        # 접속할 db명
5   user = "scott"                  # 접속할 db의 user명
6   pw = "tiger"                    # 접속할 db의 password
7
8   # DB에 접속
9   conn = oracledb.connect(user = user, password = pw, dsn=dsn)
10
11  # 원하는 sql 문 정의
12  sql = "SELECT * FROM emp WHERE ROWNUM <= 10"
13
14  # sql 문 실행 / 데이터 받기
15  curs = conn.cursor()            # 커서 객체 생성
16  curs.execute(sql)               # SQL 문 실행
17
18  data = curs.fetchall()          # sql 실행 결과 모두 가져오기
19  type(data)                      # data의 자료구조
20  data                            # data의 내용 출력
21  data[0]                         # 첫 번째 행 출력
22  str(data[0][0])                 # 첫 번째 행의 첫 번째 컬럼 출력
23
24  # db 접속 종료
25  curs.close()
26  conn.close()
```

9 라인까지는 〈코드 13-1〉에서 설명했으므로 이후 명령문에 대해 설명하기로 한다.

```
11   # 원하는 sql 문 정의
12   sql = "SELECT * FROM emp WHERE ROWNUM <= 10"
```

emp 테이블을 읽는 SQL 문을 작성하여 sql 변수에 저장한다. 튜플의 수가 많을 수 있으므로 10개만 읽도록 제한하였다.

```
15   curs = conn.cursor()        # 커서 객체 생성
```

커서 객체를 생성한다. 커서 객체는 DBMS에 작업을 요청하는데 사용되는 여러 함수를 가지고 있다.

```
16   curs.execute(sql)           # SQL 문 실행
```

앞에서 작성한 SQL 문을 실행하도록 DBMS에 요청한다. DBMS는 SQL 문을 실행하고 그 결과를 버퍼에 저장한다. 버퍼는 실행 결과를 임시 저장해 놓는 일종의 메모리 공간이라고 생각하면 된다.

```
18   data = curs.fetchall()      # sql 실행 결과 모두 가져오기
```

버퍼에 저장된 SQL 문의 실행 결과를 프로그램 안으로 불러와서 data 변수에 저장한다. 〈그림 13-1〉은 SQL 문의 실행 과정을 표현한 것이다. 버퍼에 저장된 결과를 프로그램으로 읽어오는 함수는 다음과 같이 두 가지가 있다.

- fetchall(): 버퍼에 저장된 결과(10개의 튜플)를 한꺼번에 읽어온다.
- fetchone(): 버퍼에 저장된 결과로부터 하나의 튜플을 읽어온다.

fetchone()의 사례는 다음의 예제 코드에서 살펴볼 것이다.

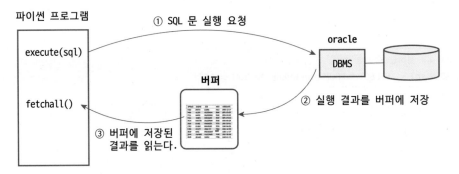

파이썬 프로그램

execute(sql) ① SQL 문 실행 요청

oracle

DBMS

버퍼

fetchall() ② 실행 결과를 버퍼에 저장

③ 버퍼에 저장된 결과를 읽는다.

〈그림 13-1〉 SQL 문의 실행 과정

| 19 | type(data) | # data의 자료구조 |

data 변수의 자료구조를 살펴본다. 아래에서 보는 바와 같이 파이썬 자료형은 리스트 (list)이다.

```
In [14]: type(data)          # data의 자료구조
Out[14]: list
```

| 20 | data | # data의 내용 출력 |

data 변수의 내용을 출력해본다. 다음에서 보는 바와 같이 emp 테이블의 한 행(row)이 파이썬 튜플의 한 원소로 저장되어 있는 것을 알 수 있다.

```
In [15]: data                # data의 내용 출력
Out[15]:
[(7839,
  'KING',
  'PRESIDENT',
  None,
  datetime.datetime(1981, 11, 17, 0, 0),
  5000.0,
  None,
  10),
 (7698,
  'BLAKE',
  'MANAGER',
  7839,
  datetime.datetime(1981, 5, 1, 0, 0),
  2850.0,
  None,
  30),
```

```
21 │ data[0]                              # 첫 번째 행 출력
```

data 변수에서 첫 번째 원소(실행 결과의 첫 번째 행)의 내용을 출력한다. 세 번째 행의
내용을 보고 싶으면 data[2]와 같이 한다.

```
In [16]: data[0]                           # 첫 번째 행 출력
Out[16]:
(7839,
 'KING',
 'PRESIDENT',
 None,
 datetime.datetime(1981, 11, 17, 0, 0),
 5000.0,
 None,
 10)
```

```
22 │ str(data[0][0])          # 첫 번째 행의 첫 번째 컬럼 출력
```

data 변수로부터 실행 결과의 첫 번째 행의 첫 번째 컬럼의 내용을 출력한다.

```
In [17]: str(data[0][0])           # 첫 번째 행의 첫 번째 컬럼 출력
Out[17]: '7839'
```

```
24 │ # db 접속 종료
25 │ curs.close()
26 │ conn.close()
```

커서 객체의 사용 및 DBMS와의 접속을 종료한다.

(3) 사원정보 조회(한 행씩 조회)

〈코드 13-2〉에서는 버퍼에 저장된 SQL 실행 결과를 fetchall()을 통해 한꺼번에 가
져오는 예제를 살펴보았다. 이번에는 버퍼의 결과를 한 번에 한 행씩 가져오는 예제를 살
펴보기로 한다. 한 번에 한 행씩 읽어서 내용을 출력하는 간단한 예제이다. 전체 코드는
〈코드 13-3〉과 같다.

```
1    ... (〈코드 13-2〉의 1~11행과 동일)
2
3    # 원하는 sql 문 정의
4    sql = "SELECT * FROM emp WHERE ROWNUM <= 10"
5
6    # sql 문 실행 / 데이터 받기
7    curs = conn.cursor()
8    curs.execute(sql)
9
10   row = curs.fetchone()          # 버퍼에서 하나의 행 읽기
11   while(row):
12       print(row)
13       row = curs.fetchone()      # 버퍼에서 하나의 행 읽기
14
15   # db 접속 종료
16   curs.close()
17   conn.close()
```

〈코드 13-2〉와 중복되는 설명은 제외하기로 한다. 10~13행이 핵심 코드이다.

```
10   row = curs.fetchone()          # 버퍼에서 하나의 행 읽기
```

버퍼의 저장된 결과에서 첫 번째 행을 읽어서 변수 row에 저장한다. 그리고 데이터를 읽을 위치가 다음 번 행으로 이동한다. (fetchone()은 버퍼에서 한 행의 정보를 읽어온다.)

```
11   while(row):
12       print(row)
13       row = curs.fetchone()      # 버퍼에서 하나의 행 읽기
```

버퍼의 결과로부터 모든 행을 다 읽을 때까지 반복문 while()을 수행한다. 변수 row에 읽어온 값이 없으면 반복문은 종료된다. 반복문 안의 내용은 읽어온 row의 내용을 출력하고 버퍼에서 다음 번 행을 읽어서 row에 저장하는 것이다. 실행 결과의 앞부분 일부는 다음과 같다.

```
In [26]: while(row):
    ...:       print(row)
    ...:       row = curs.fetchone()        # 버퍼에서 하나의 행 읽기
# 첫 번째 행의 첫 번째 컬럼 출력
(7839, 'KING', 'PRESIDENT', None, datetime.datetime(1981, 11, 17, 0, 0),
5000.0, None, 10)
(7698, 'BLAKE', 'MANAGER', 7839, datetime.datetime(1981, 5, 1, 0, 0),
2850.0, None, 30)
(7782, 'CLARK', 'MANAGER', 7839, datetime.datetime(1981, 6, 9, 0, 0),
2450.0, None, 10)
(7566, 'JONES', 'MANAGER', 7839, datetime.datetime(1981, 4, 2, 0, 0),
2975.0, None, 20)
(7654, 'MARTIN', 'SALESMAN', 7698, datetime.datetime(1981, 8, 28, 0, 0),
1250.0, 1400.0, 30)
(7499, 'ALLEN', 'SALESMAN', 7698, datetime.datetime(1981, 2, 20, 0, 0),
1600.0, 300.0, 30)
```

(4) 부서정보 입력

지금까지는 테이블에 저장된 정보를 파이썬 프로그램 안으로 가져오는 방법을 살펴보았
다. 이제 파이썬 프로그램에서 데이터를 테이블에 저장하는 예제를 살펴보도록 한다. 〈코
드 13-4〉에서는 **dept** 테이블에 새로운 부서정보를 입력한다.

〈코드 13-4〉 부서정보 입력

```
1    ... (<코드 13-2>의 1~11행과 동일)
2
3    # input values
4    deptno = 60
5    dname = "DEVELOP"
6    loc = "SEOUL"
7
8    # 원하는 sql 문 정의
9    sql = "INSERT INTO  dept VALUES (:1, :2, :3)"
10   vals = (deptno, dname, loc)
11
12   # sql 문 실행
13   curs = conn.cursor()
14   curs.execute(sql, vals)
15   conn.commit()
16
17   # db 접속 종료
18   curs.close()
19   conn.close()
```

〈코드 13-4〉의 핵심은 3~15행이다. 나머지 부분은 앞의 예제들과 동일하다.

```
3    # input values
4    deptno = 60
5    dname = "DEVELOP"
6    loc = "SEOUL"
```

dept 테이블에 저장할 데이터를 준비한다. 각 컬럼별 데이터를 각각의 변수에 저장하였다.

```
9    sql = "INSERT INTO dept VALUES (:1, :2, :3)"
```

요청할 SQL 문을 정의한다. SQL 문의 :1, :2, :3은 이 위치에 어떤 값이 입력될 것임을 표시하는 역할을 한다.

```
10   vals = (deptno, dname, loc)
```

dept 테이블에 입력할 값들을 파이썬 튜플 자료구조를 이용해 하나로 묶는다. 입력된 값들의 순서에 주의하여 묶어주도록 한다.

```
13   curs = conn.cursor()
```

커서 객체를 생성한다.

```
14   curs.execute(sql, vals)
```

SQL 문의 실행을 DBMS에 요청한다. 이때 SQL 문의 :1, :2, :3 자리에 vals에 저장된 값들이 차례로 입력된다. 이를 그림으로 살펴보면 다음과 같다.

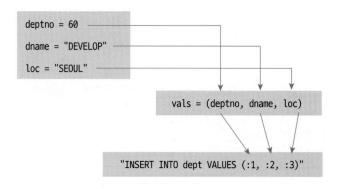

| 15 | conn.commit() |

SQL 문의 실행 결과를 데이터베이스에 영구 저장하도록 요청한다. 그 결과 dept 테이블에는 새로운 행이 추가된다.

	DEPTNO	DNAME	LOC
1	10	ACCOUNTING	NEW YORK
2	20	RESEARCH	DALLAS
3	30	SALES	CHICAGO
4	40	OPERATIONS	BOSTON
5	60	DEVELOP	SEOUL

13.3 GUI 프로그래밍 예제

13.2절에서는 텍스트 모드의 프로그램에 대해 살펴보았다. 많은 경우 어플리케이션이 GUI 형태의 사용자 인터페이스를 제공하므로 간단한 GUI 프로그램에 대해 살펴보기로 한다. 다음은 사원 ID를 입력하고 [Query] 버튼을 클릭하면 emp 테이블에서 해당 사원의 정보를 읽어 와서 윈도우 화면상에 보여주는 예제이다. [Exit] 버튼을 클릭하면 프로그램을 종료한다.

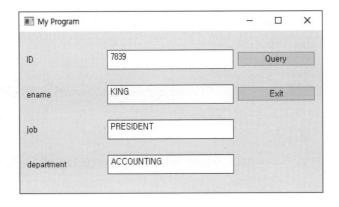

GUI 프로그래밍은 텍스트 모드의 프로그래밍에 비해 다소 복잡하다. 본 교재는 프로그래밍을 학습하기 위한 교재는 아니므로 최대한 단순화해서 설명할 것이다. 〈코드 13-5〉는 전형적인 GUI 프로그램의 구조를 그대로 따르고 있으므로 이를 잘 활용하면 복잡한 기능의 GUI 프로그램도 작성할 수 있다.

〈코드 13-5〉 사원정보 조회 GUI 프로그램

```
1    import sys
2    import oracledb
3    from PyQt5.QtWidgets import *
4    from PyQt5.QtCore import QCoreApplication
5
6    # 데이터베이스 연결 함수
7    def connectDB():
8        # DB 접속에 필요한 기본 정보
9        dsn = "localhost/emppdb"          # 접속할 db명
10       user = "scott"                     # 접속할 db의 user명
11       pw = "tiger"                       # 접속할 db의 password
12
13       # DB에 접속
14       conn = oracledb.connect(user = user, password = pw, dsn=dsn)
15       return(conn)
16
17   # 데이터베이스 연결 해제 함수
18   def disconnectDB(conn):
19       conn.close()
20
21   # 윈도우 생성 클래스 #############################
22   class MyApp(QWidget):
```

```python
23      def __init__(self):
24          super().__init__()
25          self.initUI()
26
27      # UI 디자인 함수
28      def initUI(self):
29          label1 = QLabel('ID')
30          label2 = QLabel('ename')
31          label3 = QLabel('job')
32          label4 = QLabel('department')
33
34          self.text_id = QTextEdit()
35          self.text_id.setFixedWidth(200)          # 텍스트 박스의 폭
36          self.text_id.setFixedHeight(30)          # 텍스트 박스의 높이
37          btn_1 = QPushButton('Query')
38          btn_1.clicked.connect(self.btn_1_clicked)
39
40          btn_2 = QPushButton('Exit', self)
41          btn_2.clicked.connect(self.close)
42          btn_2.clicked.connect(QCoreApplication.instance().quit)
43
44          self.text_ename = QTextEdit()
45          self.text_ename.setFixedWidth(200)
46          self.text_ename.setFixedHeight(30)
47          self.text_job = QTextEdit()
48          self.text_job.setFixedWidth(200)
49          self.text_job.setFixedHeight(30)
50
51          self.text_dept = QTextEdit()
52          self.text_dept.setFixedWidth(200)
53          self.text_dept.setFixedHeight(30)
54
55          gbox = QGridLayout()
56          gbox.addWidget(label1, 0, 0)
57          gbox.addWidget(self.text_id, 0, 1)
58          gbox.addWidget(btn_1, 0, 2)
59          gbox.addWidget(btn_2, 1, 2)
60          gbox.addWidget(label2, 1, 0)
61          gbox.addWidget(self.text_ename, 1, 1)
62          gbox.addWidget(label3, 2, 0)
63          gbox.addWidget(self.text_job, 2, 1)
64          gbox.addWidget(label4, 3, 0)
```

```
65        gbox.addWidget(self.text_dept, 3, 1)
66
67        self.setLayout(gbox)
68        self.setWindowTitle('My Program')
69        self.setGeometry(300,300, 480,250)
70        self.show()
71
72    # 버튼 클릭 시 처리 함수
73    def btn_1_clicked(self):
74
75        empno = [self.text_id.toPlainText()]
76
77        # sql 쿼리문
78        sql = "SELECT ename, job, dname \
79            FROM emp e, dept d \
80            WHERE e.deptno = d.deptno \
81            AND empno = :1"
82
83        conn = connectDB()
84        curs = conn.cursor()
85        curs.execute(sql, empno)
86
87        result = curs.fetchone()      # sql 실행 결과 가져오기
88
89        self.text_ename.setText(result[0])
90        self.text_job.setText(result[1])
91        self.text_dept.setText(result[2])
92
93        curs.close()
94        disconnectDB(conn)
95
96 # END Class ###############################################
97
98 # 프로그램 실행
99 if (__name__ == '__main__'):
100    app = QApplication(sys.argv)
101    ex = MyApp()
102    sys.exit(app.exec_())
```

코드의 길이가 길기 때문에 프로그램의 전체적인 구조를 먼저 파악하는 것이 도움이 된다. 〈그림 13-2〉는 〈코드 13-5〉의 구조를 단순화하여 표현한 것이다.

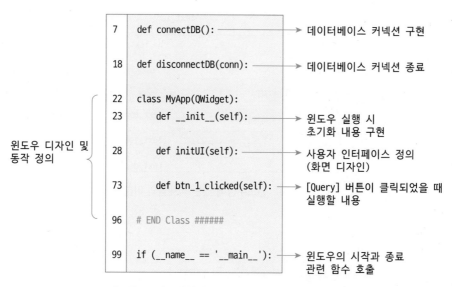

〈그림 13-2〉 사원정보 조회 GUI 프로그램의 구조

사원정보 조회 GUI 프로그램에서 핵심은 사용자 인터페이스를 정의하는 **initUI()** 함수와 버튼 클릭 이벤트를 처리하는 **btn_1_clicked()** 함수이다. **initUI()** 함수에서는 윈도우에 표시될 레이블, 텍스트 에디트, 버튼(이를 위젯이라고 한다) 등을 정의하고 이를 윈도우상의 적절한 위치에 배치한다.

- 라인 29~53: 레이블, 텍스트 에디트, 버튼 위젯의 정의
- 라인 55~65: 정의한 위젯을 윈도우의 적절한 위치에 배치
- 라인 67~70: 윈도우의 타이틀, 크기, 화면 표시 위치를 정의

윈도우상에 있는 위젯들의 이름은 〈그림 13-3〉과 같다. 위젯들의 이름은 **initUI()** 함수 안에서 정의된다.

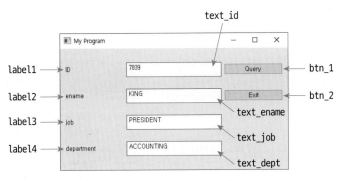

〈그림 13-3〉 윈도우상에 있는 객체들의 이름

pyqt5는 사용자 인테페이스 구현을 위해 다양한 위젯을 제공한다. 다음은 많이 사용되는 기본 위젯들이다(출처: https://doc.qt.io/qt-6/gallery.html).

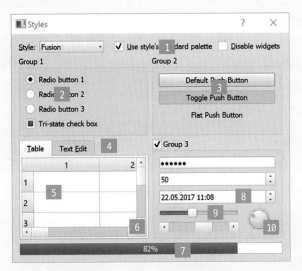

(1) QCheckBox (6) QScrollBar

(2) QRadioButton (7) QProgressBar

(3) QPushButton (8) QDateTimeEdit

(4) QTabWidget (9) QSlider

(5) QTableWidget (10) QDial

initUI() 함수에서 주목할 부분은 38번 라인이다.

| 38 | btn_1.clicked.connect(self.btn_1_clicked) |

btn_1 버튼을 클릭하면 btn_1_clicked() 함수가 실행되도록 지정하고 있다. GUI 프로그래밍에서는 위젯에 어떤 이벤트가 발생하면 그에 따른 처리 함수를 만들어서 이벤트에 연결할 수 있다. 이런 함수를 이벤트 핸들러라고 한다.

이제 btn_1_clicked() 함수의 내용을 살펴보도록 한다.

| 75 | empno = self.text_id.toPlainText() |

사용자가 text_id에 입력한 값을 추출하여 텍스트 형태로 empno 변수에 저장한다.

```
77    # sql 쿼리문
78    sql = "SELECT ename, job, dname \
79        FROM emp e, dept d \
80        where e.deptno = d.deptno \
81        and empno = :1"
```

DBMS에 요청할 SQL 문을 정의한다. 입력한 사원번호에 대해 사원의 이름, 담당업무, 부서명을 조회한다.

```
83    conn = connectDB()
84    curs = conn.cursor()
85    curs.execute(sql, empno)
```

DBMS에 연결하고 커서 객체를 생성한다. 그리고 정의한 SQL 문의 실행을 요청한다. 이때 SQL 문의 %s를 empno 변수의 내용으로 대체한다.

| 87 | result = curs.fetchone()   # sql 실행 결과 가져오기 |

SQL 문의 실행 결과를 버퍼에서 가져온다. 결과가 하나의 행이므로 fetchone() 함수를 이용하였다.

89	self.text_ename.setText(result[0])
90	self.text_job.setText(result[1])
91	self.text_dept.setText(result[2])

가져온 결과 행으로부터 컬럼들을 잘라서 각각 text_ename, text_job, text_dept에 저장한다. 그러면 윈도우 위에 사원이름, 담당업무, 부서이름이 표시된다.

93	curs.close()
94	disconnectDB(conn)

작업이 끝났으므로 커서와 데이터베이스 연결을 종료한다.

윈도우를 종료하기 위해서는 btn_2 버튼을 클릭하면 된다. 다음은 btn_2 버튼을 클릭했을 때 윈도우를 종료시키는 코드이다.

41	btn_2.clicked.connect(self.close)
42	btn_2.clicked.connect(QCoreApplication.instance().quit)

데이터베이스 GUI 앱 개발

emppdb의 country 테이블과 city 테이블로부터 국가를 선택하면 해당 국가의 도시명, 인구수를 화면에 표시하는 GUI 프로그램을 작성하시오.

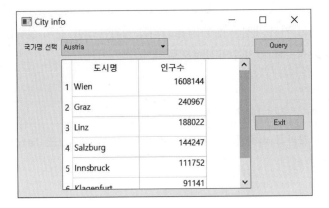

소스 코드

```python
import sys
import  oracledb
from PyQt5.QtWidgets import *
from PyQt5.QtCore import QCoreApplication
from PyQt5.QtCore import Qt

# 데이터베이스 연결 함수  ############
def connectDB():
    # 필요한 기본 DB 정보
    dsn = "localhost/emppdb"        # 접속할 db명
    user = "scott"                  # 접속할 db의 user명
    pw = "tiger"                    # 접속할 db의 password

    # DB에 접속
    conn = oracledb.connect(user = user, password = pw, dsn=dsn)
    return(conn)

# 데이터베이스 연결 해제 함수  ############
def disconnectDB(conn):
    conn.close()

class MyApp(QWidget):
    def __init__(self):
        super().__init__()
        self.initUI()

    # UI 디자인 함수 ############
    def initUI(self):
        label1 = QLabel('국가명 선택')

        self.contry = QComboBox()
        self.contry.setFixedWidth(200)
        self.contry.setFixedHeight(30)

        # combobox에 국가 리스트 입력
        sql = "SELECT name \
            FROM country "

        conn = connectDB()
        curs = conn.cursor()
```

```python
        curs.execute(sql)

        cname = curs.fetchone()
        while(cname):
            self.contry.addItem(cname[0])
            cname = curs.fetchone()

        curs.close()
        disconnectDB(conn)

        btn_1 = QPushButton('Query')
        btn_1.clicked.connect(self.btn_1_clicked)

        btn_2 = QPushButton('Exit', self)
        btn_2.clicked.connect(self.close)
        btn_2.clicked.connect(QCoreApplication.instance().quit)

        self.city_info = QTableWidget()

        # 생성한 위젯 배치
        gbox = QGridLayout()
        gbox.addWidget(label1, 0, 0)
        gbox.addWidget(self.contry, 0, 1)
        gbox.addWidget(btn_1, 0, 2)
        gbox.addWidget(btn_2, 1, 2)

        gbox.addWidget(self.city_info, 1, 1)

        self.setLayout(gbox)
        self.setWindowTitle('City info')
        self.setGeometry(300,300, 550,300)
        self.show()

    # 버튼 클릭 시 처리 함수 ###########
    def btn_1_clicked(self):

        country_name = self.contry.currentText()

        # sql 쿼리문
        sql = "SELECT city.name, city.population \
            FROM city , country \
```

```python
            WHERE city.countrycode = country.code \
            AND country.name = :var1"

    conn = connectDB()
    curs = conn.cursor()
    curs.execute(sql, var1=country_name)

    self.city_info.setColumnCount(2)
    self.city_info.setHorizontalHeaderItem(0,
            QTableWidgetItem("도시명"))
    self.city_info.setHorizontalHeaderItem(1,
            QTableWidgetItem("인구수"))

    result = curs.fetchone()
    i = 0                       # 행의 번호
    while(result):
        rowPosition = self.city_info.rowCount()
        self.city_info.insertRow(rowPosition)

        self.city_info.setItem(i, 0, QTableWidgetItem(result[0]))
        pop = QTableWidgetItem(str(result[1]))   # 아이템 생성
        pop.setTextAlignment(Qt.AlignRight)      # 정렬 기준 변경
        self.city_info.setItem(i, 1, pop)
        result = curs.fetchone()
        i = i+1

    curs.close()
    disconnectDB(conn)

# END Class

# 프로그램 실행
if (__name__ == '__main__'):
    app = QApplication(sys.argv)
    ex = MyApp()
    sys.exit(app.exec_())
```

단원 요약

1. 파이썬과 같은 일반 프로그래밍 언어를 이용하여 데이터베이스와 연동하는 어플리케이션의 개발이 가능하다.

2. 오라클 데이터베이스와 연동하기 위해서는 oracledb와 같은 패키지가 필요하다.

3. 파이썬에서 DBMS에 SQL 문을 통해 데이터를 요청하면 프로그램으로 데이터가 직접 전송되는 것이 아니라 버퍼라고 불리는 메모리에 저장된다.

4. 파이썬에서는 버퍼에 있는 정보를 한 번에 한 행씩 가져올 수도 있고, 한꺼번에 전체 정보를 모두 가져올 수도 있다.

5. 버퍼로부터 데이터를 가져오는 작업을 fetch라고 한다.

6. 데이터베이스와의 작업을 마치면 close()를 통해 데이터베이스와의 접속을 명시적으로 종료시켜야 한다.

7. 파이썬에서 GUI 프로그래밍을 하는 방법은 여러 가지가 있으나 PyQT5를 이용하는 것이 대표적인 방법이다.

8. GUI 프로그래밍에서는 윈도우 화면을 구성하는 부분이 포함된다.

9. PyQT5에서는 윈도우를 구성하는 버튼, 체크박스, 그룹, 텍스트박스 등을 위젯 형태로 제공한다.

10. PyQT5에서 데이터를 테이블 형태로 표시하기 위해서는 QTableWidget()이 사용된다.

연습문제

※ 다음은 사용자로부터 나이를 입력받아 5년 후 나이를 화면에 출력하는 프로그램의 파이썬 코드이다. 이를 이용하여 다음 문제에 대한 프로그램을 작성하시오.

```
age = input('현재나이: ')          # 화면에서 나이 입력
age = int(age)                      # 문자열을 숫자로 변환
age = age + 5
print('5년후 나이는 ', str(age))    # 순자를 문자로 변환하여 출력
```

1. 국가명을 입력하면 면적, 인구수를 출력하는 파이썬 프로그램을 작성하시오(country 테이블 이용).

   ```
   나라이름: France
   도시명: 551500 인구: 59225700
   ```
   (프로그램 실행의 예)

2. 국가명을 입력하면 해당 국가의 도시 이름, 인구수 리스트를 출력하는 파이썬 프로그램을 작성하시오(country, city 테이블 이용).

   ```
   나라이름: France
   도시명: Nantes 인구: 270251
   ('Nantes', 270251)
   도시명: Strasbourg 인구: 264115
   ('Strasbourg', 264115)
   도시명: Montpellier 인구: 225392
   ('Montpellier', 225392)
   도시명: Bordeaux 인구: 215363
   ('Bordeaux', 215363)
   도시명: Rennes 인구: 206229
   ```
   (프로그램 실행의 예)

3. 언어를 입력하면 그 언어의 사용 인구가 전체의 10% 이상인 국가의 이름과 언어 사용률을 출력하는 프로그램을 작성하시오.

   ```
   언어이름: English
   국가명: United Kingdom 언어사용률: 97.3
   국가명: Gibraltar 언어사용률: 88.9
   국가명: Ireland 언어사용률: 98.4
   ```
   (프로그램 실행의 예)

데이터베이스 최근 동향

contents

데이터베이스 최근 동향

14.1 클라우드와 데이터베이스

(1) 클라우드 컴퓨팅

최근 IT 트렌드를 대표하는 키워드 중의 하나는 클라우드 컴퓨팅(cloud computing)이다. 클라우드 컴퓨팅의 개념은 1960년대 미국의 컴퓨터 학자 존 매커시가 "컴퓨팅 환경은 공공시설을 쓰는 것과도 같을 것"이라는 개념을 제시한 데서 시작되었으나 2000년대에 들어서면서 본격적으로 실현되었다. 클라우드 컴퓨팅이란 클라우드(cloud)로 표현되는 인터넷상의 가상의 서버를 통해 데이터 저장과 처리, 네트워크, 소프트웨어, 콘텐츠 사용 등 IT 관련 서비스를 한 번에 제공하는 환경을 말한다. 과거에는 정보시스템을 운영하기 위해서는 네트워크 인프라 구축은 물론이고 전용 서버, 소프트웨어 등을 기업이 구축하고 관리해야만 했다. 그러나 클라우드 컴퓨팅 환경에서는 모든 하드웨어, SW 자원을 클라우드 서비스 회사로부터 제공받을 수 있어서 인터넷 접속만 가능하다면 필요한 정보시스템의 구축과 운영이 가능하게 되었다.

클라우드 서비스 사업자는 복수의 데이터센터를 가상화 기술로 통합해 사용자에게 데이터 저장 공간, 각종 소프트웨어와 보안 솔루션, 컴퓨팅 능력까지 온 디맨드[1](on demend) 방식으로 제공한다. 〈그림 14–1〉은 서비스의 제공 범위에 따라 클라우스 서비스를 분류한 것이다. 전통적인 IT 환경에서는 네트워크부터 시작해서 어플리케이션에 이르기까지 모든 부분이 기업의 관리 영역이었다. 클라우드 컴퓨팅 환경이 도래하면서 기업은

---

[1] 사용자가 원하는 시간에 원하는 만큼만 서비스를 이용하는 방식

자신에게 필요한 부분만큼을 클라우드 업체에서 대여하여 사용할 수 있게 된 것이다. IasS(Infrastructure as a Service)는 네트워크, 저장장치, 서버 등 주로 하드웨어 자원을 제공하는 서비스를 말한다. 기업은 하드웨어 자원을 대여하여 자신에게 필요한 시스템을 구축할 수 있다. PaaS(Platform as a Service)는 하드웨어 자원뿐만 아니라 운영체제, 미들웨어 등 어플리케이션 개발 및 운영에 필요한 시스템 소프트웨어까지를 제공하는 서비스를 말한다. SaaS(Software as a Service)는 여기에 더하여 운영 데이터 및 어플리케이션까지를 통합적으로 제공하는 서비스를 말한다. 기업은 자신의 필요에 따라 서비스의 수준을 정할 수 있고, 서비스를 이용한 만큼만 비용을 지불하면 된다.

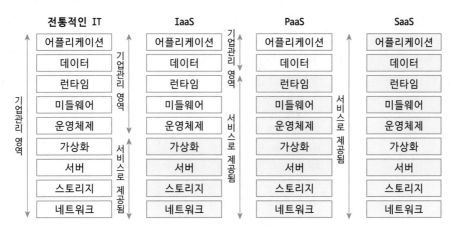

〈그림 14-1〉 클라우드 서비스의 종류(https://notemusic.tistory.com/65)

■ 클라우드 컴퓨팅의 장단점

사용자 입장에서의 장점은 다음과 같다.

- 서버, 네트워크 장비, 회선 등을 구매하기 위한 비용이 추가로 발생하지 않음
- 서버, 네트워크 장비 등을 운영하기 위한 인건비가 절감됨
- 서버, 네트워크 장비, 회선 등의 유지보수를 신경 쓰지 않아도 됨
- 필요한 시스템의 신속한 구축이 가능
- 필요에 따라 유연하게 자원을 활용할 수 있음
- 인터넷이 되는 곳에서는 어디서나 접근 가능함

반면 다음과 같은 단점도 존재한다.

- 클라우드 자원에 대한 접근에 대한 관리가 제대로 이루어지지 않을 경우 자료 유출

및 해킹 등의 문제로 이어질 수 있음(데이터가 기업 내부가 아닌 기업 외부에 보관)
- 활용한 자원에 대한 관리가 제대로 이루어지지 않을 경우 과다한 비용이 청구될 수 있음
- 클라우드 서비스를 이용할수록 클라우드에 대한 의존도 역시 함께 커질 수밖에 없음

■ 클라우드 서비스 기업들

가트너 그룹의 보고서에 의하면 2022년 글로벌 클라우드 시장 규모는 약 593조 원, 2025년에는 약 1,032조 원이 될 것으로 전망되고 있다. 이에 따라 글로벌 기업들의 경쟁도 치열해지고 있다. 현재 아마존의 AWS가 국내 및 글로벌 1위를 달리고 있으며, 네이버, KT, NHN 등 국내 주요 IT 기업들도 클라우드 사업 확장을 위해 노력하고 있다.

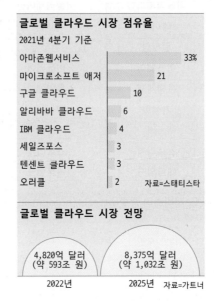

〈그림 14-2〉 클라우드 컴퓨팅 시장 전망과 주요 기업의 시장 점유율
(https://www.chosun.com/economy/tech_it/2022/03/15/W6JY5TPL7RDL7ERSNPL5TFU7QY/)

(2) 클라우드 데이터베이스

클라우드 컴퓨팅 환경의 도래에 따라 데이터베이스 분야도 영향 받고 있다. 데이터베이스 기반의 정보시스템의 일반화, 저장 데이터 규모의 증가에 따라 데이터베이스 이용 기업들은 저장장치의 지속적 증설과 빠른 서비스를 위한 인프라의 확충이라는 도전에 직면해왔다. 이에 대한 해결책으로 분산 데이터베이스(distributed database)가 사용되어 왔다. 분산 데이터베이스는 데이터를 여러 데이터베이스에 분산하여 저장하고 이것을 하나의

데이터베이스인 것처럼 이용할 수 있게 하는 기술이다.

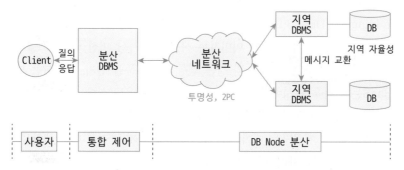

〈그림 14-3〉 분산 데이터베이스의 개념

〈그림 14-4〉와 같은 대규모 데이터센터를 기반으로 한 클라우드 기업의 등장에 따라 안전하고 편리한 데이터 관리 여건이 조성되었고 기업들은 클라우드 서비스의 일부로서 데이터베이스를 이용할 수 있게 되었다.

〈그림 14-4〉 SK C&C 판교 데이터센터(상)와 구글 데이터센터(하) 내부 전경
(출처: 디지털 데일리, google)

클라우드 데이터베이스(cloud database)는 일반적으로 클라우드 컴퓨팅 플랫폼에서 실행되는 데이터베이스를 말한다. 사용자는 클라우드 상에서 가상 머신 이미지(virtual machine image)와 DBaaS(DataBase as a Service), 이렇게 두 가지 형태로 데이터베이스를 이용할 수 있다. **가상 머신 이미지**는 사용자가 가상 머신 인스턴스를 구매하여 MySQL, 오라클, MS-SQL Server와 같은 전통적인 제품을 설치, 운영하는 방법을 말한다. **DBaaS**는 클라우드 서비스 모델 중 하나로서 클라우드 상에 설치된 데이터베이스를 사용하는 것으로, 사용자가 데이터베이스를 직접 설치하고 유지·관리할 필요가 없다. 대신 클라우드 서비스 제공자는 데이터베이스 설치 및 유지 관리에 대한 책임을 지며, 사용자는 서비스 사용량에 따라 요금이 부과된다. SaaS(Software as a Service) 서비스의 한 유형이다.

DBaaS의 대표적인 서비스로 아마존의 오로라(Aurora), 마이크로 소프트의 Azure SQL Database, 오라클의 데이터베이스 클라우드 서비스, 구글 Cloud SQL 등이 있다. 아마존의 오로라는 MySQL 및 PostgreSQL과 호환되는 완전 관리형 관계형 데이터베이스 엔진으로서 고성능 분산형 스토리지 시스템을 포함한다. 기본 스토리지는 필요에 따라 자동적으로 확장된다. 〈표 14-1〉은 가상머신 이미지 방식과 DBaaS 방식을 비교한 것이다.

〈표 14-1〉 가상머신 이미지 방식과 DBaaS 방식 비교

	가상머신 이미지	DBaaS
DBMS 설치 책임	사용자	서비스 제공자
DBMS 관리, 운영 책임	사용자	서비스 제공자
사용자 상황에 맞는 섬세한 DBMS 관리	○	×
전통적 DBMS 제품의 사용	○	△

기업 내에서 운영 관리되던 데이터베이스를 클라우드로 이관하는 사례가 증가하고 있으므로 클라우드 상에서 데이터베이스를 구축, 관리, 운영하는 방법에 대한 학습이 점차 중요해질 것으로 전망된다.

14.2 인공지능과 데이터베이스

(1) 인공지능과 빅데이터

4차 산업혁명 시대를 선도할 대표 기술 중 하나가 인공지능이라는 데는 반론의 여지가 없을 것이다. 이제 인공지능 기술은 학문의 영역을 넘어서 산업 분야에서 그 영향력을 발휘하고 있다. 〈표 14-2〉는 인공지능의 의료 및 헬스케어 분야의 적용 사례이다.

〈표 14-2〉 인공지능의 의료 및 헬스케어 적용 사례

구분	주요 내용	비고
IBM	손이 물체를 만졌을 때 강도, 손의 떨림, 손톱 변형을 감지할 수 있는 손톱센서를 개발, 파킨슨병 징후 감시 가능	
	인공지능 종양학 의사 '왓슨 포 온콜리지(Watson for Oncology)'를 개발, 전 세계 대형병원 13곳에서 의사로 활약	
루닛	루닛 인사이트(Lunit INSIGHT for Mammography)는 유방암 진단 보조 소프트웨어로 영상 이미지를 입력하면 정확도 97%로 종양 악성 정도는 점수로, 종양 위치는 히트맵으로 표기 가능	
텐센트	의료영상 분석 인공지능 '미잉(Mying)'을 개발, 수백 여 개 병원에 보급, 미잉은 당뇨병, 유방암, 식도암, 대장암 등을 진단할 수 있는 6개의 인공지능 시스템으로 구성	
구글	알파벳의 생명과학 자회사인 베릴리(Verily)는 4년간 1만 명에 달하는 개인의 건강 상태를 면밀하게 추적하여 데이터를 축적하는 '프로젝트 베이스라인(Project Baseline)' 개시	

(※ 출처: http://www.zdnet.co.kr, http://yoonsupchoi.com)

대부분의 인공지능 기술은 데이터에 의존한다. 그것은 인공지능 모델들이 데이터로부터 만들어지기 때문이다. 특정 질병을 진단하는 모델을 만들려면 해당 질병을 보유한 환자들의 데이터가 사용되는 것이다. 데이터를 많이 확보할수록 더 정확하고 신뢰성 있는 모델이 만들어질 수 있다. 이것이 빅데이터가 인공지능 분야에 중요한 이유이다. 〈그림 14-5〉에서 보는 바와 같이 인공지능이 있는 곳에는 빅데이터가 따라다닌다.

〈그림 14-5〉 인공지능과 빅데이터

(※ 출처: https://miro.medium.com/, https://digitalagencynetwork.com/ai-big-data-expo-europe-2020/)

빅데이터(big data)는 전통적인 데이터 관리 방법으로 처리할 수 없을 정도로 대규모이거나 복잡한 데이터를 말한다. 빅데이터는 흔히 3V로 불리는 볼륨(Volume), 다양성(Variety), 속도(Velocity)라는 특성을 가지고 있다. **볼륨**은 과거와는 비교할 수 없을 만큼 데이터의 양이 커졌음을 의미한다. **다양성**은 전통적인 정형 데이터뿐만 아니라 음성, 이미지, SNS 등 비정형 형식의 데이터가 포함됨을 의미한다. **속도**는 데이터가 생성되고 활용되는 속도가 매우 빨라졌음을 의미한다. 최근에는 빅데이터를 통한 가치 창출이 중요해지면서 정확성(Veracity)과 가치(Value)라는 특성이 더해졌다. **정확성**이란 데이터의 신뢰성을 나타내는 것으로 빅데이터가 단지 양만 많아서는 안 되고 수집한 데이터가 정확하고 진실해야 한다는 것을 의미한다. **가치**는 수집하는 데이터가 저장, 처리, 가공했을 때 우리에게 어떤 통찰력과 정보, 경제적 가치 등을 제공할 수 있어야 함을 의미한다.

빅데이터는 인공지능 기술의 기반이 되기도 하지만 그 자체로도 가치가 있으며, 다양한 비즈니스를 창출하고 있다. 아마존, 쿠팡 같은 온라인 쇼핑몰은 고객 주문 데이터를 분석해서 구매 주기나 패턴이 일정한 상품의 수요를 예측해 물량을 사전에 확보해둔다. A 사용자가 2~3개월에 한 번씩 쌀을 구매했다면 그즈음에 가까운 물류창고에 쌀을 갖다 놓고 A 사용자에게 추천 상품으로 알림을 보내는 식이다. 덕분에 A 사용자는 주문한 지 반나절 만에 상품을 받을 수 있다.[2]

현재 상용화 초기인 '안면 인식' 보안 기술도 빅데이터를 활용한 사례이다. 눈, 코, 입, 귀, 볼, 이마, 윤곽 등 100여 가지 얼굴 데이터를 등록해 신원을 확인하는 기술이다. 지문처럼 사람마다 미세하게 다른 얼굴 모양이나 크기, 이목구비 간 거리 등을 전자 데이터로 변환해서 다른 얼굴 데이터와 대조하는 방식으로 권한이 없는 사용자의 출입을 통제할 수 있다.

넷플릭스는 엔터테인먼트에서 빅데이터를 가장 적극적으로 활용하는 기업 중의 하나이

2) https://blog.hyosung.com/5167

다. 사업 초기에 넷플릭스가 자리를 잡을 수 있도록 도운 드라마 〈하우스 오브 카드〉 역시 빅데이터를 기반으로 제작되었다. 넷플릭스 제작진들은 빅데이터에 기반하여 〈하우스 오브 카드〉가 방영되기 전부터 이 드라마의 성공을 100% 확신하였다고 한다.[3]

패션 업체 '자라'는 광고를 하지 않는 것으로 유명하다. 광고비로 많은 돈을 지출하는 대신 빅데이터 분석 결과를 마케팅에 활용한다. 자라 매장은 매일 데이터 분석을 실시한다. 자라의 모든 옷에는 RFID 태그가 붙어 있는데, 이 태그로 고객들이 탈의실에서 가장 많이 입어본 옷이 무엇인지, 가장 많이 팔린 옷은 무엇인지, 반응이 나쁜 옷은 무엇인지를 파악하고 이를 본사의 디자이너에게 전달한다. 디자이너는 이 정보를 새 옷을 디자인하는 데 활용한다. 이런 과정을 거쳐 자라는 1년에 세일을 2번만 하면서도 재고를 효율적으로 관리할 수 있었다.

이와 같이 빅데이터의 활용 분야는 무궁무진하며, 비즈니스를 위해 없어서는 안 될 자산이 되고 있다. 1장에서도 소개한 바가 있지만 우리 정부도 빅데이터의 중요성을 인식하고 국가적 차원에서 빅데이터의 구축을 위해 노력하고 있는데, 〈그림 14-6〉과 같이 16개 분야에 대해 빅데이터센터를 구축, 운영 중에 있다.

문화	통신	유통	헬스케어
교통	환경	금융	중소기업
지역경제	산림	소방안전	스마트치안
해양수산	농식품	라이프로그	디지털 산업혁신

〈그림 14-6〉 빅데이터 플랫폼의 16개 분야
(http://www.bigdata-map.kr/intro)

---

3) https://subinne.tistory.com/391#d

(2) 내부에서 머신러닝을 지원하는 데이터베이스 제품들[4]

인공지능 기술이 데이터를 기반으로 만들어지다 보니 자연스럽게 데이터베이스와도 연관성을 갖게 되었다. DBMS 업체들은 일찍이 인공지능과 빅데이터의 발전에 주목하고 자사의 DBMS 제품에 인공지능(특별히 머신러닝) 기능을 추가하려는 노력을 해왔다. 머신러닝 개발자는 DBMS 제품을 이용하여 데이터도 관리하고 머신러닝 모델도 개발할 수 있게 된 것이다. 자체에서 머신러닝을 지원하는 주요 DBMS 제품들을 소개하면 다음과 같다.

■ 오라클 클라우드 인프라 데이터 사이언스

오라클 클라우드 인프라 데이터 사이언스(Oracle Cloud Infrstructure(OCI) Data Science)는 오라클 클라우드 인프라를 이용해 머신러닝 모델을 구축, 훈련, 관리할 수 있도록 지원하는 관리형 플랫폼이다. 파이썬 위주의 툴, 라이브러리, 패키지를 포함하고 아울러 오라클 액셀러레이티드 데이터 사이언스(Oracle Accelerated Data Science, ADS) 라이브러리는 다음과 같은 예측 모델의 엔드-투-엔드 수명 주기를 지원한다.

- 데이터 준비, 프로파일링, 시각화
- 피처 엔지니어링
- 모델 훈련(오라클 오토ML 등)
- 모델 평가, 설명 및 해석(오라클 MLX 등)
- 오라클 펑션즈(Oracle Functions)로의 모델 전개

현재 지원되는 주요 기능들은 다음과 같다. ADS는 또한 머신러닝 설명성(Machine Learning eXplainability, MLX)을 지원한다.

- 오라클 오토ML(Oracle AutoML)
- 케라스(Keras)
- 사이킷런(Scikit-learn)
- XG부스트(XGBoost)
- ADS튜너(ADSTuner)(하이퍼파라미터 튜닝)

최근에는 자연어 처리 및 영상 처리를 포함하는 새로운 AI 서버를 추가하였는데 OCI 랭

---

4) 참조: https://www.ciokorea.com/news/192599

귀지의 경우 사전 학습된 모델을 기본 내장하고 있어 별도의 머신러닝에 대한 전문 지식 없이도 개발자가 감정 분석, 핵심 문구 추출, 텍스트 분류, 명명된 엔티티 인식(Named Entity Recognition, NER) 등을 직접 개발한 애플리케이션에 적용할 수 있다. OCI 비전은 제조 공정에서 불량품을 시각적으로 감지하거나 양식 내에서 텍스트를 추출해 비즈니스 워크플로우를 자동화하고 이미지 내 항목에 태그를 지정해 제품 또는 적재물의 개수를 파악하는 데 사용될 수 있다.

■ 마이크로소프트 SQL 서버 머신러닝 서비스

마이크로소프트 SQL 서버 머신러닝 서비스(Microsoft SQL Server Machine Learning Service)는 R, 파이썬, 자바, PREDICT T-SQL 명령, rx_Predict 저장 프로시저를 SQL 서버 RDBMS에서 지원하고 스파크 ML을 SQL 서버 빅데이터 클러스터에서 지원한다. R 및 파이썬 언어의 경우 머신러닝을 위해 몇몇 패키지와 라이브러리가 추가되었다. 훈련된 모델은 데이터베이스에 또는 외부적으로 저장할 수 있다. 애저 SQL 매니지드 인스턴스(Azure SQL Managed Instance)는 파이썬 및 R용 머신러닝 서비스를 프리뷰로 제공한다.

마이크로소프트 R은 메모리 내에서 그리고 디스크로부터 데이터를 처리할 수 있는 확장 프로그램이 있다. SQL 서버는 R, 파이썬 및 자바 코드가 SQL 서버 데이터 및 함수를 이용할 수 있는 확장 프레임워크(extension framework)를 제공한다. SQL 서버 빅데이터 클러스터는 쿠버네티스에서 SQL 서버, 스파크, HDFS를 실행한다. SQL 서버가 파이썬 코드를 호출할 때 이는 차례로 애저 머신러닝을 호출하고 생성된 모델을 예측 작업에 사용하기 위해 데이터베이스에 저장한다.

■ 구글 클라우드 빅쿼리

빅쿼리(BigQuery)는 구글 클라우드의 관리형 페타바이트 규모의 데이터 웨어하우스이고 방대한 양의 데이터에 대해서도 분석 작업을 거의 실시간으로 수행할 수 있다. 빅쿼리 ML(BigQuery ML)은 SQL 쿼리를 이용해 빅쿼리 내에서 머신러닝 모델을 생성하고 실행할 수 있다.

빅쿼리 ML은 선형 회귀를 통한 예측을 지원한다. 그리고 로지스틱 회귀를 통한 분류, K-평균 군집화를 통한 데이터 분할, 행렬 분해를 통한 제품 추천 시스템 생성, 시계열을 통한 시계열 예측 수행(비정상, 계절성, 휴일 등), XG부스트 분류 및 회귀 모델, 텐서플로우 기반 딥 신경망(deep neural network)을 통한 분류 및 회귀 모델, 오토ML 테이블, 텐서플로우 모델 가져오기를 지원한다.

이용자는 다수의 빅쿼리 데이터셋에 대해 모델을 이용해 훈련과 예측을 할 수 있다. 빅쿼리 ML은 데이터 웨어하우스로부터 데이터를 추출하지 않는다. 'CREAT MODEL' 명령문 내의 'TRANSFORM'을 이용해 머신러닝 작업을 수행할 수 있다.

■ 아마존 레드시프트 ML

아마존 레드시프트 ML(Amazon Redshift ML)은 SQL 이용자가 SQL 명령을 사용해 머신러닝 모델을 생성하고 훈련하고 전개하는 것을 쉽게 할 수 있도록 설계되었다. 레드시프트 SQL의 'CREATE MODEL' 명령문은 훈련에 쓰일 데이터와 대상 컬럼을 정의하고 동일 권역 내의 암호화된 아마존 S3 버킷을 통해 데이터를 아마존 세이지메이커 오토파일럿(Amazon SageMaker Autopilot)으로 전송해 훈련시킨다.

오토ML 훈련 후 레드시프트 ML은 최고의 모델을 컴파일하여 이를 레드시프트 클러스터 내의 예측 SQL 함수로 등록한다. 그 후 SELECT 문 내의 예측 함수를 호출함으로써 해당 모델의 추론을 위해 가동할 수 있다. 다음은 예측 모델을 생성하는 SQL 명령문의 예이다.

```
CREATE MODEL customer_churn_auto_model FROM (SELECT state,
        account_length,
        area_code,
        total_charge/account_length AS average_daily_spend,
        cust_serv_calls/account_length AS average_daily_cases,
        churn
    FROM customer_activity
    WHERE  record_date < '2020-01-01'
    )
TARGET churn FUNCTION ml_fn_customer_churn_auto
IAM_ROLE 'arn:aws:iam::XXXXXXXXXXXX:role/Redshift-ML' SETTINGS (
        S3_BUCKET 'your-bucket' );
```

14.3 NoSQL

이 책에서 다루어온 관계형 데이터베이스는 데이터가 테이블 형태의 정형적 구조일 때 사용 가능하다. 빅데이터 시대의 도래와 더불어 음성, 이미지, 동영상, SNS, 생체신호와 같이 다양한 형식과 크기의 데이터들이 생성되기 시작하였는데, 이들을 다루기 위해서는 관계형 모델이 아닌 새로운 형태의 데이터베이스가 필요하게 되었다.

NoSQL은 'Not only SQL'의 약자로 알려져 있는데, SQL로 대표되는 정형 데이터베이스가 아닌 다양한 형태의 비정형 데이터를 다루기 위한 데이터베이스를 통칭하는 용어로 사용되고 있다. 이 용어는 1998년 카를로 스트로찌(Carlo Strozzi)라는 엔지니어가 공개한 표준 SQL 인터페이스를 채용하지 않은 자신의 경량 Open Source 관계형 데이터베이스를 NoSQL이라고 명명한 데서 유래하였는데, 2009년에는 요한 오스칼손(Johan Oskarsson)이라는 엔지니어가 오픈소스 기반의 분산 데이터베이스 관련 행사를 준비하면서 NoSQL이라는 용어를 사용하면서 널리 퍼지게 되었다.

(1) NoSQL 데이터베이스의 특징[5]

NoSQL 데이터베이스의 특징을 살펴보면 기존의 관계형 데이터베이스보다 더 융통성 있는 데이터 모델을 사용하고 데이터의 저장 및 검색을 위한 특화된 메커니즘을 제공한다. 이를 통해 NoSQL 데이터베이스는 단순 검색 및 추가 작업에 있어서 매우 최적화된 키값 저장 기법을 사용하여 응답 속도나 처리 효율 등에 있어서 매우 뛰어난 성능을 나타낸다. 기존의 관계형 데이터베이스와 차별화된 NoSQL의 특징을 요약하면 다음과 같다.

- 관계형 모델을 사용하지 않으며, 테이블 간의 조인 기능이 없다.
- 직접 프로그래밍을 하는 등의 비 SQL 인터페이스를 통한 데이터 액세스
- 대부분 여러 대의 데이터베이스 서버를 묶어서(클러스터링) 하나의 데이터베이스를 구성한다.
- 관계형 데이터베이스에서는 지원하는 데이터 처리의 완결성을 보장하지 않는다. 즉, 트랜잭션의 ACID 특성을 지원하지 않는다.
- 다양한 데이터의 스키마와 속성들을 수용하고 동적 정의(Schema-less)
- 데이터베이스의 중단 없는 서비스와 자동 복구 기능 지원
- NoSQL 데이터베이스 제품의 다수가 오픈소스(Open Source) 형태로 제공

---

5) https://www.samsungsds.com/kr/insights/1232564_4627.html

- 확장성, 가용성, 높은 성능 제공

이상의 특징들을 정리해보면 NoSQL은 초고용량 데이터 처리 등 성능에 특화된 목적을
위해 비관계형 데이터 저장소에 비구조적인 데이터를 저장하기 위한 분산 저장 시스템이
라고 볼 수 있다.

(2) NoSQL 데이터베이스 제품들[6]

NoSQL 데이터베이스들은 〈표 14-3〉과 같이 데이터 모델(데이터의 저장 구조)에 따라 여
러 가지로 분류할 수 있다.

〈표 14-3〉 NoSQL 데이터 모델별 특징과 제품군

데이터 모델	특징 및 제품군
Key Value DB	• 키(key)와 값(value)의 쌍으로 데이터가 저장되는 가장 단순한 형태의 솔루션으로 아마존의 Dynamo Paper에서 유래 • Redis, Dynamo, Cache, Voldemort
Wide Columnar Store	• 빅테이블 DB라고도 하며, 구글의 BigTable Paper에서 유래했다. Key Value에서 발전된 형태의 컬럼 패밀리(column family) 데이터 모델을 사용한다. • HBase, Apache Cassandra, BigTable
Document DB	• Lotus Notes에서 유래했다. JSON, XML과 같은 컬랙션(collection) 데이터 모델 구조를 채택한다. • MongoDB, Couchbase, Cloudant
Graph DB	• Euler & Graph Theory에서 유래했다. 노드(nodes), 관계(relationship), Key-Value 데이터 모델을 채용한다. • Neo4J, AgensGraph, Virtuoso, AllegroGraph

■ MongoDB

NoSQL 제품 중 인지도가 높은 MongoDB에 대해 알아보자. MongoDB는 도큐먼트 기
반 데이터베이스로서 오픈소스 형태로 제공되고 있다. 대용량의 데이터에 대해 빠른 서비
스 성능이 요구되는 환경에 적합하다. 전자상거래, 소셜 미디어, 게임, 사물인터넷 등 다
양한 분야에서 활용되고 있다. 소셜 미디어 기업 중 하나인 스프링클러의 MongoDB 플
랫폼은 분당 300만 건 이상의 트랜잭션을 처리하는 것으로 알려져 있다. 국내에서도 네

---

6) https://ko.wikipedia.org/wiki/NoSQL

이버와 카카오, NHN 등 140개 이상의 기업이 MongoDB를 사용하고 있다.

MongoDB는 관계형 DBMS와 다른 저장구조를 가지고 있기 때문에 사용하는 용어도 일부 차이가 있다. 〈표 14-4〉는 두 DBMS의 용어를 비교한 것이다.

〈표 14-4〉 관계형 DBMS와 MongoDB 용어 비교

관계형 DBMS	MongoDB
Database	Database
Table	Collection
Row	Document
Column	Field

도큐먼트 기반 데이터베이스는 관계형 데이터베이스와는 다르게 데이터의 구조를 자유롭게 설정할 수 있다. MongoDB는 트랜잭션 관리에서 BASE 특성을 따르는데, 이는 데이터베이스의 일관성을 어느 정도 포기하고 가용성을 높이는 개념이다. MongoDB의 최근 버전은 ACID 특성도 지원하는 것으로 알려져 있다.

MongoDB의 특징 중 하나는 분산 시스템을 기반으로 한다는 것이다. 저장 공간을 확장하는 방식에는 하드웨어의 저장용량을 높여가는 방식(scale up, 수직적 확장)과 MongoDB와 같이 분산 아키텍처를 이용하는 수평적 확장(scale out) 방식이 있다. 일반적으로 관계형 제품들은 수직적 확장 방식을 따르는데 저장 공간 확장에 한계가 있기 때문에 수평적 확장 방식이 더 유리하다고 할 수 있다.

다음은 MongoDB 명령문의 예이다. 관계형 DBMS의 SQL과는 다르다는 것을 알 수 있다.

```
### 존재하는 데이터베이스 목록을 출력한다.
> show dbs
### 현재 사용 중인 데이터베이스를 출력한다.
> db
### 사용할 데이터베이스를 선택한다.  (존재하지 않는 경우 새로 생성)
> use my_db
### 현재 데이터베이스에 저장된 컬렉션(테이블) 목록을 출력한다.
> show tables
```

```
### 컬렉션(테이블)을 생성
> db.createCollection("book",{capped:true, size:6142800, max:10000})
### 컬렉션(테이블)에 인스턴스 입력
> db.book.insert({"name":"weekly_report"})
### name이 'weekly_report'인 도큐먼트 조회
> db.book.find({"name":"weekly_report"}).pretty()
```

MongoDB는 분산 환경 지원으로 데이터 확장성이 뛰어나고, 처리 성능도 관계형 제품에 비해 매우 높으며, 스키마 관리가 필요 없다는 장점이 있다. 사용자 증가에 따라 개발, 운용을 위한 유틸리티들도 확충되고 있다. 다만 관계형 제품이 테이블 간 조인에 의한 복잡한 질의도 가능한 반면, MongoDB는 조인을 제공하지 않고 복잡한 질의는 표현이 어렵다. 또한 메인 메모리 사용량이 커서 메모리 부족 시 데이터베이스 성능이 급감하는 단점이 있는 것으로 알려져 있다. NoSQL은 장단점이 분명하므로 적합한 분야에 활용하는 것이 중요하다.

NoSQL 도입 전에 먼저
NoSQL의 장단점을 이해하고,
활용분야가 적합한지를
잘 판단해야 합니다.

14.4 NewSQL

NewSQL은 데이터베이스 분야에서는 가장 최신의 트렌드이다. 비정형 데이터의 증가로 NoSQL이 주목받고 있기는 하지만, 기업에서 처리하는 데이터는 여전히 정형 데이터가 대부분이기 때문에 관계형 DBMS가 계속 중요할 수밖에 없다. 따라서 기업들은 관계형 DBMS를 유지하면서 비정형 데이터를 처리하기 위한 NoSQL도 추가로 도입해야 하는 상황이다. 이와 같은 불편함이 NewSQL DBMS의 등장을 이끌어내었다. 2011년에 처음 소개된 NewSQL DBMS는 안정성과 일관성을 유지하면서도 사용자가 SQL을 이용해 다양하고 복잡한 데이터 처리를 편리하게 요청할 수 있다. 즉, 관계형 DBMS의 장점(ACID 특성의 지원)과 NoSQL의 확장성 및 유연성을 모두 지원하는 것이 NewSQL인 것이다. 대표적인 제품으로는 구글의 Cloud Spanner, 볼트DB사의 VoltDB, 누오DB사의 NuoDB 등이 있다.

〈그림 14-7〉 NewSQL의 제품들

〈그림 14-8〉은 데이터베이스의 유형별로 추구하는 기술적 지향점을 표현한 것이다. 관계형 DBMS는 데이터베이스의 일관성 유지를 중심으로 하여 자원의 가용성과 성능의 향상을 지향한다. NoSQL은 데이터의 확장성과 가용성(성능)을 추구한다. NewSQL은 데이터베이스의 일관성을 유지하면서도 가용성과 확장성도 추구한다. 〈표 14-5〉는 데이터베이스의 유형별 특징을 정리한 것이다. NewSQL이 관계형 DBMS의 특징과 NoSQL의 특징을 함께 가지고 있는 것을 확인할 수 있다.

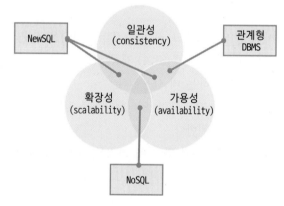

〈그림 14-8〉 데이터베이스의 유형별 기술적 지향점

〈표 14-5〉 관계형 DBMS, NoSQL, NewSQL의 특징 비교(http://blog.skby.net/newsql/)

비교 항목	RDBMS	NoSQL	NewSQL
스키마	관계형 스키마, 테이블	스키마 없음	스키마 제약 없음
SQL 지원	지원	미지원	지원
데이터 표준화	필요	불필요	불필요
확장성	읽기 확장성 제공	읽기/쓰기 확장성 제공	읽기/쓰기 확장성 제공

고가용성	별도 구성 필요	고가용성 내장	고가용성 내장
ACID 특성	ACID 특성 제공	ACID 특성 미제공	ACID 특성 제공
BASE 특성*	BASE 특성 미제공	BASE 특성 제공	BASE 특성 제공
성능오버헤드	중간	높음	낮음
보안성	높음	낮음	높음
적용 제품	Oracle, MS-SQL, MySQL, IBM DB2	MongoDB, HBASE, Redis, Cassandra	Google Spanner, VoltDB
활용 분야	금융, CRM, HR, APP	빅데이터, IoT, SNS	게임, E-커머스

※ 트랜잭션 모델의 하나로 ACID 특성이 데이터베이스의 일관성을 강조한다면 BASE 특성은 완화된 ACID 특성으로서 데이터에 대한 조작의 유연성을 강조한다.

■ NewSQL 사례: 구글 Cloud Spanner

구글 Spanner는 2012년 구글 내부 데이터센터용으로 처음 개발되었다. 2017년에 SQL 기능이 추가되었고, 'Cloud Spanner'라는 이름으로 구글 클라우드 플랫폼의 일부로 사용할 수 있게 되었다. 구글 Cloud Spanner가 제공하는 주요 기능 및 특징은 다음과 같다.

- Google 인프라(사설 광역 네트워크) 및 TrueTime 기술을 사용하므로 데이터의 가용성이 높다(99.99%의 서비스 수준(SLA) 제공). (TrueTime은 일종의 시계로서 트랜잭션에 타임스탬프를 할당하는 데 사용된다.)
- 데이터 읽기 및 쓰기를 위한 기본 SQL 인터페이스를 지원한다.
- 트랜잭션의 ACID 특성을 지원한다.
- 사용자는 자동 다중 사이트 복제 및 장애 조치를 사용하여 데이터의 복제 및 배치를 제어할 수 있다.
- 트랜잭션은 Spanner 유니버스 내의 행, 열, 테이블 및 데이터베이스 단위에 적용할 수 있다.
- 데이터 복제(replication)는 동기식이며, 강력한 일관성이 있다.
- Cloud Spanner는 저장 공간의 수평 확장성 개념을 지원하고 읽기 및 쓰기 모드를 위한 수평 확장성을 위해 설계되었다. 현재 읽기 및 쓰기 모드 확장성을 지원하는 유일한 데이터베이스이다. 여기서 읽기/쓰기 확장성이란 데이터베이스에 대한 대규모의 읽기/쓰기 요청이 있더라도 부하 분산 등을 통해 적절히 대처할 수 있는 능력을 말한다.
- 데이터 계층 암호화, 접근 제어 등 엔터프라이즈급 보안 기능을 제공한다.

단원 요약

1. 클라우드 컴퓨팅이란 클라우드(cloud)로 표현되는 인터넷 상의 가상의 서버를 통해 데이터 저장과 처리, 네트워크, 소프트웨어, 콘텐츠 사용 등 IT 관련 서비스를 한 번에 제공하는 환경을 말한다.

2. IaaS 서비스는 네트워크, 저장장치, 서버 등 주로 하드웨어 자원을 제공하는 서비스를 말한다.

3. PaaS 서비스는 하드웨어 자원뿐만 아니라 운영체제, 미들웨어 등 어플리케이션 개발 및 운영에 필요한 시스템 소프트웨어까지를 제공하는 서비스를 말한다.

4. SaaS는 PaaS에 더하여 운영 데이터 및 어플리케이션까지를 통합적으로 제공하는 서비스를 말한다.

5. 클라우드 컴퓨팅은 서버, 네트워크 장비, 회선 등을 구매하기 위한 비용, 인건비, 유지보수 비용 등이 추가로 발생하지 않는 장점도 있지만, 자료 유출, 해킹의 위험성, 클라우드에 대한 의존성 증가 등의 단점도 있다.

6. 분산 데이터베이스는 데이터를 여러 데이터베이스에 분산하여 저장하고 이것을 하나의 데이터베이스인 것처럼 이용할 수 있게 하는 기술이다.

7. 클라우드 데이터베이스는 일반적으로 클라우드 컴퓨팅 플랫폼에서 실행되는 데이터베이스를 말한다.

8. 인공지능 기술은 학문의 영역을 넘어서 산업분야에서 그 영향력을 발휘하고 있다.

9. 대부분의 인공지능 기술은 데이터에 의존한다. 그것은 인공지능 모델들이 데이터로부터 만들어지기 때문이다.

10. 빅데이터는 전통적인 데이터 관리 방법으로 처리할 수 없을 정도로 대규모이거나 복잡한 데이터를 말한다. 빅데이터는 흔히 3V로 불리는 볼륨(Volume), 다양성(Variety), 속도(Velocity)라는 특성을 가지고 있다.

11. DBMS 업체들은 일찍이 인공지능과 빅데이터의 발전에 주목하고 자사의 DBMS 제품에 인공지능(특별히 머신러닝) 기능을 추가하려는 노력을 해왔다.

12. DBMS 자체에서 인공지능 기술을 지원하는 제품에는 오라클 클라우드 인프라 데이터 사이언스, 마이크로소프트 SQL 서버 머신러닝 서비스, 구글 클라우드 빅쿼리, 아마존 레드시프트 ML 등이 있다.

13. NoSQL은 'Not only SQL'의 약자로 알려져 있는데, SQL로 대표되는 정형 데이터베이스가 아닌 다양한 형태의 비정형 데이터를 다루기 위한 데이터베이스를 통칭하는 용어로 사용되고 있다.

14. NoSQL 데이터베이스의 특징을 살펴보면, 기존의 관계형 데이터베이스보다 더 융통성 있는 데이터 모델을 사용하고 데이터의 저장 및 검색을 위한 특화된 메커니즘을 제공한다.

15. NewSQL은 데이터베이스 분야에서는 가장 최신의 트렌드이다. NewSQL DBMS는 관계형 DBMS의 장점(ACID 특성의 지원)과 NoSQL의 확장성 및 유연성 모두를 지원하는 것을 목적으로 제안되었다.

16. NewSQL의 대표적인 제품으로는 구글의 Cloud Spanner, 볼트DB사의 VoltDB, 누오DB사의 NuoDB 등이 있다.

연습문제

※ 다음의 설명에서 가리키는 용어를 보기에서 찾아 적으시오(1~9번).

〈보기〉

㉠ 클라우드 컴퓨팅   ㉡ IaaS   ㉢ PaaS   ㉣ SaaS   ㉤ 분산 데이터베이스
㉥ 클라우드 데이터베이스   ㉦ 빅데이터   ㉧ NoSQL   ㉨ NewSQL

1. 하드웨어 자원 및 운영체제, 미들웨어 등 어플리케이션 개발 및 운영에 필요한 시스템 소프트웨어까지를 제공하는 클라우드 서비스를 말한다.

2. 데이터를 여러 데이터베이스에 분산하여 저장하고 이것을 하나의 데이터베이스인 것처럼 이용할 수 있게 하는 기술을 말한다.

3. 전통적인 데이터 관리 방법으로 처리할 수 없을 정도로 대규모이거나 복잡한 데이터를 말한다.

4. 네트워크, 저장 장치, 서버 등 주로 하드웨어 자원을 제공하는 클라우드 서비스를 말한다.

5. SQL로 대표되는 정형 데이터베이스가 아닌 다양한 형태의 비정형 데이터를 다루기 위한 데이터베이스를 통칭하는 용어로 사용된다.

6. PaaS에 더하여 운영 데이터 및 어플리케이션까지를 통합적으로 제공하는 클라우드 서비스를 말한다.

7. 일반적으로 클라우드 컴퓨팅 플랫폼에서 실행되는 데이터베이스를 말한다.

8. 인터넷상의 가상 서버를 통해 데이터 저장과 처리, 네트워크, 소프트웨어, 콘텐츠 사용 등 IT 관련 서비스를 한 번에 제공하는 환경을 말한다.

9. 관계형 DBMS의 장점(ACID 특성의 지원)과 NoSQL의 확장성 및 유연성을 모두 지원하는 것을 목적으로 제안되었다.

10. 클라우드 서비스 사업자는 복수의 (   )를 가상화 기술로 통합해 사용자에게 데이터 저장 공간, 각종 소프트웨어와 보안 솔루션, 컴퓨팅 능력까지 온 디맨드(on demend) 방식으로 제공한다.

11. 다음 중 클라우드 컴퓨팅의 단점이 아닌 것을 고르시오.

    ① 클라우드 자원에 대한 접근 관리가 제대로 이루어지지 않을 경우 자료 유출 및 해킹 등의 문제로 이어질 수 있다.
    ② 클라우드 네트워크 관리에 많은 비용이 소요된다.
    ③ 활용한 자원에 대한 관리가 제대로 이루어지지 않을 경우 과다한 비용이 청구될 수 있다.
    ④ 클라우드 서비스를 이용하면 이용할수록 클라우드에 대한 의존도 역시 함께 커진다.

12. 클라우스 서비스를 제공하는 국내 업체를 3개만 제시하시오.

13. DBaaS의 의미를 설명하시오.

14. 다음 중 빅데이터의 3대 특성(3V)이 아닌 것을 고르시오.

    ① 가변성(Variability)   ② 볼륨(Volume)
    ③ 다양성(Variety)   ④ 속도(Velocity)

15. 다음 중 내부에서 머신러닝 기술을 지원하는 DB 제품이 아닌 것을 고르시오.

    ① 오라클 클라우드 인프라 데이터 사이언스
    ② 마이크로소프트 SQL 서버 머신러닝 서비스
    ③ 구글 클라우드 빅쿼리
    ④ MySQL

16. 다음 중 NoSQL의 특징으로 거리가 먼 것을 고르시오.

    ① 확장성, 가용성, 높은 성능을 제공한다.
    ② 관계형 모델을 사용하지 않으며, 테이블 간의 조인 기능이 없다.
    ③ 트랜잭션의 ACID 특성을 지원한다.
    ④ 직접 프로그래밍을 하는 등의 비 SQL 인터페이스를 통한 데이터 액세스를 지원한다.

17. NewSQL의 활용 분야로 가장 적합한 것을 고르시오.

    ① 금융   ② 제조
    ③ 인사관리   ④ 게임

18. 최근 데이터처리 분야에서 데이터 패브릭(Data Fabric)이 관심받고 있다. 인터넷에서 그 개념을 조사하여 제시하시오.

데이터베이스 테이블 설명

dept(부서)

컬럼명	자료형	설명
deptno	숫자	부서번호(기본키)
dname	문자	부서명
loc	문자	부서위치

emp(사원)

컬럼명	자료형	설명
empno	숫자	사원번호(기본키)
ename	문자	사원명
job	문자	담당업무
mgr	숫자	매니저(직속상사)
hiredate	날짜	입사일자
sal	숫자	급여(연봉)
comm	숫자	커미션(보너스)
deptno	숫자	부서번호

country(국가)

컬럼명	자료형	설명
code	문자	국가코드(기본키)
name	문자	국가명
surfacearea	숫자	면적
population	숫자	인구수
lifeexpectancy	숫자	기대수명
GNP	숫자	GNP
capital	숫자	수도의 도시ID

city(도시)

컬럼명	자료형	설명
id	숫자	도시id(기본키)
name	문자	도시명
countrycode	문자	국가코드
district	문자	지역(도시가 위치하는)
population	날짜	도시인구

countrylanguage(사용언어)

컬럼명	자료형	설명
countrycode	문자	국가코드(기본키)
language	문자	사용 언어(기본키)
percentage	숫자	사용 비율

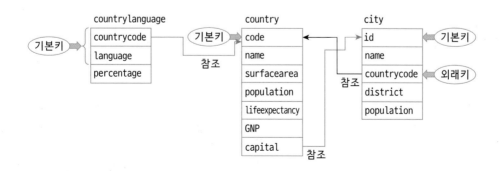

찾아보기